ための3つのSTEP

STEP 2

問題を解いて自分の得意・不得意を知ろう

出題実績をふまえ、覚えておきたい
何回も読んでインプットしよう。

押さえておこう！ 重要項目

1 こころのしくみの理解

赤い文字や太文字は試験で問われる重要語句！

出題基準の大項目ごとに学習のポイントを解説

過去5回分の試験の出題実績を収載
（例）34 - 73（発達）
↓
第34回問題73（発達と老化の理解）

＊問題番号の後の（　）は他科目で出題されたことを示しています

用語の解説やトピックスを側注に配置
（★は用語の解説、★は＋α情報）

赤シートで隠した重要項目をしっかり記憶に定着させよう

科目略称一覧

略称	科目
尊厳	人間の尊厳と自立
関係	人間関係とコミュニケーション
社会	社会の理解
ここ	こころとからだのしくみ
発達	発達と老化の理解
認知	認知症の理解
障害	障害の理解
医療	医療的ケア
介護	介護の基本
コミ	コミュニケーション技術
生活	生活支援技術
過程	介護過程
総合	総合問題

総合問題・事例問題対策もサポート！

過去に出題された問題をもとにわかりやすく解説
苦手な総合問題・事例問題を解くヒントを収載

本書を用いたオススメ勉強法

ここから始める

受験者支持率No.1！

ワークブック上・下
科目ごとに
要点をまとめた
受験対策の教科書

本格的な試験勉強を始める前に

スタートブック
介護福祉士国家試験
受験のための入門書

問題にチャレンジ！

過去問解説集
第34回から
第36回試験を
完全解説！

模擬問題集
3回分の模擬問題で
実力をつける

一問一答
ポケットブック
即答力をGET！

知識定着・基礎固めに！

合格テキスト
出題実績から
試験に必要十分な
知識を網羅

合格ドリル
書き込み式問題でオリジナル
参考書にカスタマイズ

重要テーマをビジュアルで理解！

国試ナビ
出題ポイントを
図表やイラストで解説

仕上げはこの2冊！

めざせ！
10点UP

よくでる問題
総まとめ

忘れない！
暗記術

らくらく
暗記マスター

いまの実力を
知るために
「模擬試験」で
力試し！

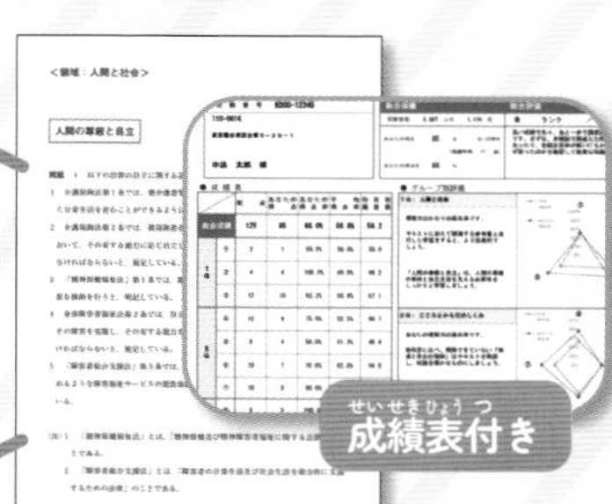

成績表付き

中央法規介護福祉士受験対策研究会／編集

中央法規

はじめに

2020（令和２）年以降に拡大した新型コロナウイルス感染症や2024（令和６）年の能登半島地震などで介護にたずさわる人々は大変な思いをされています。このような現場では特に感染予防対策など、感染症に関連するさまざまな知識が求められています。例えば高齢者の「基礎疾患」という言葉を耳にします。ここでは『こころとからだのしくみ』の科目が大いに役に立ちます。感染症の予防で「スタンダードプリコーション」の知識が必要となれば『介護の基本』や『医療的ケア』の科目で身につけることができます。このように受験勉強によって介護の現場での知識が身につくことになるのです。

2023（令和５）年１月に行われた第35回国家試験からは、新しいカリキュラムに則った問題となりました。

第36回国家試験では、合格率が82.8％、総得点125点に対し、67点以上を取る必要がありました。これは、競争試験ではなく、介護福祉士としてふさわしい知識や技能をもっているかを判断する試験であるともいえますが、受験生としては、合格基準の60％以上を取れる実力を身につけなければならないということです。

ここ数年の国家試験の問題をみてみると、介護福祉職以外の専門分野の出題も多く、きわめて難しい問題も多くなってきています。そのため、合格率が高くなったからといって通り一遍の受験勉強では合格が難しいということになります。

2024年版より、外国人介護人材の増加に伴い、外国人の方も使いやすいようすべての漢字にふりがなをふりました。最初は戸惑われるかもしれませんが、慣れてくるとより理解しやすいことがわかってきます。

本書は、30年以上の長きにわたって受験生に使用され、信頼と実績を得てきました。そして、学んだことが介護の現場でも役に立つようにという編集方針を貫いており、重要項目、法改正を踏まえた最新のデータを載せ、他書の追随を許さない内容であると自負しています。

また、科目ごとに過去５年間の出題実績を示していますので、近年の試験で繰り返し問われているところが一目でわかるようになっています。側注の「用語」や「＋α」によっても理解を深めることができます。合格に必要かつ十分な内容が盛り込まれているので、使い終えた時点であなたの力は着実に伸び、合格レベルに達していることでしょう。

本書を活用することにより、専門的な知識と技術を身につけ、感染症や災害など大変な状況のなかで苦労されている介護の現場で、社会に求められる介護福祉士に近づくことができるように願っています。

中央法規介護福祉士受験対策研究会

介護福祉士国家試験受験ワークブック2025 下

2025 上

2025 下

試験の概要

2025（令和７）年１月に実施される第37回筆記試験については、公益財団法人社会福祉振興・試験センターのホームページに「出題基準」が公表される予定ですので、詳しくはそちらをご確認ください。

＜公益財団法人社会福祉振興・試験センター＞
〒150-0002　東京都渋谷区渋谷１丁目５番６号　SEMPOS（センポス）ビル
電話番号：03-3486-7559（国家試験情報専用電話案内）
ホームページアドレス：https://www.sssc.or.jp/

1 試験科目と試験時間

（参考）第36回国家試験【筆記試験】の科目、出題数、試験時間

領域	試験科目		出題数	科目群	試験時間
人間と社会	1	人間の尊厳と自立	2	[１]	10:00～11:40（100分）
	2	人間関係とコミュニケーション	4	[２]	
	3	社会の理解	12	[３]	
こころとからだのしくみ	4	こころとからだのしくみ	12	[６]	
	5	発達と老化の理解	8	[７]	
	6	認知症の理解	10	[８]	
	7	障害の理解	10	[９]	
医療的ケア	8	医療的ケア	5	[10]	
介護	9	介護の基本	10	[１]	13:35～15:35（120分）
	10	コミュニケーション技術	6	[２]	
	11	生活支援技術	26	[４]	
	12	介護過程	8	[５]	
総合問題			12	[11]	
合　計			125	11群	220分

＊総合問題は１事例につき３問の出題
＊科目群については、次のページの「筆記試験の合格基準」を参照

2 合格基準

筆記試験の合格基準

第36回介護福祉士国家試験の筆記試験の合格基準は以下のとおりでした。２つの項目の両方を満たすことが必要となります。

(1)　問題の総得点の60％程度を基準とし、問題の難易度で補正した点数以上の得点の者。

(2)　試験科目の「11科目群」すべてにおいて得点があった者（１群でも「０点」があったら不合格）。

【科目群】

［１］人間の尊厳と自立、介護の基本
［２］人間関係とコミュニケーション、コミュニケーション技術
［３］社会の理解
［４］生活支援技術
［５］介護過程
［６］こころとからだのしくみ
［７］発達と老化の理解
［８］認知症の理解
［９］障害の理解
［10］医療的ケア
［11］総合問題

図１ ▶ 介護福祉士国家試験（筆記試験）の合格ラインと得点率

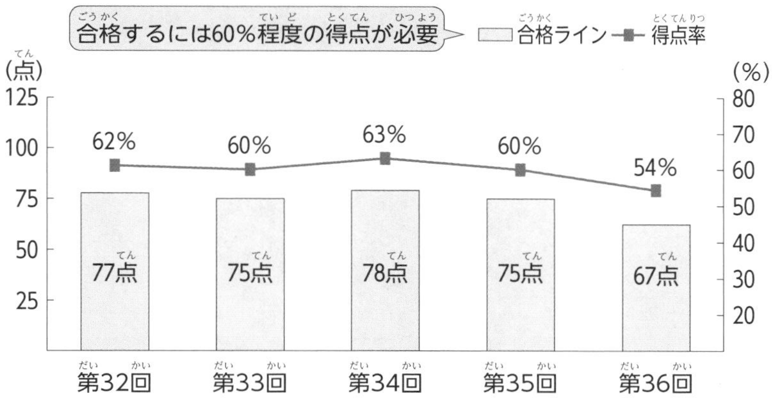

実技試験の合格基準

第36回介護福祉士国家試験の実技試験の合格基準は以下のとおりでした。

筆記試験の合格者のうち、実技試験の総得点の60％程度を基準とし、課題の難易度で補正した点数以上の得点の者。

実技試験については、第32回は46.67点、第33回・第34回・第35回・第36回は53.33点が合格点となっていました。

3 受験状況

介護福祉士国家試験は、1989（平成元）年より年１回実施され、2024（令和６）年までに計36回実施されました。受験者数は、第32回・第33回・第34回は８万人強、第35回は８万人弱、第36回は７万5000人弱となっています。また、合格率は、第32回では69.9%、第33回では71.0%、第34回では72.3%、第35回では84.3%、第36回では82.8%と、高い合格率が続いています（図２）。

図２ ▶ 受験者数と合格率の推移

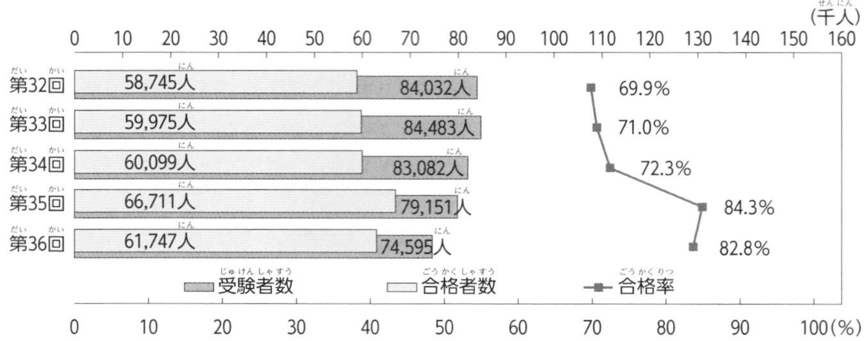

1

生活支援技術(せいかつしえんぎじゅつ)

傾向と対策

傾向

『生活支援技術』は、利用者の存在を意識して、その人に合わせた介護を提供するという判断能力を養いながら学ぶことが重要である。その際の基本となる科目として『こころとからだのしくみ』の領域が深く関与する。利用者の尊厳の保持・自立支援、生活の豊かさの観点から、本人主体の生活が継続できるとともに、根拠に基づいた介護実践を行うために知識や技術を学ぶことが重要である。利用者の状態によりさまざまな支援の方向性が考えられるが、基本技術に関する知識がその根底にあることを理解しておきたい。さらに、近年は自然災害が多くなっており、その対策について出題されているので、学ぶことが大切である。

出題基準と出題実績

出題基準			
大項目		中項目	小項目（例示）
1	生活支援の理解	1）介護福祉士が行う生活支援の意義と目的	・生活支援の意義 ・生活支援の目的
		2）生活支援と介護過程	・ICFの視点にもとづくアセスメント ・活動・参加すること（生活）の意味と価値 ・根拠に基づく生活支援技術
		3）多職種との連携	・生活支援とチームアプローチ
2	自立に向けた居住環境の整備	1）居住環境整備の意義と目的	・居住環境整備の意義 ・居住環境整備の目的
		2）居住環境整備の視点	・住み慣れた地域での生活の継続 ・安全で住み心地のよい生活の場づくりの工夫 ・快適な室内環境の整備 ・災害に対する備え ・住宅改修 ・住宅のバリアフリー、ユニバーサルデザイン

対策

『生活支援技術』では、過去問題が有効に活かされるのではないだろうか。例えば、ボディメカニクスを活用したベッド上の移動介護に関する知識は、ボディメカニクスの技術の基本をきちんと理解したうえで、利用者の状態に合わせた応用を学ぶ。その技術が適切かどうかの判断は、利用者の自立支援、尊厳の保持につながるものであるかを基準に考えることが基本となる。そして、安全で的確な移動・移乗の介助の基本技法を押さえる必要がある。

また、短文事例問題が出題されている。この短文事例は『生活支援技術』や『障害の理解』などの科目の基本的な知識を正しく理解したうえで、個々の状況に応じた理解と判断ができるよう学習する必要がある。

出題実績				
第32回（2020年）	第33回（2021年）	第34回（2022年）	第35回（2023年）	第36回（2024年）
			レクリエーション活動の計画作成にあたり介護福祉職の留意点【問題80】	介護老人福祉施設でのレクリエーション活動に関するプログラム【問題80】
利用者の身じたくに関する専門職の役割【問題40】 クーリング・オフの手続きの相談【問題55】		利用者の食事支援に関する介護福祉職の連携【問題46】		管理栄養士と連携が必要な人の状態【問題89】
一戸建ての住宅に暮らす利用者の地震対策【問題35】 介護保険の給付対象となる住宅改修を利用したトイレ改修【問題36】 ユニバーサルデザインの7原則【問題37】	古い住宅でヒートショックを防ぐために必要な環境整備【問題35】 高齢者にとって安全で使いやすい扉の工夫【問題36】	老化に伴う機能低下のある高齢者の住まい環境【問題35】 第7胸髄節を損傷し、車いすを利用する人が浴槽に入るための福祉用具【問題36】	高齢者の安全な移動に配慮した階段の要件【問題81】	関節リウマチで関節の変形や痛みがある人への住まいに関する助言【問題81】 心身機能が低下した高齢者の住環境の改善【問題82】

生活支援技術

出題基準			
大項目		中項目	小項目（例示）
		3）対象者の状態・状況に応じた留意点	・感覚機能、運動機能、認知機能、知的機能が低下している人の留意点 ・身体疾患、精神疾患がある人の留意点 ・集団生活における工夫と留意点 ・在宅生活における工夫と留意点（家族・近隣との関係、多様な暮らし）
3	自立に向けた移動の介護	1）移動の意義と目的	・移動の意義 ・移動の目的
		2）移動介護の視点	・移動への動機づけ ・自由な移動を支える介護 ・用具の活用と環境整備
		3）移動・移乗の介護の基本となる知識と技術	・基本動作（寝返り、起き上がり、立ち上がり） ・姿勢の保持（ポジショニング、シーティング） ・歩行の介護 ・車いすの介護 ・その他の福祉用具を使用した移動、移乗
		4）対象者の状態・状況に応じた留意点	・感覚機能、運動機能、認知機能、知的機能が低下している人の留意点 ・身体疾患、精神疾患がある人の留意点
4	自立に向けた身じたくの介護	1）身じたくの意義と目的	・身じたくの意義 ・身じたくの目的
		2）身じたくの介護の視点	・その人らしさ、社会性を支える介護の工夫 ・生活習慣と装いの楽しみを支える介護の工夫 ・用具の活用と環境整備

出題実績				
第32回（2020年）	第33回（2021年）	第34回（2022年）	第35回（2023年）	第36回（2024年）
ベッドから車いすへの移乗介護で最初に行うこと【問題41】 ボディメカニクスの基本的な視点【問題42】	仰臥位（背臥位）から側臥位へと体位変換時の力点の部位【問題40】 標準型車いすを用いた移動の介護【問題41】 利用者の身体機能に応じた車いすの特徴【問題42】	スライディングボードを用いたベッドから車いすへの移乗の介護【問題41】	安定した歩行に関する助言【問題82】 T字杖を用いて歩行する左片麻痺の人の溝をまたぐときの介護方法【問題83】	仰臥位（背臥位）から半座位（ファーラー位）にする場合のギャッチベッドの背上げを行う前の介護方法【問題83】 左片麻痺のある人をベッドで端座位から立位にする場合の基本的な介護方法【問題84】 標準型車いすを用いた移動の介護【問題85】
右片麻痺の利用者が手すりを利用して階段を昇降する場合の介護【問題43】		視覚障害のある人の外出に同行する支援【問題43】		

出題基準

	大項目	中項目	小項目（例示）
		3）身じたくの介護の基本となる知識と技術	・整容（洗面、スキンケア、整髪、ひげ、爪の手入れ、化粧など） ・口腔の清潔 ・衣服着脱
		4）対象者の状態・状況に応じた留意点	・感覚機能、運動機能、認知機能、知的機能が低下している人の留意点 ・咀嚼・嚥下機能が低下している人の留意点 ・身体疾患、精神疾患がある人の留意点
5	自立に向けた食事の介護	1）食事の意義と目的	・食事の意義 ・食事の目的
		2）食事介護の視点	・おいしく食べることを支える介護の工夫 ・用具の活用と環境整備
		3）食事介護の基本となる知識と技術	・食事の姿勢 ・誤嚥、窒息、脱水の気づきと対応
		4）対象者の状態・状況に応じた介護の留意点	・感覚機能、運動機能、認知機能、知的機能が低下している人の留意点 ・咀嚼・嚥下機能が低下している人の留意点 ・身体疾患、精神疾患がある人の留意点
6	自立に向けた入浴・清潔保持の介護	1）入浴・清潔保持の意義と目的	・入浴・清潔保持の意義 ・入浴・清潔保持の目的
		2）入浴・清潔保持の介護の視点	・安楽・快適な入浴を支える介護の工夫 ・用具の活用と環境整備

出題実績				
第32回（2020年）	第33回（2021年）	第34回（2022年）	第35回（2023年）	第36回（2024年）
	口腔内が乾燥している人への助言【問題39】	歯ブラシを使用した口腔ケア【問題38】	総義歯の取扱い【問題84】 親指の状態を確認した訪問介護員の対応の仕方【問題85】	医学的管理の必要がない人への爪の手入れ【問題86】
高次脳機能障害による着衣失行のある人に対する介護【問題38】 利用者の更衣のための介護【問題39】	介護が必要な利用者の口腔ケア【問題38】 下肢の筋力が低下してつまずきやすくなった人に適した靴【問題37】	経管栄養を行っている人への口腔ケア【問題40】 脳梗塞で右片麻痺の人の上着の着脱の介護【問題39】	左片麻痺の人が前開きの上着をベッド上で臥床したまま交換する介護【問題86】	左片麻痺のある人の端座位でズボンを着脱する介護【問題87】
介護福祉職が食事バランスガイドを用いて摂取を勧める区分【問題44】 いすに座って食事をする場合の利用者の姿勢を確保【問題45】			食事中にむせ込んだ場合の介護【問題87】 テーブルで食事の介護を行うときの留意点【問題88】	
高齢者の食生活に関する助言【問題46】 左半側空間無視のある利用者の食事介護【問題47】	嚥下機能の低下が疑われる利用者に対する対応【問題43】 慢性閉塞性肺疾患のある人の食事介助【問題44】	脳梗塞の後遺症で嚥下障害のある人の食事への助言【問題44】	逆流性食道炎のある人への食事に対する助言【問題89】	嚥下機能が低下している人へのおやつの提供【問題88】 血液透析を受けている人への食事の介護【問題90】

出題基準			
	大項目	中項目	小項目（例示）
		3）入浴・清潔保持の介護の基本となる知識と技術	・入浴 ・シャワー浴 ・部分浴（手、足、陰部など） ・清拭 ・洗髪
		4）対象者の状態・状況に応じた介護の留意点	・感覚機能、運動機能、認知機能、知的機能が低下している人の留意点 ・身体疾患、精神疾患がある人の留意点
7	自立に向けた排泄の介護	1）排泄の意義と目的	・排泄の意義 ・排泄の目的
		2）排泄介護の視点	・気持ちよい排泄を支える介護の工夫 ・用具の活用と環境整備
		3）排泄介護の基本となる知識と技術	・トイレ ・ポータブルトイレ ・採尿器・差し込み便器 ・おむつ
		4）対象者の状態・状況に応じた留意点	・感覚機能、運動機能、認知機能、知的機能が低下している人の留意点 ・身体疾患、精神疾患がある人の留意点 ・失禁、便秘・下痢などがある人の留意点

出題実績				
第32回（2020年）	第33回（2021年）	第34回（2022年）	第35回（2023年）	第36回（2024年）
清拭の介護方法【問題48】	入浴の身体への作用を踏まえた介護福祉職の対応【問題45】	耳の清潔に関する介護福祉職の対応【問題37】 入浴の介護【問題47】 シャワー浴の介護【問題48】	ベッドで臥床している人の洗髪の基本【問題90】 目の周囲の清拭の方法【問題91】	右片麻痺のある人が移乗台から安全に入浴するための助言【問題91】 椅座位で足浴を行う介護方法【問題92】 身体機能が低下している人の特殊浴槽を利用する場合の入浴介護の留意点【問題93】
利用者の状態に応じた入浴の介護【問題49】	四肢麻痺の利用者の手浴の方法【問題46】 利用者の状態に応じた清潔の介護【問題47】	左片麻痺のある人の浴槽内からの一部介助【問題49】 入浴関連用具の使用方法【問題50】	アルツハイマー型認知症の人の入浴時における対応方法【問題92】	
	自立した在宅生活を実現するための情報収集の優先順位【問題48】			自宅で夜間のトイレでの排泄が間に合わず失敗してしまう人への助言【問題95】
右片麻痺のある利用者がベッドサイドでポータブルトイレを使用するときの設置場所【問題50】		便秘の傾向がある人に自然排便を促す介護【問題51】	生理的排便を促すための支援方法【問題93】 女性のおむつ交換をするときに行う陰部洗浄の基本の方法【問題95】	市販のディスポーザブルグリセリン浣腸器を用いた排便の介護【問題96】
膀胱留置カテーテルを使用している利用者への対応【問題51】 解熱を目的にした座薬の挿入【問題52】	自己導尿している人に対する介護福祉職の対応【問題49】 車いすを利用している下肢筋力の低下で立位に一部介助が必要な人のトイレでの排泄介護【問題50】	認知機能の低下による機能性尿失禁のある人が、夜間トイレ以外で排尿してしまう場合の対応【問題52】 認知症の人が排泄物で汚れた衣類をタンスにしまってしまう場合の対応【問題53】	便失禁を改善するための対応方法【問題94】 趣味活動に参加したときに失禁してしまった人に対する対応方法【問題96】	尿路感染症を繰り返す人への尿路感染症を予防する介護【問題94】

出題基準			
	大項目	中項目	小項目（例示）
8	自立に向けた家事の介護	1）家事の意義と目的	・家事の意義 ・家事の目的
		2）家事支援の視点	・家事をすることを支える介護 ・用具の活用と環境整備
		3）家事支援の基本となる知識と技術	・家庭経営、家計の管理 ・買い物 ・衣類・寝具の衛生管理（洗濯、裁縫など） ・調理、献立、食品の保存、衛生管理 ・掃除・ごみ捨て
		4）対象者の状態・状況に応じた留意点	・感覚機能、運動機能、認知機能、知的機能が低下している人の留意点 ・身体疾患、精神疾患がある人の留意点
9	休息・睡眠の介護	1）休息・睡眠の意義と目的	・休息と睡眠の意義 ・休息と睡眠の目的
		2）休息・睡眠の介護の視点	・活動に繋がる休息を支える介護の工夫 ・心地よい眠りを支える介護の工夫 ・休息と睡眠の環境整備
		3）休息・睡眠の基本となる知識と技術	・安眠を促す方法（安楽な姿勢、寝具の選択と整え、リラクゼーションなど） ・生活リズム ・不眠時の対応

出題実績				
第32回（2020年）	第33回（2021年）	第34回（2022年）	第35回（2023年）	第36回（2024年）
				訪問介護員が行う家事に関する見守り援助【問題97】
肉入りカレーを常温で保存し、翌日加熱調理した場合の食中毒に注意すべき原因菌【問題53】 ノロウイルスに感染した人の嘔吐物のついた衣服の処理【問題54】	洗濯表示の記号の意味【問題51】 バターのしみを取るための処理方法【問題52】 食中毒の予防【問題53】	衣類用漂白剤について【問題54】 ズボンの裾上げの縫い目が表から目立たない手縫いの方法【問題55】	ノロウイルスによる感染症予防の介護福祉職の対応方法【問題97】	高齢者が靴下や靴を選ぶときの介護福祉職の対応【問題98】
	喘息のある利用者の自宅の掃除【問題54】		弱視で物の区別がつきにくい人の調理と買い物の支援【問題98】 関節リウマチのある人が少ない負担で家事をするための助言【問題99】	もの忘れがある人の高額商品購入への対応【問題99】
			睡眠の環境を整える介護【問題100】	
施設における安眠を促すための環境【問題57】	ベッドに比べて畳の部屋に布団を敷いて寝る場合の利点【問題55】 睡眠の環境を整える介護【問題56】	夜勤のある施設職員が良質な睡眠をとるための生活習慣【問題57】 心地よい睡眠環境を整備するためのベッドメイキング【問題56】	入眠に向けた介護福祉職の助言方法【問題101】	

出題基準			
	大項目	中項目	小項目（例示）
		4）対象者の状態・状況に応じた留意点	・感覚機能、運動機能、認知機能、知的機能が低下している人の留意点 ・身体疾患、精神疾患がある人の留意点
10	人生の最終段階における介護	1）人生の最終段階にある人への介護の視点	・人生の最終段階の社会的、文化的、心理的、身体的意義と目的 ・尊厳の保持 ・アドバンス・ケア・プランニング ・家族や近親者への支援
		2）人生の最終段階を支えるための基本となる知識と技術	・終末期の経過に沿った生活支援 ・臨終時のケア ・死後のケア
		3）家族、介護職が「死」を受け止める過程	・死の準備教育 ・グリーフケア ・デスカンファレンス
11	福祉用具の意義と活用	1）福祉用具活用の意義と目的	・福祉用具活用の意義と目的（社会参加、外出機会の拡大、快適性・効率性、介護者負担の軽減）
		2）福祉用具活用の視点	・自己実現 ・福祉用具が活用できるための環境整備 ・個人と用具をフィッティングさせる視点 ・福祉機器利用時のリスクとリスクマネジメント
		3）適切な福祉用具選択の知識と留意点	・福祉用具の種類と制度（介護保険、障害者総合支援法）の理解 ・移動支援機器の活用 ・介護ロボットの活用

出題実績				
第32回（2020年）	第33回（2021年）	第34回（2022年）	第35回（2023年）	第36回（2024年）
眠れないと訴える高齢者への助言【問題56】 睡眠薬を服用している高齢者への対応【問題58】	右片麻痺の利用者の不眠の訴えに対する対応【問題57】			睡眠中にいびきをかいている利用者に対して介護福祉職が収集すべき情報【問題101】 消化管ストーマを造設した利用者への睡眠の介護【問題100】
	アドバンス・ケア・プランニングを踏まえた言葉かけ【問題58】			
終末期を迎える利用者の家族への介護【問題59】	死期が近づいたときの介護【問題59】	死が極めて近い状態にある人の看取り【問題58】 施設における終末期の人の家族支援【問題59】 死亡後の介護【問題60】	終末期で終日臥床している人に対する対応方法【問題102】	誤嚥性肺炎で終末期が近い状態にある人への確認すべきこと【問題102】
	高齢者施設で利用者の死後に行うデスカンファレンス【問題60】		施設に入所している人の看取りにおける家族への支援【問題103】	デスカンファレンスの目的【問題103】
				福祉用具を活用するときの基本的な考え方【問題104】
			障害特性に適した福祉用具の選択【問題104】 福祉用具等を安全に使用する方法【問題105】	握力の低下がある人の使用する杖の選択【問題105】

押さえておこう！重要項目

1 生活支援の理解

高齢や障害のために自分のことができなくなっても、相互協力により、良好な人間関係を保ちながら生活を継続していくことが大切である。ここでは、介護福祉職が行う生活支援に関する基本を押さえておくことが大切である。レクリエーション活動なども含めて、生活とは何かという生活支援の考え方をしっかりと学習しておくことが必要である。

介護福祉士が行う生活支援の意義と目的

1 **生活**とは、命を維持し、育むために行っている必要不可欠な活動のことである。基礎となる**衣食住**のほか、職業生活と私的生活、社会的な生活といった分野にまたがるものすべてをいう。

2 **生活の構成要素**は、多種多様に分類されるが、服飾、食事、コミュニケーション、性、余暇、労働、家計、居住、恋愛・結婚、出産・育児、扶養、葬儀、信仰などを含む。

3 **余暇**のあり方は、生活全般の**活性化**につながるだけでなく、その人の社会性の向上、人間としての成長、発達にまで影響を与えている。

4 人が行っている行動を時間でとらえたものを**生活時間**といい、**表1**のように分類される。

表1 ▶ 生活時間の分類

生理的生活時間	1次活動	睡眠、食事、身の回りの用事、休憩など
労働生活時間	2次活動	仕事、通勤、通学、家事関連（家事、育児、介護）、学業など
社会的・文化的生活時間	3次活動	趣味・娯楽、読書・新聞・雑誌、スポーツ、学習・研究、テレビ・ラジオ視聴、休養・くつろぎ、交際、ボランティア、NPO組織に参加するなど

5 生活の場としての**家庭の機能**は、やすらぎの場、生活習慣を獲得する場、安全な場、生活の道具（用具）などのほか、役割・関係、所得、ニーズの充足、生活歴の形成などがあげられる。

6 介護福祉職は、利用者の生活歴を理解し、**生活習慣**や**意思**の尊重に努める必要がある。利用者の生活習慣や価値観、意思を尊重し、自分の考えを押しつけることがないように配慮する。

7 生活を営み、維持していくためには、家事★が不可欠である。家事ができなくなると、**生活の基盤**が崩れる要因となる。

8 生活を構成するさまざまな側面のなかで文化的な側面は、自分の個性を表出し、**自分らしい生活**を創造するものとなる。これは、生きていく意欲につながるものであり、非常に大切なことである。

生活支援と介護過程

9 介護における生活支援とは、障害があっても、自分らしい普通の生活を送りたいという利用者の願いを支援すること（自分の生活を自分の意思でコントロールできるように支援すること）である。

10 **身体介護**★は、利用者にとってはきわめて切実なものである。利用者の「恥ずかしい」という羞恥心や気兼ねなど精神面に配慮しつつ、利用者が満足できるような身体介護をすることが重要である。

11 家事機能が崩れはじめると、生活全体がくるいはじめ、家庭崩壊までも引き起こす原因になる。**生活援助**★は、利用者の生命と生活に直結し、快適な生活環境をつくり上げる援助行為である。

● 生活支援と介護予防

12 介護予防★は、QOL（生活の質）の向上を目指す。具体的には、①高齢者が要介護状態になることをできる限り防ぐ（発生を予防する）こと、②要介護状態になっても状態がそれ以上に悪化しないようにする（維持・改善を図る）ことである。

13 **介護予防**では、脳血管疾患などの要因となっている生活習慣病の予防と、廃用症候群★の予防が重要である。廃用症候群が生じると、身体機能のみならず、生活機能も徐々に低下する（**表 2** 参照）。

★家事
掃除、洗濯、調理、買い物、整理・整頓、環境整備、金銭の出し入れ、公共料金の支払い、ベッドメイク、日用品や食品の管理など。

★身体介護
食事、排泄、入浴など人間の生理的欲求の充足を図るための援助。

★生活援助
生活の基盤である家事機能の援助。

★介護予防
心身機能の維持・改善や環境調整などを通じて、高齢者ができる限り要介護状態にならずに自立した日常生活を営むことができるように支援すること。

★廃用症候群
病気やけがによる安静を含む不活発さによって、全身または身体の局所に生じる機能の低下および精神的な機能の低下。

35—22(ここ)

表2 ▶ 主な廃用症候群

項目	内容
起立性低血圧	自律神経障害の1つで、血管のコントロールが低下するため、からだを起こすと、下肢や腹腔臓器に血液が降りて貯留し、脳にいく血液が不足してしまうこと。血圧が低下する結果、寝た姿勢から急に座ったり、立ったりすると、めまいや頭重感、ひどいときには吐き気などを起こす。
関節拘縮	関節を構成する靱帯や関節包、筋や皮膚などの短縮により、関節が硬くなる状態。そのため、関節の動きが制限される。
筋萎縮	筋線維が細くなる状態で、筋力の低下がみられる。
骨粗鬆症	臥床が続くと、骨に対し重力による機械的刺激が減少し、その結果、骨が弱くなり、折れやすくなる状態をいう。
褥瘡	過度の持続的圧迫により、その部分の組織が壊死を起こす状態。特に、褥瘡となりやすいところは骨の突出部である（70（図3）参照）。

TEST 36—80

14 **レクリエーション**は、実際の活動のみならず、日常生活をより快適に過ごし、よりよく生きるための大切な援助法である。レクリエーション活動プログラムに、買い物や調理を取り入れることも大切である。

一問一答 ▶ P.99

2 自立に向けた居住環境の整備

「安全で心地よい生活の場づくり」が出題されやすいため、基本事項をしっかりと学習しておく必要がある。

『介護の基本』で学ぶ「介護を必要とする人の生活環境の理解」や「介護保険のサービスの種類」などと関連づけて理解しておくことも大切である。また、居住環境には自宅と施設があり、施設についても、近年はユニットケアや居室の個室化など、なじみの生活空間づくりの重要性が意識されていることを理解しておくとよい。

居住環境整備の意義と目的

15 介護福祉職が、利用者の自立した生活を支援するためには、利用者本人の意思を尊重し、利用者が主体となるよう、これまでのライフスタイル★や価値観を大切にしながら、その人らしい生活を再び獲得できるように環境を整えることが重要である。

★ライフスタイル
生活の様式や営み方。また、人生観や習慣などを含めた個人の生き方。

16 **長年住み慣れた場所**に住み続けることは、高齢者にとって重要な意味をもっている。先祖が築いてきた人の縁や地縁を財産として引き継ぐことは、先祖が残してくれた土地や住まい、人間関係を引き継ぎ、それを活かして人生を豊かにすることにもつながる。

17 自然災害に対する予防と対策の基本として、以下の点に留意する（**表3**参照）。

32—35

表3 ▶ 自然災害に対する予防と対策の留意点

①家具の転倒・移動を防ぐために建物本体にできるだけ固定する。
②戸棚の中の収納物が飛び出すおそれがあるので、外付けのストッパー等をつける。
③重い品物は下方に収納する。
④食器棚や窓などのガラスの扉には、ガラス飛散防止フィルムを貼る。
⑤屋根や外壁、塀の落下や倒壊予防のため定期点検を実施すると同時に、ベランダ等外部に落下の危険があるものなどを置かない。
⑥避難時に持ち出す物品（貴重品、常備薬、食料品）をリュック等にまとめておく。
⑦戸外への避難経路を2方向程度確保しておく。

居住環境整備の視点

18 居住環境は、ICF（国際生活機能分類）では環境因子★に含まれる。支援を行ううえでは、トイレや浴室の設備や日常生活で用いる家具や器具などについて、個別の状況を理解するために必要な情報を収集する。

19 居住環境のアセスメントには、**個人因子**★にも着目することが必要である。

20 介護福祉職には、**居住環境の整備**を通じて、利用者が要介護状態等になっても個人の主体性や自立性が高められ、健康が維持され、社会とのつながりを感じながら、生き生きとした自分らしい生活を送ることができるよう配慮することが求められる。

21 高齢になると２～３㎝のわずかな段差でもつまずきやすくなり、それがきっかけで寝たきりになることも多い。そのため、玄関・各部屋の出入口・トイレ・浴室などの段差をなくし、住宅の中をバリアフリー★にすることも重要である。

22 **ADL（日常生活動作）**★には、個人差がある。そのため、居住環境の整備では**表４**の点に留意することが大切である。

表４ ▶ 居住環境の整備の留意点

①これまでの生活習慣を尊重する。
②疾病や障害が生じた場合は、そのつどADLに適した環境をつくる。
③自立した生活ができるようにする。
④転倒や転落の予防など安全性に考慮する。
⑤家族と同居している場合は、ともに使いやすく支障のない環境をつくる。

23 **JIS照度基準**によると、居間の全般照明は、30～75ルクス、団らん・娯楽の場合は150～300ルクスとする★。ただし、高齢者は視力が低下し、物の識別がしにくいので、事故防止等の安全のためには足元の照明を十分にする必要がある。**寝ている場合**はなるべく直射日光が当たらないようにし、照明も間接照明にするとよい。

24 **室内気候**とは、居住環境のうち、室内の温度・湿度・気流のことである。高齢者に適した室内気候は、一般に温度は冬季20℃前後、夏季26℃前後、湿度は40～60％、気流は0.5m/sec以下である。冷房は外気温との差を５～７℃以内とする。

32—19（介護）

★環境因子
物的環境だけでなく、家族や友人等の人的環境、社会的・制度的環境が含まれる。

★個人因子
利用者の生活歴・文化的な背景や生活習慣・価値観、こだわりなどの属性。

★バリアフリー
障壁のない環境を意味する。たとえ高齢者や障害者であっても、自由に出歩くことができる環境が必要である。

★ADL（日常生活動作）
食事や入浴、排泄、移動など、一人ひとりが独立して生活するために欠かせない基本的な身体動作。

+α ぷらすあるふぁ

JIS照度基準（住宅）

照度lx	居間
	――
2000	
1500	○手芸
1000	○裁縫
750	
	○読書
500	○化粧
	○電話
300	
	○団らん
200	○娯楽
150	

25 **寝室**（部屋）は、温度や湿度などの調節ができる設備を備えつけ、壁は音が反響しない材質で気分がやすらぐような柔らかく暖かい色が望ましい。

26 **居室**は、風通しや日当たりがよく、**トイレ**に近い場所がよい。また、孤立感をなくして、生活に楽しみをもたらすように、家族との団らんや食事に加わることができる場所がよい。

 34—35

27 人権を尊重する立場からも、居室、寝室、トイレ、浴室等での**プライバシー空間**を設置することが重要である。ただし、孤立させないように配慮することも大切である。

TEST 34—35

28 介護を要する利用者にとっての**寝床**は、和式の布団よりは、起き上がりや立位がとりやすいベッドを基本とする。端座位になったときには、**足底**が床につく高さにベッドを調節する。

29 **浴室**の扉は、**引き戸**にするのがよい。浴槽の縁の高さは、洗い場から**400**mm程度（**膝**くらいの高さ）が適当であり、脱衣所や浴室の床、浴槽の底には滑り止めのマットなどを敷く。その他、手すり、シャワーチェア、シャワー用車いすなどを必要に応じて準備する。バスボードは、立位は不可能だが座位が維持できるときに使用する。

TEST 33—36 34—36

30 浴室の洗い場や脱衣所には、**ヒートショック★の予防**のための暖房や**かび対策**のための換気設備を設置する。

TEST 33—35

★ヒートショック
急激な温度の変化がからだに及ぼす影響のこと。

31 **洗面流し台**は、車いすに座ったままでも洗面動作ができるようにする。**水栓**は、少しの力でも操作できる**レバー水栓**や**自動水栓**が適している。

32 **トイレ**は、寝室に近い場所が望ましく、ドアは**引き戸**や**外開き**などが望ましい。内開きのドアは、トイレ内で倒れたときなど扉が開かない可能性があるので避ける。また、トイレまで安全に移動できるように手すり等を付けるとよい。トイレに鍵を付ける場合は、外からも開くものがよい。

33 介助が必要な場合は、洋式便器の**側方**および**前方**に幅500mm以上の**介助スペース**を確保する。

34 トイレ内で車いすを使う場合は、車いすが回転できて、介護者が一緒に入ることができる**スペースを確保**し、**便座**の高さを車いすとなるべく同じにするとよい。また麻痺側がどちらなのか、どのような動作ができるのかを考慮して、手すりなどを付ける。

35 **L字型手すり**は、便座への移乗や立ち上がり、便座に座った位置やバランスに合わせて、洋式便器の先端よりも20～30㎝前方に取り付ける。手すりの直径は30㎜程度である。

36 **便器**は、立位や座位の動作が楽に行えて、下肢に負担の少ない洋式便器がよい。室温にも配慮し、冬場は暖房器具や暖房便座の使用を検討する。

37 **就寝時**は、トイレの照明は寝室よりも明るくする。これは転倒防止や視作業を安全に行えるようにするためである。

38 杖歩行している高齢者の寝室には、夜間にトイレ等に行くために、足元灯を用意する。

39 片麻痺などで歩行が不自由になり、身体のバランスがとりにくくなると、廊下の歩行や室内における起居動作、トイレや浴室での動作に手すりが必要となる。

35―81

40 階段に手すりを設置する場合、両側に設置することが望ましいが、片側のみの場合は下りる際の利き手側に設置する★。

36―81

41 **関節リウマチ**で関節の変形や痛みがある場合の**手すり**は、日常生活の安全性を向上させるために必要である。手すりは、関節の変形や痛みがある部位に合わせ、握らずに利用できる平手すりを選ぶ。

ぷらすあるふぁ
階段は、事故の起こりやすい場所の1つであるため、十分な安全対策が必要である。

42 車いすを使用するためには、廊下や通路の幅は最低85㎝は必要である（**図1**参照）。施設など複数の利用者が生活する場合は、すれ違いがスムーズに行えるように180㎝の廊下幅が必要となる。高低差はスロープによって解消し、2階、3階への移動はエレベーターを設置する。出入口の扉は、車いす使用者にとっては、外開き扉よりも引き戸がよい。

43 家庭内の日常動作においても玄関のタタキ★、階段、床、台所、浴室のタイルなどで転倒事故が起きやすいため、**滑りにくい床材**を用いる。また、玄関マットや風呂マットで滑って転倒するケースもあるので、**滑り止め用品**の利用を考慮する。

★タタキ
土やコンクリートで固めた土間。くつを脱ぐ場所。

44 高齢者が住宅で車いすを使用する場合、居室などの床材や段差を考えて、畳から**板製床材（フローリング）**などを検討する。

36―82

45 室内の空気を適切に保つには、できるだけ汚染物質の発生を抑えること、発生した汚染物質を速やかに外に排出し、新鮮な外気を取り入れることが基本である。例えば、石油ストーブなど暖房器具の使用による一酸化炭素中毒などを防ぐためには、換気★が重要である。

ぷらすあるふぁ
高齢者は換気する必要性をあまり感じない傾向にあるので、周囲の人が注意する必要がある。

図1 ▶ 車いすと通路幅

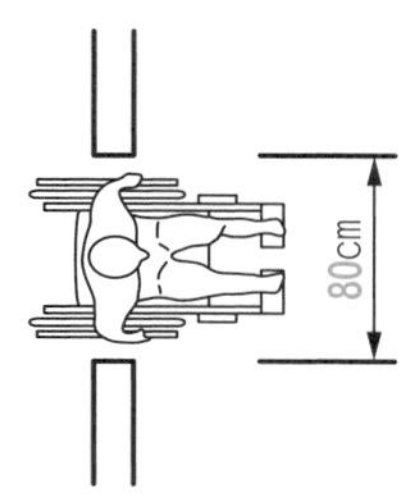

最小限70cmあれば通過できるが、できれば80cmはほしい

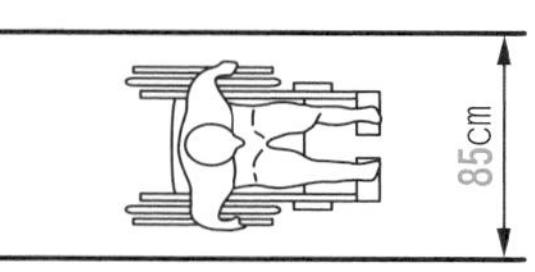

最小限80cmであるが、直角に曲がったり室内に入るには85cm必要

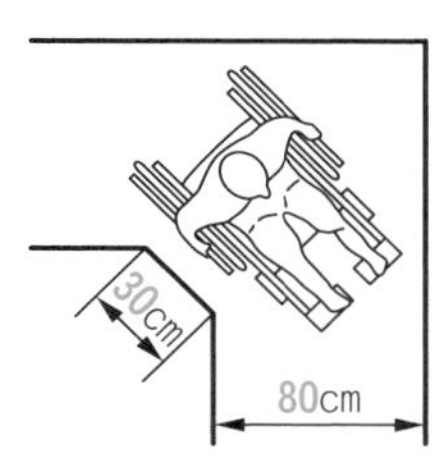

隅切り（30cm）をつければ、廊下幅80cmでも直角に回転できる

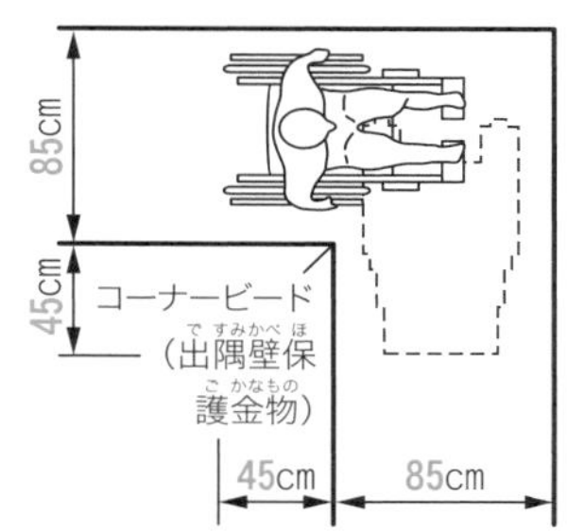

隅切りがとられていない場合、直角に曲がるための最小寸法

資料：楢崎雄之『図解 高齢者・障害者を考えた建築設計（改訂版）』井上書院、2004年、47頁を一部改変

46 換気には、自然の力によって行う**自然換気**と、換気扇などによって強制的に換気する**機械換気**の2つの方法がある（**表5**参照）。

47 近年、**24時間換気システム**★に全館の空調設備を取り付けた一体型の全館空調システムを採用するケースも増えている。建物一棟の熱環境を全体で管理して、各居室や階段部分、廊下などの温度差を少なくするため、ヒートショック対策としても有効である。

48 **ユニバーサルデザイン**とは、すべての人に公平で使いやすいデザインのことである。

49 **住宅**では、既存・新築にかかわらず、**住宅用防災機器**の設置および維持が**義務づけられている**。

50 自力で避難することが困難な人が利用している社会福祉施設等では、スプリンクラーの設置と、火災通報装置を自動的に起動させることが義務づけられている。

51 介護保険の給付対象となる**住宅改修**★は、**表6**のとおりである。

★24時間換気システム

室内の空気を自動的に入れ換えることを可能とする換気設備のこと。

32—37

ぷらすあるふぁ

住宅改修に付帯して必要な住宅改修には、手すりを取り付けるために壁の下地を補強するものなどがある。

32—36

表5 ▶ 換気の方法

自然換気	①窓の開閉によって空気を入れ換える方法 ②室内外の空気の温度差により生じる対流を利用する方法 の2つを併用している。例えば、 ・部屋の広さや在室する人数によって窓を開け、定期的に新鮮な空気に換える（具体的には、30分に1回以上、数分間程度、窓を全開にする）。 ・有効に換気をするためには、風上側に入口、風下側に出口を確保し、風が抜けやすいように、風の通り道をつくる。 ・換気される空気の量は、窓の位置や形状、風の強さ、風向きによって左右される。
機械換気	・台所や浴室、トイレなどの水蒸気や臭気が多く発生する場所で有効。 ・新築住宅を対象に、2003（平成15）年より「24時間換気システム」の導入が法的に義務化されている。 ・24時間換気システムによって、締め切った状態でも2時間で空気が入れ換わり、**シックハウス症候群**★の有効な対策となっている。

資料：介護福祉士養成講座編集委員会編『最新 介護福祉士養成講座⑥生活支援技術Ⅰ（第2版）』中央法規出版、2022年、56～57頁をもとに作成

★シックハウス症候群
新築やリフォーム（改築）の直後の室内の空気感染によって引き起こされる、さまざまな健康障害のこと。吐き気、鼻水、頭痛、目がチカチカするなどの症状があり、人によって異なる。

表6 ▶ 介護保険の給付対象となる住宅改修

住宅改修費の支給	①手すりの取りつけ	・廊下、トイレ、玄関、玄関から道路までの通路などでの転倒予防・移動・移乗動作を助けるために設置するもの ・取りつけに必要な下地補強を含む ・取り外しできる手すりは除く（福祉用具に該当）
	②段差の解消	・段差の撤去、スロープの設置、浴室の床のかさ上げなど、段差を除去するための住宅改修 ・福祉用具のスロープの設置やすのこなど、工事を要しないものは除く ・昇降機やリフトなど動力による段差解消機は除く
	③すべりの防止および移動の円滑化等のための床または通路面の材料の変更	・居室や浴室の床材の変更 ・床材の変更にともなう下地の補修や補強（地盤整備も含む）
	④引き戸等への扉の取り替え	・扉の取り替え、ドアノブの変更、戸車の設置などを含む ・自動ドアの動力部分は除く ・扉の取り替えにともなう壁または柱の改修工事を含む
	⑤洋式便器等への便器の取り替え	・和式便器から洋式便器への取り替えなど ・工事を要しない腰かけ便座などは除く ・水洗化などの工事は除く ・便器の取り替えにともなう床材の変更を含む
	⑥各工事に付帯して必要になるもの	

資料：介護福祉士養成講座編集委員会編『最新 介護福祉士養成講座⑥生活支援技術Ⅰ（第２版）』中央法規出版、2022年、70頁を一部改変

対象者の状態・状況に応じた留意点

52 施設の規模の大小にかかわらず、まずは「個」が存在し、「個」が集まった結果「集団」が形成される。この集団のなかで共同生活を営む施設ケアでは、**個別ケア**★が基本になる。

53 施設やグループホームなどへの入所の際に、利用者が生活の場として落ち着いて過ごすことができるように、**使い慣れた**家具や調度品などを使用することが求められる。また、利用者の心身の負担を軽減するために、介護福祉職と**なじみの関係**を築けるようにすることが大切である。

一問一答 ▶ P.99

★個別ケア
「個」の暮らし方に視点を合わせサポートしていく介護の方法。

3 自立に向けた移動の介護

日常生活のなかで、移動するという行為は、食事、生活、排泄などの基本的な欲求を満たす際に必要となるものである。また、買い物や散歩など外出ができるようになれば、行動範囲が広がり生活意欲を高めることになる。そのために必要とされる移動に関する基本的介助方法や利用者の状態・状況に応じた移動の介助の留意点、移動介助に必要な福祉用具などを学習することが必要である。

移動の意義と目的

54 人は自分の身体を移動させることなく、食事・排泄・清潔・入浴・衣服の着脱などのADLを遂行することはできない。ADLには、寝返る・起き上がる・座る・立つ・歩くなどの移動動作が伴うため、移動動作が十分にできなければ、日常生活に支障をきたすことになる。

 33—100(ここ)

55 人はベッド上で絶対安静をとると、筋力は1週間で10～15%、3～5週間で**半減**し、重力に逆らって立つことが困難になる。さらに病気や障害、または加齢によって、少しでもからだを動かさない状態が続くと、骨や筋肉が萎縮し、関節も拘縮する。

56 日常の生活行為は、身体を「移動」「移乗」させる身辺動作の遂行なしには成立しない。介護福祉職には、高齢期における慢性疾患などのため、身体活動や精神活動を行わないことによる機能低下によって起こる廃用症候群の出現を予防し、寝たきりにさせない工夫が求められる。

移動介護の視点

57 麻痺は、障害部位によって①四肢麻痺（**両側上下肢**の麻痺）、②対麻痺（**両側下肢**の麻痺）、③片麻痺（**片側上下肢**の麻痺）、④単麻痺（**四肢のうち一肢**だけが麻痺している状態）の4種に分類できる。

58 関節の拘縮や筋の萎縮などに対して、ADLへの影響を最小限にするために、良肢位★を保持することは大切である。移動・移乗の介護においては、利用者の寝た状態での姿勢（良肢位）について確認しておく必要がある。

TEST 33—100（ここ）

★良肢位
関節に負担のかからない姿勢。

移動・移乗の介護の基本となる知識と技術

59 移動・移乗の介助における基本的な視点は、**表7**のとおりである。

表7 ▶ 移動・移乗の介助における基本的な視点

- 動線を考えた動きをする
- 「自然な動き」を意識する
- 事前に、利用者の体調等を確認する
- 介助の目的・内容・方法を伝え、同意をえる
- 一つひとつの介助ごと、動作ごとに説明する
- 適切な言葉で、体調・気分を確認する
- 適切な方法で介助する
- 利用者の四肢は、「点」ではなく「面」で支える
- 麻痺側の状態に注意を払う
- 介助に必要な物品は、事前に用意して持参する
- 身だしなみのマナーを守る

60 **運動力学**や**ボディメカニクス**★を熟知した介護は、介護者自身の腰痛予防などに有効である（上巻「介護の基本」359（**表52**）参照）。

 32—42

★ボディメカニクス
人体に外部から重力や抵抗が与えられたとき、筋肉や骨、関節にどのような力が生じるかなど、力学的関係によって生ずる姿勢や動作。

61 寝床上でとる体位としては、仰臥位、側臥位、腹臥位、長座位、半座位、座位などがあるが、長時間同一体位を続けると、苦痛の原因となる。そのため、クッションや枕などを当てたり、向きを変えるなどして、無理のない体位にして、体重のかかる基底面積を広くすることが大切である。

62 仰臥位とは、**仰向け**に寝ている体位である。最も基底面積が大きく安定し、筋の緊張も少ない体位である。

63 側臥位とは、左右どちらかを下にして**横向き**に寝ている体位である。下側の手がからだの下にならないように介助することが大切である。

TEST 36—83

64 仰臥位から半座位にする場合は、臀部をベッド中央部の曲がる部分に合わせてからギャッチベッドの背上げを行う。

TEST 36—84

65 端座位は、背中をもたれさせずにベッドやいすに**腰かけた**体位である。床に足裏全体がついていることが大切である。片麻痺がある場合の端座位から立位になる手順としては、**図 2** の 5 つのポイントがある。

図 2 ▶ 片麻痺がある場合の端座位から立位になるときのポイント

端座位

①利用者は、浅く腰かけて、健側の足を後ろに引いて膝を曲げる
②介護者は利用者の患側に位置し、足は利用者の足のすぐ横に置く

③利用者の頭を前傾させて低くし、重心を移動させる
④股関節、膝関節を徐々に伸ばし、顔を上げながら立ち上がる
⑤利用者の患側の膝頭に手を当てて保護し、膝折れを防ぐ

立位

66 起座位は、背を約90度に起こし、オーバーベッドテーブルや机などの上にクッションや大きめの枕を置き、それを抱えて**うつぶせ**にする体位である。横隔膜を下げ呼吸面積を広げることになるので、心疾患の人には安楽な姿勢であり、喘息発作では呼吸がしやすくなる。

67 ベッド上で仰臥位の人を移動させる場合には、**ボディメカニクス**の原則から、持ち上げずに水平に動かすほうが介護者の負担は少ない。

68 **褥瘡**とは、骨の突出した部分への長時間の圧迫や寝具による摩擦、皮膚の湿潤、低栄養によって部分的に血液循環障害が起こることである。

TEST 32—74(発達)

69 褥瘡は、まず皮膚に**発赤**が起こり、さらに疼痛、潰瘍、壊死と進行する。高齢者は栄養状態の低下により治りにくいため、褥瘡をつくらないように注意深い観察と介護が必要である。

TEST 35—23(ここ)

70 **褥瘡**は、**仰臥位**の場合、**腰部**（仙骨部が70%）に最もできやすく、ほかには肩甲骨部、後頭部、後肘部、踵部にできやすい（**図 3** 参照）。

71 褥瘡の予防法は、**表 8** のとおりである。

72 人は、無意識のうちに、姿勢や体位を変えることで、同一姿勢による苦痛や疲労の軽減を図っている。そこで、自分で姿勢や体位を変えることができない利用者には、安楽な体位を保持する支援が必要となる。**体位変換**は、褥瘡などの**廃用症候群**の予防のためにも重要である。

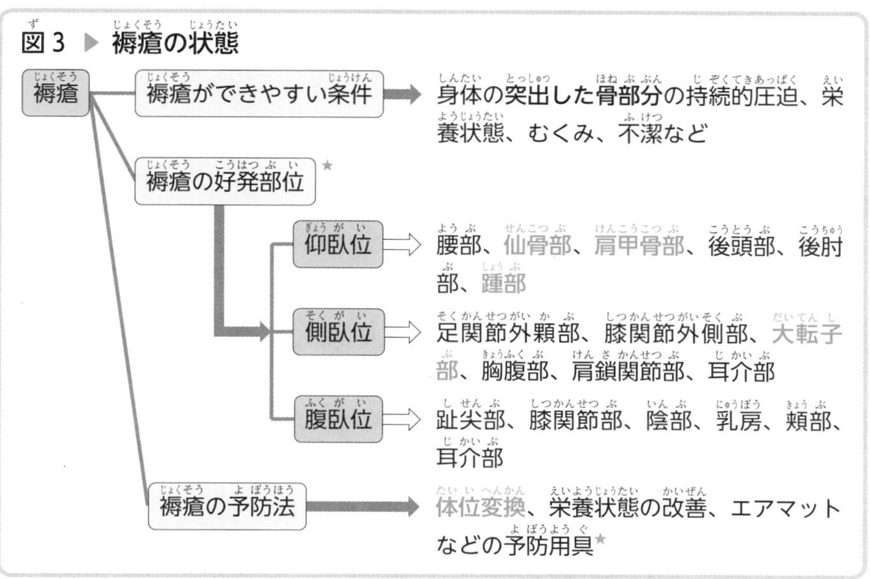

表8 ▶ 褥瘡の予防法

①最低2時間ごとに体位変換をする。 ②寝衣、寝具は乾燥したものを使う。 ③身体および寝衣、寝具の清潔を保つ。 ④シーツ、寝衣のしわをつくらない、のりづけしない。 ⑤たんぱく質やビタミンの多い食事を摂り、栄養状態を保持する。　など

73 **体位変換の介助**をする際には、介護福祉職は、①重心の位置を低くする（膝を曲げて腰を低くする）、②支持基底面積を広くとる（足を開く）、③足底と床面の摩擦抵抗を大きくする（滑らないようにする）ことが基本となる。

TEST 33—40

74 移動動作の基礎となる理論として、物体を回転させる力を活用する**トルクの原理**がある。トルクの原理では、利用者の腕を組み膝を立てて、踵を臀部に近づけて回転させることで、小さな力で仰臥位から側臥位にすることができる。

TEST 34—42

75 **安楽な体位**とは、心身ともにリラックスして心地よい状態の体位である。条件として、①姿勢が安定していること、②筋肉のエネルギー消費が少ないこと、③内臓諸器官の機能を妨げないこと、がある。

+α ぷらすあるふぁ
褥瘡の好発部位は、仰臥位と側臥位それぞれの部位から問われやすいので整理しておくとよい。

+α ぷらすあるふぁ
褥瘡の予防用具としては、エアマット、ムートン、ビーズマット、無圧布団などがよい。エアマットは、臥床時や骨の突出した部分に対する圧迫を防ぐため、ポンプによる空気の出し入れによって体圧を分散させるものである。

● 歩行の介助

76 歩行の介助では、**正常歩行**★と**異常歩行**★を理解する。利用者の歩行パターンの特徴を把握して、例えば利用者のやや斜め後ろに立ち、ふらつきや転倒に対応する。

35—82

77 歩き方のポイントは、①目標を進行の方向に定めて視野は広く、②歩幅は少し広めにし、③着地は踵から、④踏み出した足は後ろに強く蹴ることである。

★正常歩行
立脚期と遊脚期が左右対称的な動きでリズミカルな歩行。

★異常歩行
身体に障害が生じたとき、歩行パターンに影響し正常歩行ができない状態。

★大転子部
大腿骨の外側に少し出ている部分のこと。

32—43
35—83

78 歩行に**杖**などを必要とし、**一部介助**を要する利用者の場合、自らの脚力で体重を支持することが困難で、バランスを崩しやすく、歩行に恐怖や疲労を感じていることが多い。左右の足にほんの少し重心を移動させながら歩く正常歩行の動きを体験しながら歩くことで、安定した力強い歩行動作が獲得できるようになる。

79 **杖の長さ**は、使用者の大転子部★と床までの長さで、杖をついたとき肘関節が約150度に**屈伸**（約30度に**屈曲**）する程度である。

80 片麻痺のある利用者における杖歩行の動作と介助のポイントは、**表9**のとおりである。

表9 ▶ 杖歩行の動作と介助のポイント

	動作	介助のポイント
2動作歩行	①杖＋麻痺側の足→②健側の足	・介護者は**麻痺側**の後方に位置する
3動作歩行	①杖→②麻痺側の足→③健側の足	
階段を昇る	①杖→②健側の足→③麻痺側の足	・介護者は**麻痺側**の後方に位置する
階段を降りる	①杖→②麻痺側の足→③健側の足	・介護者は**麻痺側**の前方に位置する
段差や溝を越える	①杖→②麻痺側の足→③健側の足 ・最初に障害物の先へ杖をつく ・次に麻痺側の足を出して障害物を越える ・最後に健側の足を出して障害物の先へ杖をつく	・バランスを崩しやすいので介護者は**麻痺側**の後方に位置する

81 **手すり**は、歩くための支持や段差の乗り越え、姿勢が変わるときの支持となる。手すりは床から80cm程度に設置し、直径は30mm程度が目安とされる。**L字型手すり**は、トイレや浴室、玄関に設置するとよい。

82 歩行時に**福祉用具**を使用することで、他人に依存することなく、自分の力で自立して歩行することができる。歩行時に使用する福祉用具には、**表10**にあげるものなどがある。

表10 ▶ 歩行時に使用する福祉用具

手すり	・「1人で歩行できるが、安定性に欠ける、疲れやすい」などの状況で利用する。 ・支持性が高く、転倒予防に効果がある。 ・床から80cm程度のところに設置、直径は30mm程度。
歩行器	・杖に比べて支持性・安定性が高い。 ・両手の力がしっかりしている必要がある。 ・フレームを左右交互に動かす交互式歩行器と、歩行器自体を持ち上げて動かす固定式歩行器、脚部に車輪がついていて手のひらや前腕部で支持して動かす前腕支持式歩行器がある。
T字杖	・最もよく使われている。**比較的少ない支持で歩行が可能な場合**に用いる。 ・適切な杖の長さは、肘を少し曲げた状態で握り、手をつかむ位置が大転子あたりの高さになるとよい。
白杖	・視覚障害者が障害物を確認しながら歩行するために使用する。折りたたみ式、直杖式、スライド式がある。
ロフストランド・クラッチ	・杖上方の**前腕支え**と**握り**の2か所で支持することで安定性がよくなり、**上肢の力を有効に使うことができる**ため、握力の弱い人などに適している。
多点杖・ウォーカーケイン	・支持面積が広く、安定性が高い。**手を離しても杖自体が立っている**ので、立位や歩行時のバランスが悪い場合に用いられる。
シルバーカー(歩行車)	・**歩行バランスの不安定な高齢者**に適している。 ・歩行の補助以外にも、荷物を運搬できたり、座って休憩できる機能もある。

● 車いすの介助

83 **車いす**は、歩行が困難な人の移動手段として利用する。単なる移動手段という意味だけでなく、虚弱高齢者、疾病・障害等のある人などが、自立した生活を送るうえで欠かすことのできない福祉用具である。

84 車いす介助における留意点は、**表11**のとおりである。

33—41
36—85

85 **ベッドから車いすへの移乗**の介助をする際、斜め接近法の場合では、ベッドの端に対して利用者の移乗しやすい角度で車いすを置く。

32—41

86 **ベッドから車いすへの移乗**では、車いすと同じ高さに調節可能な調節機能付きのベッドを活用すると容易になる。

表11 ▶ 車いす介助における留意点

全体に配慮すること	①利用者が安心して、快適に車いすに乗車できるようにする。 ②タイヤの空気圧などは、そのつど確認する。 ③車いすは両手でグリップを持って押す。
段差や不整地での介助法	①グリップを下に押し下げて、同時にティッピングレバーを強く踏みつければキャスタが持ち上がる。なお、キャスタを急に持ち上げると利用者が驚くので、事前に声をかけておく。 ②段差を昇るときは、キャスタを上げて前進し、キャスタを段上で静かに降ろす。 ③駆動輪を段差に近づけて押し上げる。グリップを前上方に持ち上げながら、大腿部でバックサポートを前に押すと上げやすくなる。実際に行う場合は利用者に注意を払う必要がある。 ④段差を降りるときは、必ず後ろ向きで降りる。駆動輪が急にガタンと落ちないようにして、グリップを持ち上げながらゆっくりと降ろす。キャスタを降ろす場合は、昇るときと同様に少しキャスタを上げながらゆっくり降ろす。
坂道での介助法	①坂道を上るときは、両足を前後に開き、しっかりと踏ん張って押す。 ②どのような勾配の坂道であったとしても後ろ向きに降りるほうが安全である。前向きで降りるとスピードが出すぎたり、利用者が前に投げ出されるおそれがある。
砂利道での介助法	キャスタはわずかな溝や段差でも影響を受けやすいので、砂利道の場合は、キャスタを上げて走行する。
階段昇降の介助法	利用者を車いすに乗せたまま階段を昇降する場合は、２人から４人の介護者が必要となる。 ①ブレーキをかけて駆動輪を固定させる。 ②介護者は、グリップやフットサポートのパイプ、駆動輪、アームサポートなどを持つようにする。ただし、アームサポートやフットサポートが着脱式のときは、はずれる場合があるので、固定されているパイプを持つ。 ③利用者に合図してから、介護者はタイミングを合わせて持ち上げる。
電車での介助法	電車を利用するときは、前もって利用する駅に連絡しておくとよい。電車への乗降方法は、段差が低いときは基本的には段差昇降と同様であり、高いときは階段昇降と同様である。ホームが傾斜している場合、転落の危険がある。
エレベーターでの介助法	車いすで操作できる位置に開閉や停止階ボタンが装備され、確認のための大きな鏡が正面に設置されている車いす対応のエレベーターと、車いす対応ではないエレベーターがあり、内外の環境や特徴、機能を把握したうえで介助する必要がある。 ①エレベーターのドアが開いたら、乗車中の人に声をかけて場所を確保する。 ②エレベーターの出入りは、正面から直角の方向に行うことを基本とする。 ③前輪が溝にはまらないように気を付けてエレベーターに乗り込み、エレベーターの昇降中はブレーキをかけたまま、動かないようにする。 ④エレベーターの中で方向転換をし、目的の階に到着したら前向きで降車する準備を整える（ただし、エレベーター内で方向転換できない場合、エレベーターの扉の溝などが広く、前輪が挟み込まれそうな場合などは、後ろ向きの状態で降車する）。 ⑤エレベーターから降りるときも、前輪が溝にはまらないよう少し浮かせて降りる。また、乗車中の人がいれば声をかけ、扉を開けておいてもらうなど協力を依頼する。 ⑥車いす対応ではない狭いエレベーターの場合は、介助には細心の注意を払うことが必要である。

87 対麻痺がある場合は、腰部までのバックサポートを装着した車いすを使用する。

 33—42

88 ベッドから車いすへ移乗する際、自力での移乗が困難な場合は介護が必要になる。**表12**のような**福祉用具**を使用することにより、介護負担の軽減と利用者の自立度を高めることにつながる。

 34—41

表12 ▶ 移乗介護に使用する福祉用具

ベッド用手すり (移動用バー)	ベッドサイドに取り付けるもので、上肢でつかみ体重を支えることで、車いすへの移乗が楽にできるようになる。
介助ベルト	利用者の腰に巻いて、介護者がベルトを持って支えることで、移乗の介助をしやすくする。
トランスファーボード (スライディングボード)	板状の用具で、ボードを車いすのシートにしっかりと乗せ、ベッドと車いすの間に渡して使用する。利用者は車いすのアームサポートをしっかり握り、ボードの上を滑るように移乗する。
スライディングシート (スライディングマット)	筒状のマットの内側が滑りやすいように加工されたもので、体位変換やベッド上での移動介助の負担を軽減する。
移動用リフト	利用者の臀部や脇の下を支えて持ち上げ、移動する。床走行式、固定式、据置式などのタイプがある。
回転式移乗器具	回転円盤に取り付けられたサドルに体幹を乗せ、身体の向きを変えながら移乗する。
回転移動盤	2枚の円盤を重ね合わせ、下の円盤は床面に固定され、上の円盤だけを回転させることで移乗する。

89 **電動車いす**は、上下肢の障害のために手動車いすを自分で駆動できない人や、駆動はできるが長距離の利用が困難な人が使用する。最高速度は時速6km以下に制限されている。

対象者の状態・状況に応じた留意点

90 片麻痺のある人の**バスの乗降車**は、**表13**のように行う。

91 **短下肢装具**は、下腿部より足部までの装具で、足関節の動きを制御するためのものである。適用例としては、脳卒中による**片麻痺**や**腓骨神経麻痺**などによる下垂足等がある（**表14**参照）。

生活支援技術

表13 ▶ 片麻痺のある人のバスの乗降車

①乗車の前に、運転手にからだが不自由なことと、座席に確実に座ってから発進してもらうように伝える。
②乗車口の階段を昇る場合には、健側で手すりをしっかり握り、健側の足を一段上に置いてから患側を引き上げてそろえる。介護者は一段下から腰を支えて押し上げるようにする。
③乗車口に近い通路側の座席に健側から座るのが望ましい。
④運転手に座ったことを告げる。
⑤降車のときは運転手に降車を告げて、車が停車してから座席から立つ。降車口では患側の足から降りる。介護者は一段下で腰を支えるようにする。

表14 ▶ 短下肢装具が用いられる歩行状態

①足を踏み出すときに、つま先でつまずく（下垂足）。
②足を着こうとするときに、つま先が固くなったり、内側へ向いて、踵が床にしっかりと着かない（内反尖足★）。
③膝が不安定でガクガクする。

★尖足
足関節が底側に屈曲・拘縮して屈曲できなくなる状態をいい、その原因はさまざまである。

92 視覚障害者の**手引き歩行**は、**ガイドヘルプ**などといわれる。手引き歩行をはじめる合図として、介護者は声をかけながら手の甲で視覚障害者の手の甲に触れる。基本姿勢は、介護者の肘の少し上を利用者に握ってもらい、介護者が利用者の半歩前を歩く。

93 視覚障害者の歩行介助では、歩くペースは利用者に合わせ、周囲の状況説明をしながら歩く。階段では、**一度停止**し、利用者が足先で階段の縁を確認してからゆっくり昇り降りする。

34—43

94 視覚障害者の外出支援において、乗り物の乗り降りへの支援については**表15**のとおりである。また、視覚障害者から一時離れるときには、壁や柱などに触れる位置まで誘導する。

表15 ▶ 視覚障害者の乗り物の乗り降りへの支援

バス	介助者は先に乗り、先に降りて介助する。
電車	介助者は先に乗り、先に降りて介助する。
乗用車	介助者は後で乗り★、先に降りて介助する。

ぷらすあるふぁ
タクシーなど乗用車の場合は、屋根に頭をぶつけないよう高さの確認をしてもらう必要があるので、介助者は後で乗ることになる。

95 点字ブロックは、視覚障害者が移動するための補助的な役割を果たす。歩道や駅のホーム等で、進む方向や安全を確認するために設置されている。視覚障害者は、駅のホーム等では点字ブロックの**内側**に位置するようにする。

96 **パーキンソン病**では、姿勢反射障害によりバランスがとりづらく転倒しやすい。そのため、リズムをとれるように**一声かけ**、一度足を**引いてから**歩き出してもらうと、一歩目が踏み出しやすくなる。

一問一答 ▶ P.100

4 自立に向けた身じたくの介護

ここでは、整容行動や口腔の清潔、衣服の着脱などの介護の基本技術を理解し、その人の状態に合った介護を行うことが必要であるという視点を忘れてはならない。さらに実際に援助する場合には、利用者の残存能力を確認することも必要になる。利用者の生活環境、状態などからどのような介護技術が必要なのかを考える力が問われている。また、経管栄養に伴う口腔ケアについても理解しておくことが求められている。

身じたくの意義と目的

97 身じたくは、外部環境や危険物から身を守る、**体温調節**や**清潔保持**、その他精神面にも大きく関係する。

98 身じたくは、**自分らしさ**を表現する１つの手段であり、社会生活を快適かつ円滑にし、精神的な満足感を得ることで社会性や生活意欲を高めるものである。身じたくを支援するということは、その人らしく生活をするための支援といえる。

99 介護福祉職は、利用者が身じたくに楽しみを見出せるように支援していく。「できること」「できるであろうこと」を利用者と考えながら支援していくとともに、**個別性**を尊重しながら、その人らしさを表現できるようにすることが大切である★。

+α ぷらすあるふぁ
生活習慣や身体の状況は一人ひとり違うため、その人の状態に合わせた生活支援技術が必要である。

身じたくの介護の視点

100 身じたくに関するアセスメントは、利用者の身じたくにおける**目的・目標**、**実行状況**★、**能力**★を把握するといったICFの視点をもつことが大切である。

101 介護福祉職には、利用者のADLや**健康状態**から社会生活全体までを視野に入れたアセスメントが求められる。

★実行状況
毎日のなかで特別な努力なしに実行している活動。

★能力
訓練や評価の場面で発揮できる活動能力。

身じたくの介護の基本となる知識と技術

● 整容

102 朝起きて洗面することによって、すっきりとした気分で1日をはじめることができる。洗面には、顔面の皮脂や汚れを除去し清潔を保持するとともに、血流を促進する効果がある。

103 安静時や起き上がりが困難で洗面ができない場合は、利用者に50～55℃程度（肌に触れたとき、タオルの温度が40～50℃を維持できるようにするため）の湯で濡らしてしぼったハンドタオルを渡し、できるだけ自分で拭いてもらうことが大切である。拭き残しのないように、利用者のペースに合わせて声をかける。

104 全介助の場合は、利用者の意向を聞きながら拭く。鼻や目の周囲には皮脂や汚れがつきやすいため、特に丁寧に拭く。必要に応じて石けんやクリームを使用する。

105 整髪を介助する場合は、利用者の希望を聞きながら丁寧に行う。**ブラッシング**は血行を促進し、フケや埃などの汚れを取り除く効果がある。ヘアスタイルや整髪料の使用の有無は、利用者の習慣やその日の気分で変わるため、丁寧なコミュニケーションが大切である。

106 **ひげ剃りの介助**では、利用者の生活習慣や希望をよく聞き、できないところを介助する。1日1回はひげを剃るのが一般的である。

107 **電気かみそり**による**ひげ剃りの介助**は、皮膚を伸ばし、直角に電気かみそりを軽く当て、ゆっくりとひげの流れに逆らって滑らせるように剃る。

108 ひげ剃りの介助における留意点は、**表16**のとおりである。

表16 ▶ ひげ剃りの介助における留意点

①電気かみそりは、伸びすぎたひげや皮膚のくぼんだ部分は剃りにくいことがある。
②電気かみそりを使用するときは、音や振動による利用者や周囲への不快感にも配慮する。
③電気・手動それぞれにかみそり負けを起こしやすいので、ひげ剃り後にはクリームや化粧水などをつけて皮膚を保護するよう配慮する。

109 爪は、足より手のほうが早く伸びる。まめに手入れをしないと、巻き爪や爪肥厚など変形の原因となって、足指先の動作や歩行の障害になったり、皮膚や衣服を傷つけたりする。身だしなみや清潔保持のほか、生活の安全のためにも爪切りは重要である。

110 高齢者の場合、爪がもろくて割れやすいため、力を入れすぎたり大きく切ろうとしたりせず、少しずつ切るようにする。切りすぎると深爪になり、かえって巻き爪の原因になるので爪の先端の白い部分を**1㎜ぐらい残す**。爪は水分に浸すと柔らかくなるので、入浴（手浴・足浴）後や、蒸しタオルなどを当てた後に行うと安全である。爪切りの後には、やすりをかけて滑らかにするとよい。

36—86

111 **爪切り**は、爪そのものに異常がなく、爪の周囲の皮膚にも化膿や炎症がなく、かつ糖尿病などの疾患に伴う専門的な管理が必要でない場合に限り、原則として医行為ではないとされ、医療職でなくても爪切りややすりがけをすることができる。爪や皮膚状態に異常が認められる場合には、速やかに医療職に**報告**する必要がある。

32—40
35—85

112 化粧は、女性にとって身だしなみのほかに、気分の活性化や社会参加、コミュニケーション、自己表現の手段にもなる。

● 口腔の清潔

113 口腔ケア★の主な目的と効果は、**表17**のとおりである。

★口腔ケア
・狭義：口腔衛生の維持・向上、口腔疾患や肺炎・感染予防を目的とする口腔清掃等を中心としたケア。
・広義：口腔のもつ機能（摂食、発音、呼吸等）の維持や向上、口腔疾患や障害の治療・リハビリテーション等までを含むケア。

表17 ▶ 口腔ケアの主な目的および効果

①虫歯、歯周疾患、口腔粘膜疾患等を予防する。
②口腔内の細菌繁殖を予防し、全身的な感染症（肺炎など）の予防を図る。
③口臭を予防する。
④唾液の分泌を促進し、口腔内の自浄作用を促し、口腔内の乾燥を予防する。
⑤正常な味覚を保ち、食欲を増進させる。

114 口腔ケアの介助における留意点は、**表18**のとおりである。また、口腔ケアの基本の方法は、**表19**のとおりである。

33—38
34—38
35—84

表18 ▶ 口腔ケアの介助における留意点

自立性：できることはできる限り利用者自身に行ってもらう。
安全性：誤嚥に注意し、安全を確保する。
有効性：効率的で効果的な方法とする。
普遍性：誰が行っても同等の効果がある方法とする。
経済性：経済的で効果的な方法とする。

表19 ▶ 口腔ケアの基本の方法

方法	留意点
ブラッシング法	・歯ブラシを用いて歯と歯肉のブラッシングを行い、口腔内を清掃する方法。可能であれば、ブラッシング前にうがいをする。
口腔粘膜の清掃法 口腔マッサージ	・口腔粘膜は毛部の柔らかい歯ブラシやスポンジブラシで、舌は毛部の柔らかい歯ブラシや専用の舌ブラシを使用して清掃する。 ・口腔粘膜は、口臭の原因ともなる食物残渣や口腔細菌等が付着しやすい部分であり、特に麻痺がある場合は、麻痺側に付着しやすくなる。 ・口腔マッサージと口腔粘膜の清掃は、誤嚥を予防するために、奥から手前に行うことが基本である。口腔内が乾燥していると舌苔の除去が困難であったり、舌の表面を傷つけてしまうため、うがいなどで湿らせてから行う。
口腔清拭法	・全身的に衰弱が激しい利用者や口腔内の炎症が激しい利用者等で、歯ブラシによる口腔清掃が困難な場合には、スポンジブラシや巻綿子・綿棒、ガーゼ等を用いて口腔内の清拭を行う。口腔清掃に比べ、歯垢除去の効果は低くなるが、誤嚥や口腔内の乾燥、口臭予防としては安全な方法といえる。
洗口（含嗽）法	・口腔内全体に水等の液体を行き渡らせ、排出することで食物残渣の除去や口腔内の保湿、爽快感等を得ることを目的とする。水を少量含み、左右の頬を動かすことによって、口腔周囲筋の機能訓練にもなる。洗口（含嗽）の際は、顎を少し引いたり、顔を横に向けたりすることなどによって、誤嚥しにくい姿勢を確保する。
義歯の清掃法	・基本的には、毎食後はずし、義歯用歯ブラシを用いて流水で洗う。その際、落下による破損や紛失防止のため、水を張った洗面器やボウル等を下に置いて洗うとよい。義歯は天然歯同様、細菌が繁殖しやすいため、毎日清掃することが大切である。

★ドライマウス
唾液の分泌不足などによって、慢性的に口が乾燥した状態。

115 ドライマウス★は、高齢者の約３割に自覚症状があるといわれている。この結果、摂食・嚥下機能や全身の健康に大きな支障を生じる。対応法としては、食物の残りかすなどを取り除く、口腔ケアに配慮する、飲み込みやすい食形態にする、などが重要となる。

116 **義歯**（入れ歯）には、**全部床義歯**（総入れ歯）と**部分床義歯**（部分入れ歯）がある。義歯の着脱のポイントは、**表20**のとおりである。

表20 ▶ 義歯の着脱のポイント

①全部床義歯は、上から装着し、下からはずす。
②義歯は、**回転させながら**着脱する。
③全部床義歯は、**下顎用**は前方を引き上げてはずし、**上顎用**は後方を下げてはずす。
④部分床義歯は、クラスプに爪を掛け、**下顎用**は上に引き上げるように、**上顎用**は下に引き下げるようにはずす。

117 義歯の保管では、清潔を保つことや乾燥を防ぐことが大切である。食後は義歯を取りはずし、義歯用の歯ブラシを用いて流水でよく洗う。

118 口腔ケアにおける体位は自立度に合わせて、「**立位**＞**座位**＞**半座位（ファーラー位）**＞**側臥位**」のうち、可能なもので行う。誤嚥を防止するため、仰臥位では行わない。

119 口腔ケアのための用具・器具のポイントは、**表21**のとおりである。

表21 ▶ 口腔ケアのための用具・器具のポイント

種類	ポイント
歯ブラシ	歯や軟組織を傷つけないよう、植毛部の大きさは小さく、毛の硬さは柔らかめのものを選ぶ。
電動歯ブラシ	歯ブラシによるブラッシングが困難な人が使用するのに有効である。
歯間ブラシ・フロス	歯ブラシの毛先が入り込めないような歯間隣接部に使用する。
口腔洗浄機	ジェット水圧で食物残渣を除去できるが、歯垢の除去はほとんどできない。
スポンジブラシ	弾力性や吸水性に優れており、歯や口腔粘膜に痛みがある場合に効果的である。水分が落ちない程度に湿潤させて使用する。
舌ブラシ	舌苔を取り除く際に使用する。
巻綿子・綿棒	口腔粘膜のケアには適しているが、歯の清掃には適していない。
ガーグルベースン	排水用容器として使用される。

120 一部介助を要する利用者の介助は、利用者のできる力を最大限に活かし、自立を支援する。握力が弱く歯ブラシを持つことができない利用者に対しては、持ちやすいように歯ブラシの柄の部分を太くするなど用具・器具を工夫することも大切である。

● 衣服着脱

121 衣服着脱の目的には、**表22**のような点がある。

表22 ▶ 衣服着脱の目的

目的	内容
体温調節	・気温の変化に対し、からだをできるだけ快適な状態にしておく。
皮膚の保護・衛生的機能	・外部からの刺激（埃、細菌、害虫、熱、日光、外傷など）から身を守る。 ・汗、脂肪、皮膚のはがれなどを吸収し、皮膚を清潔に保つ。
社会生活の維持と適応	・日常生活のそれぞれの場面に合わせて衣類を選ぶことで、快適な生活を送る。 ・自分らしさを表現する。

122 **衣服の選択**の基本は、身体の状態や日常生活の各場面等に応じた形や材質、生活習慣、利用者の好みなどを考慮することである。

34—39
35—86

123 衣服着脱の介助における留意点は、**表23**のとおりである。

表23 ▶ 衣服着脱の介助における留意点

①保温を図るため部屋を暖める。
②介護者の手は温めておく。
③麻痺がある場合は、健側から脱がせ患側から着せる（脱健着患）。
④健側上肢のそでが脱ぎやすいように患側上肢の肩口を少し広げてから、健側上肢のそでを脱がせる。
⑤からだの下になる部分に、しわやたるみをつくらない。
⑥和式寝巻の場合、右前（左上）になるように合わせる。

124 **肌着（下着）**は、汚れがなくても、毎日着替えることが基本である。素材は、**通気性**や**吸湿性**に優れた木綿や絹がよい。

125 **肌着（下着）**は、皮膚の損傷・発赤・掻痒感の原因になり得るため、のりづけはしない。柔軟剤の使用も皮膚障害の原因となり得るので注意する。購入したばかりの肌着は、のりづけされていることもあるため、一度洗濯するとよい。

126 **靴**は、軽くて履きやすいものがよい。また圧迫感がないことや、踵がしっかりしていることなど、長時間歩いても疲れないものを選ぶとよい。利用者の好みなどを考慮することが大切である。

TEST 33—37

対象者の状態・状況に応じた留意点

127 動作がゆっくりであっても、**自立度が高い**利用者の場合は、**自力で**着脱を行えるよう援助する。衣服を準備すれば自力で着替えられる、説明をすれば着替えられるなど、利用者の状況に合わせて見守りなどの援助を行う。

TEST 32—38

128 片麻痺・頸髄損傷による四肢麻痺・関節拘縮などがあり、通常の衣服着脱の動作が困難な場合は、利用者ができる部分を見きわめて、できない部分を援助する（**表24**参照）。

TEST 32—39

表24 ▶ 通常の衣服着脱の動作が困難な利用者が着脱しやすい衣服のポイント

①大きなボタン、スナップボタン、マジックテープ、ファスナーの付いた衣服
②ゴムなどで伸縮性のある衣服
③袖ぐりの広いものなどゆとりのある衣服
④ループつきの靴下　など

129 **片麻痺**のある利用者に対する更衣介助は、麻痺の部位と程度、可動域、残存能力等を確認し、たとえ認知症の症状などがあっても、可能な限り自力で行うように促す。拘縮がある場合、着替えの前に少し関節を動かしておくとよい。ズボンを自力ではくときは、まず麻痺側の脚を通し、次に健側の脚を通す。

TEST 36—87

130 **片麻痺**のある利用者が食事をする際、麻痺側に食物残渣がたまり、健側に比べて口腔清掃が適切に行えていないこともある。片麻痺のある利用者には麻痺側を意識してもらう支援が重要となる。

131 口腔ケアの際、**片麻痺**のある利用者に麻痺側を意識してもらうには、鏡を見ながら行ってもらうとよい。また、残存能力を最大限活かすように、持ちやすい歯ブラシの工夫や利き手交換の訓練をする、うがいができる場合、ブラッシング前にうがいをするなど、口腔ケアの自立を促していくことも大切である。

TEST 33—38

132 口腔内が乾燥している場合の助言では、唾液腺マッサージをするようにする。

TEST 33—39

133 **認知症**のある利用者は、理解力や判断力が徐々に障害されていくため、介助の意味が理解できなくなっていたり、毎日のケアに対して無関心になったり、抵抗を示したりする場合も少なくない。不安や混乱を招かないよう、**安心感**を得られるような援助を行うことが大切である。

134 **認知症**のある利用者の援助では、その**言動を否定せず**、受け止めながら、常に声をかけたり、手を握ってスキンシップを図ったりして温かく見守ることが大切である。また、口頭での説明による理解が困難な場合などは、介護福祉職が**隣で動作を示す**などの方法により、残されている力にはたらきかけることも重要である。

★経管栄養
経口摂取が不可能または不十分な場合に、体外から消化管内に通したチューブによって流動食を投与すること。

135 **経管栄養**★の利用者は、口腔機能が全般的に低下している場合が多く、口腔内の**自浄作用**の低下や口腔乾燥、口腔粘膜の脆弱化等を招きやすくなり、**口臭**も発生しやすい傾向にある。また、刺激による嘔吐などを避けるために、栄養注入直後の口腔ケアは避けるとよい。

136 **経管栄養**の利用者の口腔ケアを行う際は、**誤嚥**しないよう姿勢を考慮し、声をかけながら全身の状態を観察する。また、経鼻経管栄養チューブを固定しているテープがはがれやすくなっていたり、抜け出ていたり、口の中でとぐろを巻いているなどの場合は、早急に医療職に報告する必要がある。

137 **意識障害**のある利用者には、特に**誤嚥**や**窒息**に細心の注意を払うことが大切である。姿勢を考慮し、常に声をかけながら全身の状態を観察する。また口腔ケアを行う際は、必ず医療職に確認をとる。

★無歯顎
歯が1本もない状態のこと。

138 **無歯顎**★の利用者のなかには、義歯の清掃のみで、口腔内はうがい（洗口）程度で清掃をしていないことが多い。全部床義歯（総入れ歯）との接触面である顎堤や口蓋には多くの口腔細菌が繁殖しているため、**誤嚥性肺炎**等の全身疾患の原因となる。したがって、うがいのみでなく、口腔粘膜用清掃用具を使用した口腔ケアを行うことが大切である。

一問一答 ▶ P.101

5 自立に向けた食事の介護

障害別の食事介助の方法や、食品に関する知識、食事の姿勢など基本的な事項を学んでおく必要がある。

食事は、人間が生命を維持するために必要な基本的な生理的欲求である。健康を保つために、バランスのよい食事を規則的に摂ることが求められている。ここでは、食事を楽しむための環境づくりや食事介助の方法、利用者の状態や状況に応じた介助の留意点などを理解することが必要である。

食事の意義と目的

139 食事は、**栄養素**を摂取し、身体の健康を維持・増進することが大きな目的である。また、食事を楽しむことも生活の質という観点からみると重要である。

140 食事は、暮らしてきた生活様式や習慣、経済的な背景によって、調理方法や摂食方法などが異なっているので配慮が必要である。**食べ慣れた味**などが食欲を高めることもある。

食事介護の視点

141 食事の様子を見ることは、利用者の健康状態などを知る１つの方法である。介護福祉職は、利用者の**食事の量**、**好み**などを把握し、**体重の減少**、**嘔吐**などいつもと違う様子であれば、医療職へつなげることが大切である。

142 食事の介護では、利用者が自らの意思でおいしく食べられるよう、その人の食の嗜好性を尊重することが大切である。

143 食事をおいしく食べるためには、①献立に興味をもってもらう工夫をする、②座位の保持・誤嚥予防のために食事中の姿勢に配慮する、③食べやすい**道具**・**食器**の工夫、④食卓の**環境づくり**に配慮する、⑤口腔マッサージ、体操、ストレッチを行うなどの工夫が必要である。

144 義歯が合わなくなったり、飲み込む力が低下するなど、口腔内の機能が低下してきた場合には、**歯科医師**、**歯科衛生士**など、医療職との連携によって、食べる機能の改善につながるよう支援する。

食事介護の基本となる知識と技術

 32—45

145 食事の介助では、**姿勢**を整えることが大切である。食事時のいすの高さは踵が床に着くことによって、安定した姿勢の確保ができる程度、テーブルの高さは肘が楽に置ける程度がよいとされている。

 35—88

146 車いすで食事する場合、フットサポートから足をおろし、床に足の裏がつくようにする。足が床から浮いていると食事の姿勢がくずれやすい。

147 食事の介助では、手や口腔内の清潔を図ることが大切である。食前の洗口（うがい）は、口の中の粘りがとれて食欲を増加させるほか、誤嚥性肺炎の予防にもなる。うがいは、薬剤を用いずに**ぬるま湯**または**お茶**で行うのがよい。

148 **全介助**を要する利用者であっても、やむを得ない状態でない限り、ベッド上ではなく、食事の場としてふさわしい場所で摂るように支援することが求められる。やむを得ずベッド上で食事を摂る場合は、**座位の安定**を保つために介護用ベッドの機能を活用し、膝の下にクッションや枕などを当てて姿勢を安定させる。

35—25(ここ)

149 むせがひどい場合は、決して仰臥位のまま食事介助をしない。咽頭と気道に角度をつけると誤嚥しにくくなるため、からだを30度起こし頸部を前屈させるとよい。

 35—87

150 食事中にむせ込んだ場合、食事を一時中断し、前かがみの姿勢をとり、咳を続けてもらう。ただし注意点として、気管に食べ物などが入ってしまったときは、外へ出すことが大切である。

151 **片麻痺**のある人のベッド上での食事の介助の場合は、姿勢が傾かないよう**患側**の肩の部分にクッションや枕などを差し込み、**健側**をやや下にする配慮が必要である。

152 食事の介助における留意点は、**表25**のとおりである。

153 食後の介助は、歯みがき、または洗口（うがい）をして口の中を清潔にする。利用者は、消化を助けるために食後30分程度は、**安楽な姿勢**で休む。

表25 ▶ 食事の介助における留意点

①利用者と同じ高さになるようにいすなどに座る。
②食欲をそそるような言葉をかけ、好みを聞くなど楽しく食事できるようにする。
③食欲不振の時は、栄養のある食品（たんぱく質、ビタミンを含む食品）を出す。
④**最初は水分で口の中を潤すことがよい**と助言してから水やお茶、汁物等を飲んでもらう。
⑤流動食は、利用者の口角から注ぐ。また、吸い飲みは120ml程度であるが、適量になったら合図してもらう。
⑥スプーンやフォーク等が、歯などに当たらないようにする。
⑦一口の量や嚥下するまでの時間は、**利用者のペースに合わせる**。
⑧嚥下機能に不安がある人には、顎を引いた状態で飲み込んでもらい、食事形態もトロミを加えるなど工夫する。

154 食事の介助を行うとき、お茶や汁物を飲んでむせる、口の中に食物をため込んだまま飲み込もうとしない、食事中に咳き込んで喘鳴★が聞かれる、意識障害や見当識障害がある、一度に急いでたくさんほおばってしまうなどがみられるときは、誤嚥★の危険性があるので注意する。

155 **誤嚥**の場合は、飲み込んだ食塊が大きいと、気道を閉鎖してしまい、窒息死に至ることがあるので注意が必要である。

156 誤嚥しにくい食物としては、ヨーグルトやゼリー、プリン、煮こごり、とろろなどの**滑りがよいもの**、**トロミのついたもの**やソフト食などがある。口腔や咽頭を通過するときに変形しやすく、粘膜にくっつきにくいものが望ましいとされている。一方、誤嚥しやすい食物としては、生卵、こんにゃく、みそ汁などがある。**水分を多く含むもの**は誤嚥しやすいため注意が必要である。

157 **食事形態**は、食べる動作に大きく影響する。病院や施設では、常食、刻み食、軟菜食（ソフト食）、ミキサー食（ブレンダー食）、とろみ食、ゼリー食（ムース食）、液体などが出される。主として常食は、食べ物を咀嚼★する能力が必要で、刻み食は咀嚼によりかみ砕いたり、細かくする手間を省く意味をもつ。

158 **脱水**とは、水分やナトリウム（Na）などの電解質が不足した状態で、一般的な原因は食事および水分摂取量の不足であるが、発熱、下痢、利尿剤の過剰投与などで起こることもある。高齢になると、からだの水分量が減少し、喉が渇いたことを察知する神経も鈍化してしまうため、**脱水になりやすい**。

★喘鳴
呼吸をするときに、「ヒューヒュー」「ゼーゼー」などの音がすること。

★誤嚥
加齢に伴う嚥下機能の低下や、病気による麻痺などによって、嚥下しにくくなり、本来食道に入る飲食物が気道に入ってしまうこと。

36—88

★咀嚼
よくかみ砕くこと。

35—38（発達）

159 脱水が疑われるときは、口腔や舌、皮膚が**乾燥**していないか、便秘、**下痢**はしていないか、**尿量**は減っていないかなどを観察する。

160 人体の60％は**水分**である。一般に、１日に約**2500ml**の**水分摂取**が必要とされているが、高齢者は夜間の頻尿を嫌い水分を摂取したがらないので、水分摂取を促すことが大切である。なお、水分摂取の回数が少ないときは、摂取量などをチェックする。**経口補水液**などを用いた、こまめな水分摂取の介助が求められる。

対象者の状態・状況に応じた介護の留意点

33—44

161 加齢に伴う身体機能の変化に対応した食事として、**表26**のような点に注意する必要がある。

表26 ▶ 加齢に伴う身体機能の変化に対応した食事

身体機能の変化	対応した食事
味覚の低下	・**糖分や塩分を増やすと、糖尿病や高血圧などのリスクが高まるため**行ってはならない。 ・好みを観察し、おいしく感じる味を探す。 ・食事の温度を人肌程度にすると味を感じやすい。
消化吸収機能の低下	・消化しやすい食べ物（**お粥・豆腐・バナナ**など）にする。 ・食物繊維を含んだ食べ物は消化しにくいため避ける。
唾液分泌の低下	・水分を多く含んだ食べ物にする。
咀嚼力の低下	・咀嚼の負担を軽減する刻み食にする。 ・咀嚼しやすい柔らかい料理にする。
腸の蠕動運動の低下	・乳酸菌を多く含んだ食べ物にする。 ・食物繊維を多く含んだ食べ物にする。
口渇感の低下	・飲み物以外からも水分を摂取できるよう、水分を多く含んだ食べ物にする。

TEST 36—89

162 加齢などに伴う身体機能の変化に対応するために、**食事の食べ残し**が目立つ場合には**管理栄養士**や**医療職**などの専門職と連携することが必要である。

163 **嚥下障害**がある場合の食事の介助における留意点は、**表27**のとおりである。また、飲み込みの機能を向上させるために、食前に**嚥下体操**がよいとされる。

33—43
34—44
36—88

表27 ▶ 嚥下障害がある場合の食事の介助における留意点

①意識がしっかりしているときに食事をしてもらう。
②飲み込むときに前に首を曲げるようにして顎を引いた姿勢で「ごっくん」と飲み込むようにする★。
③一口あたりの摂取量は少量にする。
④誤嚥しにくい食物としては、プリンなどの滑りがよいものがよい（156参照）。
⑤状態をよく観察し、少しでも危ないと思ったら中止し、様子を見る。
⑥**食事の温度**は、体温と同程度だと刺激が少なく嚥下反射が起こりにくいため、**体温よりも少し冷たくするか温かくする**。

+α ぷらすあるふぁ
利用者の目線より高い位置からの食事介助は、目線が上がることで顎も上がるため誤嚥しやすくなる。

生活支援技術

164 逆流性食道炎の症状がある場合は、１日の食事の回数を多くして小分けにして食べるとよい。

35—89

165 片麻痺のある人は、咀嚼・嚥下機能が低下している患側に食べ物がたまってしまうことがある。そのため、介助をする場合は、患側の口腔内を確認できるよう**健側**から行う。

166 片麻痺のある人の場合、**半側空間無視★**によって左右いずれかの側の食事を食べ残すことがある。そのため、見える位置にトレイを置くなどの配慮が必要である。

★半側空間無視
麻痺側の感覚が鈍麻していたり、麻痺側にある物が見えているにもかかわらず認知できていなかったりする状態。

167 **視覚障害者**に対して、食卓の上の食器（料理）の位置を説明するため時計の文字盤にたとえる方法を**クロック・ポジション**という（**図４**参照）。

32—83

図４ ▶ クロック・ポジション

 32—46

 36—90

168 **骨粗鬆症**を予防・改善する食事として、カルシウム（Ca）やビタミンD、ビタミンKを多く含む食品を摂るとよい。

169 血液透析を受けている場合の食事の介護では、食事の管理が長期にわたって必要になる。具体的には、たんぱく質、カリウム（K）、塩分、水分が制限される場合がある。例えば、野菜類などでは茹でこぼす方法や水にさらす方法で、カリウム量を減らすことなどができる（**表28**参照）。

表28 ▶ 血液透析を受けている場合の食事の工夫

エネルギー確保の工夫	・たんぱく質が含まれない砂糖やでんぷん、サラダ油、マヨネーズ、ドレッシング等を使用する。
良質なたんぱく質の摂取	・肉・魚・卵などを適度にとる。 ・乳製品や加工食品にはリンも多く含まれているため、摂りすぎに注意。
塩分制限の工夫	・酢やレモン汁、香辛料などを利用。 ・みそ汁の具を多くする。汁を少なくする。 ・しょうゆやソースは、かけて食べるより、つけて食べる。 ・うどんやそばは、なるべく汁を飲まないようにする。
水分制限の工夫	・調理の際には、十分煮詰める。煮汁はいっしょに盛りつけない。 ・湯のみ茶碗は小さいものを使用する。 ・体内の水分量が多くなったときは、主食をパンやもちに替える。 ・水分の多い食品（果物、缶詰、おろし大根、こんにゃく、プリン、ゼリー、ヨーグルトなど）は、食べすぎない。
カリウム制限の工夫	・カリウムの多い食品を調べる。 ・調理の際、ゆでこぼしたり、水にさらしたりして、カリウムを減らす。 ・好物を少しだけ食べるようにする。 ・果物は缶詰のものを食べる。シロップは飲まない。

資料：介護福祉士養成講座編集委員会編『最新 介護福祉士養成講座⑧生活支援技術Ⅲ（第２版）』中央法規出版、2022年、117頁を一部改変

一問一答 ▶ P.102

6 自立に向けた入浴・清潔保持の介護

入浴・清潔保持は、食事や排泄と比べて優先順位が低くなりがちである。だからこそ、専門職として、利用者主体、自立支援の視点を踏まえた介助方法や利用者の状態・状況に応じた介助の留意点を学習することが必要である。

入浴・清潔保持の意義と目的

170 **入浴**や**清拭**は、身体の**清潔保持**と**感染予防**、**血行促進**や**新陳代謝**を促すという生理的に意義のある行為である。傷や褥瘡、皮膚損傷からの回復や、適度な体力の消耗による**安眠効果**もある。また、からだが温まる**保温効果**や、疲労回復でからだが活性化し、食欲が増進したり、ストレスを解消するなどの**精神的な効果**もある。

171 入浴は、浴槽内で温めた四肢を少しずつ動かし、固まった可動範囲を広げていくなど**リハビリテーション**の一環として活用されることもある。社会的には、清潔の保持が**人間関係の継続**や新たな関係を形成していくなどの効果としても、意義のあるものである。

入浴・清潔保持の介護の視点

172 入浴の介助にあたっては、利用者のこれまでの**生活習慣**や、現在の**心身機能**や**健康状態**、**活動**の状態、入浴や清潔に対する利用者の考えや**希望**などの**精神的側面**、入浴場所や介護者等の**環境的側面**、福祉用具の活用など、さまざまな側面から検討し、利用者に適した安全で安楽な方法を選択する。

173 入浴の介助は、**安全**で楽しく入ることができる工夫や環境づくりに配慮する。

174 浴室の設備が身体機能と合わない場合は、補助具等を活用し、利用者が**安全**で**安楽**な入浴を行うことができるようにする。裸になる行為なので**自尊心**や羞恥心への配慮を忘れないように注意する。

175 **自立度**が高く自分一人で入浴できる人は、**できるだけ一人で入ってもらう**ように心がける。ただし、自立度が高いからといって、浴室・脱衣所での事故や危険を防ぐ環境整備を怠ってはならない。

176 洗面器を置く位置などによっては、前傾姿勢やしゃがむ姿勢など、危険な場合もあるため、介護福祉職はシャワーチェアやバスボードなど**福祉用具**の知識を身につけ、残存能力と**ボディメカニクス**に沿った動作を基準に、利用者の疾病・特性に合わせた介助ができるようにする。

入浴・清潔保持の介護の基本となる知識と技術

● 入浴・シャワー浴・機械浴

TEST 33—45 34—47 34—48 36—93 **177** 安全で安楽な入浴の介助を行うための注意点は、**表29**のとおりである。

178 入浴前には、**湯温**を確認しておく。消化能力の低下を招かないように**食事直後**や、低血圧にならないように**空腹時**などは避けるよう特に留意し、**排泄**は事前にすませる。

TEST 34—48 **179** 入浴中、シャワーの使用やかけ湯をする場合などには、湯を実際に出して、**介護福祉職**の手で温度の確認を行う。

TEST 34—49 36—91 **180** シャワーやかけ湯では、からだの**末梢**から**中枢**の順に湯をかける。片麻痺がある利用者の入浴介助時の留意点は、**表30**のとおりである。

181 入浴時、介護福祉職がからだを洗う場合には、**上半身**から**下半身**を原則としつつ利用者の生活習慣に合わせ自己選択、自己決定を尊重する。

182 座位バランスがとれない利用者は、安定した体位を保持するため必ず**2人以上**で介助する。また、陰部をタオルで覆うなど羞恥心に配慮した介助を行う。

183 浴槽のタイプとその特徴は、**表31**のとおりである。

TEST 34—50 **184** シャワー用車いすを使用する場合、段差に注意する。

表29 ▶ 入浴の介助の注意点

入浴前	・利用者に入浴の意思を確認してから体温などの健康状態をチェックする。 体温は平常値であること。 気道通過障害の呼吸音（ゼーゼー）を発している場合や苦しそうな症状、褥瘡などがある場合は、医師や看護師に相談する。 ・排泄をすませる。 ・入浴の30分くらい前に水分摂取をする。 ・湯温の目安としては、40℃程度が適温とされている。必ず介護福祉職の手で確認する。 ・降圧剤を服用している場合、服用直後は控える。 ・脱衣所と浴室の温度差がないようにする。
入浴中	・湯につかる時間は５～10分程度とする。また、顔色や表情に注意して、疲労がないよう声かけをする。特殊浴槽でも、利用者の負担は変わらないので入浴時間に注意する。 ・入浴中の事故が多いため、浴槽につかっている間も、介護福祉職は浴室から離れてはならない。 ・背部を洗うときは、側臥位にして行う。 ・臀部や陰部用の専用のスポンジまたは小タオルに石けん等をつけて、臀部や陰部をきれいに洗い流す。 ・からだ用のスポンジまたは小タオルで全身を洗い、手や足はできるだけからだの中心部に向かって洗うようにする。 ・頭髪を洗うときは、シャンプーを手で泡立ててから髪につけ、頭皮をマッサージするような要領で、手指の腹で洗うようにし爪は立てない。 ・利用者が陰部を洗うときは、介護福祉職は、羞恥心に配慮した位置に立ち見守る。 ・転倒の原因になるものに対する配慮をする。
入浴後	・体調をチェックする。 ・よく乾いたバスタオルでからだや頭髪を拭く。必要に応じて、ヘアドライヤーで乾かす。 ・着衣し、整える。利用者が着衣の順番がわからない場合は、着る順に声をかける。 ・水分を補給し保温と安静に配慮し、利用者の状態をよく観察する。 ・浴槽や用具の洗浄と消毒をする。

表30 ▶ 片麻痺がある利用者の入浴介助時の留意点

・患側では、知覚が低下し、湯温を正確に知覚できないので、かけ湯は健側から行う。
・介護者は患側に位置して移動を介助する。
・一段以上の段差がある場合には、健側から上がり、患側から降りる。
・浴槽への出入りの原則は、健側から行う。
・浴槽内では、姿勢が安定するよう支援を行う。
・浴槽内から一部介助で立ち上がるときには健側で手すりをつかみ、前傾姿勢がとれるようにする。
・浴槽から出る場合には、いったん浴槽の縁やバスボードに座る。

表31 ▶ 浴槽のタイプと特徴

タイプ	特徴	形状
和式	足を曲げて入る、狭くてまたぎにくい深めの浴槽。湯に深くつかる姿勢になるため、心臓病や高血圧の人、高齢者には好ましくない一面もあるとの指摘がある。背中にあたる部分の形状が直角に近いほど立ち上がりやすい。	
洋式	縦に長く浅めの浴槽で、からだを伸ばして入ることができる。縁が低いので入浴しやすく、からだに圧迫のない浴槽。足先が届かず姿勢が不安定となり、からだが浮くため滑りやすく、立ち上がりにくい。	
和洋折衷式	洋式よりはからだを起こした状態で入る。自然な体勢で入浴できる、和式と洋式の長所を合わせた中間タイプの浴槽。	

34—48

185 **シャワー浴**は、皮膚表面は温まるが、湯をかけてもすぐに冷える。入浴よりも**気化熱★**が奪われ皮膚の温度が下がるため、乾いたタオルですぐに拭く配慮が必要である。

★気化熱
液体が蒸発して気体になる（気化）ときにまわりから吸収する熱のこと。

186 **機械浴**の場合は、**浮力**による状況に注意する必要がある。また、利用者をスライディングさせるときや昇降させる場合には、ベルト着用の確認や**上下肢の保護**に留意する。

● 足浴・手浴

35—101

187 **足浴**は、足先だけでなく膝に近い下肢全体を湯につけて洗うと全身の**爽快感★**を得られ、**安眠効果**がある。血液循環の悪い人にとっては、**循環促進効果**がある。膝から上をタオルケットで覆い、不必要な露出は避ける。湯温は**ぬるめ**がよい。湯温の確認は介護福祉職が**適温**を準備し、利用者に確認する。

★爽快感
爽やかで気持ちがよいこと。

36—92

188 **足浴**を実施する際には片足ずつ行うが、その際には洗う側の**足関節を保持**し、利用者への負担の軽減を図る。足底は容器の**底面**につくようにする。

189 **手浴**は、日常生活習慣を維持し、汚れなどを除去することで爽快感を得られ、**血液循環**の改善や**二次感染**の予防を図ることができる。

190 手浴は、麻痺側を温め指を動かすことで**拘縮**の予防にもつながる。

191 座位が可能な場合は、いすやベッド脇に座り**足浴・手浴**を行う。座位がとれない寝たきりの人の場合や、立位や座位がとれる人でも状態によってはベッド上で、**仰臥位**の姿勢で行う場合もある。

192 **足浴・手浴**とも、利用者の状態を確認し、その利用者にあった時間で実施する。長時間の実施は体調変化を生じる場合もある。

193 **足浴・手浴**ともに、入浴後は指間の水分を残さないように拭く。

33—46

● 清拭

194 入浴できないときには、タオルなどを用いてからだを拭く。これを**清拭**といい、**全身清拭**、**部分清拭**、**陰部洗浄**がある。清拭は疲労感が**少なく**★爽快感が得られるほか、快眠を誘う。タオルの温度が適温になるように、タオルをつける湯の温度は**50～55℃**程度がよい。

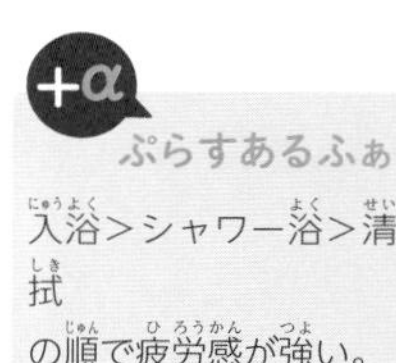

195 **清拭**は、拭く部分を温めた後、**ウォッシュクロス**を手に巻き、泡立てた石けんをつけて拭く。平均した圧力で滑らかに拭くことが大切である。四肢は、**末梢**から**中枢**に拭くのが原則である。次に、少し強めに拭いて石けん分を十分に拭き取り、あとは乾いたタオルで拭くとよい。自分でできるところは自分で拭いてもらう。

32—48

196 **清拭**は、入浴の代わりに行われることが多いので、利用者にとって快適であったかどうかを確認することが大切である。汗をかいている場合などは、**石けん**を用いたほうが利用者に**爽快感**がある。発汗しやすい部分の**腋窩**など、褥瘡ができやすい背部、臀部などは毎日清潔にする。

197 片麻痺のある利用者の背部を拭くときは、**健側**を下にして楽な姿勢にする。**血液循環**がよくなるように蒸しタオルで背中や腰臀部を温め、バスタオルやビニールで覆い、その後清拭を行うと爽快感が向上する。

32—48

198 **部分清拭**は、寝たきり状態で発汗が多い人や部分的に汚れた箇所を簡易に清潔にしたり、**褥瘡**になりやすい**仙骨部位**などの**血液循環**の改善目的で行う。褥瘡ができている場合は、医療職の指示のもとに必要箇所を清拭する。

199 **四肢の清拭**では、拭く部位に近い**関節**を介護者の手で下から支えると安楽に行える。特に麻痺のある場合は注意する。

33—46

200 胸部を拭くときは、広い範囲を拭くので、タオルが冷めないよう肌から離さずに拭く。汚れのたまりやすい**皮膚の密着している部分**（腋窩、乳房の下側など）は、丁寧に拭く。丸みのある箇所（乳房・乳頭・臍・腹部など）は、**しわを伸ばして**、丸く拭く。

 32—48

201 腹部は、大腸の走行に沿うように、「の」の字に拭くとよい。

 32—48 35—91

202 目の清潔の介助のポイントは**表32**のとおりである。

表32 ▶ 目の清潔の介助のポイント

- 目頭から目尻に向けて拭き、同じ面は二度使わないようにする。
- **目やに**は、湯に浸したガーゼや脱脂綿、タオルで**柔らかくしてから拭き取る**。
- 目のごみは、こすると結膜に付着して取りにくいため、瞬きをして涙で洗い流す。市販の洗眼水で洗い流すのもよい。難しい場合は、眼科受診を勧める。

203 鼻汁が固まった鼻づまりは、鼻を片側ずつかんでもらうか、かめない場合は綿棒にベビーオイルなどをつけて取る。鼻を強くかまないよう注意が必要である。**鼻毛**は抜かずに切る。

 34—37

204 耳掃除では、しぼった温かいタオルで耳全体を拭く。事前に**耳垢**（耳あか）の状態を観察しておく。耳垢は、内側から自然に排出される作用があるため、介護福祉職は外耳の耳介と外耳道の手入れをする。このとき、綿棒は鼓膜を傷つけないように、目に見える範囲（入口から1㎝程度、2㎝以上は入れない）で入れるようにする。**乾燥した耳垢**は、綿棒を湿らせてから取る。

205 耳垢がたまると炎症を起こしたり、聞こえが悪くなったりする。耳垢が外耳道に栓のように詰まる**耳垢塞栓**のときには、医療職に報告し、対応してもらう。

206 臀部は、内側から外側に向け円を描くように丸く拭き取る。陰部は、女性の場合には前から後ろ（会陰から肛門）へ、男性の場合には汚れがたまりやすい亀頭に配慮し、睾丸は裏のしわを伸ばしながら拭く。

● 洗髪

207 **洗髪**は、頭部の皮膚（被髪頭部）と髪の毛を洗うことで汚れを取り、頭皮を刺激し爽快感を与え、血行促進や毛髪の成長を促す効果がある。頭皮や髪の毛は、代謝による汗や皮脂、埃で汚れやすく、かゆみやにおいの原因となる。

208 洗髪の前に、**ブラッシング**をして、汚れやふけを浮き上がらせておく。その後、湯温を確認してから頭部全体に湯をかけるが、目や耳、顔にしぶきが飛び散らないように低い位置から湯をかける。

209 **洗髪**は、指の腹で頭皮を揉むようにシャンプーする。シャンプーの泡をタオルで取り除いてから、泡を流す。洗髪後に**ドライヤー**をかけるときは熱風を地肌に当てず、少し離して乾かす。

 35—90

210 仰臥位での洗髪では、利用者の体位を安楽に保つ。**後頭部**を洗う際には、頭部全体を支え、**頭部に負担をかけない**ようにして洗う。

211 利用者の体調・習慣・好み・身体の状態を考慮し、洗髪の回数や洗髪以外で頭部を清潔にする方法（**表33**参照）を選択する。

表33 ▶ 洗髪以外で頭部を清潔にする方法

- 湯で湿らせたタオルで拭く
- ヘアトニック、ヘアローション、ヘアクリームを使用する
- オイルシャンプーを使用する
- ドライシャンプー★を使用する　など

★ドライシャンプー
湯と石けんを使用しないシャンプー。種類も豊富である。ブラッシング後にドライシャンプー剤をしみこませ、毛髪を小分けにして頭皮と毛根を清拭する。アルコール成分が含まれているものは、頭皮に湿疹や傷がない場合に使用する。

対象者の状態・状況に応じた介護の留意点

212 入浴は体力を消耗するため、浴槽内にいる時間は5～10分程度とする。医療職と連携し、**循環器系・呼吸器系**の病状に注意することも大切である。

 33—45

213 認知症がある利用者で着衣失行がある場合には介護福祉職が着る順番に声をかけたりする。

 35—92

214 入浴・清潔保持の介護をする際は、事故防止の観点から**表34**の点に注意する。

表34 ▶ 事故防止の留意点

①湯温が42℃以上になると**血圧上昇**がみられ、血圧や呼吸・心拍数が増加するため、持病や疾患がある人は湯温を低めに設定する。
②高温の湯による**やけど**、石けんや床のぬめりなどによる**転倒**に注意する。
③温度差や長湯による起立性低血圧（立ちくらみ）、脱水、熱中症などの意識障害に注意する。
④発汗や利尿作用による血液濃度の変化、皮膚の乾燥や体調に配慮する。
⑤入浴手順などを認知機能に合わせる。

215 異常時の対応は、**表35**のとおりである。

表35 ▶ 異常時の対応

①入浴中に体調が悪くなった場合は、浴室外に出るかベンチや平らなところで安静を保ち、様子をみる。
②**浴槽内で溺れたとき**は、すぐに栓を抜いて湯を流し、利用者の顔を持ち上げて気道を確保し、利用者を前屈みの姿勢にし、腰を支えて引き寄せ、浴槽から引き上げる。
③浴槽で温まると手足の血管が拡張し、一過性の脳貧血によってめまいを起こすことがある。その場合は浴槽から出て、仰臥位で安静にする。
④**のぼせたとき**は、冷水や冷たいタオルで顔を拭き、少し楽になったら水分補給をして様子をみる。
⑤呼吸・意識状態をみて、異常を感じたときは、医療職・家族・主治医などに連絡し、必要に応じて救急車の要請をする。
⑥入浴中に**痙攣が起きた場合**は、直ちに利用者を浴槽から引き上げる。安静を保ち、呼吸しやすくし、窒息や誤嚥を防ぐ。発作はたいてい2～3分以内に治まるので、**見守る**。発作が治まらない場合や、呼吸状態が悪化する場合は早期に救急車を要請する。
⑦利用者が入浴中に**熱傷（やけど）を負った場合**は、栓を抜き、浴槽から利用者を引き上げる。熱傷した箇所を20～30分ほど流冷水（水道水）でかけ流しながら冷やす。水疱は破らないように注意する。冷水で冷やした後、患部の清潔を保って医師の指示や診断を受けることが必要である。
⑧熱傷の範囲が小さくて軽い場合は、流水以外にアイスジェルパッド・冷湿布・クールゲルなどで熱感がとれるまで冷やし続けるのも効果がある。

216 脱衣所と浴室の**温度差**が大きい場合、利用者は**ヒートショック**を受けて、血管が著しく伸縮し、血圧が急激に上昇したり下降したりすることがある。このような血圧の急変動は、**脈拍数**の急増や心筋梗塞、脳血管疾患などを引き起こす可能性があり、急死することもあるので注意を要する。

32—49

217 **心疾患**のある利用者の場合は、浴槽内の水位を心臓より下にすることで、心臓への負担を軽くする。

TEST 33—45 33—47

218 **老人性皮膚掻痒症**の場合には、ぬるめの湯で入浴し、皮膚の脂肪分を保つような入浴剤を用いる。石けんは弱酸性のものを用い、皮膚をこすらないように洗う。入浴後、保湿剤を塗布する場合もある。

32—49

219 **ストーマ**のある利用者の場合、**腹腔内圧**により湯が体内に入ることはないため、ストーマ装具をはずして入浴できる。ストーマ装具をつけたままの入浴も可能である。また、食後は腸の動きにより便が出ることがあるため、**食後1時間は入浴を避ける**ことが望ましい。

★腹水
腹腔内に多量の体液が貯留した状態。腹水が貯留すると、横隔膜が押し上げられ、呼吸がしにくい状態となる。

220 **腹水**★がある場合は、呼吸を圧迫しないように、水圧がかからないようにして入浴する。

32—49

221 **血液透析**を受けている利用者の場合、透析直後の入浴は、出血や血圧変化を考慮し控える。

222 **糖尿病**のある利用者の入浴時には、**下肢末梢**の皮膚の状態を観察することが重要である。異常がある場合には医療職に報告をする。

223 **酸素療養**中の利用者は、鼻カニューレをつけたまま入浴**できる**。

32—49

224 胃ろうを造設していても、**入浴は可能**である。

32—49

一問一答 ▶ P.102

7 自立に向けた排泄の介護

人間が生きていくために老廃物を体外に出すことは必要不可欠な行為である。この排泄行為については、多くの人は最期まで他者の世話にならないで、自分自身で行いたいと願っているのではないだろうか。そのために、基本的な排泄介助の方法、利用者の状態・状況に応じた介助の留意点などを学習することが必要である。

排泄の意義と目的

225 **排泄**は生命を維持し、**健康**な生活を送るための基本的な条件であり、人間の**尊厳**にかかわるきわめてプライベートなものである。そのため、**自尊心**の低下を防ぐとともに、利用者の**排泄リズム**・**習慣**に合った排泄の仕方を尊重する。

226 失禁するからとすぐにおむつにすれば、利用者はからだを動かす気力を失い、それが引き金となって**廃用症候群**になることもある。尿失禁・便失禁があっても、それが老化に伴う**身体的機能の低下**によるものなのか、**疾患・障害**によるものなのか、**薬物の副作用**によるものなのかによって援助の方法が変わる。

227 排泄介護がいかに利用者に**精神的ストレス**を与えるかを理解し、利用者が不愉快な思い、恥ずかしい思いをすることなくゆっくりと排泄できるよう、**環境**を整えることが重要である。

228 外出時の排泄に対する不安解消策として、事前に多機能トイレの場所を確認するなどの対策も必要である。

36—119(総合)

排泄介護の視点

229 排泄の介護は、介護を必要とする状況であっても**尊厳**が保持され、プライバシーが保護され、利用者の状況に合わせて、安心して気持ちよく排泄行為が行えることを支援するものである。利用者の排泄物にも注意することで、利用者の健康状態に関する情報を得ることができる。

230 排泄の介助は、**表36**の点に留意し、気持ちよく安心して排泄できるようにする。

表36 ▶ 排泄の介助における留意点

①言葉や態度に配慮する。
②排泄を、気がねなくできる環境を工夫する。
③安全のためトイレに手すりなどをつける。
④プライバシーを守りストレスにならないようにする。
⑤便器、尿器を選ぶときは、排泄障害に合わせる。
⑥排泄時の姿勢は座位がよい。
⑦排泄物を観察し、異常があるときは医療職に連絡する。
⑧排泄を失敗した場合には、**失敗をとがめず**、リラックスしてもらい、**自信喪失**させないように注意する。

35—93

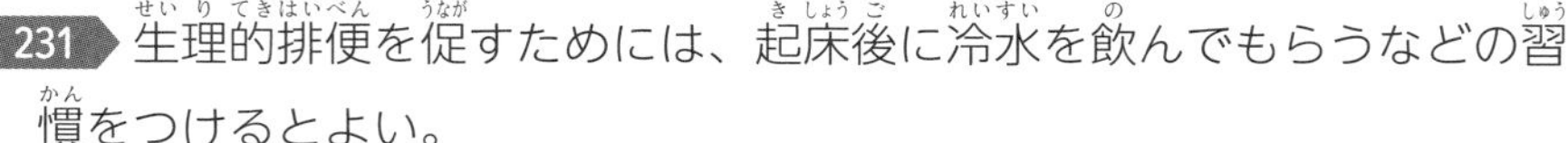

231 生理的排便を促すためには、起床後に冷水を飲んでもらうなどの習慣をつけるとよい。

33—48

232 排泄の介助における自立への視点は、**表37**のとおりである。

表37 ▶ 排泄の介助における自立への視点

①羞恥心の理解と人間としての尊厳を尊重する。
②介護負担を軽くする合理的な技術を身につける。
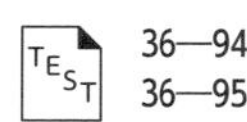
36—94
36—95
③尿意・便意があり、座位が保持できれば基本的にトイレを使用する。移動できない場合は、便器や尿器を段階的に考える。
④排泄は、利用者の自然な動きを活用するため、できるだけ座位で行う。
⑤介護用品や補助用具を上手に使う。
⑥身体機能を活かせる衣類を選択する。
⑦利用者の排泄リズム・習慣を活かす。
⑧安心して排泄できるように、トイレ内やトイレまでの環境を整える。
⑨おむつは最後の手段とし、どうしても必要な場合は利用者の尿量や生活スタイルに合ったものを使用する。

排泄介護の基本となる知識と技術

233 正常に排泄できるためには、**表38**の３つの条件が整っていることが必要である。

表38 ▶ 正常に排泄できる条件

①排泄に関する連続したADLを行うことができる。
②食事、水分を摂ることができ、尿や便をつくるメカニズムが正常である。
③尿や便をしっかりためて、しっかり出すための臓器や脳神経系が正常である。

234 排泄には、ADL、知的・精神的能力、膀胱、尿道、直腸機能の正常なはたらきが求められる。排泄の**コントロール**が難しくなったときは、一連の動作のどこに支障があり、その原因となっている障害は何か（ADL、知的レベル、膀胱、尿道、直腸機能障害など）を把握することが、適切な介護につながる。

● トイレ・ポータブルトイレ

235 トイレには、主に**和式トイレ**、**洋式トイレ**の２種類があるが、高齢者の場合は**洋式トイレ**が適している。

236 トイレでの座位では、**足底**が床に着くこと、**前傾姿勢**が可能であることは**腹圧**を高めるために有効であり、排泄を容易にする。

237 利用者が自分で排泄後の後始末ができない場合には、介護福祉職が介助する。女性の場合は、**尿路感染症の予防**（膀胱炎等の予防）のため、**前**から**後ろ**（**尿道口**から**肛門部**）に向けて拭く。また、介護福祉職は**手袋**を使用し、使用後の**手袋**は捨て、その後手洗いをする。利用者の手洗いも忘れずに行う。

35―95

238 **ポータブルトイレ**を選ぶための具体的な基準としては、**表39**の点があげられる。

表39 ▶ ポータブルトイレを選ぶための基準

①安定感があること
②身体機能に合った肘かけや背もたれがあること
③足を引くスペース（蹴こみ）があって立ち上がりやすいこと
④手入れがしやすいこと　など

32—50

239 ポータブルトイレを使用する場合は、ベッドにスイングアーム介助バーを設置すると移乗しやすい。

240 片麻痺のある利用者にポータブルトイレを設置する場所としては、健側足部を原則とする。

241 ポータブルトイレを使用した場合は、そのつど速やかに片づけを行い、臭気を残さないようにする。

242 補高便座、**電動昇降便座**は、便座からの立ち上がりが困難な利用者に便利である。足底が床に着かない場合には足台を、前傾姿勢の安定のためにはテーブル等を活用することがある。

● 採尿器・差し込み便器

243 **尿器**・**便器**等の使用は、自立度を維持し、排泄物が皮膚に直接長く触れないため**清潔保持**につながる。尿意、便意はあるが立位や座位を保つ体力がない、起き上がりやポータブルトイレの移乗に介助を要するとき、夜間に介助の力を得られないときなどに使用する。個々の利用者に適合する用具を用いる。介助時には利用者に説明すること、同意を得ることを忘れない。

244 尿器は、尿意はあるが立位がとれない、立位を保つ体力がない、トイレへの移動が困難といった利用者がベッド上で排尿をするための用具であり、女性用・男性用の区別がある。

245 差し込み便器は、便意はあるがトイレへの移動が困難か、体力がない場合に、ベッド上で排便・排尿（女性のみ）★をする用具である。

+α ぷらすあるふぁ
男性は排尿に尿器を、排便に差し込み便器を用いるが、女性は排尿・排便ともに差し込み便器を用いる。

246 自動排泄処理装置は、センサーによって尿を吸引する。高低差がなくても尿が流れるようになっており、男女別のレシーバーがある。夜間の介護負担を**軽減**する目的等で用いられることが多い。

247 男性の尿器使用の場合、陰茎を尿器の受尿口に入れるよう伝え、入っているかを確認する。自分で入れられないときは介助することの了承を得て、使い捨て手袋をつけ介助する。手でしっかり尿器を持ってもらい、固定する。

248 女性の尿器使用の場合は、仰臥位で、尿が飛び散らないように両膝を閉じるようにしてもらう。尿器の縁を陰部に密着させる。

249 男女とも差し込み便器を使用する場合には、使用前の便器は温めておく。肛門部が便器の中央にくるように注意する。便器によるからだへの不要な圧迫感、違和感がないかを確認する。腹圧をかけやすくするため、また**直腸肛門角**を排便しやすい鈍角にするために、ベッドの上体を上げるようにする。

250 女性が差し込み便器を使用する場合には、トイレットペーパーを恥骨部から会陰部、便器の底までかけ、尿の飛び散りを防ぐ。下半身には掛け物をかける。

251 男性が差し込み便器等を使用する場合には、尿意が同時にあることを想定し、尿器の準備もしておく。

● おむつ

252 **便意・尿意がわからない状態**のときには、**おむつ**を使用する。排泄の間隔を把握し、汚れたおむつはできるだけ早く交換することが重要である。また、片麻痺がある人のおむつを換えるときには、患側が下になる時間をできるだけ少なくするなどの配慮をする。

253 おむつとパッドの素材には、布と紙がある。それぞれ**表40**のような特徴がある。

表40 ▶ 布おむつと紙おむつの特徴

	長所	短所
布おむつ	・ふだんから使用している下着と同じ布である ・吸汗性に優れ、洗濯すれば繰り返し使用できる ・体型に沿わせやすい ・ごみが出ない	・洗濯・乾燥・組み合わせの準備がいる ・重ねて使用するためかさばる ・おむつカバーが必要 ・濡れたときの不快感がある
紙おむつ	・高分子吸水材により1回の排尿を1枚の紙おむつで吸収できる ・種類が豊富でADLや体型、排泄に合わせて選択できる ・使い捨てなので衛生的である	・ごみが出る ・経済的負担になる

254 おむつや失禁用パッドを使用していて、陰部に発赤等を確認した場合には、使用物品が皮膚に刺激を与えている場合を考える。物品の変更や排泄行為を再アセスメントし利用者に適した介助を考える。

255 **布おむつの装着方法**の留意点は、**表41**のとおりである。

表41 ▶ 布おむつの装着方法の留意点

①女性の場合、臀部（尻）に尿が流れやすいので、臀部の部分を２つ折りにして**厚くする**。
②男性の場合、尿道付近を**厚めにあてる**ため、縦おむつを折り返す。
③おむつカバーからおむつがはみ出ないよう、１～２㎝内側にセットする。
④装着後に背部と足まわりからおむつがはみ出していないか必ず確認する。

256 **紙おむつ**の腹部のテープは、上は下側へ、下は上側へと**クロスする**ようにとめる。

257 おむつと腹部の間には、指１～２本程度の余裕をもたせる。鼠径部をきつく締めると、下肢のかゆみやむくみの原因となる。

258 尿失禁用のパッドでは吸収しにくい**水様便**、**泥状便**の場合は、吸収率を上げた**便失禁用のパッド**などを活用する。

259 おむつ交換時の介助にあたっては、感染対策の基盤となる**スタンダードプリコーション（標準予防策）**★の原則から**使い捨て手袋**を使用する。排泄物および付着した部分を**素手**で触らないようにし、汚れたおむつは、汚れを**内側**に丸めてビニール袋に入れ、**袋の口を固く縛る**。

★**スタンダードプリコーション（標準予防策）**
感染症や疾患の有無に関係なく排泄物や血液、体液（汗を除く）等を潜在的な感染源とみなして対応する予防策。

対象者の状態・状況に応じた留意点

260 **頻尿**、**尿失禁**、**便秘**、**下痢**、**便失禁**は、排泄障害のために尿や便が漏れる、出せないといった状態をいう。これらの障害は原疾患によるものや、服用中の薬物の副作用から起こることが多く、医療職等との協働・連携で対応する。対応方法は、①治る可能性があるものは治療する、②治療とともにケアを行う、③ケアのみで対応する、の３つである。

261 頻尿、尿失禁におけるアセスメントの視点として、24時間の排尿の**時刻**と１回の**尿量**（目盛りつきコップ・パッドやおむつで計量）を３日間程度チェックする。排尿時痛や下腹部痛、尿の濁りがある場合は膀胱炎の罹患が考えられ、医療職と相談し、利用者の意向を確認して受診・治療につなげる。

262 膀胱に尿がたまっても、ある程度、自分の意思で我慢できるが、さまざまな原因によって我慢できずに排尿してしまうことを**尿失禁**という（下巻「こころとからだのしくみ」**336**（**表49**・**表50**）参照）。

263 片麻痺のある利用者の排泄介助の留意点は、**表42**のとおりである。

33—50

表42 ▶ 片麻痺のある利用者の排泄介助の留意点

トイレへの移乗	車いすやベッドから向かって、健側にトイレが位置するようにする。便座に移動したら、座位の安定を確認する。
手すりの設置	手すりは利用者の健側に設置する。
ズボン・下着を下ろす	健側の手で手すりにつかまった状態で、支えながら下ろす。
ズボン・下着を上げる	立ち上がる前に、健側の手で大腿部まで上げてもらう。

264 **認知機能が低下している**利用者の場合には、尿意、トイレの場所確認・移動、便器の使用、衣服の着脱、排尿後始末、便器の洗浄が理解できるかどうか確認する。成功したときは利用者が爽快と感じるサインを出せるようにし、満足感を残せるとよい（**表43**参照）。

34—52

表43 ▶ 認知機能が低下している利用者に対する排泄介助の具体例

状態	具体例
尿意を伝えられない	尿意の動作のサインを見つけ、そのときに誘導する。
トイレ以外の場所で排泄する	誰が、どこでいつ排泄したかを記録し、状況をアセスメントし利用者に合った対応をする。 トイレの場所がわかるよう、夜間はトイレの照明をつけて、ドアを開けておく。
便器を正しく使用できずに汚す	トイレの使用状況を確認し、その人が使用できる便器を設置する、汚染しない位置にそのつど誘導する、清掃しやすい床材に変える。
衣服の着脱方法がわからない、脱がずに排泄する	着脱が簡単にできる衣服を着てもらう。
排尿途中で立ち上がる	排尿中立ち上がらないように見守る。
便意がわからず失禁してしまう	排便のサインを見つけてトイレに誘導するか、食後の決まった時間にトイレで排泄姿勢をとるように習慣化する。

★便秘
3日以上排便がない状態、または毎日排便があっても残便感がある状態。

34—51

★食物繊維
人の消化酵素で消化されない食物成分。食後血糖上昇抑制作用、血中コレステロール低下作用がある。

★水溶性食物繊維
水に溶けるもので、こんにゃくや海藻類などがある。

★不溶性食物繊維
水に溶けにくく、水分を含んで膨らむもので、野菜類や豆類などがある。

35—94

265 **便秘★の予防**には、**表44**のような支援を行う。

表44 ▶ 便秘の予防のための支援

- 排便反射による便意を逃さずに、排便する習慣をつける援助を行う。
- 座位姿勢がとれるように、排便姿勢の習得を支援する。
- 便意は15分我慢すると消失するため、便意が生じたらすぐに排泄できるように対応する。
- トイレ環境を整備する。
- 水分の摂取量保持、食事内容の工夫。咀嚼力を高めるために義歯の点検、必要があれば歯科受診を検討する。
- 日中活動の支援をする。

266 活動性の低下も便秘の原因となるので、上体ひねり、足関節の屈伸や膝の屈伸、両膝抱え運動、足底を着け上肢で支える腰上げ、腹式呼吸、腹部のマッサージ（大腸の走行に合わせ、「の」の字を書くように行う）等、ベッド上でもできる運動を１日の生活に組み込み、習慣づける。散歩などの支援も有効な運動となる。

267 高齢者に多い**便秘の原因**の１つは、食物繊維★の摂取が少ないことである。海藻やさつまいも、ごぼうなど食物繊維を多く含んだ食品の摂取は、便秘予防だけでなく、腸内の有害物質を体外に排泄する作用などがある。

268 **直腸性便秘**は、直腸に便があるにもかかわらず便意を催さないタイプである。朝食後、**トイレに座る**ことで排便習慣の再確立を試みる。

269 介護福祉職が利用者の食に関する情報と排泄に関する情報を**栄養士**や**調理師**に伝え、共有することは健康維持に欠かせない。介護福祉職が**水溶性食物繊維★**、**不溶性食物繊維★**が献立のなかにどのように取り入れられているのか助言を受け、意識して食事介助をすることで、便秘予防へとつながる。

270 便意がはっきりしない場合には、朝食後時間を決めてトイレへ誘導することも、便失禁の改善につながる。

271 **嵌入便による便失禁**は、活動性の低い脳血管障害のある利用者にみられる。水様便が持続的に漏れているため下痢と間違えやすく、注意が必要である。介護福祉職は、医療職からの指示によって、座薬の挿入または浣腸を行うこともある。以後は便秘にならないように対応する。

272 **下痢**は、**水分**と**電解質**が失われるため**脱水症状**を起こしやすいので、注意が必要である。腹部症状のほかに**尿量**、**皮膚の状態**、**意識状態**(ぼーっとしていないか)、水分摂取量に留意する。

273 下痢への対応には、**表45**のような支援を行う。

表45 ▶ 下痢への対応

対応	具体例
心身の安静と保温	下腹部への**温刺激**は交感神経を刺激し、腸蠕動を鎮静させる。頻回な場合はポータブルトイレ、便器を使用する。
水分補給や食事	脱水予防のため経口摂取が可能であれば**白湯**、室温の**スポーツドリンク**を100mlくらいずつ補給する。食事は下痢が止まってからおかゆなどからはじめ、**冷水**、**牛乳**、**炭酸飲料**、**脂肪**は避ける。
皮膚の炎症を防ぐ	下痢の水様便は**消化酵素**を含み、肛門周囲の**皮膚に炎症を起こしやすい**ので、排便後は洗浄または肛門清拭剤をつけた柔らかいティッシュで押し拭く。皮膚保護材を使用し、便が皮膚と接触しないようにする。
感染防止	病原性大腸菌、サルモネラ、赤痢などによる腸管の感染症は、重篤な腸炎を起こすことがある。速やかな治療とスタンダードプリコーションに準じた職員全員の対応で感染の拡大を防ぐ。

274 下痢が続く場合は、医療職との連携をとり、受診治療につなげる。主な治療法は**止痢薬**だが、症状が強い場合は**輸液療法**★で脱水と電解質異常の治療が行われる。

275 **導尿**とは、膀胱に尿が貯留しているのに自力で出せない場合、尿道から膀胱内にカテーテル(管)を挿入し、排尿を促す**医行為**である。導尿には、①**間欠的導尿**★、②カテーテル留置による**持続的導尿**がある。

276 **膀胱留置カテーテル**の装着者には、**尿路感染**の徴候(発熱、尿混濁や浮遊物)や膀胱結石、潰瘍の発生の徴候(尿の混入物、血尿)の観察を十分に行う。**尿路感染症**の予防のために、陰部の清潔に努め、1日1500〜2000mlの飲水を勧める。**蓄尿バッグ**は、尿の逆流を防ぐため膀胱よりも**高い**位置にならないようにする。

277 膀胱留置カテーテルが折れていないことを確認する。

★輸液療法
生命維持のため、水、電解質、栄養分を静脈に注入する療法。

★間欠的導尿
膀胱に尿がたまるたびに、無菌的操作によりカテーテルを挿入して導尿する方法。持続的導尿に比べて尿路感染の危険性が少ないとされる。

32—51

32—51

278 **脊髄損傷**では、しばしば排泄障害を伴う。尿路感染症を起こしやすいので、**残尿を少なくする**よう援助する。外出時には、あらかじめ排尿時間や排尿場所に配慮する。

33―49

279 導尿は、医行為であり、介護福祉職は行うことはできない。正しい知識をもち、カテーテルの準備、体位保持を援助し、排尿が安全、円滑に行われるよう見守る（**表46**参照）。

表46 ▶ 介護福祉職の行う自己導尿の支援

①取りやすいところにカテーテルを準備する。 ②体位が不安定にならないように支える（座位姿勢の保持）。 ③プライバシー、羞恥心に配慮し、ドア・カーテンを閉める。 ④排尿時間と排尿量、色、におい、性状を観察し記録する。

280 自己導尿とは、利用者がカテーテルを尿道から膀胱に入れて、一定時間ごとに導尿を行うことである。

281 **浣腸**は、便秘になり苦痛（腹部膨満感がある、便が硬く排泄できない）があるときに直腸や結腸の下部を刺激して蠕動運動を促進し、排便を促す目的で行う。

★座薬（坐薬）
体温によって溶解、軟化しやすいように成形した薬剤。直腸や膣などに用いる。

282 市販の**浣腸器**を用いた**浣腸**や**座薬（坐薬）**★は、原則として**医行為ではない**と通知され解釈されているが、利用者の状態を把握し、実施条件を確認し、利用者、家族、医療職と連携して行う。利用者の病状が不安定である場合は医行為とされる場合もあり得るので注意が必要である（上巻「介護の基本」**41**（**表3**）参照）。

32―52

283 **座薬（坐薬）**を入れる際の体位は、側臥位とする（**表47**参照）。

表47 ▶ 座薬（坐薬）挿入時の支援

①側臥位にする。 ②口呼吸を促す。 ③薬に潤滑液をつける。 ④とがった方から挿入する。 ⑤挿入後、薬が排出されないか確認する。

36―96

284 浣腸液は、39～40℃にあたためる。直腸温（正常時の深部体温は、平均37.2～37.5℃などとされるが、研究によっては、男性36.7～37.5℃、女性36.8～37.1℃というデータもある）よりやや高めにするのは、蠕動運動を促進させるためである。

285 浣腸液を注入するときには、腸の走行にそって無理なく注入できるようにするため、利用者は左側臥位とし、液はゆっくり入れる。

 36—96

286 **ストーマ**は、セルフケアが原則である。利用者自身が排泄物を捨てることができないときや、家族も対応できず援助が必要な場合に、介護福祉職が排泄物を捨てる支援を行う。介護福祉職はストーマの状態が安定していて、医療職の専門的な管理を必要としていないことを条件に、パウチにたまった排泄物を捨てることができる。また、**パウチの取り替え**は原則として**医行為には該当しない**とされている。

287 パウチにたまった排泄物を捨てる際は、手を洗って清潔にし、使い捨て手袋などをはめて行う。パウチの留め具はきちんとついているか、漏れはないか、フランジははずれかけていないかなどを確認する。

288 パウチに排泄物が3分の1から2分の1程度たまったら排泄物を処理する。寝る前には、パウチ内に便がたまっていたら捨てる。

 36—100

289 **消化管ストーマ**を造設している場合は、ウエストをベルトで締めつけない服を選ぶ。

290 **回腸ストーマ（イレオストミー）**のある人の便は、**水様**から**泥状**である。そのため、脱水に注意し、水分摂取が重要である。

291 食物繊維が豊富な**れんこん**や**ごぼう**は、ストーマ開口部にひっかかって詰まることがあるので、摂取する際には、刻み食にするなどの工夫が必要である。

一問一答 ▶ P.102

8 自立に向けた家事の介護

家事支援では、居室やトイレの掃除、ごみ出し、掃除の準備や片づけ、洗濯機等による洗濯、洗濯物の乾燥、衣類の整理など、調理等の支援では、食事の献立作成、買い物、調理、配膳・下膳、後片づけなどの行為について基本的な知識、介助の留意点を学習することが必要である。

家事の意義と目的

292 **家事支援**のサービスは、介護保険制度の訪問介護（ホームヘルプサービス）として位置づけられている。介護保険制度で規定された訪問介護の内容は、**表48**のとおりであり、家事支援は生活援助となる。

表48 ▶ 介護保険制度で規定された訪問介護の内容

身体介護	食事や排泄、入浴などの介助を行う
生活援助	掃除や洗濯、食事の準備や調理を行う

293 在宅介護の場合は、見たこと、気づいたことなどを訪問介護事業所等に報告・連絡し、サービス提供責任者★が介護支援専門員（ケアマネジャー）に連絡する。そこからさらに各居宅サービス事業者に連絡する。

★サービス提供責任者
訪問介護計画の作成など、訪問介護事業所が利用者にサービスを提供するにあたり必要な業務を担う。

家事支援の視点

294 家事支援では、利用者の生活が継続して、その延長線上に今があることを踏まえ、利用者の生活歴や今後の希望を知ることが重要である。生活歴に密着した暮らしができるように支援することで、**その人らしい生活が継続**し、利用者が主体の、安心した生活を送ることができる。

295 家事にはさまざまなプロセスがある。そのプロセスのなかで利用者のできる部分を探していくと、家事に自然に**参加**する機会となる。家事への参加は**自信**を取り戻すきっかけにもなり、生活の主体者であることを実感することができる。

家事支援の基本となる知識と技術

● 家庭経営、家計の管理

296 生活には、経済的な側面が必要不可欠である。経済面の考え方や価値観、また収入や貯蓄などは人によって異なる。そうした違いを踏まえながら、**消費生活**を考える必要がある。

297 認知症が進行すると、**金銭管理**が困難になってくる。介護福祉職は、**金銭を預かることはできない**が、利用者に簡単な家計簿をつけることを勧めたり、不必要なものを購入しないように助言したりするなど、一緒に考えることはできる。自治体などへつなぎ、成年後見制度や日常生活自立支援事業の利用を検討することもできる（上巻「社会の理解」432～445、466～468参照）。

298 エンゲル係数は、ドイツの社会統計学者エンゲルが唱えたもので、**家計の消費支出**に占める**飲食費の割合**のこと。一般的にエンゲル係数が高いと生活水準が低いとされる。

● 買い物

299 どのくらいの予算で、どのような物をどれだけ購入するのかを考え、実行すること（**買い物**）は、**家庭経営**としても重要である。自分の生活を自分自身で管理することが、人の生活の営みの基礎であり、買い物は、社会的交流、参加の観点からも大切な行為である。

300 **買い物の支援**では、どの店に行きたいかを前もって確認し、距離などに無理はないか、移動に危険がないかなどを検討する。車いすで出かける場合は、車いすで入ることができる店かどうかを確認する。利用者が外出先でトイレを利用することが考えられる場合は、どのようなトイレが設置されているのかも確認しておく必要がある。

301 **買い物を代行**する場合、利用者や家族と必要なものを相談する。介護福祉職がまかされている場合は、予算を確認し、購入しなければならない物をメモし、利用者や家族の希望する店で購入することが基本である。訪問介護計画に決められている時間とサービス内容の実施を勘案して、別の店で購入するような場合は利用者や家族に了解を得ておく。お金をいくら預かり、いくら使って残金はいくらなのか、レシート（領収証）などを貼った記録を必ず残す。

★通信販売
インターネットやテレビショッピングなどの通信販売にはクーリング・オフ制度はないため、返品については、事業者の定めた条件に従うことになっている。

302 消費者として商品を購入する際は、消費者基本法やクーリング・オフ制度により守られている。**消費者基本法**は、企業に対して弱い立場にある消費者の権利の尊重、自立支援を理念として掲げている。

303 **クーリング・オフ制度**とは、**店舗**や**通信販売**★（自分から買い物をする場合）以外の訪問販売などの契約で、契約後一定期間内であれば消費者側が販売側に通知して無条件で**解約**できる制度である（**表49**参照）。

表49 ▶ クーリング・オフ制度が適用される取引内容と期間

取引内容	法定書面を受領した日からの期間	適用対象
訪問販売	8日間	自宅への訪問販売、キャッチセールス、アポイントメントセールス
電話勧誘販売	8日間	資格取得用教材などを電話で勧誘し、申し込みを受ける販売
特定継続的役務提供	8日間	エステティックサロン、美容医療、語学教室、家庭教師派遣、学習塾、パソコン教室、結婚相手紹介サービスの７つの役務が対象であり、高額の対価を約する取引
連鎖販売取引（マルチ商法）	20日間	個人を販売員として勧誘し、さらに次の販売員を勧誘させる形で、販売組織を連鎖的に拡大して行う商品・役務の販売（健康食品、化粧品など）
業務提供誘引販売取引	20日間	「仕事を提供するので収入が得られる」と誘引し、教材、チラシなどの購入（金銭負担）を伴う内職
訪問購入	8日間	自宅に訪問し、物品を買い取っていくもの

TEST 32—55 36—99

304 最近の消費者問題は、販売・勧誘に関するものが多い。特に高齢者は対象になりがちであるから注意する。**悪質商法**と呼ばれるもののなかには、マルチ商法やSF（催眠）商法、ネガティブ・オプション（送りつけ商法）などがある（**表50**参照）。また、相談窓口としては、**国民生活センター**や**消費生活センター**などがある。

● 被服生活の基本

305 **衣服の役割**には、**身体**の保護や**体温**の調節、皮膚面の**清潔保持**などの実際的な機能、身体的な目的や冠婚葬祭用の衣服や、職業・所属に付随する制服など広い意味で社会環境への**適応**という機能がある。また、衣服には**自己表現**という精神面にかかわる役割もある。

表50 ▶ 主な悪質商法

名称	内容
アポイントメント商法	「当選しました」「あなたが選ばれました」などと、アクセサリーや教養娯楽教材、サービスなどを販売する商法
ネガティブ・オプション（送りつけ商法）	商品を一方的に送りつけて代金を請求する商法
キャッチセールス	街頭で声をかけ、喫茶店や営業所に連れ込み、化粧品やエステティックサービス、アクセサリーなどの契約をさせる商法
マルチ商法	自分が商品・サービスを契約し、次に買い手を探し、買い手が増えるごとにマージンが入るネズミ講式の取り引き形態
さむらい（士）商法、資格商法	「教材を購入して受講すると、試験が免除されますよ」などと、資格取得のための講座などを契約させる商法
電話勧誘販売	強引な電話勧誘により商品一般・サービスなどを販売する商法
家庭訪問販売	消費者宅を訪問し、商品一般・サービスなどを販売する商法
点検商法	「点検に来た」と言って来訪し、修理不能、危険な状態、期限が切れているなど、事実と異なることを言って新品や別の商品を売りつける商法
SF（催眠）商法	閉め切った会場などに人を集め、健康食品や商品一般などを売りつける商法

306 **保温効果**を高めるためには、衣類の間に薄手の衣類を重ねると効果的である。

307 利用者のなかには、体温調節がうまくいかない人や、加齢のため体感温度が一般の人と異なる人もいる。暑いと感じずに厚手の衣服などを着たままでいると、**脱水**を起こす場合もあるため、注意が必要である。

● 被服の組成

308 **繊維**は、原料の種類等により、**天然繊維**と**化学繊維**に大別される。また、**吸湿性の大小**から、**親水性繊維**（天然繊維（綿・麻・毛・絹）・再生繊維（レーヨン・キュプラ））と**疎水性繊維**（半合成繊維（アセテート）・合成繊維（ポリエステル・アクリル・ポリウレタン・ビニロン））に分類できる★。

+α ぷらすあるふぁ

親水性繊維は水になじみやすいもの、疎水性繊維は水になじみにくいものと覚えておこう。

309 **アクリル**は、保温性があり、毛に似た風合いがある、しわになりにくい、軽く柔らかいという特徴がある。一方で、吸湿性が低く、静電気が起きやすい、熱に弱い、毛玉ができやすいという特徴もある。

310 **ポリエステル**は、布が編物の場合には、通気性と速乾性があり涼しい。織物の場合、織り方により気密性が高くなっている布は、エアコンを使用した部屋では涼しいが、屋外では蒸し暑く感じることがある。熱中症の原因となる場合があるので、高齢者は注意する。

● 洗濯

TEST 33—52

311 簡単なしみは、洗濯の前に**しみ抜き**をする。しみ抜きの方法は、**表51**のとおりである。

表51 ▶ しみ抜きの方法

しみの種類		しみ抜きの方法
水溶性	しょうゆ、ソース、紅茶、果汁、**コーヒー**、茶、ジュース	水をつけた綿棒や歯ブラシで、しみの周辺から中心に向けてたたく。
	血液	台所用洗剤を水に溶かし、しみの周辺から中心に向けてたたく。
水油混合	ドレッシング、カレー、ミートソース、アイスクリーム、マヨネーズ、(焼肉用) たれ	
油性	えりあか、口紅、クレヨン、ボールペン、**チョコレート**など	ベンジン★を使う→洗剤を使う。
	朱肉	エタノールをつけたブラシでたたく。
不溶性	墨汁	歯みがき粉をつけてもみ洗いしたり、ご飯粒をすりこんでもよい。
	泥はね	まず、泥を乾かす。表面を叩いたり、もんだり、ブラシをかけたりしながら落とす。
その他	ガム	氷で冷やして、爪ではがす。

★ベンジン
石油から精製された揮発性の薬品のこと。引火しやすいので取り扱いには注意が必要である。

312 衣類に**ほころび**や破れがある場合は、**修理**してから洗濯する。

313 **洗濯方法**は、手洗いと洗濯機洗い、ドライクリーニングなどがある。**ドライクリーニング**とは、乾式洗濯ともいい、水ではなく有機溶剤で洗濯するもので、油性の汚れを落とすのに適している。毛や絹など水分を含むことで膨潤し型崩れする衣類の洗濯に適する方法である。

314 **ファスナー**は閉じた状態で洗うほうが、生地を傷めない。汚れは閉じた状態でも落ちる。

315 **洗剤の主成分**は、界面活性剤★であり、汚れを繊維から引き離すはたらきがある。**洗剤の種類**は、表52のとおりである。

表52 ▶ 洗剤の種類

種類	液性	適する繊維の種類
石けん	弱アルカリ	綿、麻、合成繊維　など
合成洗剤	弱アルカリ	綿、麻、合成繊維　など
	中性	毛、絹、綿、麻、合成繊維　など

316 合成洗剤は、**弱アルカリ性**のほうが**中性**よりも汚れ落ちがよい。

317 **漂白剤**には、酸化漂白剤（酸素系漂白剤・塩素系漂白剤）と還元漂白剤がある。酸化漂白剤の酸素系漂白剤は、**色柄物**に使用できるが、塩素系漂白剤の使用は、**白物のみ**である。効力の強い塩素系漂白剤は、除菌効果は高いが布も傷めやすく、**毛**、**絹**には使用できない（**表53**参照）。

318 還元漂白剤は、鉄分による**黄変**や樹脂加工品の塩素系漂白剤による**黄変**を回復させて、すべての繊維の**白物のみ**に用いることができる（**表53**参照）。

319 酸素系漂白剤は、水洗いできる白物、**色物**、**柄物**の繊維製品（木綿、麻、毛、絹）に用いることができる（**表53**参照）。

320 全自動洗濯機を使用する場合、節約のために、洗濯物が少量の場合は、白物・色物一緒にしてほしいという利用者もいるが、**便**や**嘔吐物**などの汚物で汚染されているものに関しては、感染症予防の観点から少量でも分けて洗濯することの必要性を伝え、ほかの部分は利用者の意思を確認してから行う。

321 日本の洗濯に関するJIS表示が見直され、2016（平成28）年12月から、国際標準化機構（ISO）が定めた国際規格に統一された。

322 洗濯物の表示は、**表54**のとおりである。

★界面活性剤
物質の境の面にはたらきかけて、性質を変化させるもののこと。油になじみやすい部分（親油基）と水になじみやすい部分（親水基）からなる。

34—54

33—51

表53 ▶ 漂白剤の種類と特徴

種類		特徴
酸化漂白剤	塩素系	除菌効果は高い。 綿・麻・アクリル・レーヨン・ポリエステル・キュプラの白物衣料に使える。 酸性タイプのものと混ぜると有害な塩素ガスが発生するので危険である。
	酸素系	水洗いできる白物、**色物**、**柄物**の繊維製品（木綿、麻、毛、絹）。また、冷水より**温水**のほうが早く効果が出る。 衣類の除菌・抗菌・除臭やしみ・部分汚れの漂白（食べこぼし、調味料、えり・袖口、血液など）。 赤ちゃんの衣料の漂白にも使える。 ※毛・絹の衣料の場合は、中性洗剤を使う。
還元漂白剤		すべての**白物**衣料に使える。 酸化型の漂白剤で落ちないしみが落とせる。

資料：介護福祉士養成講座編集委員会編『最新 介護福祉士養成講座⑥生活支援技術Ⅰ（第２版）』中央法規出版、2022年、236頁を一部改変

表54 ▶ 主な洗濯表示

記号	記号の意味
30	液温は30℃を限度とし、洗濯機で弱い洗濯処理ができる
	家庭での洗濯禁止
	日陰のつり干しがよい
P	パークロロエチレンおよび石油系溶剤によるドライクリーニングができる（溶剤に２％の水添加）
P	パークロロエチレンおよび石油系溶剤による弱いドライクリーニングができる

衣類・寝具の衛生管理

323 **衣類の管理**や**保管方法**は、素材や使用方法、季節などに合わせる。管理の仕方が悪いと、不衛生となって感染などによる**健康被害**が起きたり、衣類を傷めて着られなくなるなどの**不経済**につながる。

324 **ノロウイルス**に感染した人の嘔吐物のついた衣服の処理には、次亜塩素酸ナトリウムが有効である。嘔吐物を取り除いた後に溶液につける。嘔吐物を処理する場合は、手袋とマスク、ガウンを着用する。

32―54
35―97

325 **寝具の清潔**を保つことは、利用者の安全につながる。寝具は毎日使われるものであり、睡眠に不可欠なものである。寝具は気持ちのよい睡眠を確保できるように、衛生的に管理する必要がある。

326 成人が一晩でかく**汗**や**不感蒸泄**★の量は、約200mlあり、これが寝具に吸収される。一部は発散されるが、残る量も多いので、3～4日に一度程度は日光に当てる。

327 布団干しは、紫外線量の多い午前10時以降から午後2時前後が適し、途中で必ず裏表を返す。寝具の日光消毒によって**疥癬**★の発生を減少させることができる。また、日光の熱と紫外線は、湿気を取り、ダニの繁殖を抑え、**殺菌効果**がある。前日が雨だと湿度が高いので、晴れていても布団干しには適さない場合もある。布団乾燥機の使用も有効である。

★不感蒸泄
からだから失われる水分のうち、呼吸や皮膚からの蒸発によって失われるものをいう。発汗や排泄によるものは含まれない。

★疥癬
ヒゼンダニの寄生による皮膚感染症。

328 衣類を食害する**害虫**は、毛や絹などの**動物繊維**を好んで食べるが、食べこぼしなどが衣類に付着していれば、**綿**や**化学繊維**も被害にあう。

329 **防虫剤**を使うことで、害虫による食害を防ぐ。防虫剤の種類は、**表55**のとおりである。

330 防虫剤を衣装ケースで使う場合は衣類の上に置く。洋服ダンスなどでは揮発した気体が行きわたるような場所に吊す。防虫剤の揮発した気体は、空気より重いので、下に沈んでいくが、衣類を詰め込みすぎると効果は半減する。

331 **ダニアレルゲン**（死骸や糞）の除去には、掃除機で吸い取る方法や、掃除機をかける前に、床を吸着率の高い**モップ**で拭く方法がある。

33―54

332 睡眠中にかく汗や不感蒸泄、**からだの皮脂**などで**シーツ**や**枕カバー**は汚れる。できれば3～4日に1回くらいは交換する。タオルケットなど肌に直接触れるものは月に一度交換をする。

表55 ▶ 防虫剤の種類と特徴

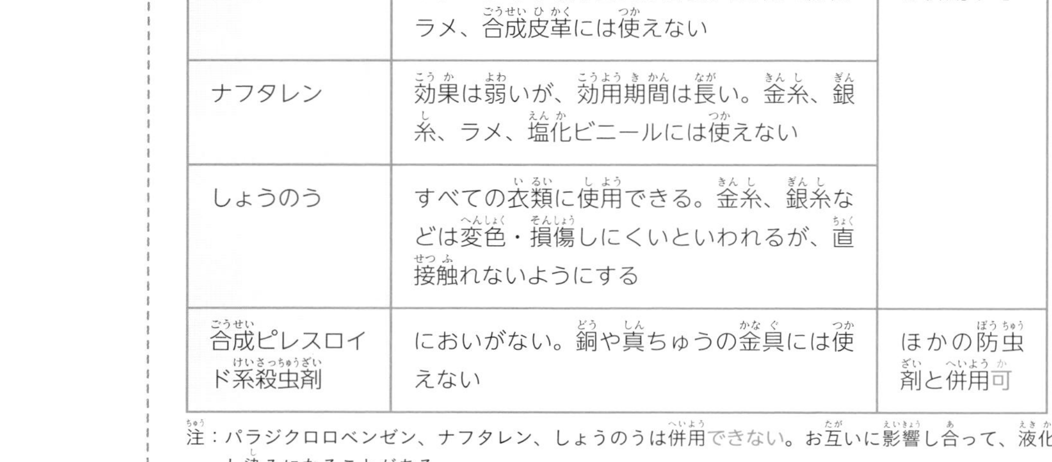

種類	特徴	併用
パラジクロロベンゼン	揮発が早く、威力は強いが、効用期間は短い。こまめな取り替えが必要。金糸、銀糸、ラメ、合成皮革には使えない	この3種類は併用不可
ナフタレン	効果は弱いが、効用期間は長い。金糸、銀糸、ラメ、塩化ビニールには使えない	
しょうのう	すべての衣類に使用できる。金糸、銀糸などは変色・損傷しにくいといわれるが、直接触れないようにする	
合成ピレスロイド系殺虫剤	においがない。銅や真ちゅうの金具には使えない	ほかの防虫剤と併用可

注：パラジクロロベンゼン、ナフタレン、しょうのうは併用できない。お互いに影響し合って、液化し染みになることがある。

TEST 34—53

333 認知症の利用者が汚れた衣類をタンスなどに隠してしまう場合には、タンスの中に汚れた衣類を入れられる場所を確保することも1つの方法である。

● アイロンがけ

ぷらすあるふぁ

アイロンの効用としては、熱で布を乾燥させ、しわを伸ばしたり、雑菌の増殖を防ぐことができる。

334 **アイロン**★をかける場合には、取り扱い表示を確認する。当て布をすると適温より高い温度でかけられる。

● 裁縫

TEST 34—55

★まつり縫い

表から縫い目が目立たないように縫う方法。主にズボンやスカートのすそ上げなどに用いる。

335 **衣類のほつれ**が、利用者の生活において危険な場面につながることもある。また、視力の低下や認知症などで、ほつれに気がつかない場合もある。

336 裾や袖口がほつれたら、**まつり縫い**★などでなおす。

● 調理の基本

337 調理する者は、調理専用の清潔なエプロン・三角巾をつけ、石けんで手をよく洗う。指や手に化膿している傷がある場合は**食中毒**の原因となることがあるため、使い捨て手袋等で保護して調理する。創部の状態によっては、調理を控える必要がある。

338 高齢者は、過去の食習慣で形成された嗜好傾向をもつので、**好み**を取り入れる、**季節感**に富む食品を使う、**行事**に合わせる等、精神的満足感が得られるような食事づくりが大切である。

339 暮らしのなかには年間を通じた行事があり、**行事食**がある。行事食は四季を感じることができ、**食欲増進**等の効果も期待できる。

340 和食の基本的な配膳の位置は、**図5**のとおりである。ただし、食事は**利用者の状態**に合わせて**配膳**の位置を考慮する。

図5 ▶ 和食の基本的な配膳（右利きの場合）

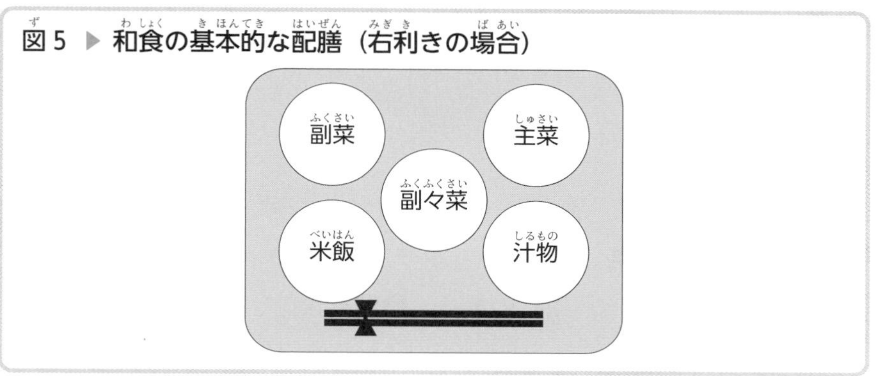

341 **食中毒**を予防するためには、**冷凍食品**の**再冷凍**は避ける。つくって保存する食品は、**広く浅い容器**に入れすばやく冷ます。**調理用品**の取り扱いにも注意が必要で、**生肉**を切った**包丁**と**まな板**は、使用後すぐ**洗浄**し**熱湯**をかけ、乾かす。

33—53

342 **味覚障害**とは、「何を食べても味がしない」「口の中に何もないのに苦く感じる」などの味覚に関する症状全体をいう。偏食による**亜鉛欠乏**や**薬の副作用**、**加工食品の多用**★が主な原因として考えられる。

+α ぷらすあるふぁ

食品添加物のなかには、亜鉛が体内で吸収されるのを阻害するものがある。

343 **食物アレルギー**は、食物中の成分によりアレルギー反応が起こるもので、食品表示法により**アレルギー表示**が義務づけられているもの（**8**品目）と、通知により表示が推奨されているもの（**20**品目）が定められている（**表56**参照）。

表56 ▶ 食品表示法に基づくアレルギー表示

義務	えび、かに、くるみ※、小麦、そば、卵、乳、落花生（ピーナッツ）
推奨	アーモンド、あわび、いか、いくら、オレンジ、カシューナッツ、キウイフルーツ、牛肉、ごま、さけ、さば、大豆、鶏肉、バナナ、豚肉、まつたけ、もも、やまいも、りんご、ゼラチン

※ 2023（令和５）年３月９日の食品表示基準の改正により、表示が義務づけられた（公布日施行）。なお、2025（令和７）年３月31日までは経過措置が設けられている。

生活支援技術

344 食品表示の消費期限は、惣菜や調理パンなど日もちの短い食品で、封を開けないまま定められた方法で保存した場合に、品質の劣化に伴い安全性を欠くこととなるおそれがないと認められる期限の表示である。また、賞味期限は、冷凍食品など比較的長もちする食品について、封を開けないまま定められた方法で保存した場合に、すべての品質が十分に保持できる期限の表示であり、消費期限に比べて劣化速度の遅い食品に表示される。

345 かゆは、米に容量の５～20倍の水を加え、水に浸した後、ゆっくりと炊いたものである。おもゆは、かゆから飯粒を取り除いた汁のことをいう。

346 **さつまいも**は、強力な糖化酵素β-アミラーゼを含む。いも類のなかではビタミンCが一番多い。食物繊維も多く**便秘改善**に効果がある。

347 **じゃがいもの芽**には、有毒なソラニンが含まれている。

348 嚥下困難のある利用者の場合、**極刻み食**は口の中でまとまりが悪く、むせやすいこともある。果物はゼリー状にするとよい。プリンも適した食品である。ただし、水分の多い物などは飲み込みがしにくい。

349 食品を**凝固**させるためには、ゼラチン、片栗粉、寒天、増粘剤（とろみ剤）などがある。

350 **寒天**は、常温で固まる性質がある。**片栗粉**は、水にとき使用する。

351 **ペクチン**は、果物等に含まれ、糖や酸により固まる性質をもつものと、カルシウム（Ca）やマグネシウム（Mg）などと反応して固まるものがある。

352 施設における利用者との調理時には、利用者の手に傷がないか確認し、手洗いや使い捨て手袋の使用で衛生面に留意する。包丁などは、食材の準備が整ってから用意するなど、安全のための配慮も必要となる。心身状況に応じて疲労の度合いにも留意し、調理作業が「楽しかった」という実感を得られるようにする。

TEST 35—98

353 **弱視**のある利用者への調理の支援では、よく使う調理器具などの収納場所は変えない。

354 **食塩**は、血圧を上昇させる。また、食塩の摂取過多は、高血圧と循環器疾患に悪影響を及ぼす要因となる。「日本人の食事摂取基準（2020年版）」では、１日の食塩摂取量は成人男性7.5ｇ未満、成人女性6.5ｇ未満が目標とされている。**高血圧の予防**として、カリウム（K）の多い野菜や果物を積極的に摂る。

355 **減塩食**の工夫は、汁物の**だし**をよく効かせ、旨味を利用し、具を多くする。また、**香味**野菜（ゆず、しそ、にんにく、あさつき、しょうがなど）や香辛料および**酸味**を利用したり、植物油も上手に使うとよい。

356 **心疾患予防の食事**には、**食塩**・**砂糖**および高**脂肪**食品や**コレステロール**含有食品、**アルコール**などの摂りすぎに気をつけると同時に、動物性・植物性たんぱく質をバランスよく摂ることが大切である。タバコも控える。

357 **動脈硬化症予防の食事**として、**動物性脂肪**の摂りすぎに注意し、過剰な**エネルギー**摂取を避ける。**減塩**を心がけ、**食物繊維**を摂取して栄養のバランスに留意する。

358 **高コレステロール血症**（脂質異常症）の予防には、**食物繊維**やミネラル、ビタミンをバランスよく摂取するのがよい。

359 いわしやさばのような青魚または血合の多い魚の油は、多価不飽和脂肪酸であるエイコサペンタエン酸（EPA）、**ドコサヘキサエン酸**（DHA）の含有量が多い。コレステロールの除去に効果があり、**血栓**・**動脈硬化**予防になる。

360 **糖尿病予防の食事**は、脂肪や砂糖、菓子・アルコール類、清涼飲料水などの**糖分**の摂りすぎに注意する。過食を避け、**標準体重**を基本にして適正なエネルギー摂取に心がける。アルコール類は200kcal以下にとどめ、緑黄色野菜を十分に摂り、多種類の食品をバランスよく配合し、1回に大量摂取しないようにする。また、食事時間を規則正しくする。

361 **腎機能が低下**している人の食事では、**たんぱく質**、**食塩**、**水分**、**カリウム（K）**等の制限がある。油を上手に活用するなど、**エネルギー**を確保し、**レバー**の食べすぎや、**乳製品**（牛乳・チーズ）は控える。

362 **腎機能が低下**している人や**人工透析**をしている人の食事では、**カリウム（K）**を制限する。野菜は**下ゆで**し、サラダはホットサラダにする。**塩分**を控えめにする代わりにレモン、ゆず、トマトなどの**酸味**を活かすなどの工夫をする。汁ものは具の種類を多くして、汁の量を減らすという工夫もある。

 34—45

363 **肝疾患**のある人の食事では、エネルギーが適正で栄養バランスのとれた食事がよい。

364 **骨粗鬆症**のある人の食事では、**カルシウム**、ビタミンD、ビタミンKなどの骨の形成に役立つ栄養素を積極的に摂る。牛乳、乳製品、**大豆食品**の摂取を勧める。

365 **特別用途食品**は、健康増進法に規定された特別な栄養目的に沿って調製された食品である。病者用食品、妊産婦・授乳婦用粉乳、乳児用調製粉乳、嚥下困難者用食品、特定保健用食品をいう。

366 **特定保健用食品**は、特定の保健的な目的で摂取するもので、食物繊維、オリゴ糖、乳酸菌などを含む食品がある。

367 **人工栄養**とは、**栄養補助食品**と呼ばれる少量で高カロリーのものや、もともと形状が均質に整えられたような既製の食品、お茶などの液体に混ぜて攪拌することでトロミをつける増粘剤や、簡単につくれるゼリー粉末、食物繊維や鉄分などが含まれている食品などをいう。

● 食中毒の予防

TEST 32—53
33—53

368 **食中毒**の分類と主な原因は、**表57**のとおりである。

表57 ▶ 食中毒の分類と主な原因

種類		菌名	主な原因食品	予防法・その他	特徴と症状
細菌性	感染型	腸炎ビブリオ	魚介類の生食（さしみ、寿司）	真水で洗浄し、よく火を通す	・激しい腹痛、下痢、発熱
		サルモネラ	加熱不十分な食肉、生卵や自家製のマヨネーズ	熱に弱く、70℃ 1分間の加熱で死滅 半熟卵など注意する	・腹痛、下痢、発熱 ・潜伏期間は5～72時間（平均12時間）
		カンピロバクター	鶏肉や飲料水	加熱調理	・腹痛、下痢、発熱、嘔吐 ・潜伏期間は2～7日
		病原性大腸菌（O157等）	飲料水、サラダ、和え物	加熱調理	・激しい腹痛、水様性下痢、血便 ・潜伏期間は3～5日 ・溶血性尿毒症（HUS）に注意
	毒素型	黄色ブドウ球菌	おにぎり、シュークリーム	切り傷、化膿性疾患のある人は調理しない	・下痢、腹痛 ・高熱にはならない ・潜伏期間は平均3時間と短い
		ウェルシュ菌	シチュー、カレー	加熱調理済み食品の常温放置を避ける	・腹痛、下痢、嘔吐 ・潜伏期間は6～18時間
ウイルス性		ノロウイルス	主に生カキなどの二枚貝	十分な加熱、手洗いの励行	・腹痛、下痢、嘔吐、吐き気、発熱 ・潜伏期間は24～28時間（約1日）

● 掃除・ごみ捨て

369 心地よい空間づくりのために**掃除**がある。掃除の援助をする場合、利用者の状態や季節によって異なるが、**窓を開けること**からはじめる。

370 施設における掃除介助では、利用者の心身状況の程度により、介護福祉職等が行っているところが多い。しかし、居室を整理整頓し、掃除機をかけ、清潔を保つことにおいても利用者の**自主性**を尊重する基本視点でかかわる。また、認知症があるからといって、利用者の**意思決定**をおろそかにしてはならない。

371 関節リウマチのある利用者は、関節に負担をかけないようにする工夫として、例えば、テーブルを拭くときは、手掌基部を使うようにする。介護福祉職は、利用者の特性や疾患を理解して助言をすることが必要である。

35—99

372 掃除のアセスメントでは、利用者の**やり方**を否定しないように気をつける。住まいは、利用者のこれまでの**習慣**や**価値観**が大きく影響している場所で、その人なりの住まい方を認めたうえで、健康に害をもたらしているところをアセスメントする必要がある。

373 掃除の際は、まずは室内にある程度の**空間**をつくる。**空間**ができれば移動も楽になり、掃除行為自体も楽になる。しかし、利用者の**了承**なく、勝手に物を捨ててはならない。

374 **掃除機**は、一気に素早くかけるよりもゆっくりとかけたほうが埃を取ることが**できる**。**換気**をして掃除機を使う。換気は、浴室に**かび取り剤**を散布する時も行う。

375 **ほうき**は、昔からあるもので手軽に使用できるが、埃が舞い上がりやすいので、**窓**を開け、押さえるようにして使用する。**はたき**を使用する場合は、**高い所**からはじめる。

376 **拭き掃除**では、掃いただけでは取り除けない染みついた汚れを取り除くことができる。**から拭き**、**水拭き**、**洗剤拭き**がある。ぞうきんは不潔になりやすいので、使ったら必ず洗剤を使って洗い、干して**乾燥**させる。使い捨て紙ぞうきんも出回っているので、これらを上手に活用すると、身体能力が落ちてもある程度自分で清潔を維持できる。**畳**は畳の目に**沿って**拭く。

377 利用者が**ごみ**を出せない理由とその対応策は、**表58**のとおりである。

TEST 36—97

表58 ▶ ごみ捨ての対応策

理由	対応策
分別作業が苦手	・介護福祉職は自治体が定める方法を熟知し、ごみの置き場所を伝えたり、絵や文字でわかりやすく表示したりする ・利用者と一緒に行う
ごみ収集日がわからなくなる。忘れる	・カレンダーに目印をつける ・ごみが置いてある場所に曜日・時間を大きく明記しておく
ごみを運ぶのが困難	・近隣と相談して協力を依頼する ・自治体の戸別収集サービスを活用する
出し方がわからない	・処理方法を助言する ・実際に行ってみせる
捨てられない	・利用者が納得して捨てることができるように整理整頓の支援をする ・収納量を室内の収納場所の70%くらいの整理しやすい量にする

一問一答 ▶ P.103

9 休息・睡眠の介護

夜間の安眠が保証されることで、認知症の行動・心理症状（BPSD）への対応にも大きな影響を与えることがある。安眠を促す環境づくりから生活リズムの構築、さらには機能低下など利用者の状態に応じたアセスメントならびに介助に関する知識の習得が必要である。

休息・睡眠の意義と目的

378 **休息**は、こころを**リフレッシュ**させ、**疲労を回復**させる。

379 夜間に**睡眠**が十分にとれて、朝の目覚めが快適であれば、からだもこころも元気になり、自然と日中の活動も活発となって、自立した生活を送ることができる。介護を必要としている人であっても、**睡眠の質**が高いと体調も整い、意欲的に生きていくことができる。

休息・睡眠の介護の視点

380 **安眠**のためには、環境を整えることが大切である。寝室の**温度**や**湿度**、光、音、臭いがこもらないように換気することは安眠のための大事な要素といえる。睡眠中の**室温**は、25℃前後、湿度は50～60％、睡眠中の掛け物の中は、35℃前後に保たれていると快適な環境といえる。ただし個人差がある。

32―57
33―56
35―100

381 睡眠には、メラトニンというホルモンがかかわっている。メラトニンは**光を浴びる**ことによって脳内での分泌が抑制され、夜間、部屋を**暗くする**ことで分泌が促進されて眠る態勢に導くものである。

32―56

382 **睡眠障害**を抱えている利用者に対しては、**身体状況**を把握するだけでなく、ライフスタイルや生活環境などさまざまな視点からアセスメントをする必要がある。

383 介護福祉職には、睡眠障害を引き起こす原因を分析し、それらを取り除くための工夫が求められる。利用者の日常の睡眠パターンを観察し記録することで対応方法が見つかりやすくなる。就床時間、起床時間、健康状態や日中活動、夕方から夜にかけて摂取した食べ物や飲み物などを記録する。

TEST 36―29（ここ）

休息・睡眠の基本となる知識と技術

384 **概日リズム（サーカディアンリズム）**の回復には、起床後カーテンを開けて日光を浴びると効果がある。

32―56

385 睡眠においては、寝心地が重要である。**マットレス**は**硬すぎず柔らかすぎない**もので、熟睡するためには筋の緊張を取り除き、安楽な体位を保持できて、また目覚めることなく**別の体位に変換できる**必要がある。寝返りをうつためには適当なスペースが必要である。

386 寝具としての敷き布団は、吸湿性の高い素材のものがよく、羊毛等が適している。また、掛け布団は軽く、保温性の高い素材がよく、羽毛等が適している。

387 布団を敷いて寝る場合の利点は、転落の不安がないことである。欠点は、布団に湿気がこもる、床の振動や音が伝わりやすい、立ち上がり動作がしにくい、介護者の負担が多いことなどがある。

33―55

TEST 33—56

388 枕は、頸椎を支えて呼吸機能にも大きく影響する。**首の角度が15度上がるくらい**の枕の高さは頸部の緊張を取り除き、寝返りにも支障がない。枕やクッションは、関節の下に入れると動きを抑制するので、安静や褥瘡予防の必要性などがなければ用いない。

32—56
32—57
33—56
33—57
36—28（ここ）

389 **安眠**は、健康でやすらかな日々を過ごすために欠かせないものである。介護福祉職の足音や会話にも配慮が必要である。安眠への援助のポイントは、**表59**のとおりである。

表59 ▶ 安眠への援助のポイント

①睡眠に関する生活習慣を把握する。
②室温や騒音などの環境を整える。
③軽く柔らかく、暖かい素材で、**清潔で乾燥した寝具**を工夫する。
④規則的な日課を定め、覚醒時の活動やリズムを整え、**適度な仕事や運動をする**など、日中の過ごし方を工夫する。
⑤入眠前に、洗面、歯みがき、入浴または清拭、**マッサージ**や**軽いストレッチ**などのイブニングケアを行う。
⑥**睡眠薬はできるだけ使わない**習慣をつくる。
⑦**安心感をもたらす**ような温かい対応をする。
⑧入浴時間はできるだけ就寝時間に合わせる。ただし、熱い風呂は不眠の原因となる。
⑨入浴ができない場合は、代わりに足浴を行う。
⑩就寝前にベッド上で軽い体操をする。
⑪**温かい飲み物**を勧める。ただし、就寝前の飲酒は、眠りが浅くなる。また、緑茶などに含まれるカフェインは不眠の原因となる。
⑫排泄に不安のある時は、排尿をすませる。**消化管ストーマ**を造設した利用者の場合、パウチに便がたまっていたら捨てる。
⑬寝る前に湯たんぽを入れ、寝具を温めておく。湯たんぽは身体に直接触れないようにする。
⑭利用者の体調を確認する。

TEST 36—100

★エアマット
自力で寝返りがうてない場合などに、褥瘡予防のために使用されるマット。

390 **自力で寝返りがうてない**人には、エアマット★を使用するという選択もあるが、自発的な動きを抑制してしまうので、注意が必要である。できるだけ自分で動くという意識をもてるようなはたらきかけをする。また、エアマットの使用で**船酔い現象**（気分不快、目が回る等）が起こる場合もある。

ぷらすあるふぁ
トリプトファンは、食物に含まれる必須アミノ酸の1つである。セロトニンはトリプトファンからつくられる神経伝達物質であり、こころの安定に関与する。

391 **牛乳**は、**トリプトファン**★を含むため催眠効果があるといわれているが、安堵感をもたらすと考えたほうがよい。アルコールは、セロトニンを分解するはたらきがあるため眠りが浅く、早朝覚醒しやすくなる。

392 睡眠環境を整備するためのベッドメイキングの技術には、**表60**のような留意点がある。

34—56

表60 ▶ ベッドメイキングの留意点

・シーツをはずすときには、汚れた面を内側にして丸めながらはずす。
・しわをつくらないために、シーツの角を対角線の方向に伸ばす。
・掛け物の足元には、ゆるみをつくる。

393 **特殊寝台**★は、ベッド上での寝返りや起き上がり、立ち上がり動作を補助する。ベッド上での着替えなどの介助では、高さ調整機能を利用し、腰に近い高さに設定すると介助者の腰部への負担の軽減に役立つ。

+α ぷらすあるふぁ

特殊寝台には、背中を支える部分が昇降する背上げ機能、下肢を昇降させる足上げ機能、床板全体が上下する高さ調整機能（ハイロー機能）のいずれか、またはそれらを組み合わせた機能がある。

対象者の状態・状況に応じた留意点

394 **視覚障害**の人は、聴覚が発達している場合が多いので、安眠のためには、話しかけるときは声量に配慮し、周囲の音にも気を配る。

395 **運動機能が低下**している利用者は、運動麻痺と同時に知覚麻痺を伴うことがあるので、睡眠中の姿勢にも留意する必要がある。日中の活動が不活発になり、昼間寝てしまうことがある。その影響で、夜眠れなくなってしまうこともある。

396 **運動機能が低下**している利用者への睡眠の介護のポイントは、**表61**のとおりである。

表61 ▶ 運動機能が低下している利用者への睡眠の介護のポイント

・優しくマッサージをすることで筋肉の緊張がとれて血液循環がよくなり、眠れることがある。
・麻痺側の寝具を工夫して動作がしやすいようにする。
・就寝前には必要のないクッションなどは片づけて**スペース**を確保し、寝返りなどの妨げにならないようにする。
・**側臥位**の場合は麻痺側を上にして、安楽な姿勢にする。ただし長時間は苦痛となるので、体位変換の援助が必要となる。
・呼吸の苦しさを伴うような場合には、頭のほうを少し上げる。同一姿勢が続いていれば、少しでも身体の位置を変えると筋の緊張や圧迫が緩和される。
・下肢に触れて冷感があれば、湯たんぽや電気毛布を使う。ただし、**低温やけど**や**脱水**に注意が必要であり、特に麻痺側の**低温やけど**に注意する。
・ベッドや周辺の安全を確認する。

397 高齢になるに従い、**眠りのパターン**は変化する。寝つきが悪く、断続的な浅い眠りになったり、早朝に目覚める、一度目覚めると再入眠できないなど熟睡感が少なくなる。

398 **中途覚醒**は、一般的に睡眠の質が低下する高齢者には、よくみられることである。眠れないことを不安に思う必要はないことを話し、日中の散歩やクラブ活動などに誘い、楽しみを見つけられるよう援助する。

32—58

399 睡眠障害が改善されない場合や、睡眠障害が続くことで健康が維持できなくなったり、うつの症状が重くなった場合は、医師より睡眠薬が処方されることがある。服用の注意点は、**表62**のとおりである。

表62 ▶ 睡眠薬を服用するときの注意点

- 服用時間を変更しない。
- 勝手に量を調節しない。
- 飲んだら30分以内に床に就く。
- 水かぬるま湯で服用する。
- アルコールと一緒に服用しない。

資料：介護福祉士養成講座編集委員会編『最新 介護福祉士養成講座⑦生活支援技術Ⅱ（第2版）』中央法規出版、2022年、249頁を一部改変

★副作用
薬の主要な作用である主作用に対して、使用される目的と異なる作用または障害をもたらす作用。

400 介護福祉職は、利用者が薬を決められた量を決められた時間に飲むよう支援する。利用者の状態を把握するためにも、薬の特徴や副作用★についての情報・知識をもっているとよい。

★退薬症状（禁断症状）
薬物の慢性大量摂取後、その薬物を中止または減量することによって生ずるもの。

401 睡眠薬の服用を急にやめると**睡眠薬の退薬症状（禁断症状）**★がみられることがある。せん妄や**幻覚**などの症状がみられた場合には、退薬症状によるものの可能性があるため、受診して服薬状況を報告し、医師の指示に従う必要がある（**表63**参照）。

32—58

402 **睡眠薬の副作用**として、ふらつきなどを伴うことがある。そのため、服用後の入浴は避ける。夜間は足元灯などをつけて安全に配慮したり、ポータブルトイレを使用する方法もある。離床時は必要に応じて見守りや介助をする。また、目覚めたときはベッドから急に起き上がるのではなく、ゆっくりと次の動作に移るようにすることで転倒を防ぐことにつながる（**表63**参照）。

32—58

403 介護福祉職は、利用者に日中のふらつきなどの症状がみられたら医師に伝えることが必要である。服薬量、時間などは医師の指示を守る。

表63 ▶ 睡眠薬の退薬症状（禁断症状）や副作用

・寝起きが悪くなる	・頭重感
・食欲不振	・不安や不眠
・脱力感や倦怠感	・せん妄や幻覚
・ふらつき	・呼吸抑制　など

資料：介護福祉士養成講座編集委員会編『最新　介護福祉士養成講座⑦生活支援技術Ⅱ（第２版）』中央法規出版、2022年、249頁を一部改変

404 **心配事**や大きな**ストレス**は、神経を高ぶらせて安眠を妨げることがある。悩みに耳を傾けることのできる人的環境があれば、解決またはストレスが軽減されるもとになる。

405 **掻痒感（かゆみ）**があるため眠れない場合の対応は、皮膚の清潔を保ち、刺激の少ない石けんやシャンプーを使用する。また、スキンケアを行い、皮膚を保護したり、衣服の素材の選択（ウールや化学繊維のものは避ける）や部屋の温度や湿度に配慮する。アルコールや香辛料は毛細血管を拡張させ、かゆみを強めるはたらきがあるので注意する。皮膚を傷つけないように爪を切ることも重要である。

406 **こむら返り**は、血液中の水分や電解質のアンバランスから筋肉の異常収縮のために痙攣が起こる状態である。下腿静脈のうっ血などでも起こるといわれている。医療職と相談するとともに、日頃から野菜や果物、海藻などバランスのよい食事を心がけること、下肢を冷やさないようにすることも大切である。

407 **心不全**があり、就寝時に呼吸苦がある利用者の場合、**セミファーラー位**★にすると呼吸苦が軽減される。肩までの入浴、就寝前の食事は呼吸苦の改善にならない。

★セミファーラー位
仰向けで寝て上半身を15度から30度起こした姿勢。

408 睡眠中いびきをかいていることが多く、時々いびきの音が途切れる、夜中に目を覚ますことがある、起床時にだるそうにしているなどの情報がある場合、睡眠時無呼吸症候群である可能性も考えられるので、睡眠中の呼吸状態は医療職と連携するための情報としても有効である(下巻「こころとからだのしくみ」395参照)。

36—101

409 夜勤のある介護福祉職の休息・睡眠の対策も重要である。夜勤後の帰宅時には、サングラスをかけるなどして日光を避ける工夫をする。

34—57

一問一答 ▶ P.103

10 人生の最終段階における介護

人生の最終段階における介護は、これからの高齢者介護における大きなテーマの1つである。住み慣れた場所で最期まで暮らし続けるために、介護福祉職に必要とされる知識と役割を習得することが大切である。介護福祉職個人としての対応に加えて、家族や他職種との連携における役割を理解しておくことが重要である。

人生の最終段階にある人への介護の視点

410 **終末期ケア**は、死を視野に入れたケアであるが、死の訪れを待つケアではなく、死ぬまでの日々を自分らしく生きていくことを**全人的**に支え、死を見つめて生きる人の日々を意味あるものにするケアといえる。終末期は症状の変化も激しく、医療職との**連携**を図り、チームで利用者および家族を支援することになる。

411 **終末期ケア**は、**精神的**・**身体的**・**社会的**・**霊的**（スピリチュアル）の4つの痛み（**図6**参照）への援助が必要である。死にゆく人の傍らに座り、話をよく聞くこと、身体的な苦痛を取り除くこと（痛みのコントロール、マッサージなど）、自分の人生を肯定的に見直し、家族などに「ありがとう」「ごめんなさい」「さようなら」と、感謝と和解、別れの言葉を伝えられるように配慮する。

412 **緩和ケア**とは、主にがん患者に対して、痛みや呼吸困難などの身体的症状、うつなど精神的症状、死の恐怖など霊的な苦痛を和らげるためのケアをいう。一方、**ホスピスケア**とは、死にゆく人とその家族のQOL（人生と生活の質）の向上を目指し、さまざまな専門職とボランティアがチームを組んで提供するケアをいう。

413 「人生の最終段階における医療・ケアの決定プロセスに関するガイドライン」（2018（平成30）年改訂）において、人生の最終段階における**医療・ケアの方針決定**は、十分な話し合いを行い、本人の意思が確認できる場合には、意思確認を行いその内容を**文書**にまとめておく、とされている。

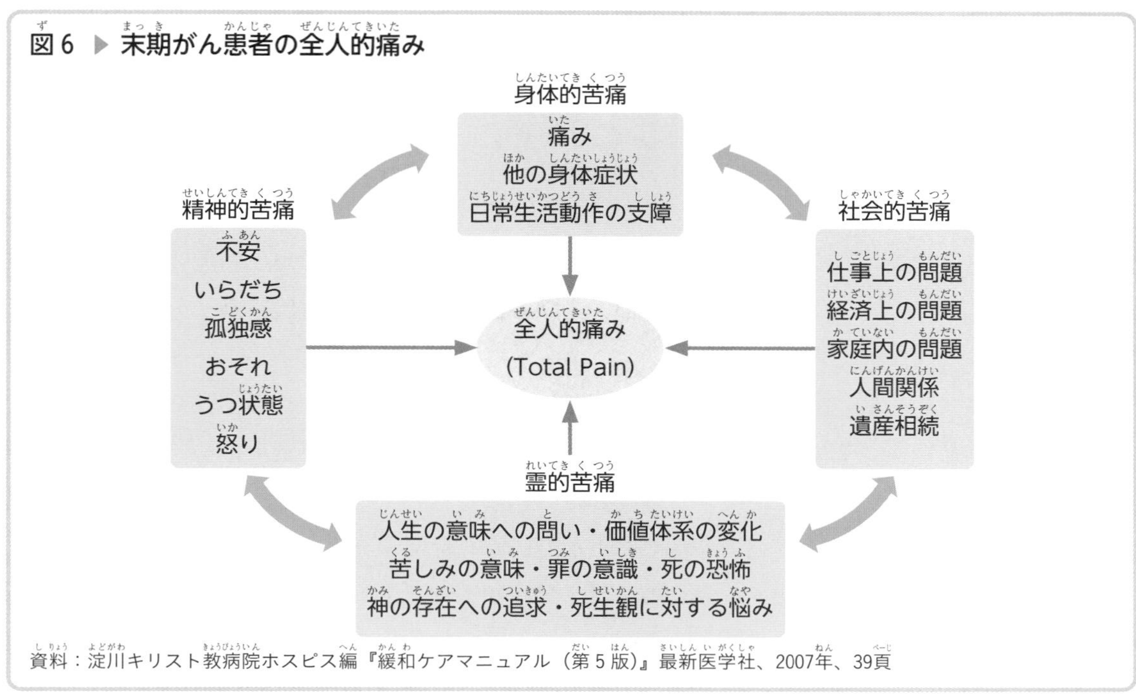

資料：淀川キリスト教病院ホスピス編『緩和ケアマニュアル（第5版）』最新医学社、2007年、39頁

414 「人生の最終段階における医療・ケアの決定プロセスに関するガイドライン」（2018（平成30）年改訂）で重要視されるアドバンス・ケア・プランニング（ACP）とは、万一のときに備えて、自分が望む医療や介護について前もって考え、家族や介護・医療チームと繰り返し話し合い、共有する取り組みのことをいう。

415 アドバンス・ケア・プランニング（ACP）では、心身の状態の変化等で本人の意思は変化するので、どのような生き方を望むか等を日頃から繰り返し話し合うことの重要性を示している。

33—58

416 **看取りの場**の変化として、1975（昭和50）年頃までは5割近くの人が自宅で亡くなっていたが、今では約8割の人が自宅以外の場で亡くなっており、その多くは病院である。

人生の最終段階を支えるための基本となる知識と技術

417 終末期ケアは、チームで行うことが前提となる。チームの組み方は単に多職種が集まって役割分担をするというより、各専門職がお互いのもてる力を出し合い、**1つの目標に向かって協働する**チームをつくることである。

418 死に直面した利用者は、少なからず死に対する不安を抱いているといわれている。また、利用者を見守る家族も不安を抱いている場合が多い。そこで、介護福祉職は死に直面した利用者のつらさ、苦しみに共感し、最期までともに歩んでいくことになる。

419 死が近づくと、**バイタルサイン**（生命徴候）が変化し、身体的苦痛が増強する。介護福祉職は、苦痛緩和のため、呼吸が楽になる体位の工夫など、医療職と連携し計画を立て実践する。

36—102

420 **終末期で食欲が低下**した利用者に対しては、本人の意向や嗜好を重視した介護を行う。

421 意識がもうろうとして飲み込みが悪くなったら、窒息を予防する意味で**無理に水分は与えない**。口腔内の乾燥がある場合は、水を含ませた**ガーゼ等で口の中を湿らせる**。義歯があればはずして水に浸けておく。

34—58

422 終末期における観察のポイントは、**表64**のとおりである。

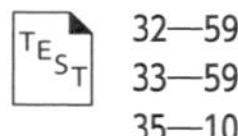
32—59
33—59
35—102

423 苦痛緩和の方法としては、体位の工夫や倦怠感への工夫など、**表65**の点があげられる。

424 利用者のこころがやすらぐよう、**表66**のような介護行為を行う。

425 **独居高齢者**の死に立ち会った場合には、**主治医**や家族がいれば連絡をする。チームアプローチの体制がない、**主治医**がいないなどの場合には、近くの病院か警察に連絡する。

426 介護福祉職が利用者の死を判定することはできない。**死亡**とは、医師が死を診断した時点をいう。医師が死亡を確認するまで死亡とは認められない。

TEST 32—60

427 **死後のケア（エンゼルケア）**は、家族等が利用者と十分お別れをしてから行う。家族等が一緒に行うこともある。家族の希望を確認する。

表64 ▶ 終末期における観察のポイント

観察項目	変化の状態等
皮膚	末梢循環不全により蒼白になる。口唇や爪にチアノーゼがみられる。背部や四肢に浮腫（むくみ）が生じる。
呼吸	呼吸困難になる。下顎呼吸・鼻翼呼吸・チェーンストークス呼吸★がみられる。
脈拍	頻数微弱となる。不整脈が出現する。橈骨動脈での触知が困難になる。心臓に近い総頸動脈などでは測定できる。
体温	下降し、水銀体温計での測定はできなくなる。
意識	脳の機能低下により意識は徐々に低下する。言語が不明瞭になる。聴力は減退するが最期まで残存する。
筋肉	弾力性・緊張性低下のため身体の支持力が低下、体位保持が困難となる。 口唇弛緩・下顎下垂がみられる。
反射	嚥下反射などの低下により咽頭に粘膜液が貯留。呼吸時の喘鳴、尿量の変化、失禁・便失禁がみられる。

表65 ▶ 苦痛緩和の方法

体位の工夫	・同一体位による圧迫を最小限にするため、振動を与えないように体位変換を行う。 ・呼吸を楽にするため、体位や枕の位置を工夫する。呼吸が楽な体位としては、半座位などがよい。 ・膝を曲げた体位は腹筋と下腿筋の緊張を緩和できる。 ・痛みのある部位は上にする。 ・呼吸状態を確認しながら必要であれば枕をはずし、気道が開きやすい姿勢にする。
倦怠感等への工夫	・手足をマッサージする。 ・下肢への冷感には湯たんぽの使用や、ゴムのきつくない靴下等で保温する。
口唇等の乾燥への工夫	・水を含ませたガーゼ等を用いて口腔内を時々湿らせる。
清潔への工夫	・乾いた寝巻きを身に着ける。 ・全身倦怠感が強いときには全身清拭から部分清拭にする。

★チェーンストークス呼吸
無呼吸と深く速い呼吸が出現する異常呼吸をいう。

表66 ▶ こころがやすらぐための介護

①身体的苦痛の緩和を最優先する。 ②声かけは最期まで行う。 ③家族が利用者のそばにいられるようにする。 ④**聴力**とともに残るとされる触覚を利用し、**スキンシップを図る**（手を握る、からだをさする、好きな音楽を流すなど）。

★死後硬直
死後、筋肉が硬化すること。環境・温度の影響を受ける。通常2～4時間で硬直が始まり、30～40時間で硬直が解けはじめる。

428 死後のケアを行う目的としては、身体をきれいにすることで死によって起こる外観の変化を目立たなくし、その人らしく整えることにある。死亡診断が出された後、死後硬直★が起こる前の1～2時間以内にケアを終了する。

34—60

429 死後のケア（エンゼルケア）の具体的手順の主な点として、**義歯**をつける、**北枕**にする、着物は**左前**にする、紐は**縦結び**にする、手を組ませる、顔を白い布で覆うなどがある。介護実施時には、生前と同じように声をかけながら行う。

32—59

430 終末期にある利用者の**家族への支援**としては、**感情を理解**する、関係者も含めて**情報を共有**する、家族が利用者のために**できることを掌握**するなどがある。

34—59

431 家族に対して、死に至る過程で生じる身体的変化を説明することも必要である。医療職と連携して実施する。

家族、介護職が「死」を受け止める過程

432 終末期ケアにおいては、家族も悩み苦しんでいるため、家族を単に介護する人としてみるのではなく、**ケアの対象者**として位置づける。

35—103

433 **終末期の家族への援助**では、介護負担を考慮しつつ、家族に悔いが残らないように、利用者とともに過ごす時間や、介護する時間がもてるように支援する。家族の悲しみや苦しみに共感し、**話を十分に聞く**ことが大切である。

434 家族支援には、利用者が亡くなった後の**グリーフケア（遺族ケア）**も含まれる。グリーフケアでは死別後の家族が、悲嘆作業・喪の作業（グリーフワーク）を十分に行い、新しい出発ができるように支援する。

435 **グリーフケア**における介護福祉職の役割は、遺族へねぎらいの言葉をかけ、助言者ではなく悲しみを共有するよき**聞き手**になることである。そこでは、生前の利用者との関係や看取りに関して遺族が罪悪感をもたないように配慮する。

436 **デスカンファレンス**とは、利用者の死後、そのケアを振り返り悲しみを共有し、経験を次に活かしてケアの向上を図ることである。職員だけではなく、利用者の家族・他職種の参加も呼びかけて行う。

33—60
36—103

437 大切な人と死別した遺族が**悲嘆**することは正常な反応である。悲嘆のプロセスはさまざまであり、病的な悲嘆には、**表67**のようなものがある。家族の悲嘆に対するケアは、終末期ケアとともに行う。

表67 ▶ 病的な悲嘆の例

①悲嘆が長期化する。 ②悲嘆がプロセスの１つの段階に長くとどまる。 ③悲嘆がうつ病やその他の精神疾患に進行する。 ④死別体験後、喪失に適応するのが困難に感じる。 ⑤感情が麻痺する。

一問一答 ▶ P.103

11 福祉用具の意義と活用

加齢や障害によって、これまでできていたことが困難になったとき、福祉用具を活用することで生活の幅が広がり、楽しみを我慢しない生活に近づける可能性がある。近年は介護ロボットの開発も進んでおり、利用者の自立を図るだけでなく、介護負担の軽減にもつながっている。その人らしい生活を支えるために、介護福祉職には利用者の状況に応じた福祉用具を選択・活用する知識と技術が求められている。

福祉用具活用の意義と目的

438 **福祉用具**とは、心身の機能が低下し日常生活を営むのに支障のある老人または心身障害者の日常生活上の便宜を図るための用具およびこれらの者の機能訓練のための用具並びに**補装具**★をいう（福祉用具の研究開発及び普及の促進に関する法律第２条）。

★補装具
身体の部分的欠損を補う義肢、麻痺などによる機能の損傷を補う装具。

439 福祉用具は日常生活の自立を図ることや、コミュニケーション、教育、スポーツ、就労、余暇活動、社会参加などを含め、生活の質の向上に重要な役割を果たす。福祉用具の活用は、生活の幅を広げたり、楽しみを我慢しない生活に近づける可能性がある。

福祉用具活用の視点

440 福祉用具の活用は、**手段**であり、**目的**ではない。福祉用具ありきではなく、課題解決のための総合的アセスメントの視点をもつことが必要である。

441 **福祉用具サービス計画書**では、**福祉用具の適合**（フィッティング）の一般的流れが示されている（**表68**参照）。

表68 ▶ 福祉用具の提供プロセス

プロセス	具体的に行うこと
1　アセスメント	相談受付、利用者や家族からの聞きとり、専門職からの情報収集、実地調査
2　福祉用具サービス計画の作成	利用目標の設定、福祉用具の選定（選定理由の明確化、留意事項の洗い出し）など
3　福祉用具サービス計画の説明・同意・交付	利用者・家族に対し、福祉用具サービス計画の記載内容（利用目標、選定理由、留意事項など）を説明 同意がえられた場合は、計画書原本を交付する
4　サービス提供	搬入や取りつけ、福祉用具の使用方法や故障時の対応の説明、適合（必要に応じ用具の調整）
5　モニタリング（利用者宅に訪問が基本）	心身状況等の変化、福祉用具の使用状況の把握、利用目標の達成状況、計画見なおしの有無の検討、モニタリング結果をほかの専門職と共有（利用者や家族にも）

資料：介護福祉士養成講座編集委員会編『最新　介護福祉士養成講座⑥生活支援技術Ⅰ（第２版）』中央法規出版、2022年、212頁

36—104

442 福祉用具を利用する際には、**事故のリスク**もある。福祉用具の事故の要因には、**製品そのもの**、**操作する人**、**管理**、**使用環境**などがある。

443 事故を防ぎ、利用者に合った福祉用具を選定するために、2012（平成24）年から介護保険法に基づく福祉用具を提供する際には、**福祉用具サービス計画書**の作成が義務づけられた。

35—105

444 車いすをたたむときは、ブレーキをかけてから行うなど、介護福祉職は福祉用具使用における知識と技術が必要である。

445 介護福祉職が福祉用具を利用者および介護者のために活用するには、**表69**のような視点が必要である。

446 福祉用具の導入にあたっては、選定の際に多職種（理学療法士、作業療法士など）と連携する視点が求められる。

表69 ▶ 福祉用具を活用するときの視点

視点	理由
ニーズとデマンド（意欲）の分析	利用者や家族は福祉用具の知識をもち合わせていない場合や活用方法を知らない場合もある。
使う人の能力の把握	利用者や家族の状況や能力に合った福祉用具を選び、利用者や家族が安全に使用できる支援が必要となる。
ほかの福祉用具との組み合わせ	入浴や排泄動作には、複数の福祉用具を使用する場面があるので、状況に合わせた組み合わせを考える。
住環境の把握	住環境はさまざまなので、利用する場合の住環境を把握し、状況によっては住宅改修と組み合わせた福祉用具導入を考える。
経済状況やサービス利用状況把握	必要な福祉用具を導入する場合には、利用者や家族の状況を把握する。

TEST 36—104

適切な福祉用具選択の知識と留意点

● 福祉用具の種類と制度（介護保険法、障害者総合支援法）の理解

447 介護保険法において福祉用具は、「心身の機能が低下し日常生活を営むのに支障がある要介護者等の日常生活上の便宜を図るための用具及び要介護者等の機能訓練のための用具であって、要介護者等の日常生活の自立を助けるためのもの」と定義されている。

448 介護保険法では、居宅サービスの１つとして、**福祉用具貸与**（福祉用具を貸与するサービス）と**特定福祉用具販売★**（福祉用具購入時の費用補助のサービス）がある（**表70**、**表71**参照）。

449 介護保険法では、身体状況や介護の状況変化に合わせて、必要に応じて用具の交換ができるとの考えから、福祉用具は原則**貸与**になる。

450 福祉用具貸与の利用者負担は、**貸与に要する費用のうち所得に応じた割合**（1～3割）になる。

ここが変わった
2022（令和4）年4月から、特定福祉用具販売の種目に排泄予測支援機器（**表71**参照）が追加された。

表70 ▶ 福祉用具貸与の対象の福祉用具

資料：「厚生労働大臣が定める福祉用具貸与及び介護予防福祉用具貸与に係る福祉用具の種目」にもとづき作成
注：軽度（要支援1・2および要介護1）の利用者は、原則として手すり、スロープ、歩行器、歩行補助つえの4種目以外は利用できない。ただし、軽度の利用者であっても身体状況により例外として利用が認められる場合（パーキンソン病、リウマチ、がんなど）がある。
資料：介護福祉士養成講座編集委員会編『最新 介護福祉士養成講座⑥生活支援技術Ⅰ（第2版）』中央法規出版、2022年、205頁

451 ▶ 特定福祉用具販売における購入費の支給限度額は、年度ごとに10万円で、利用者の自己負担は10万円までは、特定福祉用具の購入に要する費用のうち所得に応じた割合（1～3割）になる。実際には、購入時は利用者が全額支払い、手続き後、市町村から自己負担額を差し引いた額の払い戻しを受ける。

452 ▶ 福祉用具貸与と特定福祉用具販売の**両方の対象となる福祉用具**★については、福祉用具専門相談員が、貸与か販売かのいずれかを利用者が選択できることについて、利用者に十分説明することが義務づけられている。

453 ▶ 障害者総合支援法による福祉用具に関するサービスには、自立支援給付における**補装具費の支給制度**と、地域生活支援事業における**日常生活用具給付等事業**がある（**表72**、**表73**参照）。

ここが変わった

2024（令和6）年4月から、スロープ、歩行器（歩行車を除く）、歩行補助つえ（松葉づえを除く）が特定福祉用具販売の対象に追加され、貸与か販売かを選択できるようになった（**表70**、**表71**参照）。

表71 ▶ 特定福祉用具販売の対象の福祉用具

入浴補助用具

入浴用いす

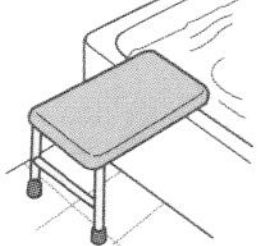
入浴台

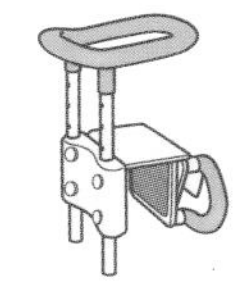
浴槽用手すり

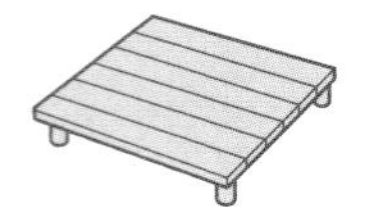
浴室内・浴槽内すのこ

浴槽内いす

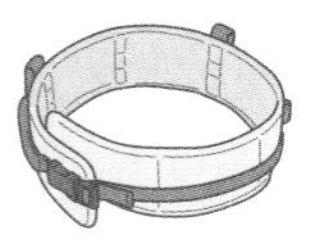
入浴用介助ベルト

腰掛便座

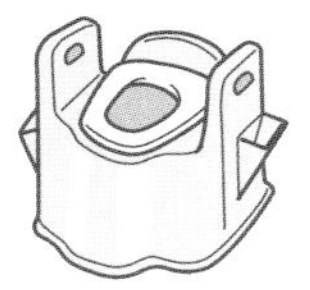
移動可能式・水洗式

和式便器腰掛式

補高便座

昇降便座

自動排泄処理装置の交換可能部品

簡易浴槽

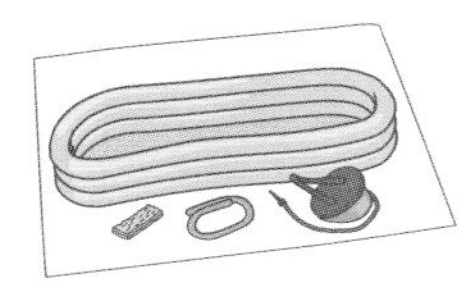

移動用リフトのつり具の部分

スリングシート

排泄予測支援機器

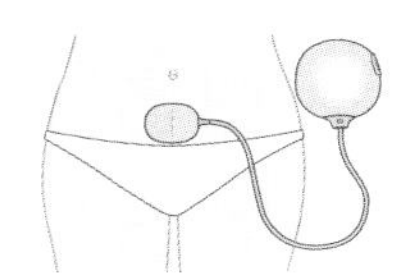

・スロープ
・歩行器（歩行車を除く）
・歩行補助つえ（松葉づえを除く）

資料：「厚生労働大臣が定める特定福祉用具販売に係る特定福祉用具の種目及び厚生労働大臣が定める特定介護予防福祉用具販売に係る特定介護予防福祉用具の種目」「介護保険の給付対象となる福祉用具及び住宅改修の取扱いについて」にもとづき作成
資料：介護福祉士養成講座編集委員会編『最新 介護福祉士養成講座⑥生活支援技術Ⅰ（第2版）』中央法規出版、2022年、206頁

35—104

454 日常生活用具給付等事業のなかで、視覚障害者は音声ガイド機能付き電磁調理器の給付を受けることができる。

455 補装具費の支給制度では、障害の状況により補装具の購入や修理が必要であると市町村が認めた場合には、購入費（製作費）や修理費用が支給される。

456 **日常生活用具給付等事業**は、日常生活の困難を改善し自立を支援する目的で使用する用具を、給付または貸与する事業である。この事業では一部住宅改修費も含まれる。

表72 ▶ 補装具費の給付の対象項目

義肢	装具	座位保持装置	車いす・電動車いす
歩行器	歩行補助つえ（一本杖を除く）	義眼・眼鏡	視覚障害者安全杖
補聴器	重度障害者用意思伝達装置	人工内耳（人工内耳用音声信号処理装置の修理に限る）	（障害児のみ） ・座位保持いす ・起立保持具 ・頭部保持具 ・排便補助具

資料：「補装具の種目、購入等に要する費用の額の算定等に関する基準」にもとづき作成
資料：介護福祉士養成講座編集委員会編『最新　介護福祉士養成講座⑥生活支援技術Ⅰ（第２版）』中央法規出版、2022年、207頁

● 移動支援機器や介護ロボットの活用

457 移動支援機器とは、福祉用具分類において、人の移動を目的として使用する個人用の機器である。物を運ぶ運搬用の機器を除くとしている。**杖**、**歩行器・歩行車**、**車いす**、**リフト**、**移乗補助用具**などが製品としてある。

458 **介護ロボット**は、①情報を感知する、②判断する、③動作する、の３つの要素技術を有する知能化した機器システムをいう。明確な定義はなく、ロボット技術が活用された福祉用具で、利用者の自立支援や介護者の負担軽減に役立つ機器をいう。

459 厚生労働省・経済産業省が公表する介護ロボット開発重点分野には、**移乗支援**、**移動支援**、**排泄支援**、**見守り・コミュニケーション**、**入浴支援**、**介護業務支援**がある。

表73 ▶ 日常生活用具給付等事業の対象項目

介護・訓練支援用具	自立生活支援用具
特殊寝台 特殊尿器 移動用リフト 体位変換器 など	入浴補助用具 頭部保護帽 便器 聴覚障害者用屋内信号装置 その他、電磁調理器など
在宅療養等支援用具	**情報・意思疎通支援用具**
ネブライザー（喘息用吸入器） 電気式たん吸引器 その他、音声式体温計など	拡大読書器 人工喉頭 その他、障害者用図書、情報通信支援用具など
排泄管理支援用具	**居宅生活動作補助用具（住宅改修費）**
ストーマ（人工肛門）装具 収尿器 その他、紙おむつなど	1　手すりの取りつけ 2　段差の解消 3　床または通路面の材料の変更 4　引き戸等への扉の取り替え 5　洋式便器等への便器の取り替え　など

資料：「障害者の日常生活及び社会生活を総合的に支援するための法律第77条第１項第６号の規定に基づきこども家庭庁長官及び厚生労働大臣が定める日常生活上の便宜を図るための用具」にもとづき作成

資料：介護福祉士養成講座編集委員会編『最新　介護福祉士養成講座⑥生活支援技術Ⅰ（第２版）』中央法規出版、2022年、209頁

一問一答 ▶ P.104

実力チェック！一問一答

※解答の［　］は重要項目（P.14～98）の番号です。

1 生活支援の理解

問1 介護福祉職は、利用者の生活歴を理解し、生活習慣や意思の尊重に努める必要がある。 ▶○→6

問2 身体介護とは、生活支援技術で利用者にとって切実な生理的欲求（食事、排泄、入浴など）の充足を図るための援助である。 ▶○→10

問3 生活の基盤である家事機能の援助は、身体介護に含まれる。 ▶×→11

問4 レクリエーション活動プログラムに買い物や調理を取り入れるとよい。 ▶○→14

2 自立に向けた居住環境の整備

問5 自然災害に対する予防と対策の基本の１つとして、家具は転倒・移動を防ぐために建物本体にできるだけ固定することがよい。 ▶○→17（表３）

問6 ふだんから避難時に持ち出す物品をリュック等にまとめておくとよい。 ▶○→17（表３）

問7 居住環境では、トイレや浴室の設備、日常生活で用いる家具や器具などの個別の状況を理解するために必要な情報を収集することが必要である。 ▶○→18

問8 高齢者や障害者であっても、自由に出歩くことのできるような、障壁のない環境をバリアフリーという。 ▶○→21

問9 冷房を使用する場合、外気温との差は５～７℃以内とする。 ▶○→24

問10 浴室の扉は引き戸にするのがよい。 ▶○→29

問11 トイレにL字型手すりを取り付ける場合は、洋式便器の先端よりも前方に取り付ける。 ▶○→35

問12 階段に手すりを設置する場合は両側に設置することが望ましいが、片側のみの場合は下りる際の利き手側に設置するとよい。 ▶○→40

問13 石油ストーブなど暖房器具の使用による一酸化炭素中毒を防ぐためには、換気が大切である。 ▶○→45

問14 ユニバーサルデザインとは、すべての人に公平で使いやすいデザインのことである。 ▶○→48

3 自立に向けた移動の介護

問15 関節の拘縮や筋の萎縮などに対して、ADL（日常生活動作）への影響を最小限にするために、仰臥位の姿勢を保持することが大切である。 ▶×→58

問16 運動力学やボディメカニクスを熟知した介護は、介護者自身の腰痛予防などに有効といえる。 ▶○→60

問17 仰臥位とは、左右どちらかを下にして横向きに寝ている体位である。 ▶×→62

問18 仰臥位から半座位にする場合、ギャッチベッドの背上げを行う前には、臀部をベッド中央部の曲がる部分に合わせる。 ▶○→64

問19 骨の突出した部分への長時間の圧迫や寝具による摩擦などによって起こる血液循環障害を、褥瘡という。 ▶○→68

問20 仰臥位の場合、最も褥瘡のできやすい部位は腰部（仙骨部）である。 ▶○→70

問21 移動動作の基礎となる理論として、物体を回転させる力を活用するトルクの原理がある。 ▶○→74

問22 杖の長さは、使用者の大転子部と床までの長さにする。 ▶○→79

問23 片麻痺で杖を使用している利用者が階段を昇るとき、介護者は利用者の健側の後方に立つ。 ▶×→80（表9）

問24 確認のための大きな鏡が正面に設置されている車いす対応のエレベーターの出入りは、正面から直角の方向に行うことが基本である。 ▶○→84（表11）

問25 ベッドから車いすへの移乗の介助をする際、斜め接近法の場合では、ベッドの端に対して利用者の移乗しやすい角度で車いすを置くとよい。 ▶○→85

問26 筒状のマットの内側を滑りやすいように加工し、体位変換などの移動介助の負担を軽減させる福祉用具を、トランスファーボードという。 ▶×→88（表12）

問27 視覚障害者が、歩道や駅のホーム等で、進む方向や安全を確認するために設置されているものは、点字ブロックである。 ▶○→95

4 自立に向けた身じたくの介護

問28 電気かみそりによるひげ剃りの介助は、皮膚を伸ばし、直角に電気かみそりを軽く当て、ゆっくりとひげの流れに沿って滑らせるように剃る。 ▶×→107

問29 爪切りは、爪そのものに異常がなく、爪の周囲の皮膚にも化膿や炎症がなく、かつ糖尿病などの疾患に伴う専門的な管理が必要でない場合に限り、原則医療職でなくてもできる。 ▶○→111

問30 口腔ケアの基本の方法の１つは、ブラッシング法である。 ▶○→114（表19）

問31 全部床義歯（総入れ歯）は、上からはずす。 ▶×→116（表20）

問32 衣服着脱の目的の１つは、皮膚の保護や衛生的機能である。 ▶○→121（表22）

問33 麻痺がある場合は、健側から脱がせ患側から着せる。 ▶○→123（表23）

問34 肌着の素材は、木綿や絹がよい。 ▶○→124

5 自立に向けた食事の介護

問35 食事の介助では、姿勢を整えることがとても大切である。 ▶○→145

問36 本来、食道に入る飲食物が気道に入ってしまうことを、誤嚥という。 ▶○→154

問37 誤嚥しにくい食物は、生卵や水分を多く含むものである。 ▶×→156

問38 水分やナトリウム（Na）などの電解質が不足した状態を、脱水という。 ▶○→158

問39 視覚障害者に対して、時計の文字盤にたとえて物の位置を説明する方法をクロック・ポジションという。 ▶○→167

問40 血液透析を受けている利用者に対して、茹でこぼした野菜などをとるように勧める。 ▶○→169（表28）

6 自立に向けた入浴・清潔保持の介護

問41 シャワーやかけ湯では、からだの中枢から末梢の順に湯をかける。 ▶×→180

問42 足浴を実施する際、足底は底面につくようにする。 ▶○→188

問43 部分清拭において、腹部は「の」の字に拭く。 ▶○→201

問44 女性の陰部を拭く際には、肛門部から尿道口に向かって拭く。 ▶×→206

問45 洗髪介助の際には、指の腹部分を使い洗う。 ▶○→209

7 自立に向けた排泄の介護

問46 夜間、トイレでの排泄が間に合わず失敗してしまう高齢者には、おむつを使用するよう助言する。 ▶×→232（表37）

問47 トイレでの排泄の際には、上体を反らせるような姿勢をとる。 ▶×→236

問48 朝食後のトイレ誘導は、直腸性便秘に効果的である。 ▶○→268

問49 下痢のある利用者には、水分摂取量の確認を行う。 ▶○→272

問50 浣腸器を用いた排便の介護を行う際、浣腸液は35～36℃に温める。 ▶×→284

8 自立に向けた家事の介護

問51 店舗での契約については、どのような場合でもクーリング・オフできる。 ▶×→303

問52 洗濯の際に便や嘔吐物などで汚染されているものを分けて洗うのは、感染症予防のためである。 ▶○→320

問53 嚥下困難のある利用者の場合、極刻み食にする。 ▶×→348

問54 生卵や自家製のマヨネーズによる食中毒発生は、サルモネラが原因である。 ▶○→368（表57）

9 休息・睡眠の介護

問55 睡眠にかかわるホルモンで、光を浴びることによって脳内で分泌が抑制されるのはメラトニンである。 ▶○→381

問56 消化管ストーマを造設した利用者の場合、寝る前にパウチに便がたまっていたら捨てる。 ▶○→389（表59）

問57 睡眠中いびきをかいている利用者について、収集すべき情報は主に睡眠中の呼吸状態である。 ▶○→408

10 人生の最終段階における介護

問58 呼吸が苦しい時は、仰臥位を保つ。 ▶×→423（表65）

問59 死後のケアは、死後硬直が起こる前の死後1～2時間以内に行う。 ▶○→428

問60 デスカンファレンスとは、一般的な死の受容過程を学習することである。 ▶×→436

実力チェック！一問一答

11 福祉用具の意義と活用

問61 複数の福祉用具を使用する場合は、状況に合わせた組み合わせを考える。

▶○ → 445 （表69）

問62 福祉用具の活用にあたっては、利用者や家族の状況・能力に合った用具を選ぶことが最優先であるため、経済状況は把握しなくてもよい。

▶× → 445 （表69）

介護の視点を受験勉強に取り入れよう！

受験勉強をはじめるとき、「1日5時間勉強する！」という目標を立てる人がいますが、実際に1日5時間勉強できる人は少ないと思います。無理に1日5時間勉強しても、途中で疲れて「もう勉強したくない！」という気持ちになってしまいます。

そこでまず、今の自分の生活で勉強時間がどれくらい確保できるか割り出してみましょう。そうすると、日によっては意外と空き時間があることに気づいたりします。そのような時間をうまく使い、無理のないよう計画を立てて勉強することが長続きするポイントです。

例えば、「今週はここまで終わらせよう」「1か月後にはここまで終わらせよう」と介護の短期目標・長期目標のように期間を区切って、達成可能な目標を立てることが大切です。「目標どおりにここまで終わったら、おいしいケーキを食べる」など、自分にご褒美を決めれば、「次もがんばろう」と前向きに勉強に取り組めるはずです。

受験勉強にも介護の視点を取り入れてみてはいかがでしょう。

2

介護過程

傾向と対策

傾向

第36回国家試験では、「初回の面談で情報を収集するときの留意点」「介護過程の評価」「多職種連携によるチームアプローチの実践に伴う介護福祉職が担う役割」が出題された。この3問は、いずれも繰り返し出題されている介護過程の基礎知識を問う問題である。

2018（平成30）年度の介護福祉士養成課程のカリキュラム改正に伴い、介護過程の国家試験出題基準に、「事例報告、事例検討、事例研究」の項目が追加され、第36回国家試験では、「事例研究で遵守すべき倫理的配慮」が出題された。事例検討（ケアカンファレンス）は、適切なケアが実践できるための見通し（仮説）を得ることや、個別事例を超えてほかの事例にも応用しうる視点をもてるようになるなどの利点がある。介護福祉士には、自分の担当事例を提示（事例報告）し、事例検討を行う能力が求められる。また、事例発表や事例研究を行うときには、利用者を守るために、倫理的配慮を遵守する。

次に、第36回では、事例問題が4問出題されたが、介護過程の基礎知識があれば容易に正答を導くことができる問題であった。介護福祉士国家試験の出題基準には、「介護とは、単に技術的な営みではなく、人間的・社会的な営みであり、総合的・多面的に理解されるべきものであることから、4領域（人間と社会、介護、こころとからだのしくみ、医療的ケア）を横断する総合問題を出題する。」とあるが、『介護過程』は『総合問題』と同様に、総合的・多面的な力を求められる科目といえよう。

出題された事例は、利用者のエンパワメントに注目した事例展開が多くみられる。利用者のもつ可能性を信じ、その人のわずかな変化にも目をとめて、その人のよさを引き出そうとする働きかけこそ、人をより自立に向かわせ、成長を助けると同時に生活の質を高めることになる。利用者を一方的に介護を受ける人間としてとらえるのではなく、介護を受け入れる強さと、生命のある限り自分らしく生きようとする意思と力をもった個人としてとらえ、その力を引き出し、励ましながら見守る視点を大切にしたい。

出題基準と出題実績

出題基準			
大項目		中項目	小項目（例示）
1	介護過程の意義と基礎的理解	1）介護過程の意義と目的	・介護過程展開の意義 ・介護過程展開の目的

対策

『介護過程』では、介護過程の基礎知識を学ぶ。次に、ほかの科目で学んだ基礎的な知識を統合し、事例をもとに介護過程の展開を丁寧に学ぶことが重要である。

本書は、介護過程を展開する際の思考のプロセスのポイントを提示している。事例をもとに、介護過程の展開を繰り返し学んで、基本の考え方に立ち返ってほしい。その学習を繰り返すことで、国家試験で問われる知識を確実に理解することができる。また、関連する専門職種との事例検討（ケアカンファレンス）などにおいて、介護過程の思考のプロセスが身につくと、介護福祉職として力を発揮することにもつながる。

なお、事例に基づく介護過程を展開するためには、次の①～④の学習が不可欠となる。

①事例として提示された利用者の疾病・障害の知識を身につける。

②事例から読み取れる情報について、必要な情報収集の項目ごとに、明らかになっている情報と不足する情報を整理し、利用者の全体像を把握する。

③整理した情報をもとにアセスメントを行い、生活課題を明確にする。

④４領域（人間と社会、介護、こころとからだのしくみ、医療的ケア）にまたがる横断的知識を使って、計画を立案する。

第36回国家試験では、出題数８問のうち、介護過程の基礎知識を問う問題が４問、事例問題が４問であった。このことから、基礎知識を確実に学ぶと同時に、その知識を日々の実践の場で展開できるようにしておくことが、受験対策として重要になる。

出題実績				
第32回（2020年）	第33回（2021年）	第34回（2022年）	第35回（2023年）	第36回（2024年）
介護過程の目的【問題61】	介護過程の目的【問題61】	介護過程展開の意義【問題61】	介護過程展開の目的【問題106】	

出題基準			
大項目		中項目	小項目（例示）
		2）介護過程を展開するための一連のプロセスと着眼点	・アセスメント（意図的な情報収集・分析、ニーズの明確化・課題の抽出） ・計画立案（目標の共有） ・実施（経過記録） ・評価（評価の視点、再アセスメント・修正）
2	介護過程とチームアプローチ	1）介護過程とチームアプローチ	・介護サービス計画（ケアプラン）と介護過程の関係 ・他の職種との連携 ・カンファレンス ・サービス担当者会議
3	介護過程の展開の理解	1）対象者の状態、状況に応じた介護過程の展開	・自立に向けた介護過程の展開の実際 ・事例報告、事例検討、事例研究

出題実績				
第32回（2020年）	第33回（2021年）	第34回（2022年）	第35回（2023年）	第36回（2024年）
介護計画の作成【問題62】 介護計画の実施【問題63】	情報収集の方法【問題62】 アセスメントの説明【問題63】 短期目標の設定【問題64】	情報収集における留意点【問題62】 生活課題とは何か【問題63】 目標の設定【問題64】 介護計画における介護内容を決定する際の留意点【問題65】 再アセスメントの方向性【問題67】	評価の項目【問題107】	初回の面談で情報を収集するときの留意点【問題106】 介護過程の評価【問題107】
介護福祉職間のカンファレンスで共有すべき利用者の思い【問題68】		カンファレンスで介護福祉職が提案すべき内容【問題68】	居宅サービス計画と訪問介護計画の関係【問題108】	多職種連携によるチームアプローチの実践に伴う介護福祉職が担う役割【問題108】
意欲低下がみられる利用者の再アセスメントと生活課題の抽出【問題64】 意欲低下がみられる利用者の短期目標【問題65】 認知症のある利用者の行動の解釈【問題66】 認知症のある利用者の役割継続のための課題【問題67】	入浴に関する短期目標の再アセスメント【問題65】 入浴に関する再アセスメント結果の支援の方向性【問題66】 通所介護（デイサービス）利用者の言動に関する介護福祉職の主観的な判断の記録【問題67】 短期入所施設（ショートステイ）を利用することになった利用者の生活課題の優先度【問題68】	自立に向けた介護過程の展開の実際【問題66】	軽度認知症のある利用者： 外出先で急に立ち止まった行動の解釈【問題109】 短期目標と支援内容を見直すためのカンファレンスで提案するべきこと【問題110】 脳性麻痺による四肢麻痺があり重度訪問介護を利用している利用者： 個別支援計画を立案するために把握すべき情報【問題111】 スポーツクラブの体験を希望する場合の対応【問題112】 事例研究の目的【問題113】	認知症のある利用者： クラブ終了後にとった行動の解釈に必要な情報【問題109】 支援の見直しの方向性【問題110】 高次脳機能障害のある利用者： 組立て作業について大声を出した理由を解釈する視点【問題111】 短期目標を達成するために見直した支援内容【問題112】 事例研究で遵守すべき倫理的配慮【問題113】

押さえておこう！重要項目

1 介護過程の意義と基礎的理解

介護過程の定義・意義、課題解決アプローチ、介護保険制度におけるケアプラン（介護サービス計画）と介護過程の関係などについて理解する必要がある。

介護過程の意義と目的

32—61
33—61
34—61

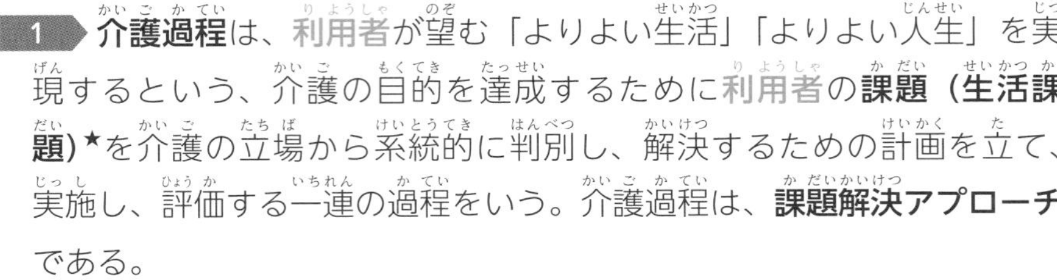

1 **介護過程**は、利用者が望む「よりよい生活」「よりよい人生」を実現するという、介護の目的を達成するために利用者の**課題（生活課題）**★を介護の立場から系統的に判別し、解決するための計画を立て、実施し、評価する一連の過程をいう。介護過程は、**課題解決アプローチ**である。

★**課題（生活課題）**
利用者が望む生活を実現・継続するために、解決すべき困りごと。

35—106

2 **介護過程の意義**は、介護過程を展開することにより、客観的で科学的な根拠に基づいた介護の実践が可能になることである。

3 **介護過程のプロセス**は、専門知識や技術を統合して、アセスメント→介護計画の立案→介護の実施→評価の順に系統的な方法で行われる（図1参照）。

34—61

4 介護過程を展開する際には、**表1**の4つの基本視点を重視する。

表1 ▶ 介護過程の展開における4つの基本視点

①尊厳を守るケアの実践
②個別ケアの実践
③生活と人生の継続性の尊重
④生きがいや役割のある生活

資料：介護福祉士養成講座編集委員会編『最新 介護福祉士養成講座⑨介護過程（第2版）』中央法規出版、2022年、6～9頁より作成

図1 ▶ 介護過程のプロセス

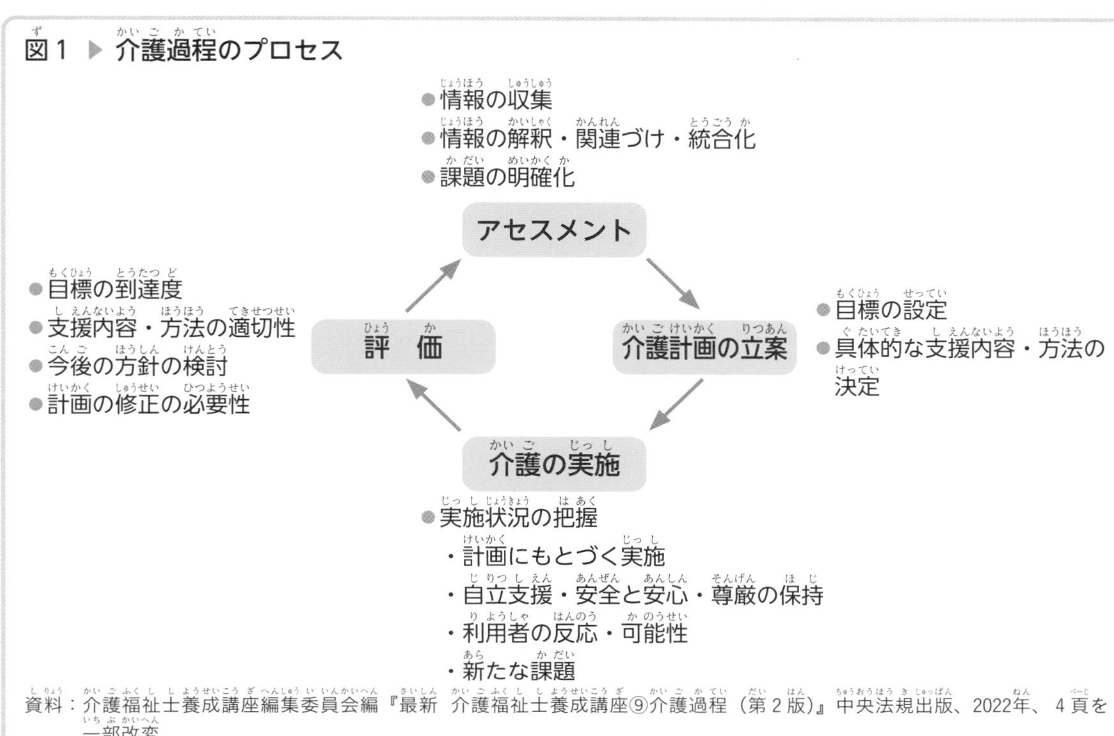

資料：介護福祉士養成講座編集委員会編『最新　介護福祉士養成講座⑨介護過程（第２版）』中央法規出版、2022年、４頁を一部改変

介護過程を展開するための一連のプロセスと着眼点

● アセスメント（意図的な情報収集・分析、ニーズの明確化・課題の抽出）

5 **アセスメント**とは、介護の必要性を総合的に判断するために、利用者について「情報収集」「情報の解釈・関連づけ・統合化」「課題の明確化」を行うことである。この段階は、専門的な知識や経験、判断が最も必要とされる。

 33―63

6 **インテーク（受理面接）**は、相談に訪れた人（問題を抱えた人やその関係者）に対して、相談機関が行う最初の面接をいう。この面接を通して、相談者の訴えを傾聴し、情報を収集し、相談者が求めている援助と解決すべき課題を明らかにする。

 36―106

7 **アウトリーチ**は、手を伸ばすことを意味する。生活上何らかの問題を抱えながらも自ら支援を求めない、支援を拒否する、あるいは本人の意識に問題として顕在化していない利用者や地域社会に対して、援助者側から積極的に出向き、問題解決へ向けて動機づけを高めるために行う専門的援助をいう。

8 介護保険制度では、申請者の心身の機能や状態について調査し、要介護認定・要支援認定を行う。この調査は、保険者である市町村が、全国一律の基準として国が定めた認定調査票に基づき実施する。認定調査票の項目は、介護過程で収集すべき情報の項目として活用することができる。

TEST 35—111

9 収集する情報には、主観的情報と客観的情報がある（**表2**参照）。介護福祉職は、押しつけの介護にならないよう、主観的情報を常に確認する。また、これら2つの情報は、区別して記録する。

表2 ▶ 情報の種類

主観的情報	その人のものの見方や感情、考え方、期待等
客観的情報	他人が直接的に観察することができるもの

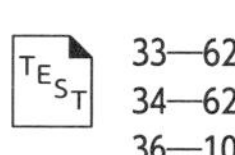
33—62
34—62
36—106

10 **情報収集の方法**は、まず、利用者に接しながら主観的情報を集める。**プライバシー**に配慮しながら、最初から無理にすべてを聞き出そうとしない。客観的情報は、身体の観察、行動の観察、家族や重要関係者、他職種、記録類等から集める。

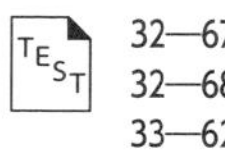
32—67
32—68
33—62
34—62
35—111
36—106

11 情報収集を行うときの留意点は、**表3**のとおりである。

表3 ▶ 情報収集を行うときの留意点

①利用者の状態から正しく情報を得るために、観察力を身につける。
②利用者の個別性を理解するために、先入観や偏見をもたない。
③意図的に情報を収集し、情報の取捨選択をする（必要な情報を判断する）。
④利用者の「できない」ことだけでなく、「できる」ことについても情報を収集する。
⑤多角的な視点で複数の情報を収集する。
⑥家族や重要関係者、他職種から情報を収集するときは、あらかじめ利用者の了解を得ておく。

TEST
32—66
32—68
33—62
34—62
35—109

12 集められた情報は、まず、**表4**の4つの視点から検討を行う必要がある。

表 4 ▶ 集められた情報を検討する際の 4 つの視点

①正確な事実であるかどうか ②必要とすべきすべての事実をつかんでいるかどうか ③結論を導き出すのに十分な情報を収集したかどうか ④自分に伝えられた言葉の意味を正確につかんでいたかどうか

13 注意深く収集された情報は、分類した後に、専門的な知識や経験を指針として情報を**解釈**し、情報の**関連づけ**・**統合化**を行い、利用者の**課題**を明らかにする。

TEST 32—66 35—109

14 アセスメントにおいて、利用者の課題を明確にするための基本的な視点は**表 5** のとおりである。

TEST 32—66 32—67 32—68 34—68

表 5 ▶ アセスメントの基本的な視点

①**生命の安全**：健康状態が悪化するような点はないか ②**生活の安定**：日常生活の自立、継続ができていない点はないか ③**人生の豊かさ**：その人らしく生活できていない点はないか

15 利用者の望む生活を実現または継続するために、利用者の**課題（生活課題）**を明確化する。そのためには、収集した情報を解釈し、関係性を明らかにしたうえで、顕在的課題のみならず、その要因と今後の予測を含めて判断する必要がある。

TEST 34—62 34—63 35—109

16 利用者の課題は、①**顕在的課題**★、②**顕在的課題の要因**、③**潜在的課題**★を含めて明らかにすることが重要である。例えば、「血管性認知症に起因する徘徊・無断外出があり、事故に遭遇する危険性がある」といったように表現することで、課題がより明確になる。

TEST 35—109

★顕在的課題
現在現れている課題。

★潜在的課題
顕在的課題から予測される二次的課題。

● ICFと介護過程

17 2001年にWHO総会において採択された、WHO（世界保健機関）の**ICF（国際生活機能分類）**では、それまでの分類であった**ICIDH（国際障害分類）**での機能障害を**心身機能・身体構造**と、能力障害を**活動**と、社会的不利を**参加**とした。また、**背景因子**として、**環境因子**と**個人因子**が導入された。

18 ICFの構成要素は、①**健康状態**、②**生活機能**（**心身機能・身体構造**、**活動**、**参加**）、③**背景因子**（環境因子、個人因子）から成り、各要素間には**相互作用**がある。

19 ICFは、健康領域と関連領域の国際的な分類を行うことを目的としている。一方、介護過程は、利用者の個別のニーズに対して支援を行うことを目的としている。したがって、ICFのコードを介護過程に活用する場合には、この目的の違いを踏まえ、十分な理解と訓練が求められる。

20 ICFの**活動**には、「利用者が、毎日の生活のなかで特別に意識したり、努力したりすることなく行っていること」（**している活動**）と、「実際には行う力をもっており、訓練や適切な支援によってできるようになること」（**できる活動**）がある。

21 ICFの視点を活用することにより、**医学モデル**のように原因を利用者の心身機能や健康状態に見つけ、治療やリハビリテーションを受けるという計画や、**社会モデル**のように原因を環境因子に見つけ、阻害★因子を取り除く計画、さらに活動および参加において活動制限や参加制約を取り除く計画など、ニーズが満たされない原因を多角的にとらえて介護計画を立案することが可能になる。

★阻害
じゃまをすること。さまたげること。

33—68

22 利用者に複数の課題がある場合は、優先順位を決定する。生活課題の優先度を考えるにあたっての目安として、**表6**の3つが参考になる。

表6 ▶ 生活課題の優先度を考えるにあたっての目安

①身体的、心理的、社会的な苦痛の大きさ ②生きる力を損なう（パワーレス）可能性の度合い ③緊急性の度合い

資料：介護福祉士養成講座編集委員会編『最新　介護福祉士養成講座⑨介護過程（第2版）』中央法規出版、2022年、16頁

TEST
33—26（介護）
33—68

23 課題の**優先順位の決定**にあたっては、**マズロー**（Maslow, A. H.）**の欲求階層説**も目安となる（下巻「こころとからだのしくみ」**2**（**図1**、**表1**）参照）。一般的に、**下位**の欲求ほど優先順位が高いと考えることができる。

32—65
33—64
34—64
34—114（総合）
34—124（総合）
36—112

24 目標は、**長期目標**と**短期目標**に分けられる。**長期目標**は、課題が解決した状態を表現する。**短期目標**は小さな一歩ずつの目標であり、課題を構成する原因・誘因★部分と関係する。1つの課題には1つの**長期目標**があり、その課題に2つの原因・誘因があれば、**短期目標**は2つになる。

★誘因
ある事柄を誘い出す原因。

25 目標は**期限**を明確にして、いつその期待される結果が現れるか、あるいは、いつその経過を評価するのかを明確にしておく。目標と実態が合わないときは、目標の変更を検討する。

32—62
36—107

26 目標の書き方として、**表7**の3点を考慮する。

32—62
33—64

表7 ▶ 目標の書き方の留意点

①生活課題が介護によって解決されたとき、利用者がどのような行動（状態）になればよいかを**利用者**を主語として記述する ②実施した介護を評価する基準となるように観察あるいは測定可能な表現にする ③目標到達の**時期**を明記する

● 計画立案（目標の共有）

27 利用者の望む生活を支えるために、利用者一人ひとりに対する**介護計画**を**生活の継続の視点**から作成する。

28 介護計画の作成においては、利用者のADL（日常生活動作）だけでなく、QOL（生活の質）を含めてともに考えていく必要がある。また、1人の利用者に複数の人がかかわることを想定して、より**個別的・具体的**に記述する。利用者本人や家族を中心に、利用者にかかわる人たち全員が**共有**できるようにしておくことが求められる。

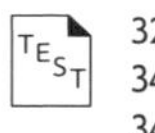
32—62
34—61
34—65

29 計画のなかに**観察内容**を明示する。**長期目標や短期目標が到達できたかどうか**の**評価**の基準（利用者の反応の重要な指標）を明示することによって、目標の到達度を**評価**することができる。

TEST
34—65
35—107

30 **評価**の基準が明らかにされていないと、実践した介護活動を客観的に**評価**し、計画を適切に修正することはできない。継続的な観察を行うことによって、介護過程全体がつながっていく。

31 例えば、「血管性認知症に起因する徘徊・無断外出があり、事故に遭遇する危険性がある」といった生活課題がある場合には、観察内容として「徘徊・無断外出の有無、1日の回数、表情、訴え、行動の落ち着きの有無、日常場面での過ごし方」などをあげておく必要がある。

32 **ケアの標準化**とは、組織が定める標準的★なケアの方法・手順をマニュアル化し、業務手順として統一することであり、**ケアの個別化**とは、標準的な方法に加え、さまざまな状態像、ニーズをもつ利用者一人ひとりに応じた介護サービスを提供することをいう。

★標準的
物事の基準、目安となるさま。

TEST 32—62 32—63 34—65

33 介護計画立案における支援内容の選択、決定条件としては、**表 8** の 5 つがあげられる。

表 8 ▶ 支援内容の選択、決定条件

①利用者の自己決定や家族の考えを尊重し、個別的なニーズを満たすような活動であること
②介護福祉職の業務範囲内の活動であること
③原因・誘因が明らかな課題の場合は、それを除去、軽減、緩和する活動であること
④介護の理論、過去の研究結果、介護福祉職の経験等を活かしていること
⑤危険がなく、効率的、経済的であること

TEST 32—62 34—61 34—65

34 介護計画は、チームで介護方法の統一を図るために**5W1H**を踏まえて**具体的**に記述する。5W1Hとは、when（いつ：時間）、where（どこで：場所）、who（誰が：主体）、what（何を：客体）、why（なぜ：原因）、how（どのように：状態・方法）を意味する。

● 実施（経過記録）

TEST 32—63

35 **実施**は、介護過程のなかで中心となる部分であり、介護活動を**計画**に基づいて実際に行う段階である。この段階が適切に行われれば、利用者の課題は解決もしくは緩和し、利用者の生活の質の向上に資する。

TEST 32—63

36 実施においては、①**自立支援**、②**安全と安心**、③**尊厳の保持**、の 3 つの視点を常に意識してかかわる必要がある。

TEST 32—63

37 実施の過程は、**経過記録**に記録する。介護活動を正確に記録することは、**目標の到達度**を客観的に評価するために必要である。①実施前の利用者の状態、②実施の過程、③実施後の利用者の反応や状態を記述する。

TEST 33—24（介護）

38 **介護記録**は、日々の利用者の心身の状態や生活の様子、介護内容を時系列に記録した最も代表的で基本となる記録である。介護記録は、①**介護に必要な基礎（個人）情報**、②**介護計画**、③**経過記録**の 3 つの要素で構成されている。

TEST 32—63 33—67

39 **記録上の留意点**として**表 9** の 4 つがあげられる。

40 経過記録に**SOAP方式**がある。看護記録はこの方式が多く用いられる。SOAPは、問題ごとに「S（Subjective Data）：**主観的データ**」「O（Objective Data）：**客観的データ**」「A（Assessment）：**アセスメント**」「P（Plan）：**プラン**」の 4 項目に分けて経過を記述する。

表9 ▶ 記録上の留意点

①紙媒体の記録用紙を使用するときは、ボールペンを使用する。間違った場合は、文字の上に2本線を引き、署名と日時を記載して訂正する。修正液で消してはならない★。 ②正確に記録する。介護を行った後、できるだけ早い時点で記録する。主観的事実と客観的事実、介護者の判断を区別して書く。記録者の署名および日付と時刻を明記する。 ③内容を整理して必要なものを短時間に記録する。5W1Hの関係を明確にし、必要事項をもれなく、要点をまとめて、簡潔に、わかりやすく書く。記録に時間をかけすぎないようにする。 ④利用者に対する偏見や攻撃的な表現は避ける。

紙媒体に加え、2021（令和3）年1月の介護保険法の運営基準の改正で、介護の記録を電磁的記録とし、データ保存することが原則認められた。

● 評価（評価の視点、再アセスメント・修正）

41 **評価**は、設定した目標について、利用者が到達できたかどうかという点から介護福祉職が責任をもって検討する。目標に到達していれば、介護過程は終了する。目標に到達していなければ、介護過程のプロセスを振り返り、評価・修正して、再アセスメントを行い、引き続き介護過程を繰り返していく。

33―65
33―66
34―67
35―107
36―107

42 **評価の視点**として**表10**の4つがあげられる。

TEST 32―64
33―65
33―66
35―107

表10 ▶ 評価の視点

①計画どおりに実施しているか ②目標に対する到達度はどうか ③支援内容・支援方法は適切か ④実施上の新たな課題や可能性はないか

43 **評価**において、「目標に到達していない」という結果が得られた場合、または到達していても「継続が困難である」と判断した場合は、計画の修正を検討する。目標に到達していない原因を明らかにすることにより、計画のどの部分を修正すればよいのか、再アセスメントを行う。

32―64
33―65
33―66
36―107

一問一答 ▶ P.124

2 介護過程とチームアプローチ

ケアマネジメント（介護支援サービス）、ケアプラン（介護サービス計画）と介護計画の関連、サービスの内容と手続きの説明および同意の必要性、多職種連携（チームケア）、ケアカンファレンス、サービス担当者会議などについて理解する必要がある。

介護過程とチームアプローチ

44 **チームアプローチ**とは、介護サービス等の提供を、チームを組んで行うことによって、利用者に総合的な質の高いサービスを提供することを目指すものである。サービス事業者内でのチームアプローチと、異なるサービス種類の提供事業者間でのチームアプローチの2つがある。

45 **ケアマネジメント**は、利用者が抱える個別の生活上のニーズを確認し、それを解決するために、利用可能な**社会資源**★を活用していく一連のプロセスを指す。地域ケアにおける効果的な援助の技法であり、介護保険制度において導入された。

★社会資源
利用者のニーズを充足させるために活用される物的・人的資源。

32—23(介護)
32—117(総合)
35—108

46 介護保険制度では、施設においては施設が**施設サービス計画**を、在宅においては指定居宅介護支援事業者が**居宅サービス計画**を作成し、サービスを提供する。介護保険制度におけるケアプラン（介護サービス計画）の位置づけと、各専門職が作成する個別サービス計画の関係は、**図2**のとおりである。

図2 ▶ 介護保険制度におけるケアプラン（介護サービス計画）の位置づけ

要介護認定申請 ➡ 要介護認定 ➡ ケアプラン（介護サービス計画）

- 施設サービス➡施設サービス計画
  - ＊個別サービス計画
    - ・介護計画
    - ・看護計画
    - ・リハビリテーション計画　など
- 居宅サービス➡居宅サービス計画
  - ＊個別サービス計画
    - ・通所介護➡介護計画（通所介護計画）
    - ・訪問介護➡介護計画（訪問介護計画）
    - ・訪問看護➡看護計画（訪問看護計画）
    - など

47 介護過程における**介護計画**は、ケアマネジメント過程における**ケアプラン（介護サービス計画）**と同一のものではない。**介護計画**は、介護支援専門員（ケアマネジャー）が立てたケアプランに従って、**介護福祉職**の立場から利用者の生活課題を解決する方法を示したものである（**図3**参照）。

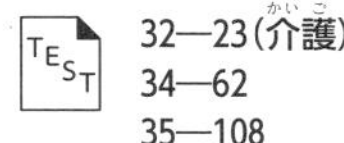

図3 ▶ ケアマネジメントと介護過程の関係

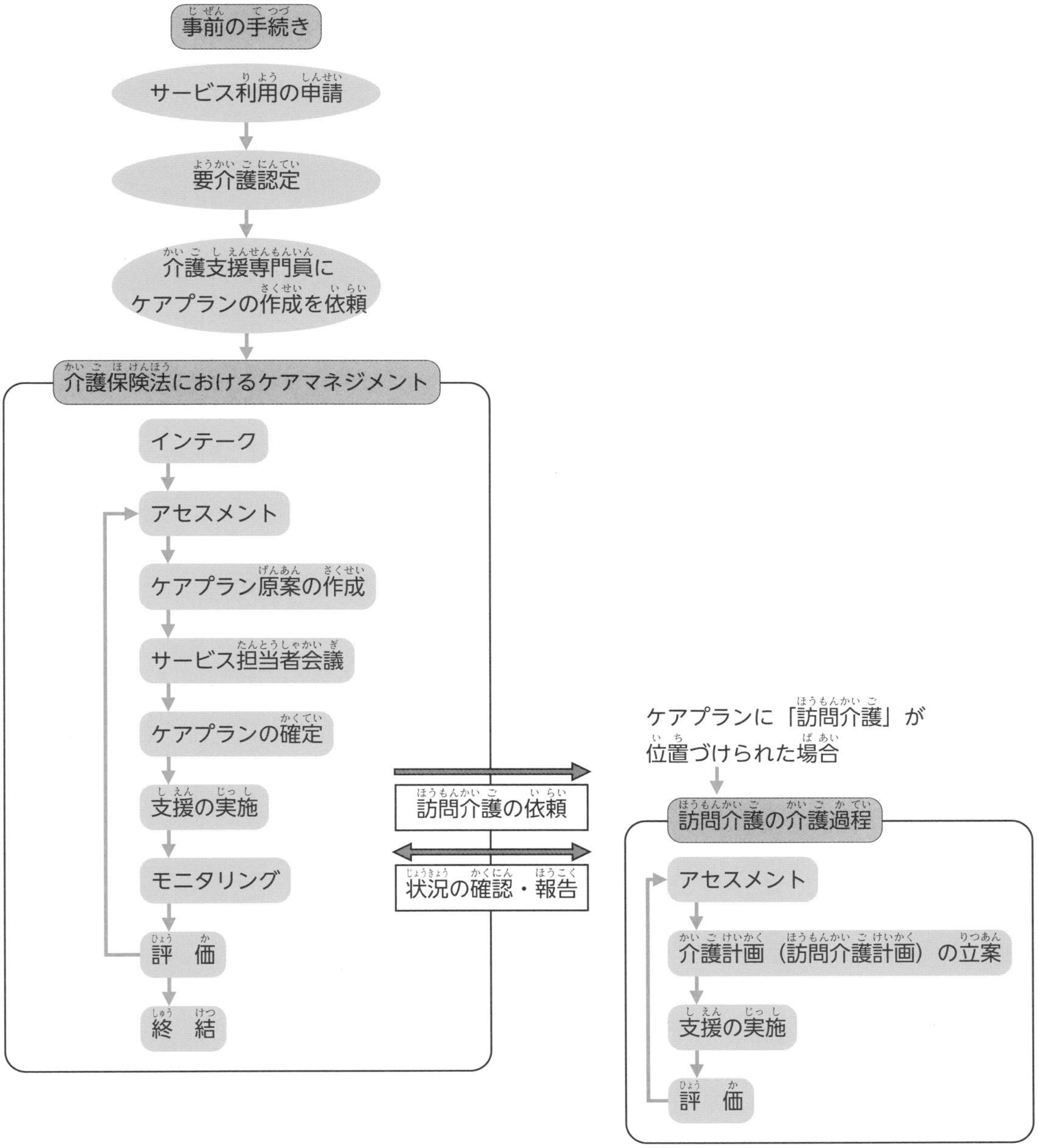

事前の手続き

サービス利用の申請
↓
要介護認定
↓
介護支援専門員にケアプランの作成を依頼
↓

介護保険法におけるケアマネジメント

インテーク
↓
アセスメント
↓
ケアプラン原案の作成
↓
サービス担当者会議
↓
ケアプランの確定
↓
支援の実施
↓
モニタリング
↓
評　価（→アセスメントへ戻る）
↓
終　結

→ 訪問介護の依頼

↔ 状況の確認・報告

ケアプランに「訪問介護」が位置づけられた場合
↓

訪問介護の介護過程

アセスメント
↓
介護計画（訪問介護計画）の立案
↓
支援の実施
↓
評　価（→アセスメントへ戻る）

資料：介護福祉士養成講座編集委員会編『最新 介護福祉士養成講座⑨介護過程（第2版）』中央法規出版、2022年、151頁

TEST 32—68 / 33—24(介護) / 34—68 / 35—110 / 36—112

48 介護過程は、介護福祉職チームが介護目標と介護計画に従い共同で取り組む**チームケア**である。援助を効果的に行うために、**ケアカンファレンス**が行われる（**表11**参照）。

表11 ▶ ケアカンファレンスとサービス担当者会議

ケアカンファレンス	医療や福祉の現場で、よりよい治療やケアのためにスタッフ等関係者が、情報の**共有**や**共通理解**を図り、問題の解決を検討するために行われるさまざまな会議をいう。
サービス担当者会議	ケアカンファレンスの一種ではあるが、**介護保険制度**で開催が義務づけられており、**介護支援専門員（ケアマネジャー）**が開催することなどから、通常のケアカンファレンスとは異なる。

TEST 32—63 / 35—110 / 36—108

49 ケアカンファレンスにおける**介護福祉職の役割**として、利用者の生活に最も近い存在であることから、利用者の**日常生活**の様子や変化、利用者や家族の思いを他職種に伝えることが求められる。

TEST 32—23(介護) / 32—24(介護) / 32—63 / 33—24(介護)

50 ケアプラン（介護サービス計画）は、**利用者**や**家族**等の希望を取り入れ、**了解**を得て、**サービス担当者会議**での**専門家**の協議を踏まえて作成される（**表11**参照）。

51 介護保険制度では、ケアプランを作成するすべての介護サービス提供機関に、ケアプランの原案の内容について**利用者**またはその**家族**に対して**説明**し、文書（紙媒体に加え、2021（令和３）年１月の介護保険法の運営基準の改正で、原則電磁的対応が認められた）により、利用者の**同意**を得ることが義務づけられている★。

ぷらすあるふぁ
例えば、タブレット端末を活用して説明し、その画面上で署名をもらい保管する、といったことが可能となった。

52 **インフォームドコンセント**は、「説明に基づく同意」または「説明に基づく選択」と訳され、人権尊重の重要な概念であり、医療・福祉の現場で広く重視される考え方である。

TEST 32—64 / 36—107

53 **モニタリング**とは、ケアプラン（介護サービス計画）に位置づけた目標の到達に向けて、①計画どおりに支援が実施されているか、②目標に対する到達度はどうか、③サービスの種類や支援内容・支援方法は適切か、④利用者に新しい課題や可能性が生じていないか、⑤サービスの質と量に対する利用者・家族の満足度はどうかを確認することである。

一問一答 ▶ P.125

3 介護過程の展開の理解

事例として、利用者の疾病（認知症、パーキンソン病、脳梗塞など）や生活障害（便秘、歩行障害、言語障害など）が提示され、それに対する介護過程（アセスメント、生活課題、目標、計画立案、実施、評価）の内容について問う出題形式がとられている。そのため介護過程の基礎知識に加え、ほかの科目で学んだ知識を統合する力が求められる。

対象者の状態、状況に応じた介護過程の展開

● 自立に向けた介護過程の展開の実際

54 **在宅生活に関する情報収集**では、利用者と家族が日々どのような生活を送っているのかを理解する。生活環境や困りごと、その原因などについて、客観的に把握することが求められる。例えば、利用者のADL能力に基づき、自立生活が可能になるように福祉用具の使用および住宅改修について話し合うことも必要となる。

35―112

55 利用者の**生活歴**を知るための聞き取りは、介護上必要な範囲に限定する。なお、年齢と老化現象は必ずしも一致しない。

56 介護における**観察**とは、介護の目的に照らして現象の意味を読み取ることである。**観察**のポイントは、介護福祉職の五感を研ぎ澄まし、利用者の、①身体的側面、②心理的側面（認識面）、③行動面、の3側面からみることである。現象の意味を読み取るためには、知識と経験が必要となる。

32―64
33―62
35―109

57 介護過程とその展開における留意点としては、**表12**のようなものがある。

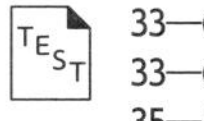
33―65
33―67
35―109

58 **「障害高齢者の日常生活自立度（寝たきり度）判定基準」**と**「認知症高齢者の日常生活自立度判定基準」**は、介護を行う側の視点から、介護の必要度を判定することで、障害高齢者と認知症高齢者の自立度を評価している。それらの基準の組み合わせは、要介護認定で要介護度を判定するための重要な指標になっている。

表12 ▶ 介護過程とその展開における留意点

①課題解決アプローチの手法にこだわりすぎないこと ②利用者との間に認識のずれを感じたときには、それを手がかりに相手のこころに近づく努力をすること ③利用者の得意としていることや満足していること、セルフケア能力に着目してはたらきかけること

● 事例報告、事例検討、事例研究

59 事例とは、前例となる事実、個々の場合における、それぞれの事実をいう。基本的には**過去に実際にあった例**という意味で用いられる。

60 報告者が自分の担当事例を提示すること（**事例報告**）から、**事例検討**は始まる。**事例検討の目標**として、①個別性・具体性のある事例報告を検討し、担当者が適切なケアマネジメントができるための見通し（仮説）を得ること、②個別事例を超えてほかの事例にも応用しうる視点をもてるようになること、があげられる。事例検討は、職場における**ケースカンファレンス**や**地域ケア会議**などの場で行われる。

 35—113

61 介護現場や介護教育の場で行われている**事例報告や事例検討の意義**として、具体的には**表13**のような内容があげられる。

表13 ▶ 事例報告・事例検討の意義

①観察の視点が広がり、利用者をより深く理解することができる。 ②介護行為のエビデンス（根拠）を明らかにすることができる。 ③介護実践の評価ができる。 ④介護のあり方や介護方法を振り返り、新たな見方ができる。 ⑤対人援助のあり方を見直すことができる。 ⑥専門的知識や援助技術を向上させることができる。 ⑦チームケアの質を高めることができる。 ⑧事例検討を重ねることで介護の専門性を確立することに寄与する。

TEST 35—113

62 事例検討を経て見出された事実や真相が、ほかの事例とも共通する一般性をもつことが明らかになったとき、個別事例を超えて一般化できる理論モデルとして構成する研究を、**事例研究**として位置づける。

63 これまで、事例報告・事例検討・事例研究については、厳密な区分はあまりされてこなかった。今後、介護の専門性を確立するうえで、主に介護者の援助技術を高めようとする**事例報告**や**事例検討**と、一般原則を見出そうとする**事例研究**との違いを明確にしておくことが必要である。

64 事例発表や事例研究を行うときには、利用者を守るために、**倫理的配慮を遵守する**（**表14**参照）。事例発表や論文発表を行うときは、発表先（学会など）の「倫理的配慮ガイダンス」の規定に従う。

36—113

表14 ▶ 事例発表、事例研究に関する倫理的配慮

1 事例対象者の同意を得る

①事例報告、事例研究の目的、方法、期待される結果、研究協力に関する利益・不利益を書面を用いて説明したうえで、研究の実施と公表について本人直筆★の同意を得る。

②本人の承諾が困難な場合は、代理人の承認を受ける。代理人がいない場合には発表対象としない。

③当事者から実名公表の承諾を得ている場合には、その旨を明示する。

2 施設・事業所が特定されない表記とする

【例】 A老人保健施設、B認知症グループホームなど

3 事例対象者の個人情報が特定されない表記とする

・介護過程や介護内容のリアリティを損なうことがない程度に事例を加工して用いる。

・事例を加工★している場合は、その旨を明示する。

【例】

①対象者の表記：A氏、Aさん （N.S氏、山○太○、などは不可）

②実年齢は記載せず、○歳代後半などと記載する。

③年月日の表記：年は実践開始時点をX年とし、X＋1年3か月、X－1年2か月のように記載する。

④顔写真や人物が写った写真を提示するときは、目を隠すなど顔全体がわからないようにする。

4 引用文献と参考文献は適切に記載する

①引用文献：抄録や論文中に先行研究として活用する文献

②参考文献：引用はしていないが、その抄録や論文を書くのに不可欠だった文献

③文献は孫引き★ではなく、原典から引用する。

5 事例発表、事例研究論文の発表にあたって所属施設等（施設長、学校長など）から許可を得る

資料：大阪府訪問看護ステーション協会「事例発表する際の倫理的配慮～事例対象者を守るための約束事～」、日本介護福祉学会「研究倫理指針」（https://jarcw.jp/html/outline2.html）を参考に作成

一問一答 ▶ P.126

★直筆
自分自身で書くこと。

★加工
手を加えること。

★孫引き
他の本から引用してあるものをそのままさらに引用すること。

実力チェック！一問一答

※解答の　　は重要項目（P.110〜123）の番号です。

1 介護過程の意義と基礎的理解

問1 介護過程は、利用者が望む「よりよい生活」「よりよい人生」を実現するために、利用者の生活課題に取り組む課題解決アプローチである。

▶○→ 1

問2 介護過程の意義として、客観的で科学的な根拠に基づいた介護の実践を可能にすることがあげられる。

▶○→ 2

問3 介護過程のプロセスには、アセスメント、介護計画の立案、介護の実施、モニタリングがある。

▶×→ 3（図1）

問4 アセスメントとは、利用者について「情報収集」「情報の解釈・関連づけ・統合化」「課題の明確化」を行うことである。

▶○→ 5

問5 情報には主観的情報と客観的情報があるが、介護者が観察できる利用者の表情は、主観的情報である。

▶×→ 9（表2）

問6 収集した情報は、そのまますべて記録する。

▶×→ 11（表3）

問7 集められた情報を検討する際は、結論を導き出すのに十分な情報を収集したかどうかを吟味する。

▶○→ 12（表4）

問8 アセスメントの基本的な視点として、生命の安全、生活の安定、人生の豊かさを重視する。

▶○→ 14（表5）

問9 利用者の生活課題を明確にする際には、顕在的課題（現在現れている課題）だけに注目すればよい。

▶×→ 16

問10 ICFの生活機能の要素には、心身機能・身体構造、活動、参加が含まれる。

▶○→ 18

問11 課題の優先順位の決定にあたっては、マズローの欲求階層説の上位の欲求ほど優先順位が高いと考えられる。

▶×→ 23

問12 長期目標は、目標に到達する期限を明確にしなくてもよい。

▶×→ 24 25

問13 目標は介護者の支援によって到達するものであるから、介護者を主語とした表現とする。 ▶ × → 26（表7）

問14 介護計画は、チームで介護方法の統一を図るために5W1Hを踏まえて具体的に記述する。 ▶ ○ → 34

問15 実施においては、常に自立支援、安全と安心、そして何が尊厳の保持につながるのかを意識しながらかかわる必要がある。 ▶ ○ → 36

問16 実施の過程を経過記録に記録するときは、事実のみを正確に記述する。 ▶ × → 37 39（表9）

問17 評価は、計画どおりに実施しているか、目標に対する到達度はどうか、支援内容・支援方法は適切か、新たな課題や可能性はないかなどの視点で行う。 ▶ ○ → 42（表10）

問18 評価において、「目標に到達していない」という結果が得られた場合には、生活課題の変更を選択する。 ▶ × → 43

2 介護過程とチームアプローチ

問19 介護計画は、ケアプラン（介護サービス計画）と同一のものである。 ▶ × → 47

問20 介護保険制度で開催が義務づけられており、介護支援専門員（ケアマネジャー）が開催し、ケアプラン（介護サービス計画）の原案の内容を検討する会議をケアカンファレンスという。 ▶ × → 48（表11）

問21 ケアプラン（介護サービス計画）の原案の内容は、利用者またはその家族に対して説明し、文書（紙媒体や電磁的対応を含む）により、利用者の同意を得ることが義務づけられている。 ▶ ○ → 51

問22 モニタリングは、何らかの課題を抱えながらも自ら支援を求めない人に、援助者側から積極的に出向き、手を差し伸べる専門的援助活動である。 ▶ × → 53 7

3 介護過程の展開の理解

問23 介護計画を実施するなかで、利用者の浮かない顔に気づいたが、計画どおりの介護に専念した。

▶ × → 57（表12）

問24 要介護認定で要介護度を判定するための重要な指標として、「障害高齢者の日常生活自立度（寝たきり度）判定基準」と「認知症高齢者の日常生活自立度判定基準」がある。

▶ ○ → 58

問25 事例発表や事例研究を行うときは、事例対象者に対して研究目的などを書面を用いて説明し、本人直筆の同意を得る必要がある。

▶ ○ → 64

3

障害の理解

傾向と対策

傾向

『障害の理解』の内容は、「障害の医学的・心理的側面の基礎的理解」を中心に、障害者の就労、制度面など多くの分野にわたっている。具体的には、障害のある人の心理や身体機能に関する基礎知識を学ぶとともに、障害のある人の体験を理解し、本人のみならず家族を含めた周囲の環境に配慮した介護の視点を身につけることを目指す。そのためにも、障害のある人が利用できる制度やサービス、地域におけるサポート体制や家族への支援などに関する知識が必要となる。

介護福祉士はさまざまな障害のある人々のケアを担うため、『障害の理解』の内容をしっかりと学習することが求められている。

出題基準と出題実績

出題基準			
大項目		中項目	小項目（例示）
1	障害の基礎的理解	1）障害の概念	・障害の捉え方 ・障害の定義
		2）障害者福祉の基本理念	・ノーマライゼーション、リハビリテーション、インクルージョン、IL運動、アドボカシー、エンパワメント、ストレングス、国際障害者年の理念など
		3）障害者福祉の現状と施策	・意思決定支援 ・成年後見制度 ・障害者総合支援法、障害者虐待防止法、障害者差別解消法 ・就労の支援
2	障害の医学的・心理的側面の基礎的理解	1）障害のある人の心理	・障害が及ぼす心理的影響 ・障害受容の過程 ・適応と適応機制

対策

過去の傾向をみると、「障害の医学的・心理的側面の基礎的理解」のなかでも視覚障害、聴覚障害、内部障害、肢体不自由、精神障害、知的障害、発達障害、難病等の分野は出題頻度が高い。それぞれの障害に関する医学的知識と介護について整理しておく必要がある。また、障害受容に関する出題も多い。基礎知識と用語についても整理しておくことが求められる。近年、連携と協働に関する出題が多くなってきているので、地域におけるサポート体制やチームアプローチおよび家族への支援について学習するとよいであろう。

この科目は範囲が広いため、過去問題をよく研究し、出題頻度の高い問題を押さえておくことが効率のよい学習方法といえるであろう。

出題実績				
第32回（2020年）	第33回（2021年）	第34回（2022年）	第35回（2023年）	第36回（2024年）
ICIDHにおける能力障害【問題87】	ICFの社会モデルに基づく障害のとらえ方【問題87】			
	リハビリテーションの基本理念【問題88】 障害に関する各制度の成立過程【問題89】	障害者の法的定義【問題87】	ストレングスの視点に基づく利用者支援の説明【問題49】 自立生活運動（IL運動）【問題50】	ノーマライゼーションの原理を盛り込んだ法律【問題49】
障害者差別解消法【問題88】	障害者虐待防止法における虐待の分類【問題93】	知的障害のある人への意思決定支援【問題89】	障害者虐待の類型【問題51】	成年後見人等を選任する機関【問題50】
糖尿病性網膜症を伴う失明に関する障害受容【問題94】			上田敏による障害受容のモデルにおける受容期【問題52】	障害を受容した心理的段階の言動【問題51】

出題基準			
大項目		中項目	小項目（例示）
		2）障害の理解	・身体障害の種類、原因と特性 ・知的障害の種類、原因と特性 ・精神障害の種類、原因と特性 ・発達障害の種類、原因と特性 ・高次脳機能障害の原因と特性
		3）難病の理解	・難病の種類と特性
3	障害のある人の生活と障害の特性に応じた支援	1）障害に伴う機能の変化と生活への影響の基本的理解	・障害のある人の特性を踏まえたアセスメント（ライフステージ、機能変化、家族との関係など）
		2）生活上の課題と支援のあり方	・ライフステージの特性と障害の影響 ・身体障害のある人の生活理解と支援 ・知的障害のある人の生活理解と支援 ・精神障害のある人の生活理解と支援 ・発達障害や高次脳機能障害のある人の生活理解と支援 ・難病のある人の生活理解と支援
		3）QOLを高める支援のための理解	・合理的配慮 ・バリアフリー、ユニバーサルデザイン ・障害のある人への各種の手帳
4	連携と協働	1）地域におけるサポート体制	・関係機関や行政、協議会、ボランティアなどとの連携

出題実績				
第32回（2020年）	第33回（2021年）	第34回（2022年）	第35回（2023年）	第36回（2024年）
痙直型や不随意運動型などの分類がある疾患【問題89】 内因性精神障害に分類される疾患【問題90】 自閉症スペクトラム障害の特性【問題92】	脊髄損傷による対麻痺のある人の褥瘡の好発部位【問題90】 脊髄の完全損傷でプッシュアップが可能な最上位レベル【問題91】 心臓機能障害のある人に関する特徴と対応【問題94】 身体障害者手帳所持者の日常的な情報入手に関する手段【問題96】	半側空間無視【問題88】 交通事故による頸髄損傷で重度の四肢麻痺になった人の感情への対応【問題91】	四肢麻痺を伴う疾患や外傷【問題53】 学習障害の特徴【問題54】	統合失調症の特徴的な症状【問題52】 糖尿病性網膜症により末梢神経障害がでている場合の留意点【問題53】
筋萎縮性側索硬化症の特徴と症状【問題93】 パーキンソン病によるホーエン・ヤール重症度分類【問題95】	筋ジストロフィーの病態【問題92】	筋萎縮性側索硬化症では出現しにくい症状【問題90】 パーキンソン病の人の歩行が困難な場合【問題92】	脊髄小脳変性症の症状【問題55】	筋萎縮性側索硬化症による症状が進行している人の状態【問題54】
			統合失調症の人の就労に向けた支援【問題56】	療育手帳を所持している人への金銭管理の支援事業【問題55】
				障害の特性に応じた休憩時間の調整など障害者の権利を確保する考え方【問題56】
重度知的障害者の地域移行に関する社会資源【問題91】 制度化された地域の社会資源【問題96】		障害者への理解を深めるためのアセスメントツール【問題93】 障害者総合支援法で定める協議会【問題94】	市（自立支援）協議会の機能・役割【問題57】	サービス等利用計画案を作成する専門職【問題57】

出題基準			
	大項目	中項目	小項目（例示）
		2）多職種連携と協働	・他の福祉職との連携と協働 ・保健医療職との連携と協働
5	家族への支援	1）家族への支援	・家族の障害の受容の過程での支援 ・家族の介護力の評価 ・家族のレスパイト

出題実績				
第32回（2020年）	第33回（2021年）	第34回（2022年）	第35回（2023年）	第36回（2024年）
		相談支援専門員が作成する計画【問題95】	多職種連携による関係者が果たす役割【問題58】	
	発達障害のある人の母親への支援【問題95】	脳梗塞を発症した人の家族への支援【問題96】		家族の介護力をアセスメントするときの視点【問題58】

押さえておこう！重要項目

1 障害の基礎的理解

この分野では、「障害の概念」として、障害のとらえ方、ICIDHからICFへの考え方の変化のほか、ICFの定義やICFの構成要素、障害者基本法、障害者総合支援法などにおける障害の定義など幅広い知識が問われている。また、障害者基本計画の基本理念なども理解しておくことが重要である。『社会の理解』の科目と重なる部分もあるのでまとめておこう。

「障害者福祉の基本理念」として、リハビリテーション、国際障害者年の理念のほか、障害者の権利に関する条約、自立生活運動（IL運動）などの知識が求められる。『人間の尊厳と自立』の科目と重なるので理念などをきちんと押さえておこう。

障害の概念

1 「障害は個性」という見方は、これまでマイナスイメージの強かった「障害」を「個性」として積極的にとらえ直そうという試みである。これは、障害のある人の自己否定的な自分に対する印象を変化させ、障害のある人自身の前向き、肯定的な生き方を生み出し、生きる意欲、自立への動機づけを強化する可能性があるという点で重要である。

2 **WHO（世界保健機関）**は、障害の概念として、1980年にICIDH（国際障害分類）を発表した。

TEST 32—87

3 ICIDHで明らかにされた3つの次元は、「機能障害」「能力障害（低下）」「社会的不利」である。これは身体の機能・形態障害によって能力の低下が生じ、それによって社会生活において不利益が生じるという考え方である。

4 2001年には、ICIDHに代わるものとしてICF（国際生活機能分類）が、WHOにより正式に決定された。ICFの目的は、「健康状況と健康関連状況」の研究のための科学的基盤の提供、「健康状況と健康関連状況」を表現するための**共通言語**の確立である。

5 ICFでは、**環境因子**と**個人因子**をより重視した形で、**生活機能**として「心身機能・身体構造」「活動」「参加」という3つの次元を提案し、それらが相互に影響し合うモデルが提案されている（上巻「介護の基本」**83**～**86**参照）。

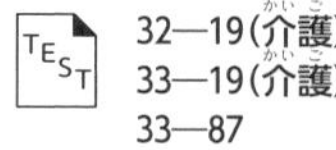
32―19(介護)
33―19(介護)
33―87

6 **ICIDHからICFへの変化の背景**には、1981年の国際障害者年以降、障害者運動による当事者主体、自己選択と自己決定といった考え方が支援の中心的な位置を占めるようになってきたことがある。こうした変化のなかで、ICIDHよりも、環境、社会参加、環境と個人との相互作用を重視したICFが採択された。

7 障害に対する見方として、社会モデルと医学モデルがある。**ICF**はこの2つのモデルの概念的な対立を超え、**障害**を主として**社会的環境によってつくり出されたもの**とする社会モデルと**障害**を**個人の問題**としてとらえる医学モデルを**統合するもの**である。

33―87

8 ストレングスモデルは1980年代にアメリカのラップ（Rapp, C. A.）らによって提唱された考え方で、障害のある人の**長所**や**力**に着目し、それらを活かして地域で暮らせるようにするというもので、地域で実施するからこそ意味がある。

35―49

9 障害または障害者の法的定義は、**表1**のとおりである。

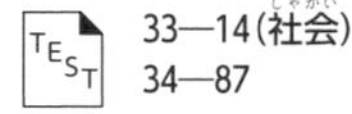
33―14(社会)
34―87

10 **身体障害者手帳**の交付対象となる障害は、**表2**にある**身体障害者障害程度等級表**の6級までである。同一の等級について2つの重複する障害がある場合は、1級上の級となり、肢体不自由においては、7級に該当する障害が2つ以上重複する場合は6級となる（**図1**参照）。

11 **身体障害者手帳**は、15歳以上の本人に交付される。15歳未満の場合は、その保護者に交付される。

12 **療育手帳制度**にみられる知的障害の概念は、知能検査の知能指数（おおむね70までのもの）と日常生活能力によって判断されている。

13 **療育手帳**の交付対象者は、児童相談所または知的障害者更生相談所において知的障害と判定された者であり、障害の程度はA（重度）とB（その他）に区分される。療育手帳の様式や区分は、**地方自治体によって異なる部分がある**（**図1**参照）。

表１ ▶ 障害または障害者の法的定義

法律	用語	定義
障害者基本法	障害者	身体障害、知的障害、精神障害（発達障害を含む。）**その他の心身の機能の障害**がある者であって、障害及び社会的障壁（障害がある者にとって日常生活又は社会生活を営む上で障壁となるような社会における事物、制度、慣行、観念その他一切のもの）により継続的に日常生活又は社会生活に相当な制限を受ける状態にあるものをいう（第２条第１号・第２号）。 【法改正】 ・2011（平成23）年の法改正により、「精神障害」に「発達障害」が含まれることになり、障害者を「障害及び社会的障壁により継続的に日常生活又は社会生活に相当な制限を受ける状態にあるもの」と定義した。
障害者の日常生活及び社会生活を総合的に支援するための法律（障害者総合支援法）	障害者	身体障害者福祉法に規定する身体障害者、知的障害者福祉法にいう知的障害者のうち18歳以上である者及び精神保健福祉法に規定する精神障害者（発達障害者を含み、知的障害者を除く。）のうち18歳以上である者並びに**治療方法が確立していない疾病その他の特殊の疾病による障害の程度が主務大臣が定める程度である者**であって18歳以上であるものをいう（第４条第１項）。 【法改正】 ・2012（平成24）年の改正により、障害者の範囲に難病等が追加された。
	障害児	児童福祉法と同じ（第４条第２項）。
身体障害者福祉法	身体障害者	身体上の障害がある18歳以上の者であって、都道府県知事から身体障害者手帳の交付を受けたものをいう（第４条）。
	身体障害	視覚障害、聴覚・平衡機能障害、音声・言語・そしゃく機能障害、肢体不自由、**内部機能障害**（心臓、じん臓、呼吸器、ぼうこうまたは直腸、小腸、ヒト免疫不全ウイルスによる免疫、肝臓の機能障害）（法別表、身体障害者福祉法施行令第36条） 【法改正】 ・1998（平成10）年の改正により、「ヒト免疫不全ウイルスによる免疫の機能障害」が加えられた。また、2009（平成21）年の改正により、「肝臓の機能障害」が身体障害の範囲に加えられた。
知的障害者福祉法	知的障害	**法的定義はない。** 法以外では、「知的機能の障害が発達期（おおむね18歳まで）にあらわれ、日常生活に支障が生じているため、何らかの特別の援

		助を必要とする状態にあるもの」と定義されている（知的障害児（者）基礎調査）。
精神保健及び精神障害者福祉に関する法律（精神保健福祉法）	精神障害者	統合失調症、精神作用物質による急性中毒又はその依存症、知的障害その他の精神疾患を有する者をいう（第5条第1項）。
児童福祉法	障害児	児童とは、満18歳に満たない者をいう（第4条第1項）。 身体に障害のある児童、知的障害のある児童、精神に障害のある児童（発達障害児を含む。）又は治療方法が確立していない疾病その他の特殊の疾病による障害の程度が主務大臣が定める程度である児童をいう（第4条第2項）。
発達障害者支援法	発達障害者	発達障害がある者であって発達障害及び社会的障壁により日常生活又は社会生活に制限を受けるものをいう（第2条第2項）。 【法改正】 ・2016（平成28）年の改正により、「社会的障壁」が加えられた。
	発達障害	自閉症、アスペルガー症候群その他の広汎性発達障害、学習障害、注意欠陥多動性障害その他これに類する脳機能の障害であってその症状が通常低年齢において発現するもの等をいう（第2条第1項）。
	発達障害児	発達障害者のうち18歳未満のものをいう（第2条第2項）。
障害者の雇用の促進等に関する法律	障害者	身体障害、知的障害、精神障害（発達障害を含む。）その他の心身の機能の障害があるため、長期にわたり、職業生活に相当の制限を受け、又は職業生活を営むことが著しく困難な者をいう（第2条第1号）。
特別児童扶養手当等の支給に関する法律	障害児	20歳未満であって、障害等級に該当する程度の障害の状態にある者をいう（第2条第1項）。
難病の患者に対する医療等に関する法律（難病法）	難病	発病の機構が明らかでなく、かつ、治療方法が確立していない希少な疾病であって、当該疾病にかかることにより長期にわたり療養を必要とすることとなるものをいう（第1条）。
	指定難病	難病のうち、当該難病の患者数が本邦において厚生労働省令で定める人数（人口の0.1%）に達せず、かつ、当該難病の診断に関し客観的な指標による一定の基準が定まっているものをいう（第5条）。

表2 ▶ 各身体障害の等級

障害	等級
視覚障害	1～6級
聴覚障害	2～4、6級
平衡機能障害	3、5級
音声機能、言語機能またはそしゃく機能の障害	3、4級
肢体不自由	1～7級 (ただし体幹は1～3、5級)
心臓、じん臓、呼吸器、ぼうこうまたは直腸、小腸の各機能障害	1、3、4級
ヒト免疫不全ウイルスによる免疫または肝臓の各機能障害	1～4級

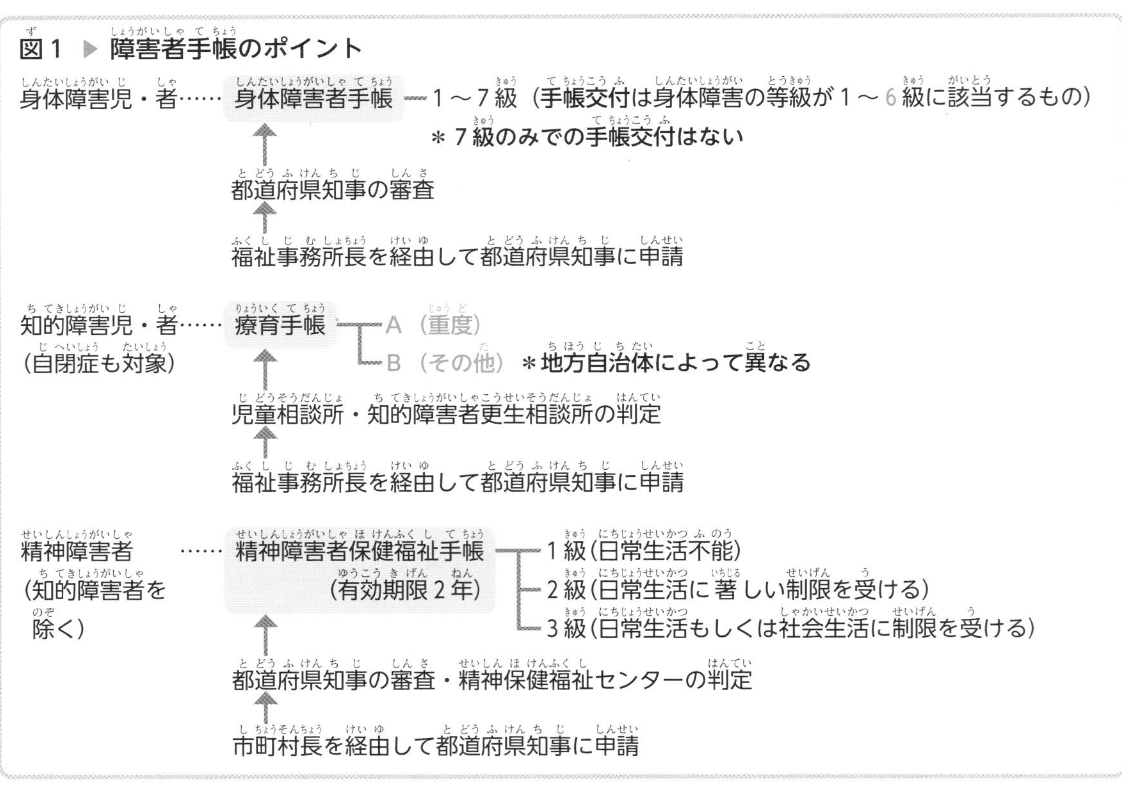

14 **精神障害者保健福祉手帳**は、1～3級までの等級がある（**図1参照**）。手帳所持者は、税制上の優遇措置などが受けられる。

15 身体障害者手帳は**身体障害者福祉法**、精神障害者保健福祉手帳は**精神保健福祉法**に規定されている。しかし、療育手帳は**法律では規定されていない**★。

> **+α ぷらすあるふぁ**
> 療育手帳は「療育手帳制度について」（通知）に規定されている。

障害者福祉の基本理念

16 国連は、1981年を**国際障害者年**とし、1983～1992年を**国連・障害者の十年**とした。また、1993～2002年を**アジア太平洋障害者の十年**とし、2002年に、さらに10年延長することとなった。1993年には、**障害者の機会均等化に関する標準規則**が制定された。

17 1990年に**障害をもつアメリカ人法（ADA）**が成立した。これはあらゆる社会の活動や生活場面で、障害者に対する差別の禁止と物や情報を利用することの保障を行政・民間などに約束させたものである。

18 インテグレーションとは、「統合」という意味で、障害者も非障害者も差別などのない仲間となって、1つにとけ合う組織や制度が形成される状態をいう。ノーマライゼーションの理念を具体的に展開していく原則である。

19 インクルージョンは、**障害者の権利に関する条約（障害者権利条約）**で障害者を権利の主体とし、条約の理念をインクルージョンとしたことに始まる。障害のある子どもたちだけでなく、障害のない子どもたち、高齢者、外国籍の人などにもさまざまなニーズがあり、それらの人々の権利を尊重する社会の実現を理念とする。

33―122（総合）

20 リハビリテーション★とは、何らかの障害を受けた人が、人として尊厳、権利、資格を本来あるべき姿に回復すること、つまり全人間的復権を意味する。

33―88
35―49
36―56

21 発達保障の原則は、**ハビリテーション**（取り戻すべき正常発達の過去もなくして生まれついた障害児が、現在の状態を出発点として最大限の発達をとげる過程で、可能性を信じて援助し、その発達を保障し援助する総体）と、**リハビリテーション**（障害者に身体的、精神的、社会的、経済的、職業的に可能な限りの回復を図る過程）の原則でもある。

> **+α ぷらすあるふぁ**
> リハビリテーションの語源は「re（再び）」「habilitate（適した）」という意味である。

33—21（介護）
33—88

22 1969年にWHOは、**リハビリテーション**を「医学的、社会的、教育的、職業的手段を組み合わせ、かつ、相互に調整して、訓練あるいは再訓練することによって、障害者の機能的能力を可能な限りの最高レベルに達せしめることである」と定義し、医学、社会、教育、職業の4つの領域を明示した。

23 **自立生活運動（IL運動）**は、1960年代後半から1970年代初頭にかけて、アメリカのカリフォルニア州の重度障害者の運動から始まった。1972年には世界で初めての自立生活センターがカリフォルニアに創設されるなど、障害者の権利回復を目指したものであり、それまでの障害者観を根本から変えるものとなった。

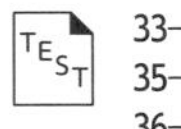
33—88
35—50
36—56

24 **自立生活運動**は、ADL（日常生活動作）の機能回復だけが自立生活ではないとし、必要な援助を受けながら、自分の意思と責任で自分の生活を設計し、管理していくべきであるとしている。このことは、**リハビリテーションサービス**に大きな影響を及ぼした。

25 障害者基本法に基づき、障害者施策の総合的かつ計画的な推進を図るために定められている**障害者基本計画の理念**はノーマライゼーションとリハビリテーションである。

26 2006年12月、第61回国連総会本会議で**障害者の権利に関する条約（障害者権利条約）**が採択された。同条約は、障害者の権利および尊厳を促進・保護するための包括的・総合的な国際条約である。

33—89

27 障害者権利条約は「Nothing about us without us（私たち抜きに私たちのことを決めるな）」の考え方のもとに、障害者が作成の段階からかかわり、その意見が反映された条約である。

28 障害者権利条約は2007年から署名と批准がはじまり、2008年に発効となった。日本は、2007（平成19）年9月28日に**署名**し、2013（平成25）年11月衆議院、12月参議院の承認によって、2014（平成26）年1月20日に同条約の批准書を寄託し、2月19日から効力を生ずることとなった。

★合理的
明確な理由があり、誰もがわかるといった意味。

35—11（社会）

★配慮
よい結果になるようにいろいろと心を配ること。

29 障害者権利条約の第1条では、「この条約は、全ての障害者によるあらゆる人権及び基本的自由の完全かつ平等な享有を促進し、保護し、及び確保すること並びに障害者の固有の尊厳の尊重を促進することを目的とする」と規定している。また、国際条約上初めて合理的★配慮★の概念が取り上げられた。

30 2011（平成23）年の障害者基本法の改正により、第１条の法の**目的**に、「全ての国民が、障害の有無にかかわらず、等しく基本的人権を享有するかけがえのない個人として尊重されるものであるとの理念にのっとり、全ての国民が、障害の有無によって分け隔てられることなく、相互に人格と個性を尊重し合いながら共生する社会を実現する」ため、基本原則を定めることが加えられた。

31 2011（平成23）年の障害者基本法の改正★により、地域社会における共生等（第３条）、差別の禁止（第４条）、国際的協調（第５条）という**基本原則**が新たに規定された。

32 2011（平成23）年の障害者基本法の改正により、第３条に地域社会における共生等が新たに規定された。**表３**の①～③をもとに、法第１条の目的に規定する「社会」の実現が図られなければならないこととなった。

表３ ▶ 地域社会における共生等

①社会を構成する一員として社会、経済、文化その他あらゆる分野の活動に参加する機会が確保されること
②可能な限り、どこで誰と生活するかについての選択の機会が確保され、地域社会において他の人々と共生することを妨げられないこと
③可能な限り、言語（手話を含む）その他の互いに考えていることを伝え、理解を得るための手段についての選択の機会が確保されるとともに、情報の取得または利用のための手段についての選択の機会の拡大が図られること

33 2011（平成23）年の障害者基本法の改正により、第４条に差別の禁止が新たに規定され、「何人も、障害者に対して、障害を理由として、差別することその他の権利利益を侵害する行為をしてはならない」とされた。また、これに違反することのないように、**表４**の２点が規定された。

表４ ▶ 差別の禁止

・社会的障壁の除去★は、それを必要としている障害者が現に存し、かつ、その実施に伴う負担が過重でないときは、それを怠ることによって差別の禁止に違反することとならないよう、その実施について必要かつ**合理的な配慮**がされなければならない。
・国は、差別の禁止に違反する行為の防止に関する**啓発★および知識の普及**を図るため、当該行為の防止を図るために必要となる**情報の収集、整理および提供**を行うものとする。

+α ぷらすあるふぁ
2011（平成23）年の改正によって、第７条の国民の理解、第８条の国民の責務などの規定が改められた。

 35—12（社会）

+α ぷらすあるふぁ
社会的障壁の除去は、障害者権利条約の批准に向けて障害者基本法に新たに規定された。

★啓発
人々に教えることなどによって物事を明らかにすること。

32―88
35―11（社会）
36―13（社会）
36―56

+α ぷらすあるふぁ

合理的配慮とは、障害の特性に応じた休憩時間の調整など、柔軟に対応することで障害者の権利を確保する考え方である。

34 2013（平成25）年に成立した**障害を理由とする差別の解消の推進に関する法律（障害者差別解消法）**は、第1条の目的で共生社会の実現を掲げ、障害者基本法第4条の「差別の禁止」の規定を具体化するものと位置づけられ、**国・地方公共団体等**と**民間事業者**に対して、「差別的取扱いの禁止」を**法的義務**としている。また、「合理的配慮★の不提供の禁止」に関しては、**国・地方公共団体等**には**法的義務**とし、**民間事業者**には**努力義務**としていたが、2024（令和6）年4月1日より、民間事業者にも法的義務が課されることとなった。

35 **2016（平成28）年の発達障害者支援法の改正**★により、①ライフステージを通じた切れ目のない支援の実施、②家族なども含めたきめ細かな支援の実施、③地域の身近な場所で支援が受けられるような支援体制の構築などが規定された。

33―89

+α ぷらすあるふぁ

発達障害者支援法施行後10年間の施行状況、障害者権利条約の署名・批准、障害者基本法の改正等を踏まえた改正。

36 日本の障害者に関する制度の歴史は、**表5**のとおりである。

37 **障害者の日常生活及び社会生活を総合的に支援するための法律（障害者総合支援法）**では**基本理念**として、日常生活・社会生活の支援は、共生社会を実現するため、社会参加の機会の確保および地域社会における共生、社会的障壁の除去に資するよう、総合的かつ計画的に行われなければならないことが規定されている。

表5 ▶ 日本の障害者に関する制度の歴史

年	内容	ポイント
1949（昭和24）	身体障害者福祉法の成立	福祉三法（身体障害者福祉法、児童福祉法、生活保護法）の1つ
1960（昭和35）	精神薄弱者福祉法（現・知的障害者福祉法）の成立	18歳以上の知的障害者に対する法的な援助が可能になる
1970（昭和45）	心身障害者対策基本法の成立	障害者の総合的な福祉施策
1993（平成5）	心身障害者対策基本法が障害者基本法に	精神障害者を「障害者」に位置づける
1995（平成7）	精神保健法が精神保健及び精神障害者福祉に関する法律に	保健医療対策に加え、福祉施策が盛り込まれ、三障害の法律が整う
2004（平成16）	発達障害者支援法の成立	発達障害者への施策が整う
2005（平成17）	障害者自立支援法（現・障害者総合支援法）の成立（2010（平成22）年見直し）	三障害の一元化。措置から契約への移行
2011（平成23）	障害者虐待の防止、障害者の養護者に対する支援等に関する法律（障害者虐待防止法）の成立	養護者による障害者虐待、障害者福祉施設従事者等による障害者虐待、使用者による障害者虐待の3つを定義
	障害者基本法の改正	精神障害に発達障害を含む。「障害者権利条約」の批准に向けて社会的障壁を規定
2012（平成24）	障害者の日常生活及び社会生活を総合的に支援するための法律（障害者総合支援法）の成立	障害者自立支援法が改正・改称され、基本理念が新たに掲げられた。障害者の範囲に難病等が加わった
2013（平成25）	障害を理由とする差別の解消の推進に関する法律（障害者差別解消法）の成立	障害者基本法を受け、差別を解消するための措置、差別を解消するための支援措置を規定
2014（平成26）	難病の患者に対する医療等に関する法律の成立	難病患者に対する医療や施策に関する事項を規定
2016（平成28）	発達障害者支援法の改正	目的・定義の改正、基本理念の新設
2017（平成29）	地域包括ケアシステムの強化のための介護保険法等の一部を改正する法律の成立	高齢者と障害児者が同一事業所でサービスを受けやすくするための共生型サービスの新設
2022（令和4）	障害者総合支援法の改正	障害者の地域生活や就労の支援の強化として、共同生活援助における一人暮らしを希望する者への支援の明確化、「就労選択支援」の創設、医療保護入院の見直しなど

障害者福祉の現状と施策

38 1947（昭和22）年に施行された日本国憲法で**「基本的人権」**が規定されたことにより、障害者福祉に関するさまざまな法律が制定された。2003（平成15）年に**支援費制度**が導入され、2006（平成18）年に身体・知的・精神の３つの障害へのサービス給付が一元化された「障害者自立支援法」が施行された。

39 2012（平成24）年６月に**「障害者自立支援法」**が改正され、「**障害者の日常生活及び社会生活を総合的に支援するための法律（障害者総合支援法）**」が成立した。

● 障害者総合支援法

40 「障害者総合支援法」に基づく**自立支援給付**と**地域生活支援事業**に関する全体像を示したものが、**図２**である。

41 自立支援給付には、「**介護給付**」「**訓練等給付**」「**相談支援**」「**自立支援医療**」「**補装具**」の５つのサービス給付がある（上巻「社会の理解」393～405参照）。

42 地域生活支援事業は、**市町村事業**と**都道府県事業**の２つから成り立っている。市町村は、主に障害者・児に直接サービスを提供する事業を行う。一方、都道府県は、研修の実施などといった人材育成や市町村の調整等といった広域支援を行って、市町村をバックアップする。

43 障害児の通所や入所の支援、障害児相談支援については、**児童福祉法**に規定されている。

44 障害者総合支援法に基づく福祉的な就労支援サービスには、自立支援給付の訓練等給付として、「**就労移行支援**」、「**就労継続支援**（A型・B型）」、「**就労定着支援**」がある★（**表６**参照）。

+α ぷらすあるふぁ

2022（令和４）年の改正により、「就労選択支援」が創設された（2022（令和４）年12月16日から３年以内に施行予定）。

図2 ▶ 障害者総合支援法の自立支援給付と地域生活支援事業

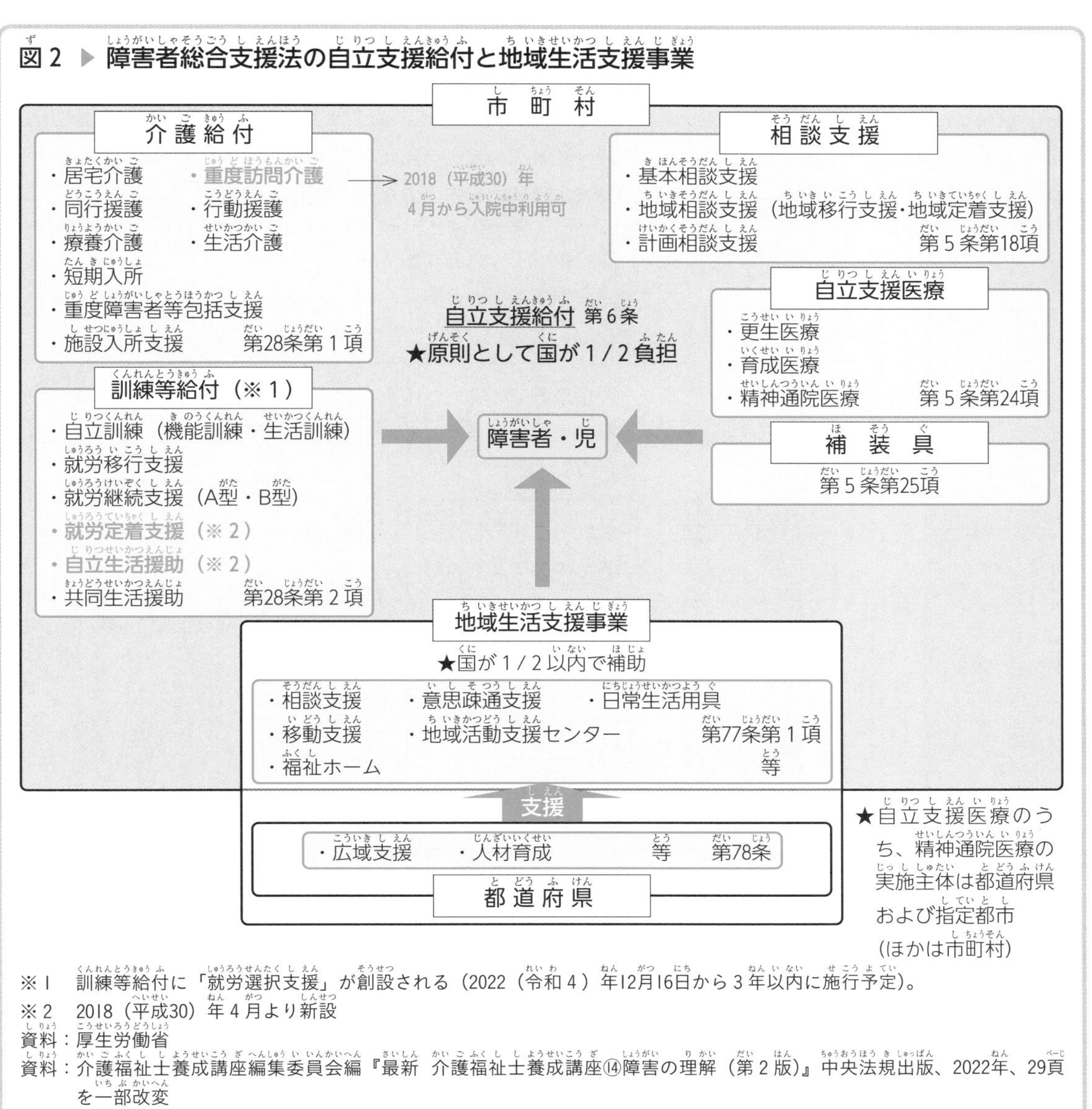

※1 訓練等給付に「就労選択支援」が創設される（2022（令和4）年12月16日から3年以内に施行予定）。
※2 2018（平成30）年4月より新設
資料：厚生労働省
資料：介護福祉士養成講座編集委員会編『最新 介護福祉士養成講座⑭障害の理解（第2版）』中央法規出版、2022年、29頁を一部改変

ここが変わった

対象者に、企業等に就労中の障害者であって、事業所での就労に必要な知識および能力の向上のための支援を一時的に必要とするものが追加された（2024（令和6）年4月1日施行）。

表6 ▶ 障害者総合支援法による就労支援サービス

サービス名	サービス内容
就労移行支援★	一般企業等への就労を希望する人に、一定期間、就労に必要な知識および能力の向上のために必要な訓練を行う
就労継続支援★（A型）	一般企業等での就労が困難な人に、雇用契約に基づく就労する機会を提供するとともに、能力等の向上のために必要な訓練を行う
就労継続支援★（B型）	一般企業等での就労が困難な人に、雇用契約はないが、就労する機会を提供するとともに、能力等の向上のために必要な訓練を行う
就労定着支援	一般就労に移行した人に、就労にともなう生活面の課題に対応するための支援を行う

資料：介護福祉士養成講座編集委員会編『最新 介護福祉士養成講座⑭障害の理解（第2版）』中央法規出版、2022年、37頁を一部改変

● 障害者虐待防止法

45 2011（平成23）年6月に「**障害者虐待の防止、障害者の養護者に対する支援等に関する法律（障害者虐待防止法）**」が成立し、2012（平成24）年10月に施行された。法律の目的は**表7**のとおりである。

表7 ▶ 障害者虐待防止法の目的（法第1条）

この法律は、障害者に対する虐待が障害者の尊厳を害するものであり、障害者の自立及び社会参加にとって障害者に対する虐待を防止することが極めて重要であること等に鑑み、障害者に対する虐待の禁止、障害者虐待の予防及び早期発見その他の障害者虐待の防止等に関する国等の責務、障害者虐待を受けた障害者に対する保護及び自立の支援のための措置、養護者の負担の軽減を図ること等の養護者に対する養護者による障害者虐待の防止に資する支援のための措置等を定めることにより、障害者虐待の防止、養護者に対する支援等に関する施策を促進し、もって障害者の権利利益の擁護に資することを目的とする。

46 障害者虐待防止法では、障害者を「障害者基本法第2条第1号に規定する障害者」と定めている（**表8**参照）。

表 8 ▶ 障害者基本法における障害者の定義（第 2 条第 1 号）

身体障害、知的障害、精神障害（発達障害を含む。）その他の心身の機能の障害（以下「障害」と総称する。）がある者であって、障害及び社会的障壁により継続的に日常生活又は社会生活に相当な制限を受ける状態にあるものをいう。

47 ▶ 障害者虐待防止法では、**養護者**、**障害者福祉施設従事者等**、**使用者**によるものを**障害者虐待**と定めている。

48 ▶ 障害者虐待防止法における「**使用者**」とは、障害者を雇用する事業主又は事業の経営担当者その他その事業の労働者に関する事項について事業主のために行為をする者をいう。

49 ▶ 障害者虐待の種類は、**表 9** の 5 つがある。

表 9 ▶ 障害者虐待の種類

種類	内容
身体的虐待	暴力や身体拘束など
放棄・放置（ネグレクト）	著しい減食、長時間の放置など
心理的虐待	著しい暴言、著しく拒絶的な対応など
性的虐待	わいせつな行為をすること、させること
経済的虐待	財産を不当に処分、不当に財産上の利益を得るなど

50 ▶ 障害者の虐待防止施策は**図 3** のとおりである。

51 ▶ 市町村や都道府県は、障害者虐待の対応窓口等となる**市町村障害者虐待防止センター**や**都道府県障害者権利擁護センター**を設置し、相談援助や虐待防止、通報の窓口等の機能をもたせることになっている。

TEST 35—51

図 3 ▶ 虐待防止施策

1　何人も障害者を虐待してはならない旨の規定、障害者の虐待の防止に係る国等の責務規定、障害者虐待の早期発見の努力義務規定を置く。

2　「障害者虐待」を受けたと思われる障害者を発見した者に速やかな通報を義務付けるとともに、障害者虐待防止等に係る具体的スキームを定める。

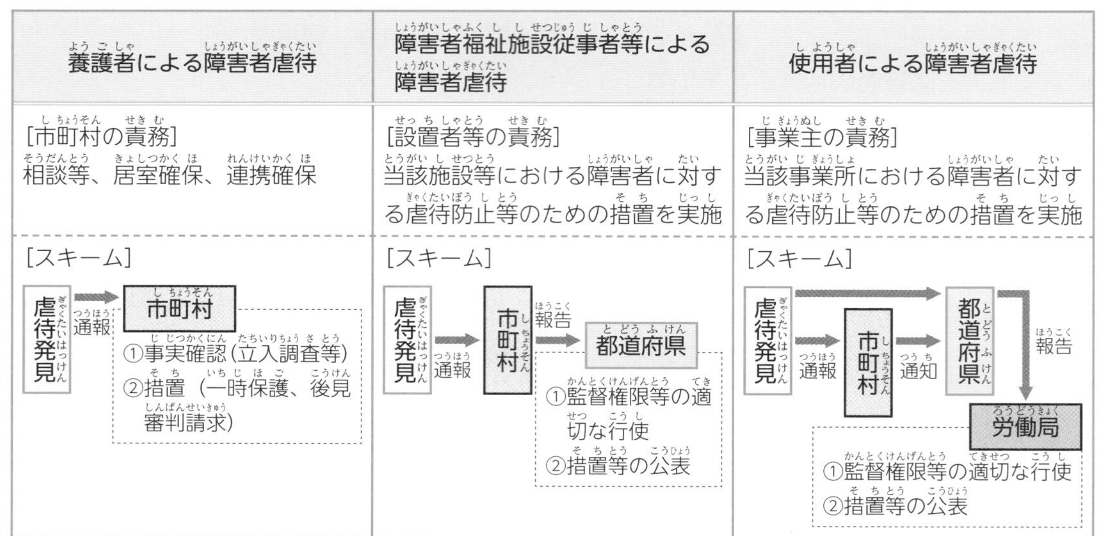

3　就学する障害者、保育所等に通う障害者及び医療機関を利用する障害者に対する虐待への対応について、その防止等のための措置の実施を学校の長、保育所等の長及び医療機関の管理者に義務付ける。

資料：厚生労働省資料を一部改変
資料：介護福祉士養成講座編集委員会編『最新　介護福祉士養成講座⑭障害の理解（第２版）』中央法規出版、2022年、35頁を一部改変

● 障害者差別解消法

52 2013（平成25）年６月に**障害を理由とする差別の解消の推進に関する法律（障害者差別解消法）**が制定され、2016（平成28）年４月に施行された。

53 障害者差別解消法は、障害者権利条約の締結に向けた国内の法制度の整備の一環として定められたものである。「全ての国民が、障害の有無によって分け隔てられることなく、相互に人格と個性を尊重し合いながら共生する社会の実現」を目指すことを目的としている。

36—13（社会）

54 障害者差別解消法の概要は**図 4** のとおりである。

55 差別を解消するための支援では、**障害者差別解消支援地域協議会**を設けて、既存の相談や紛争解決の制度活用などの関係機関等の連携を行う。

図4 ▶ 障害者差別解消法の概要

障害者基本法 第4条 基本原則 差別の禁止	第1項：障害を理由とする差別等の権利侵害行為の禁止	第2項：社会的障壁の除去を怠ることによる権利侵害の防止	第3項：国による啓発・知識の普及を図るための取組
	何人も、障害者に対して、障害を理由として、差別することその他の権利利益を侵害する行為をしてはならない。	社会的障壁の除去は、それを必要としている障害者が現に存し、かつ、その実施に伴う負担が過重でないときは、それを怠ることによつて前項の規定に違反することとならないよう、その実施について必要かつ合理的な配慮がされなければならない。	国は、第1項の規定に違反する行為の防止に関する啓発及び知識の普及を図るため、当該行為の防止を図るために必要となる情報の収集、整理及び提供を行うものとする。

具体化

Ⅰ．差別を解消するための措置

差別的取扱いの禁止

- 国・地方公共団体等／民間事業者 ⇒ 法的義務

合理的配慮の不提供の禁止

- 国・地方公共団体等 ⇒ 法的義務
- 民間事業者 ⇒ 法的義務＊

具体的な対応

(1)政府全体の方針として、差別の解消の推進に関する基本方針を策定（閣議決定）

(2)
- ●国・地方公共団体等⇒当該機関における取組に関する要領を策定※
- ●事業者　⇒事業分野別の指針（ガイドライン）を策定　※地方の策定は努力義務

実効性の確保	●主務大臣による民間事業者に対する報告徴収、助言・指導、勧告

Ⅱ．差別を解消するための支援措置

紛争解決・相談	●相談・紛争解決の体制整備⇒既存の相談、紛争解決の制度の活用・充実
地域における連携	●障害者差別解消支援地域協議会における関係機関等の連携
啓発活動	●普及・啓発活動の実施
情報収集等	●国内外における差別及び差別の解消に向けた取組に関わる情報の収集、整理及び提供

施行日：2016（平成28）年4月1日
＊2021（令和3）年の改正により、2024（令和6）年4月1日から法的義務に変更。
資料：内閣府
資料：介護福祉士養成講座編集委員会編『最新 介護福祉士養成講座⑭障害の理解（第2版）』中央法規出版、2022年、33頁を一部改変

障害者の就労支援

56 障害者の就労支援には、**障害者雇用促進法**に基づく一般企業等への**就労支援**と、**障害者総合支援法**に基づく就労継続支援事業所等での**福祉的就労支援**（**44** **表6**参照）の2つの対応がある（就労支援の詳細については各法を参照）。

57 障害者雇用促進法に定める法定雇用率★は**表10**のとおりである。

ぷらすあるふぁ

2023（令和5）年の改正で、国および地方公共団体3.0%、教育委員会2.9%、特殊法人3.0%、民間企業2.7%とすることとされた（2024（令和6）年4月1日施行）。ただし、経過措置として2026（令和8）年6月30日までの間、国および地方公共団体2.8%、教育委員会2.7%、特殊法人2.8%、民間企業2.5%とされる。

表10 ▶ 法定雇用率

（2024（令和6）年4月1日現在）

民間企業	一般の民間企業（40人以上規模の企業）	2.5%
	特殊法人等（労働者数36人以上規模の特殊法人および独立行政法人）	2.8%
国・地方公共団体（36人以上規模の機関）		2.8%
都道府県等の教育委員会（37.5人以上規模の機関）		2.7%

※カッコ内はそれぞれの割合によって1人以上の障害者を雇用しなければならないこととなる企業の規模

58 **職場適応援助者（ジョブコーチ）**は、障害のある人が一般就労をする際に、職場に出向き、雇用主に対して障害の理解や対応方法を指導するなどして支援環境を整えたり、障害のある人が自立的に仕事ができるように支援したりすることなどの役割がある。

意思決定支援

59 事業者が障害福祉サービスを提供する際に必要とされる意思決定支援の枠組みを示すことで、障害者の意思を尊重した質の高いサービスを提供することを目的に**障害福祉サービス等の提供に係る意思決定支援ガイドライン**が作成された。

36—56

60 「障害福祉サービス等の提供に係る意思決定支援ガイドライン」では、**意思決定支援**を**表11**のように定義している。

表11 ▶ 意思決定支援の定義

意思決定支援とは、自ら意思を決定することに困難を抱える障害者が、日常生活や社会生活に関して自らの意思が反映された生活を送ることができるように、可能な限り本人が自ら意思決定できるよう支援し、本人の意思の確認や意思及び選好を推定し、支援を尽くしても本人の意思及び選好の推定が困難な場合には、最後の手段として本人の最善の利益を検討するために事業者の職員が行う支援の行為及び仕組みをいう。

61 「障害福祉サービス等の提供に係る意思決定支援ガイドライン」は、本人、事業者、家族や成年後見人等のほか、必要に応じて教育関係者や医療関係者、福祉事務所、関係機関等、障害者に関わる多くの人々にも意思決定支援への参加を促すものである。

● 成年後見制度

62 2016（平成28）年4月に**成年後見制度の利用の促進に関する法律**（**成年後見制度利用促進法**）が制定され、同年5月に施行された。

63 成年後見制度とは、認知症、知的障害、精神障害等の理由により判断能力が十分でない人について、成年後見人を選ぶことで本人の財産や権利を保護し、法律的に支援する制度である。

64 成年後見制度は、**図5**のように法定後見制度と任意後見制度の2つから成り立つ。

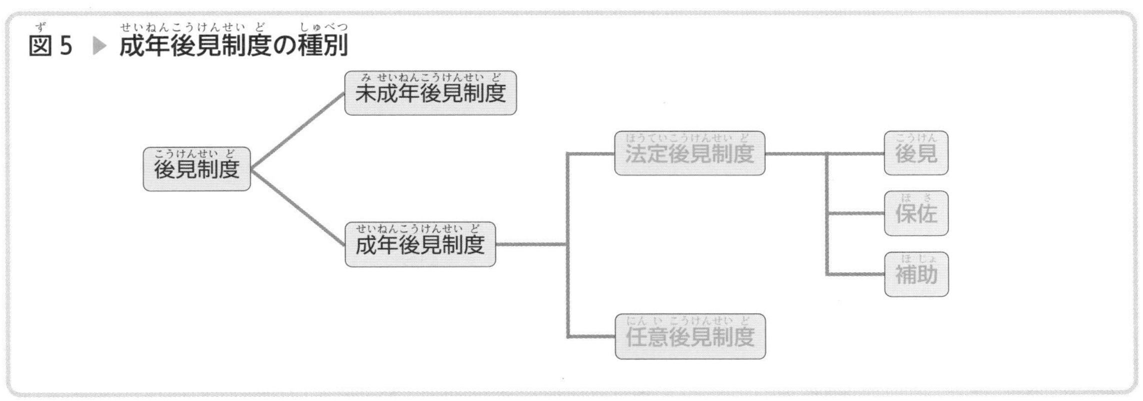

65 法定後見制度とは、家庭裁判所によって、援助者として**成年後見人・保佐人・補助人**が選ばれる制度である。また、本人の判断能力に応じて「後見」、「保佐」、「補助」の3つの類型がある（**表12**参照）。

表12 ▶ 法定後見制度の3つの類型

類型	後見	保佐	補助
対象者	精神上の障害（認知症、知的障害、精神障害など）によって判断能力を欠く常況にある人	精神上の障害によって判断能力が著しく不十分な人	精神上の障害によって判断能力が不十分な人
本人の名称	成年被後見人	被保佐人	被補助人
保護者の名称	成年後見人	保佐人	補助人

障害の理解

66 任意後見制度とは、契約の締結に必要な判断能力があるうちに、自分自身の財産の管理等の支援者を選び、任意後見人として契約を結んでおく制度である。

一問一答▶P.187

2 障害の医学的・心理的側面の基礎的理解

基本的な知識を正しく理解したうえで、事例問題など、個々の状況に応じた理解と判断ができるよう、丁寧な学習が必要である。

この分野では、「身体障害」「知的障害」「精神障害」「発達障害」「高次脳機能障害」「難病」について、障害の原因と特性、障害の受容や適応機制を含め、障害や病気が及ぼす心理的影響、障害の日常生活への影響などの理解が求められる。

★ピアサポート
同じ障害のある人たちと話したり、実際の動作を見たりすることで、自分の可能性についてより具体的な情報を得ることができる。また、受傷してから同じような体験を共有する人と話すことは、自分の思いに共感してもらえたり、受け止めてもらえたりするなどの心理的効果がある。

障害のある人の心理

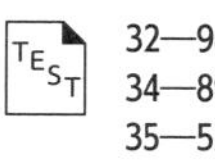
32—94
34—89
35—52
36—51

67 中途障害者の**障害受容**の過程は、一般的に、ショック期→否認期→混乱期→適応への努力期→適応期の段階をたどる。しかし、この過程は、適応に向かって一段階ずつ前進するものではなく、一進一退しつつ移行する（**図6**参照）。

32—94

68 混乱期には、障害についての客観的情報を伝えるとともに、本人の感情を受け止めることや、障害が残ってもさまざまなことができることなど、これからの多様な可能性について丁寧に伝えていく支援が重要となる。これらを乗り越えていくには、同一の障害のある人によるピアサポート★なども有効な手段である。

69 適応とは、個人と環境との関係を表す概念で、個人の欲求が環境と調和し、満足を感じている状態をいう。また、単に環境に自己を合わせるという受け身的な状態だけでなく、周囲へ積極的にはたらきかけて好ましい状態を生み出していくことも意味している。

図6 ▶ 障害受容の過程

ショック期	受傷してすぐの段階であり、障害が残る可能性がわからないことなどから、比較的平穏な心理状態である。
↓ ↑	
否認期	治療などが一段落して、自分の身体状況などに目が向くようになる段階である。障害に気がつきはじめているが、自分に障害が残ることについては認めていない。
↓ ↑	
混乱期	障害が残ることを告知されて、混乱を示す段階である。障害を受け止めることができず、他者や自分を責めたりする。抑うつ反応などの症状を示したり、自殺を考えたりすることもある。
↓ ↑	
適応への努力期	混乱期の攻撃的な態度では問題が解決しないため、自分で努力しなければならないことを理解する段階である。
↓ ↑	
適応期	現状を受け止めて、障害を自分の一部として受容するようになる。また、残された機能の活用や価値観の転換が図られる段階であって、「障害があってもできることがある」という新しい価値観が生まれる。

障害の理解

● 障害の特性に応じた支援

70 障害者差別解消法に関する内閣府のリーフレットでは、役所や事業所に対して、障害のある人から社会の中にあるバリアを取り除くために何らかの対応を必要としているとの意思が伝えられたとき、**負担が重すぎない範囲**で対応すること（事業者において、対応に努めること）を求めている。このことを「合理的配慮」という。

36—56

71 合理的配慮としては、障害者が働いている職場でも、障害の特性などに応じて働きやすい職場環境として労働契約、労働時間、休憩、休日などに配慮することなどである。

36—56

● 身体障害の種類、原因と特性

72 **視覚機能**には、視力のほか視野、色覚、光覚、屈折、調節、両眼視などの機能がある。

73 視力は、物の形や存在を認識する能力を指している。視力を測定する視標は、**ランドルト環**★を用いる。

74 **視野**★は、目を動かさないで同時に見える範囲をいう。見るものの明るさや大きさによって異なる。

75 視覚障害を引き起こす主な眼疾患には、白内障、緑内障、網膜色素変性症、視神経萎縮、糖尿病網膜症、ベーチェット病などがある。

76 白内障は、**水晶体**が白く**混濁**している状態にあるもので、**目のかすみ**の症状がある。手術により視力の改善が期待できる。

77 **先天性白内障**★の人の場合は、手術後、眼鏡またはコンタクトレンズによって屈折異常を矯正し、視距離に応じた眼鏡等の視覚補助具を用いることが大切である。

78 眼球は、一定の眼内の圧力（**眼圧**）によって維持されているが、緑内障は何らかの原因によって**眼圧が上昇する**疾患である。視野が狭くなる（視野狭窄）、視力低下などの症状がみられる。また、突発性緑内障は、完全に失明する危険性がある★。

79 網膜色素変性症は、**網膜視細胞変性**を特徴とし、**夜盲**や**視野狭窄**などの症状がみられる。中心の視野が残ることもあるが、完全に失明してしまう場合もある。

80 **視神経萎縮**は、先天性で出生の直後から視力が低下している場合や、頭部外傷、脳腫瘍などによるものがある。中心暗点★があり、中心部が見えないことで読書や細かい作業が不自由になる。また、薄暗く見えて、色の区別がはっきりしなくなるので、支援の際には色に配慮することが大切である。

81 糖尿病網膜症は、網膜の血管に異常をきたし、視力の低下を引き起こすものである。これは糖尿病の合併症の１つであり、**網膜出血**がその特徴としてあげられる。**中途失明の主な原因**の１つである。

82 糖尿病が進行すると、足の末端に傷や壊疽などの病変がみられることがある。早い段階の発見と治療が必要である。

83 ベーチェット病は、原因不明で**指定難病**となっている。**ぶどう膜炎**を頻繁に起こし、口内炎、陰部潰瘍などの主症状がある。また、網膜の出血や浮腫が現れると、網膜剥離を引き起こして失明することがある。発作が起こると視力が低下するので、発作時には眼科医と相談して支援を進める必要がある。

★ランドルト環
直径7.5㎜、切れ目幅1.5㎜の環を5mの距離で見たときに、切れ目の向きがわかる視力を1.0とする。

★視野
一般的に耳側が95度、鼻側と上方が60度、下方が70度までといわれている。

★先天性白内障
先天的に水晶体が白く混濁している眼疾患。

ぷらすあるふぁ
眼圧が正常でも、視神経が障害され視野狭窄が出現する正常眼圧緑内障も増加している。

★中心暗点
視野障害の１つで、中心窩に視野の異常がみられ、中心視力が低下すること。

 32—94

 36—53

84 **中途視覚障害者**は、視覚に頼った生活の経験があるために、障害を受けたときのショックは**大きく**、心理的安定を図ることが必要である。支援においては、視覚障害のある人が心理的プロセスのどの段階にあるのかを把握する必要がある。

 32—94

85 **先天性視覚障害児・者**は、直接的な経験や、適切な概念・イメージの裏づけがないままに言葉だけ学習してしまう傾向がある。これを**バーバリズム**という。

86 **ブラインディズム**とは、**先天性視覚障害児**によくみられ、指を自分の眼に押し当てたり、口に入れたり、頭や身体をゆすったりする特徴的な行動のことである。外界からの刺激が少ないために、周りの状況の変化がつかめず不安となるためとられる**自己刺激行動**と解されている。

87 視覚障害のある人の**歩行手段**は、**手引き**による歩行、**白杖**による歩行、**盲導犬**による歩行、**残存視覚**による歩行などがある。移動の介護をする場合は、安全を優先させる。

88 室内の様子や物の位置を知らせる介護では、視覚障害のある人にとってわかりやすい表現を用いることが大切である。例えば、「ドアを背にして左手にテーブルがあります」などと**起点**を明確にして説明すると伝わりやすくなる。

TEST 32—30(コミ)

89 視覚障害のある人の**コミュニケーション手段**には、①点字、②音声言語、③テープレコーダー、④ハンドライティング、⑤視覚補助具、⑥弱視眼鏡、⑦拡大鏡、⑧拡大読書器、⑨パソコンなどがある。

90 **音声言語**によるコミュニケーションでは、**表情**や**身振り**がわからないため、会話が円滑にならないこともある。

91 視覚障害のある人に対する日常生活上の支援は、身辺介護、家事、情報収集など広範囲に及ぶ。具体的には、身の回りの物の位置を知らせる、食事や入浴の場面、衣類の収納、買い物（紙幣や貨幣の識別）、冷蔵庫内の食べ物の位置を知らせるなどがあげられる。

聴覚障害

92 **聴覚障害**★では、全く聞こえない状態を失聴（**ろう**）、音が聞こえにくい状態を**難聴**という。

★聴覚障害
聞こえの機能に何らかの障害があり、話し言葉が聞こえない、または、十分に聞こえない状態。

93 **ろう者**、**中途失聴者**、**難聴者**、**盲ろう者**といった聴覚障害者は、**表13**のように分類できる。

表13 ▶ 聴覚障害者の分類

ろう者	ほとんど聞こえない人。おもに手話を使ってコミュニケーションを図っている。
中途失聴者	音声言語を獲得したあとに聞こえなくなった人。聞こえないまたは聞こえづらいが、発声はできる人もいる。
難聴者	聞こえの障害はあるものの聴力がある人。補聴器を使って会話ができる人から、わずかしか音が聞こえない人もいる。
盲ろう者	視覚の障害に加え、聴覚にも障害がある人。見え方、聞こえ方は、人によってさまざまである。

94 **聴覚障害**は、損傷の部位によって、**表14**のように伝音性難聴、感音性難聴、混合性難聴に分けられる。

表14 ▶ 難聴の分類

難聴の種類	特徴
伝音性難聴	・外耳および中耳（伝音器）※の障害によって聞こえが悪くなる。 ・伝音性難聴を引き起こす疾患には**滲出性中耳炎**、**慢性中耳炎**のほかに先天性の外耳、中耳の形態異常などがある。
感音性難聴	・内耳から大脳皮質（感音器）※までの障害によって聴力が低下する。 ・音がひずんで聞こえ言葉がはっきりしないことが多い。 ・補聴器を使用しても効果が得られない場合は、人工内耳を装用することがある。 ・大きな音はうるさく感じるが、小さな音はあまり聞こえないことがある。
混合性難聴	・伝音性難聴と感音性難聴が合併して起きたケースで、聞こえの状態も両方の難聴の特徴をもっている。 ・中程度の感音性難聴に伝音性難聴が合併すると、高度の難聴レベルになる。

※　下巻「こころとからだのしくみ」55（図７）・56参照。

95 感音性難聴よりも伝音性難聴のほうが、**補聴器**の使用による効果は高い。

96 **老人性難聴（加齢性難聴）**は、感音性難聴であることが多く、高音が聞き取りにくい。

97 聴覚障害のある人が直面する**生活上の困難**には、①聴覚を通して日常的な情報が入らないこと、②周囲の聞こえる人とのコミュニケーションや交流が困難なこと、その結果として、③日常生活上のさまざまな場面で**孤立**することなどがあげられる。また、④3歳以前の幼児期から重度の聴覚障害があると、発声が不明瞭になることや音声言語の理解の面で、さまざまな困難に直面する。

98 **補聴器**★は、音をキャッチするマイク部分、音を大きくする増幅部分、音を出力するイヤホン部分からなる。ある音域の音だけを大きくする機能などもある。

99 **補聴器**は、眼鏡などと異なり、**装用してすぐ効果があるものではない**。補聴器使用のための訓練を行っている病院等で、最も合った補聴器を選定し、装用訓練を行って、使用に慣れる必要がある。

100 **中途失聴者**とのコミュニケーションの方法には、書いて伝える**筆談**がある。突然聞こえなくなった人や聞こえなくなって間もない人の場合、**筆談**は唯一のコミュニケーション手段なので、周囲の人は面倒がらずに**筆談**に応じる必要がある。その他、パソコンで文を入力したり、音声認識ソフトなどで話の内容を表示する方法がある。

101 **ろう者**の多くは、日常的に**手話**を用いてコミュニケーションを行っている。発話がはっきりしないことがあるため、日常生活や社会生活でさまざまな失敗を体験している。多くの自治体では、病院を受診するときや公的な説明会などに**手話通訳者**を派遣している。

102 **難聴者**の介護を行う場合は、**明るい、静かな場所**で**ゆっくり**話し、意思が伝わったかを十分に確認する必要がある。補聴器を装用している利用者は、多くの人がいる食堂やテレビがついている部屋では、話し言葉がほとんど聞こえていないことがある。

言語機能障害

103 **言語機能障害**には、主なものとして**構音障害**と**失語症**がある（**表15**参照）。

104 **構音障害**には、**コミュニケーションエイド**★が有効である。

105 **失語症**には、**感覚性失語（ウェルニッケ失語）**と**運動性失語（ブローカ失語）**、**全失語**がある（**表16**参照）。

106 失語症であっても、使い慣れた言葉やあいさつなど**定型化**している言葉は話すことができる場合もある。

+α ぷらすあるふぁ

補聴器の型には、箱型、耳かけ型、眼鏡型などがあり、聞こえの程度などによって使い分けられている。

★コミュニケーションエイド

キーボードなどを押すことで、合成の音声を出せる機器。

★構音器官
口唇、舌、口蓋、咽頭などの言語音をつくる器官のこと。

表15 ▶ 構音障害と失語症

分類	状態
構音障害	「話す」機能が障害されたもの。 原因は、**構音器官★**の異常など、**脳以外の病変**による。
失語症	獲得された「話す」「書く」「聞く」「読む」機能が障害されたもの。 原因は、脳血管障害などによって生じた**脳（の言語中枢）の損傷**による。

表16 ▶ 感覚性失語と運動性失語

種類	特徴
感覚性失語 （ウェルニッケ失語）	・流暢に「話す」ことはできるが、意味を伴わない。 ・「聞く」「読む」ことによる理解が難しい。
運動性失語 （ブローカ失語）	・「話す」ことが難しい。 ・「聞く」「読む」ことによる理解はできる。
全失語	・感覚性と運動性の両方の失語症の症状がみられる。 ・「聞く」「話す」「読む」「書く」ことのすべてが難しい。

107 失語症は、左大脳半球にある言語野に損傷を受けることによって起こる。そのため、左大脳半球の損傷によって起こる右片麻痺は**失語症を伴う**ことがある。

108 失語症の聴覚的理解を補うためには、**はっきり**した言葉でゆっくり話しかけることが大切である。

109 **盲ろう重複障害**のある人（以下、盲ろう者）は、人間にとって主要な感覚器官である目と耳に障害を併せて負っている。盲ろう重複障害には、障害の程度によって、4つの類型がある（**表17**参照）。

110 盲ろうになる経緯によって、4つの類型がある（**表18**参照）。

111 視覚と聴覚の活用が難しい**盲ろう者**には、**孤立させない支援**が必要である。そのために、**表19**のコミュニケーションの方法がある。また、介護上の留意点（**表20**参照）をあげておく。

表17 ▶ 盲ろう重複障害の類型

類型	状態
全盲ろう	全く見えず、全く聞こえない状態
弱視ろう	見えにくく、全く聞こえない状態
全盲難聴	全く見えず、聞こえにくい状態
弱視難聴	見えにくく、聞こえにくい状態

表18 ▶ 盲ろうとなる経緯

<table>
<tr><td colspan="2" rowspan="2"></td><td colspan="4">聴覚障害の受障時期</td></tr>
<tr><td colspan="2">先天的★～乳幼児期</td><td>～成人期</td><td>～老年期</td></tr>
<tr><td rowspan="3">視覚障害の受障時期</td><td>先天的
～
乳幼児期</td><td>先天的盲ろう</td><td>先天的または乳幼児期に視覚と聴覚の障害を発症する場合</td><td>盲ベース盲ろう</td><td>視覚障害（盲）に聴覚障害を伴っている場合</td></tr>
<tr><td>～
成人期</td><td rowspan="2">ろうベース盲ろう</td><td rowspan="2">聴覚障害（ろう）に視覚障害を伴っている場合</td><td rowspan="2">後天性盲ろう</td><td rowspan="2">成長発達の過程で視覚と聴覚の障害を発症する場合</td></tr>
<tr><td>～
老年期</td></tr>
</table>

112 **ろう重複障害★**のある人は、重複する障害の組み合わせが多数であるために、コミュニケーションなどを含む支援内容も、画一的ではなく、多岐にわたっている。そのため、生活や作業に接する生活支援員だけでなく、看護師、臨床心理士、理学療法士、手話通訳士など、さまざまな専門職と連携する必要がある。

肢体不自由

113 **肢体不自由★**の原因としては、先天的なものと、事故や疾病などによる後天的なものがあり、原因や状態像は多様である。

★先天的
生まれながらにしてもっていること。

★ろう重複障害
聴覚障害に加えて、知的障害、精神障害、視覚障害、肢体不自由、内部障害などの障害もある状態。

★肢体不自由
原因にかかわらず、上肢や下肢、あるいは体幹（胸背部や腹部）に永続的な運動機能の障害のある状態。

表19 ▶ 盲ろう者へのコミュニケーションの方法

方法	内容
触手話	話し手の手話を盲ろう者に触ってもらうことにより、意思を伝達する方法
指点字	盲ろう者の両手の人差し指・中指・薬指、計６本の指を点字の６つの点に見立てて指で打つことにより、意思を伝達する方法
手書き文字（手のひら書き）	盲ろう者の手のひらに指先でひらがなやカタカナ、漢字などを書いて言葉を伝える方法
音声	残っている聴力に対して、耳元や補聴器に向けて話す方法
筆談	通訳者が文字を書いて伝える方法
指文字	指の形で文字を表す方法。日本では一般的に日本語式（五十音式）の指文字が用いられており、手話と一緒に補助的に使用されることが多い。
パソコン通訳	パソコンを用いて通訳者が入力して、盲ろう者がその画面を読む方法
キュード・スピーチ	話しことばを視覚化するツールで、盲の状態に応じて、ろう学校の口話教育の補助で用いる方法

表20 ▶ 盲ろう者への介護上の留意点

コミュニケーション方法	留意点
盲ろう者への話しかけ	盲ろう者は、すぐそばに人がいてもわからない。**そっと手や肩に触れてから話しかける**ようにする。その場合、自分の名前から伝える。
盲ろう者へのあいづち	話の理解を示す「あいづち」や「うなずき」等のしぐさは、盲ろう者にとって確認しにくいため、代わりの方法として盲ろう者の**手や肩を軽くたたく方法**などが使われている。
音声	声の高低、強弱、速さなどに配慮が必要。
筆談	見やすい大きさ、太さ、間隔の文字を書くようにする。 比較的簡単だが、時間がかかり、情報量が制限される。

114 厚生労働省による2016（平成28）年の「生活のしづらさなどに関する調査（全国在宅障害児・者等実態調査）結果」によれば、2016（平成28）年12月１日現在、全国の在宅で生活する18歳以上の身体障害者数（身体障害者手帳所持者数）は428万7000人で、このうち**肢体不自由者**数は全体の45.0％にあたる193万1000人と推計されており、最も多い。また、年齢構成をみると、**65歳以上**が約**73**％で、前回（2011（平成23）年）の調査と比べると全体における割合では約４％、人数では45万8000人（17.3％）増加し、**高齢化が進んでいる。**

115 厚生労働省による2016（平成28）年の「生活のしづらさなどに関する調査（全国在宅障害児・者等実態調査）結果」によると、肢体不自由の障害種別の人数は**下肢**が最も多い（**表21**参照）。

表21 ▶ 肢体不自由の障害種別の人数 （単位：千人）

障害種別	人数
肢体不自由（上肢）	623
肢体不自由（下肢）	1002
肢体不自由（体幹）	212
肢体不自由（脳原性運動機能障害・上肢機能）	52
肢体不自由（脳原性運動機能障害・移動機能）	40
総数	1929

資料：厚生労働省「平成28年生活のしづらさなどに関する調査（全国在宅障害児・者等実態調査）結果」

116 厚生労働省による2016（平成28）年の「生活のしづらさなどに関する調査（全国在宅障害児・者等実態調査）結果」によると、「身体障害者手帳所持者（65歳未満）の日常的な情報入手手段」として、「テレビ」が75.8％と最も多く、次いで「家族・友人・介助者」が48.6％、「スマートフォン・タブレット端末」が34.1％、「パソコン」が31.5％、「携帯電話」が28.3％、「ラジオ」が26.2％などとなっている。

33—96

117 **関節リウマチ★**による**朝**の**こわばり**など関節の痛みやからだの疲れは、**日内変動**のほか**季節**や**天候**に左右される場合がある。関節の変形と不便さは必ずしも一致しないので、外形で判断しない。患者のおよそ３分の２は**女性**である。

★関節リウマチ
関節の痛み、腫れ、動きの制限などを主症状とする疾患。

32—123（総合）

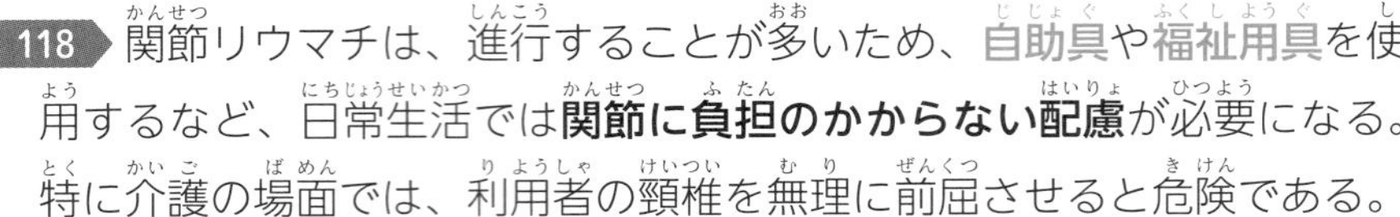

118 関節リウマチは、進行することが多いため、自助具や福祉用具を使用するなど、日常生活では**関節に負担のかからない配慮**が必要になる。特に介護の場面では、利用者の頸椎を無理に前屈させると危険である。

TEST 32—89

119 **脳性麻痺**は、受胎から新生児期（生後４週以内）までに生じた脳の**非進行性**の病変による障害である。運動障害を主症状とする。

120 **脳性麻痺**の分類は**表22**のとおりである。

表22 ▶ 脳性麻痺の分類

分類・割合	運動機能障害	麻痺部位	その他の障害
痙直型・固縮型 70％	①緊張が強くなる ②痙性＊1（ジャックナイフ現象）や固縮＊2が起こる ③上肢は屈曲内転気味、下肢は伸展気味となる（ウェルニッケ・マン肢位＊3）	四肢麻痺 対麻痺	・斜視やその他の視覚障害 ・痙攣発作 ・嚥下障害 ・知的障害
アテトーゼ型 20％	①興奮や運動により過緊張と低緊張をくり返す ②姿勢が不安定で、協調運動がさまたげられる ③音や刺激で筋緊張が強くなる	四肢麻痺	・重度な発語困難 ・核黄疸＊4の場合は、難聴や視線を上に向けにくくなる
運動失調 ５％	①協調運動障害による筋力低下、ものに手を伸ばすと振戦が起こる ②素早い動きや細かい動きが困難となる ③両足を広げた不安定な歩行になる	四肢麻痺 片麻痺	
混合型	上記の２つが複合したもの		重度の知的障害

＊１：他動的に動かす際、はじめは抵抗があるのに突然減弱するもの。
＊２：抵抗が弱まらず一定であるもの。
＊３：下肢を伸展して肘関節、手関節、指関節を屈曲し手を握りしめた姿勢。下肢が交差して歩くはさみ足歩行や、つま先立ち歩行がみられる。
＊４：新生児期に黄疸が出現し、大脳基底核および脳幹へのビリルビンの沈着による脳損傷。
資料：介護福祉士養成講座編集委員会編『最新　介護福祉士養成講座⑭障害の理解（第２版）』中央法規出版、2022年、61頁を一部改変

TEST 34—91

121 **脊髄損傷**は、交通事故、転落などの外傷による脊椎の骨折、脱臼によって生じ、機能障害（肢体不自由）を引き起こす。発生は、男性のほうが多い。

TEST 33—90 33—91 35—53

122 **脊髄損傷**は、損傷する部位に応じて麻痺の部位が異なる（**表23**参照）。

123 脊髄損傷の症状は**表24**のとおりである。

表23 ▶ 脊髄損傷の種類

	麻痺の部位
頸髄損傷	四肢麻痺
胸髄損傷	体幹麻痺、下肢麻痺（対麻痺）
腰髄損傷	下肢麻痺（対麻痺）

表24 ▶ 脊髄損傷の症状

症状	留意点
運動・知覚障害	・知覚麻痺があるため、同じ部位の皮膚が圧迫されやすく、褥瘡が生じやすい。 ・損傷部位が高位であるほど、麻痺の範囲が広くなるため、褥瘡になりやすい。
発汗障害	・発汗されず、体内に熱がこもり、うつ熱が起こる。 ・うつ熱の対応としては、冷房や濡れタオルの使用などがある。
排便・排尿障害	・尿路感染を起こしやすいので、十分な水分摂取、残尿を少なくするなどの対応が必要である。 ・ふだんから排泄については配慮が必要である。
起立性低血圧	・起立性低血圧の対応としては、頭を心臓と同じ高さにする（頭を下げる）方法がある。
自律神経過反射	・麻痺した膀胱に一定以上の尿がたまると、自律神経過反射が起こり、血圧が上昇する。

124 **内部（機能）障害**（9（表1）参照）の場合、行動の制約が多く、精神的ストレスになりやすい。また、病気がさらなる障害を生むのではないかという恐怖や、疾病がもたらす役割喪失に対する不安など、喪失体験の連鎖を起こしやすい。

心臓機能障害のある人の生活

125 心臓機能障害の原因となる疾患には、**虚血性心疾患**や**心不全**等がある。

126 虚血性心疾患とは、心筋に血液（酸素）を供給している冠状動脈の血流（冠血流）量が何らかの原因によって減少し、その結果、相対的または絶対的に酸素供給が低下し、**心筋の酸素需要を充足できない**ために起こる病態である。

127 **虚血性心疾患**には、虚血時間が**短く**、器質的心筋障害を残さずに回復する狭心症と、虚血時間が**長く**、**心筋壊死**を起こして不可逆的な障害を残す心筋梗塞がある。

128 **狭心症**には、身体的労作や精神的緊張によって心筋酸素消費量が増加したときに狭心発作が起こる労作（性）狭心症、睡眠中や安静時に狭心発作が起こる安静（時）狭心症、その両者が表れる労作（性）兼安静（時）狭心症がある。

129 新規に発症した狭心症や狭心発作が**増悪**するタイプを不安定狭心症と呼び、急性心筋梗塞に移行しやすいので注意が必要である。また、不安定狭心症と急性心筋梗塞を併せて、**急性冠症候群**と呼ぶ。

130 **狭心症**は、冬の寒いときには、軽度の労作でも狭心発作が誘発されやすいなどの特徴がある。重症になると軽い労作で発作が出現し、安静時にも発作が起こるようになり、発作の持続時間も長くなり、胸痛の程度も強くなる。

 33—94

★心不全
心臓の機能が低下し、血液を十分に送り出したりうまく取り入れられなくなった状態。

131 **心不全**★の症状には、**動悸**や**息切れ**、**呼吸困難**、浮腫（むくみ）などがある。心不全を含む心疾患の対策として生活習慣、食生活を見直すことが必要である。また、心不全などがある場合、塩分を摂りすぎると循環血液量が増え、心臓の負担が増えるため注意が必要である。

132 **心不全**の場合、仰臥位より起座位のほうが呼吸が楽になる（起座呼吸）。

133 心臓ペースメーカー★は、心臓の病気そのものを治すものではないが、**激しい運動**をしない限り、普通の生活を送ることができる。

★心臓ペースメーカー
人工的に電気刺激を与え、心臓を一定のリズムで拍動させるための装置。

134 **心臓ペースメーカー**使用者の日常生活の介護においては、利用者が生命の危機と将来に対する不安をもっていることに留意する。脈の管理、腎臓、呼吸器について理解が必要であり、また水分・運動量、食事など医学的管理が必要なので、医師による**運動処方**に基づいて援助する。

135 **心臓ペースメーカー**装着中は、空港で**金属探知器**をからだに近づけられると強力な電磁波等で影響を受けることがある。そのため使用者は、あらかじめ申し出ることが必要である。また、使用者の近くでの**携帯電話**の使用は避ける。**変電所**や**高圧電線**に近づかないことも大切である。

136 **心臓機能障害**のある人は、日常生活で心臓に負担がかからないよう入浴時は温度は**ぬるめ**にし、水位は心臓よりも**低く**する。また、排便のコントロール、寒冷刺激の除去、食事の量に気をつける。

腎機能障害のある人の生活

137 **腎機能障害**★では、急速に生じた場合を**急性腎不全**という。また、数か月ないし数年かけて持続性の機能不全に陥ったものを**慢性腎不全**という。

138 腎機能の低下を表す指標として、**糸球体ろ過値**がある。糸球体ろ過値が正常な人の30％以下になったときに、慢性腎不全と診断される。15％にまで低下すると生命の維持ができなくなり、末期腎不全の治療として**透析療法**や**腎移植**の対象となる。

139 **人工透析**★には、人工膜を利用する**血液透析**と腹膜を利用し内部環境を正常化する**腹膜透析**★、連続的に液を注入して行う**持続可動式腹膜透析（CAPD）**がある。

140 **血液透析**では、週**2～3**回の定期的な**通院**が必要で、いったん治療をはじめると途中で中止することはできない。透析生活は、長期間で生涯に及ぶため、治療についての正しい知識が必要である。

141 CAPDでは、持続的に腹腔に透析液を入れておき、1日に**2～4**回交換する。月に**1～2**回の**通院**でよいため、通院の困難な人が選択する場合がある。**在宅での治療**のため、家族の協力は不可欠である。また、常に腹膜カテーテルが挿入されているため、感染への注意が必要である。

142 家庭では、1日のなかで時間を決めて、血圧、体重、尿量の測定をする習慣をつけるとよい。1日の**尿量**を測定することで、おおよその腎機能の状態の目安とすることができる。

143 尿量が1日500mℓ以下に減少する**乏尿**は、血液中に窒素性の老廃物が増えて尿毒症状が出現する。

144 血液透析患者の食事療法基準は**表25**のとおりであるが、基本的には**低たんぱく質**、**低食塩**、**低カリウム**、**高エネルギー（高カロリー）**である（下巻「生活支援技術」169（**表28**）参照）。

★腎機能障害
何らかの原因によって腎臓がその機能を喪失し、生体の恒常性を維持できない状態。

★人工透析
腎不全のため、生体内の水、電解質異常、老廃物の除去を人工的に行う方法。

★腹膜透析
腹腔内で、透析液の注入と排液を一定期間反復させる方法。腹膜を介して水や老廃物を引き出す。

表25 ▶ 血液透析患者（週３回透析）の食事療法基準

エネルギー (kcal／kg BW／日)	たんぱく質 (g／kg BW／日)	食塩 (g／日)	水分	カリウム (mg／日)	リン (mg／日)
30〜35 (注1、2)	0.9〜1.2 (注1)	< 6 (注3)	できるだけ少なく	≦2,000	≦たんぱく質(g)×15

注１：体重は基本的に標準体重（BMI＝22）を用いる。
２：性別、年齢、合併症、身体活動度により異なる。
３：尿量、身体活動度、体格、栄養状態、透析間体重増加を考慮して適宜調整する。
資料：日本腎臓学会編「慢性腎臓病に対する食事療法基準2014年版」を一部改変

呼吸器機能障害のある人の生活

145 **呼吸器機能障害**には、主に肺内の肺胞で酸素と二酸化炭素を交換する肺胞の**ガス交換**に障害がある場合や、胸郭や横隔膜の動きによって肺を膨張させたり収縮させたりして「空気を吸う・吐く」といった動作、空気の通り道である気道などが狭まるために空気の通過が難しくなる**換気**に障害のあるものがある。

146 呼吸器機能障害の基礎疾患には、**表26**のようなものがある。

表26 ▶ 呼吸器機能障害の基礎疾患

疾患名	状態
慢性閉塞性肺疾患（COPD） 肺結核後遺症	**肺自体**が侵されガス交換がしにくくなる。
脳出血 脳梗塞	**脳**の障害により換気が困難になる。
喘息	**気道**が狭められ換気が困難になる。
筋萎縮性側索硬化症（ALS） 筋ジストロフィー	**神経**や**筋肉**の障害により換気が困難になる。

147 **慢性閉塞性肺疾患**とは、主に喫煙などの原因から、肺に慢性の炎症が起こり、肺胞が破壊され、ガス交換が困難になったり、気管支からの分泌物が過多となり気道が狭まったりするため、息切れや咳嗽★、喀痰★が増加する疾患である。

★咳嗽
せき。せきこむこと。

★喀痰
たん。せきをしたときに喉から出てくる粘液状のもの。

148 **呼吸器機能障害**のある人は、気道感染に気をつけなければならない。塵、埃を室内から除去し、常に衛生面に配慮することが大切である。空気を清浄に保ち、室内の温度、湿度の調整を行う。また、香りの強い花や臭気など刺激のあるものは避け、室内禁煙にする。

149 呼吸器機能障害のある人は、呼吸に多くの酸素を消費しているため、さまざまな動作を工夫することが大切である（**表27**参照）。

表27 ▶ 呼吸器機能障害のある人が工夫している行為

生活場面	工夫
入浴	入浴は、清潔を保ち、血液の流れをよくし、リラックスできる点ではよいが、酸素消費量が多く、息切れが強くなることがある。**浴槽には入ってもよい**が、負担を少なくするために心臓の高さ以上には浸からないようにする。**気管カニューレ**を挿入している場合、入浴時には気管切開部が濡れないように注意し、入浴後は気管切開部の消毒とガーゼ交換を行う。
食事	食事をして胃が膨れると、横隔膜が圧迫されて呼吸がしにくくなる。食事は**少量ずつ何回かに分けてゆっくり食べる**。胃が膨れるような繊維質の多いもの、ガスが発生しやすいものは避ける。 喀痰しやすくするためにも**水分の補給は必要**である。喀痰のための咳は、体力を消耗させるので、**カロリー**の高い食事が必要になる。食欲がなく食事が進まない場合は、間食を摂るとよい。
排便	トイレは洋式にし、息を止めて力むと息苦しくなるので、呼吸を整えて、息を吐きながら力む。
衣服	**腕**を高く上げるほど活動量が増えるため、**腕**を上げないよう、前開きの衣服にする。また、前屈動作が短時間ですむよう、スムーズに履くことができる靴などを選ぶようにする。
歩行	**呼吸器機能障害**のある人は、体力に応じた無理のない範囲内で**適度な運動**を行い、筋肉の衰えを予防し、心肺機能の増進に努力しなければならない。 歩行は、酸素消費量が大きく、息切れが起きやすいので、ゆっくりと呼吸を整えながら**休み休み歩く**。

150 在宅酸素療法は、在宅で呼吸器機能障害のある人が治療を行うためのものである。室内よりも高濃度の酸素を含む空気を酸素濃縮器から吸いながら生活を送る。酸素の量は医師が判断しているため、自分で調節してはいけない。酸素ボンベは、爆発のおそれがあるので**火気厳禁**とする。

151 **在宅人工呼吸器療法**を行っている利用者は、人工呼吸器の電源を確保しながら外出することが可能である。

152 呼吸器機能障害のある人の外出を支援する際の注意点は、**表28**の3点があげられる。

表28 ▶ 呼吸器機能障害のある人の外出を支援する際の注意点

①医師に指示されている活動量を守ること ②清浄な空気を吸うこと ③外出先での呼吸器感染を予防すること

膀胱・直腸機能障害のある人の生活

153 消化器ストーマとは、直腸がんや大腸がんなどの手術で腸の一部分を切除することによって便を体外に排泄できなくなった場合の、便の排泄のためにつくられた**人工肛門**のことである。

154 消化器ストーマは、その造設された位置によって**便の性状**と**排泄回数**が異なる（**表29**参照）。

表29 ▶ 消化器ストーマの位置による便の性状と排泄回数

ストーマの種類	便の性状	排泄回数
回腸ストーマ	液状便	持続的に排泄
上行結腸ストーマ	液状便～粥状便	多い
横行結腸ストーマ	粥状便～軟便	多い
下行結腸ストーマ	軟便～固形便	多い
S状結腸ストーマ	硬便	少ない

155 回腸ストーマの場合、消化の悪いナッツ類、きのこ類、海藻類でストーマが塞がれることがあるので注意する。いも類、ビールはガスが発生しやすくなる。

156 消化器ストーマの**パウチ**（袋）には皮膚保護剤がついているものもあるが、皮膚炎を起こしやすい。装着時に少し空気に触れさせ、乾燥させてから装着する。

157 尿路ストーマとは、尿の排泄のために人工的につくられた**人工膀胱**のことである。入浴の際は**装具が必要**であり、排尿時に衣類を汚染することもあるので、管理に注意が必要となる。また、尿路感染症の防止に留意しなければならない。

158 ストーマ使用者は、適度の運動を行うことが大切であるが、腹圧のかかる運動は避けなければならない。車のシートベルト、ズボンのベルトで圧迫しないよう、装着に気をつける必要がある。

159 排尿困難で残尿が多い場合、自分で尿道にカテーテルを入れて残尿を排泄することを自己導尿という。病院で方法の指導を受け、衛生面に十分注意を払いながら行う。

160 膀胱にたまった尿が排出できないような場合は、膀胱内からカテーテルを使用して尿を排出する膀胱留置カテーテル法★を用いる。尿道を経由する**尿道留置カテーテル**と経腹的に**膀胱ろう**を造設する場合がある。

161 **膀胱留置カテーテル法**では、尿路感染症や尿路結石症、尿道裂傷などの**合併症**の起こる可能性がある。発熱や尿混濁、膀胱刺激症状（頻回な尿意）があれば医療職に連絡をする。

ヒト免疫不全ウイルスによる免疫機能障害のある人の生活

162 ヒト免疫不全ウイルスは、HIVと略されるのが一般的である。HIVが増殖すると、身体の免疫機能を維持することが難しくなる。免疫力は徐々に低下し、通常はとるに足らないような弱い菌やウイルスなどが活性化して感染症（日和見感染症）にかかることがある。

163 **HIVの感染経路**は、性行為、輸血血液や血液製剤★、母乳、臓器移植などがある。

164 HIV感染者の介護で最も気をつけるべき点は、**感染防御**であるが、ふだんから感染対策の基盤となる**スタンダードプリコーション（標準予防策）**★を採用していれば、HIV感染者のケアをむやみに恐れる必要はない。具体的には、手洗いをきちんと行うこと、血液、体液、分泌液、汚染物を触るときには手袋を装着することなどである。

165 **エイズ（AIDS）**は、後天性免疫不全症候群という病気の略称である。HIVに感染して免疫機能が低下し、指定されている23種類の合併症（日和見感染症）のいずれかを発症した場合、エイズと診断される。このように、HIVの感染とエイズとは異なることに注意する。

+α ぷらすあるふぁ

膀胱留置カテーテル法は、尿道から膀胱まで管が入った状態のため、感染や皮膚のトラブルを起こしやすい。そのため、短期間で用いる方法が推奨されている。

+α ぷらすあるふぁ

現在では、輸血血液や血液製剤に対する検査が行われている。

★スタンダードプリコーション（標準予防策）

感染症や疾患の有無に関係なく排泄物や血液、体液（汗を除く）等を潜在的な感染源とみなして対応する予防策。

肝臓機能障害のある人の生活

166 **肝臓**は、体内のさまざまな物質を分解・合成する器官である。肝臓の合成機能が低下すると、**低アルブミン血症**や**出血傾向**を生じる。また肝臓の分解機能が低下すると、腸内細菌が生み出すアンモニアを十分に分解できずに、**高アンモニア血症**や**肝性脳症**を起こすことがある。

167 肝臓には、門脈という血管がある。門脈は小腸や大腸などから吸収した**栄養**を肝臓へ送る血管である。また、肝臓の機能が低下すると門脈の圧力が高くなり、脾臓肥大や**食道静脈瘤**を生じることがある。

168 肝臓は、胆汁を合成して、胆管から胆嚢へ送る。胆嚢は、胆汁を濃縮させ、十二指腸へ排出して、消化を助けている。肝臓の機能が低下すると、胆汁の成分が血液中に入って、**黄疸**になることがある。また、胆汁が消化管に排出されずに、白色便になることもある。

169 肝臓機能障害の原因には、C型肝炎、B型肝炎、アルコール性、胆汁のうっ滞、自己免疫性、薬剤性などがある。

170 **C型肝炎・B型肝炎**は、C型肝炎ウイルス・B型肝炎ウイルスが血液・体液を介して感染することで起こる。**感染経路**は、輸血、血液製剤、透析、針刺し事故、刺青、鍼治療などが考えられる★。

171 **C型肝炎ウイルスの感染**の多くは、**無症状で経過（不顕性感染）**し、健康診断などで初めて肝機能の異常を指摘される。慢性肝炎が20年程度経て、肝硬変になることもある。

172 肝臓機能障害のある人への介護上の留意点は、**表30**のとおりである。

+α ぷらすあるふぁ

出産、性交渉によるC型肝炎ウイルスの感染はまれといわれている。

表30 ▶ 肝臓機能障害のある人への介護上の留意点

①糖尿病でインスリン治療を行っている人の注射針、血糖検査器具、採血針、消毒綿などの扱い
②褥瘡、傷からの血液や滲出液、それらを含んだガーゼの扱い
③嘔吐物、吐血、喀血、喀痰、鼻出血の扱い
④歯肉出血など口腔内出血時の口腔ケア
⑤出血、滲出部位があり、介護者にも傷がある場合の清拭、フットケア、入浴
⑥おむつの扱い

● 知的障害の種類、原因と特性

173 **知的障害**は、知的な発達が全般的に遅れているものである。

174 **知的障害**は、WHOの国際疾病分類（ICD−10）★では、**知能テスト**によって測定した知能の状態により、**表31**のように分類されている。

表31 ▶ 知的障害の分類

分類	IQ	身辺自立
軽度	69〜50	自立可能
中等度	49〜35	おおむね自立可能
重度	34〜20	部分的に自立可能
最重度	19以下	自立できない

2022（令和4）年1月に「ICD−11」が発効されているが、日本語訳は公表されていない。

障害の理解

175 **知的障害の原因**は、**未解明**のものが多い。明らかな病理作用によって脳の発達に支障が生じたものを**病理型**、特に病理が見つからないもの（原因不明）を**生理型**と呼んでいる。病理型は知的障害全体の約4分の1で、生理型が約4分の3を占める。

176 **知的障害の主な症状**には、①属性・時間・空間・数量・因果関係・コミュニケーション（言語の使用）の理解などの**抽象的な物事の理解**に制限が生じること、②**短期記憶**（脳のなかで一時的に記憶を蓄えておく力）に制限が生じること、があげられる。

177 知的障害のある人の介護の留意点は、**表32**のとおりである。

表32 ▶ 知的障害のある人の介護の留意点

①一人の人間として地域社会でさまざまな人との関係をもつことができるよう援助する。
②知的障害のある人が自立した生活を送ることができるように知的障害のある人との関係を深めながら、自立支援の援助を行う。
③知的障害のある人は学習に時間がかかるため、動作を理解させるときには、順序を追って**ともに行動**したり、**繰り返しわかりやすい言葉で説明**する。**身振り**や**絵**などを使うことも有効である。
④さまざまな経験を積み重ね、**失敗しても受け入れてもらえる環境**をつくる。

178 **日常生活自立支援事業**では、知的障害者など判断能力が不十分な人に、福祉サービスの利用援助、日常的金銭管理（預金の払い戻し、預金の解約、預金の預け入れの手続等利用者の日常生活費の管理）などを行う。

36—55

179 知的障害のある人のライフステージに応じた支援は、**表33**のとおりである。

表33 ▶ ライフステージに応じた支援

ライフステージ	支援内容
乳児期	・本人への療育をはじめとする家族支援 ・早期療育による言葉や運動および感覚機能などの発達促進の支援 ・親や身近な人との愛着形成への支援 ・親の養育の仕方や障害受容を支援
幼児期	・早期療育による**言葉や運動および感覚機能、社会性などの発達促進**の支援 ・親の養育に関する支援 ・障害や疾病のほか、心身の発達や健康などに関する相談支援 ・治療施設への通園に関する親への支援
成人期	・労働および生涯学習や余暇活動を通じた自立と社会参加の実現に関する支援 ・家庭生活への支援
壮年期 老年期	・**親と死別後の生活への適応**に関する支援 ・健康管理に関する支援 ・金銭や財産管理に関する支援

180 **ダウン症候群**は、**知的障害**があることが多い。また、多くの合併症があるが、例えば**難聴**や先天的な**心疾患**を合併している割合が高いことがわかっている。

181 **ダウン症候群**は、**染色体異常**が原因で、その90～95％は、通常は２本である21番目の常染色体が３本あるために生じる。

● 精神障害の種類、原因と特性

182 精神保健福祉法では、精神障害者を疾患からとらえ、障害者基本法では、障害という概念からとらえている。**精神障害者**は、精神疾患を慢性的にかかえ、同時に**生活上**の障害もかかえていることが特徴である。

183 2013年以降、精神疾患の国際的な診断基準として用いられていたDSM-5（Diagnostic and Statistical Manual of Mental Disorders：精神疾患の診断・統計マニュアル）が９年ぶりに見直され、2022年に改訂版となるDSM-5-TRが刊行された。DSM-5からDSM-5-TRへの変更ポイントは**表34**の点である。

表34 ▶ DSM-5-TRでの変更ポイント

①身近な人の死後に長い期間とらわれる「遷延性悲嘆症」が追加されたこと。
②日本語訳が変更されたポイント用語：「注意欠如多動症」「限局性学習症」「双極症」「運動症群（発達性協調運動症、常同運動症、チック症群等）」「自閉スペクトラム症」
③一部の疾患の名称が変更されたポイント用語：「緊張病」が「カタトニア」に、「適応障害」が「適応反応症」等

★幻覚
実際にないことが見えたり、聞こえたりすること。特に幻聴が多い。

★妄想
事実でないことを、事実として思い込むこと。

32—90

184 精神障害の原因には、原因不明（素質や遺伝など）の内因、脳器質因や身体因などの外因、性格や環境からのストレスなどの心因がある。精神障害の例と原因等は、**表35**のとおりである。

表35 ▶ 精神障害の例と原因等

種類	例	原因等
内因性精神障害	統合失調症、気分障害、非定型精神病　など	内因性精神障害は、原因が明確には解明されていない。
外因性精神障害	器質性精神障害（脳そのものの病変によるもの）、症状性精神障害（身体の病変が脳に影響をおよぼしたもの）、中毒性精神障害（アルコールや薬物によるもの）	脳そのものの変化や身体的な病気、薬物などによる脳の機能障害がこころの病気の原因になる場合を外因といい、この外因で起こるこころの病気を外因性精神障害としている。
心因性精神障害	神経症、心因反応、パーソナリティ障害　など	ストレスなどの何らかのきっかけがあり、それに性格などの個人要因、心身の状態や対人関係などの環境的な要因などが複雑にからみ合って精神症状が生じるものである。治療の中心は、カウンセリングや行動療法、自律訓練法など、さまざまな対応が用いられる。

185 2020（令和２）年の「患者調査」による、入院・外来の**精神及び行動の障害の患者の疾患別構成割合**については**表36**のとおりである。

186 統合失調症は、**思春期から30代**に多く発病する**原因不明**の疾患で、**幻覚**★や**妄想**★等の陽性症状と、**感情の平板化**、**意欲の低下**等の陰性症状が出現する。薬物療法、精神療法、生活療法が中心となる。

35—56
36—52

187 うつ病は、気分が沈み、行動や動作が緩慢になり、食欲低下、**不眠**や頭痛などの身体症状も現れて、日常生活が立ちいかなくなる。**不安**や**悲観的感情**、**自責感**、**自殺念慮**★が生じる。

★自殺念慮
自殺したいと思うこと。「念慮」は願うこと。思いめぐらすこと。

188 **うつ病**に関する留意事項は**表37**のとおりである。

表36 ▶ 精神及び行動の障害の患者の疾患別構成割合

入院	外来
①統合失調症、統合失調症型障害及び妄想性障害（60.4%） ②気分（感情）障害（躁うつ病を含む）（11.8%） ③神経症性障害、ストレス関連障害及び身体表現性障害（2.5%） ④その他の精神及び行動の障害（25.3%）	①気分（感情）障害（躁うつ病を含む）（34.3%） ②神経症性障害、ストレス関連障害及び身体表現性障害（23.4%） ③統合失調症、統合失調症型障害及び妄想性障害（18.8%） ④その他の精神及び行動の障害（23.5%）

資料：厚生労働省　2020（令和２）年「患者調査」

表37 ▶ うつ病に関する留意事項

①励ましたり元気づけたりすると、かえって症状を悪化させてしまう場合がある。
②訴えに対しては、受容的に接する。
③医師による専門的な治療を受ける必要がある。
④うつ病と認知症は症状が似ているため、見分けることが難しい。

189 **うつ病**があり、自殺を図ろうとしている場合は、冷静かつ真剣な態度で説得する。緊急性が高い状態では、１人で対応せず、かかりつけ医などの関係者に連絡をとる。

190 双極性感情障害（躁うつ病）は、**躁状態**★と**うつ状態**の２つの状態を繰り返すものである。

191 **アルコール依存症**★を基盤とする精神障害としては、**表38**のようなものがある。

★躁状態
気持ちが高揚した状態、または、気分が大きくなった状態のこと。

★アルコール依存症
アルコールに対して、病的に強い精神依存、身体依存を示し、そのことによって、日常・社会生活、健康面で問題が生じてくるもの。

表38 ▶ アルコール依存症を基盤とする精神障害

種類	症状
振戦せん妄	急激な中断による離脱症状で、身体のふるえと意識混濁や幻視、錯視、精神運動興奮、不眠などの状態が生じる。
アルコール幻覚症	過度の飲酒の後に幻聴や被害妄想が生じる。
アルコール妄想症	嫉妬妄想がよくみられる。
アルコール性コルサコフ症	記銘力障害、健忘、見当識障害、作話が振戦せん妄の後に出現する。

192 パーソナリティ障害では、**極端で激しい対人関係**の態度を示して、関係者や支援者が巻き込まれて、双方に否定的な感情で関係を終結させてしまうことがある。

193 精神障害の治療としては、**薬物療法**や**精神療法**とともに生活療法を行う。生活療法とは、患者の日常生活の調整、指導、訓練を行い症状の改善を図ることで、社会への参加を促す療法のことである。

194 **精神障害者の介護の原則**は、**表39**のとおりである。

表39 ▶ 精神障害者の介護の原則

①ありのままに受容し、共感する態度を示す。
②何もかも１人で行おうとする傾向があるため、助け合う必要性を理解してもらい、援助する。
③**被害的な訴え**に対しては、**精神障害者にとっては事実であることを認め**、その言動を認める。
④それぞれの症状や障害の特徴をよく踏まえて介護する★。
⑤おっくうそうで動きの少ない人には、意欲を引き出すための歯みがきや洗顔などの日常生活行動を促す。
⑥精神障害者の治療に必要な薬の服用がきちんとされているか確認する。

195 精神障害者の場合は、不安が強くなると、その疾患特有の症状や行動面での悪化や再発につながることがある。不安を直接訴える場合もある。

● 発達障害の種類、原因と特性

196 **発達障害**★は、自閉症スペクトラム障害、限局性学習障害（SLD）、注意欠陥多動性障害（ADHD）のほか、**言語の障害**、**協調運動の障害**など、脳機能の障害であってその症状が通常低年齢において発現するものである。

197 自閉症スペクトラム障害★は、①**特有の対人関係やコミュニケーションの症状**、②**強いこだわり行動や感覚の過敏さ（反対に鈍感さ）**の２つに特徴づけられる障害である（**表40**参照）。

198 **自閉症スペクトラム障害**のある人は、変化に対応することが苦手なため、予定の変更がある場合などは、メモや絵などを使って予告することが必要である。

199 **自閉症スペクトラム障害**は、発達初期から症状が現れる。ただし、障害の程度によって、症状が現れる時期は異なる。

ぷらすあるふぁ

身体的症状の訴えの原因やその背景には、薬の副作用によるもの、精神症状に関連した身体症状の現れ、精神疾患とは別の新たな身体疾患が考えられる。

ぷらすあるふぁ

各発達障害の名称は、アメリカ精神医学会の診断基準であるDSM−5の名称に基づいているが、DSM−5−TRに改訂され、変更されている。

★自閉症スペクトラム障害

発達障害者支援法における「自閉症、アスペルガー症候群その他の広汎性発達障害」は、DSM−５のこの診断名に該当する。なお、自閉症スペクトラム障害の「スペクトラム」は連続体、分布範囲などと訳される。

32—92

障害の理解

表40 ▶ 自閉症スペクトラム障害の主な特性

①特有の対人関係やコミュニケーションの症状	・人として求められる社会性や情緒的な交流に問題がある。 ・まなざしやジェスチャーなど言語を使わないコミュニケーションができにくい。 ・他者との年齢相応の関係がもてない。
②強いこだわり行動や感覚の過敏さ（反対に鈍感さ）	・同じことばかりを繰り返す。 ・日常生活で融通が利かない。 ・同一性への固執、習慣への強いこだわりがある。 ・言語や非言語に現れる儀式的な行動パターンがある。 ・興味が限定され執着がある。 ・感覚の過敏性や鈍感性がある。

200 ▶ **自閉症スペクトラム障害**は、知的障害とは**区別される**ものである。自閉症スペクトラム障害と知的障害は、**併存する**ことがある。

35—54

201 ▶ **限局性学習障害**（SLD）とは、読み、書き、計算のいずれかにおける特異的な障害をいう。全般的な知的発達の遅れはみられない。限局性学習障害のある人への対応としては、個別の指導プログラムを作成・実行する必要がある。

202 ▶ **注意欠陥多動性障害**（ADHD）は、①不注意（集中力がないなど）、②多動性（じっとしていられないなど）、③衝動性（順番を待てないなど）の３つを特徴とした障害である。多くの場合、能力のアンバランスが顕著な障害といえる。

203 ▶ **運動障害群**には、**トゥレット症候群**、**常同運動障害**、**発達性協調運動障害**がある。

204 ▶ **トゥレット症候群**とは、多彩な運動チック★と音声チックの両方が、ある時期に存在し、１年以上持続しているもので、小児期に多くみられる。男児に多い。

★チック
チックとは、突発的、急速、反復性、非律動性の運動または発声のこと。

205 ▶ **発達障害**は、基本的にコミュニケーションなどの障害があるため、さまざまな**生活のしづらさ**をもつ障害である。また、外見からは判断できないため、誤解されやすい障害ともいえる。

206 ▶ 発達障害のある人への介護のポイントは、**表41**のとおりである。

表41 ▶ 発達障害のある人への介護のポイント

①できるだけ情報量を減らし、**同時に2つの情報を出さない。**例えば、手を握りながら話すことは、握られた手の知覚だけでいっぱいになり、言われたことが全く耳に入らない場合がある。 ②変化に対する不安があるので、変化はできるだけ避け、**変化があればあらかじめ明示しておく。** ③**概念化や抽象化が苦手**なので、具体的に、または絵を見せるなどの手段を用いて説明する。 ④行うことに見通しをもってもらうために、直線上にならべて、行ったことはチェックして、残っている**スケジュールが何かを確認できるようにしておく。** ⑤**感覚過敏**の場合も多く、それが対人関係を困難にしたり、パニックの原因になったりしている場合もある。雑音の多い場所を避けたり、パニックを起こさせない手立てをあらかじめ考えたりすることも大切である。

● 高次脳機能障害の原因と特性

207 **高次脳機能障害**★は、脳の障害により、言語、記憶、理解、判断、注意、学習、行為、感情などの機能が障害された状態である。症状は**記憶障害**、**注意障害**、**遂行機能障害**、**社会的行動障害**などさまざまである（**表42**参照）。

32—38(生活)
32—114(総合)
34—115(総合)

ぷらすあるふぁ
高次脳機能障害の「高次」とは、高い程度や水準のことを意味する。

208 2001（平成13）年度から開始された高次脳機能障害支援モデル事業によって、脳損傷者に共通する症状が明らかにされ、行政的な診断基準が作成されている。また、**高次脳機能障害**は、**精神障害者保健福祉手帳**の対象になることが明確にされた。

209 高次脳機能障害支援モデル事業で作成された**診断基準**では、**表43**のように定義されている。

210 **高次脳機能障害**の症状の1つに、患側の空間を無視する**半側空間無視**がある。患側の注意を欠くために壁や物にぶつかるので、声をかけて注意を促すことが必要である。ブレーキのかけ忘れなど注意力が欠けるため、安全面に配慮が必要となる。

34—88

211 **高次脳機能障害**のある人が、地域や就労の場で適応して自立的に行動ができるようになるためには、現場で本人を支援するだけでなく、周囲の人たちにも対応方法をアドバイスする**職場適応援助者（ジョブコーチ）**（58参照）の存在が必要である。

212 高次脳機能障害のある人など、記憶や注意、遂行機能などの認知障害のある人への対応のポイントは、**表44**のとおりである。

表42 ▶ 高次脳機能障害の具体的な症状

	例
記憶障害	・新しい出来事や約束をおぼえられない。 ・自分で物を置いた場所を忘れてしまう。 ・（おぼえられないことから）同じことを何度も質問する。
注意障害	・作業をしているときでも、ぼんやりとしている。 ・ミスが多い。 ・２つのことを同時にやろうとすると、混乱する。 ・切り替えられず、なかなか次の作業に進めない。 ・何かに取り組もうとしても、すぐに疲れる。
遂行機能障害	・自分で計画を立てて実行できない。 ・人に指示されないと何もできない。状況に応じた判断ができない。 ・（逆算して準備を進められないため）約束の時間に間に合わない。
社会的行動障害	・子どもっぽくなる（依存性・退行）。 ・ある分だけ食べてしまう（欲求コントロールの低下）。 ・興奮しやすく、すぐに怒りだす（感情コントロールの低下）。 ・１つのことにこだわりつづける（固執性）。 ・相手の気持ちや状況に合わせた発言や行動ができない（対人技能拙劣）。

資料：介護福祉士養成講座編集委員会編『最新 介護福祉士養成講座⑭障害の理解（第２版）』中央法規出版、2022年、186頁を一部改変

表43 ▶ 高次脳機能障害の診断基準

①脳損傷の原因には、事故による受傷や疾病の発症の事実があること
②日常生活や社会生活に制約があって、その主たる原因が記憶障害、注意障害、遂行機能障害、社会的行動障害などの認知障害であること
③検査あるいは診断書により脳の器質的な病変が確認できること
④先天性疾患、周産期における脳損傷、発達障害、進行性疾患を原因とする者は除外すること　など

表44 ▶ 認知障害のある人への対応のポイント

環境の構造化	構造化とは、ルールを一定にしたり、シンプルにしたりすることである。例えば、置き場所を一定にしたり、1日のやるべきことの時間と順番をあらかじめ決めておくことなどである。
代償手段	代償手段とは、覚えやすく忘れないための工夫としてメモリーノートやスケジュール表を用いたり、ガスコンロ等の火をつけたことを忘れないようにタイマーをセットしたり、携帯電話で注意を喚起したりすることをいう。また、洗濯機の操作などは手順書を作成し、それを見ながら行動することなどが考えられる。

213 **高次脳機能障害の症状**は、**本人にはわかりにくい**ため、以前と同じようにできる、以前やっていたことだからできないはずはないと思って行動する。そのため、うまくできないと感情を爆発させたり、失敗を周囲のせいにしたりする。**自分の障害に気づく**ことが高次脳機能障害のリハビリテーションの重要な要素となる。以前と異なる体験を障害と関連づけて理解していくことが必要である。

214 高次脳機能障害のある人への支援や対応の留意点は、**表45**、**表46**のとおりである。

表45 ▶ 高次脳機能障害のある人への支援の留意点

- 直接的な支援（例えば、食事をつくる、移動を介助するなど）よりは、**間接的な見守りや声かけ**が中心になる。
- 支援者が決めたり、直接指示したりするのではなく、本人の使える**ヒント**を本人自身がからだで覚えられるように促し、行動の定着を支援する。
- 支援者は一歩下がって、本人の横や後ろに立ち、本人の行動を見守る。
- かかわる支援者が**同じ指示**を出し、**同じようなパターンで進める**ことが、本人の混乱を防ぎ、行動の確実な定着を促すことにつながる。支援者が個々で勝手に支援方法をアレンジしてはいけない。

表46 ▶ 高次脳機能障害のある人への対応の留意点

- 記憶や注意の障害があるので、説明は**短く**、**簡潔**にする。メモに書いて渡すとよい。
- 時間が経過すると忘れてしまったり、記憶がゆがんでしまったりするので、**すぐに**対応する。
- 説教をしたり、プライドを傷つけるような言い方をせず、相手を認める声かけをする。
- 退行してなれなれしくなっている場合には、支援者のほうが距離をとる。

● 重症心身障害

215 **重症心身障害**（重度・重複障害）は、重度の**知的障害**と重度の**肢体不自由**が重複した状態とされている。

216 **重症心身障害**のある人は、ADL（日常生活動作）、IADL（手段的日常生活動作）で規定される生活行為については**全面介助**を要する。しかし、自分の気持ちをもち、その気持ちを伝えたいという思いは失われていない場合が多いので、伝えようとする力を引き出すことが大切である★。

+α ぷらすあるふぁ
重症心身障害のある人は、身体障害を合併するため、言葉を使っての意思表示が難しい。介護する側が閉じられた質問を用いて尋ねたり、写真を見せながら選んでもらったりという配慮が必要である。

難病の理解

217 2014（平成26）年に**難病の患者に対する医療等に関する法律（難病法）**が成立し、**難病**と**指定難病**について定義された（9 （表1）参照）。指定難病は医療費助成の対象となる。

218 **原発性リンパ浮腫**★は、**四肢の浮腫**・冷感・疼痛などの症状がみられる。対症療法に**弾性ストッキング**の着用やリンパドレナージマッサージがある。また、**肥満**もリンパ浮腫に影響する因子とされている。日常生活において**肥満**を防ぐことが大切である。

+α ぷらすあるふぁ
原因が未解明の原発性リンパ浮腫以外に、がん手術によって生じるリンパ浮腫もある。

219 **潰瘍性大腸炎**は、大腸の潰瘍・びらんを主徴候とし、血便や下痢、腹痛などの症状が現れる、原因不明の大腸炎である。発症は**10**代後半から**30**代前半に多い。

220 **全身性エリテマトーデス（SLE）**は、全身の疾患であり、原因は不明である。すべての年齢に発症し、**女性**の発症が多い。症状として顔面の蝶形紅斑、発熱、関節炎、**腎障害**がある。

221 **ベーチェット病**は、**再発性**の**口腔内アフタ**を主症状とする原因不明の全身性疾患である。皮膚症状、眼症状、陰部潰瘍などもみられる。

35—55

222 **脊髄小脳変性症**は、**歩行時にふらつく**、**手がふるえる**などの**運動失調**を主症状とし、小脳、脊髄に関連した神経経路に病変がみられる原因不明の変性疾患の総称である。**運動失調**以外に、自律神経障害として、起立性低血圧、排尿障害、発汗障害などがみられる。

223 **筋萎縮性側索硬化症（ALS）**★は、運動神経の異常を原因とする筋萎縮を起こす非可逆性（正常の状態に戻らないこと）の疾患である。

+α ぷらすあるふぁ
筋萎縮性側索硬化症の「側索」とは、脊髄の側面部分を指す。

224 **筋萎縮性側索硬化症（ALS）**の症状は、手・指など上肢の筋萎縮からはじまることが多い。ほかに、延髄運動神経核の変性による**球麻痺**★症状がある。顔面・咽喉頭・舌の筋萎縮により発声や**嚥下障害**を生じる。呼吸筋の筋力低下では、**呼吸障害**のため人工呼吸器が必要になる場合もあるが、症状の個人差が大きい。また、身体的な痛みがある場合がある。

34—90
36—54

★球麻痺
延髄の麻痺症状を示す疾患の総称。

225 **筋萎縮性側索硬化症**（ALS）は、**意識は最後まで正常**に保持され、一般的には知能も障害されない。感覚神経への障害・眼球運動障害・膀胱直腸障害などは、末期まで出現することは少ないとされる。眼球運動をコミュニケーションの手段として活用することがある。

32—93

226 **パーキンソン病**は、神経の伝達物質の１つである**ドーパミン**が減少することで起きるとされる。ゆっくりと進行する原因不明の神経変性疾患で、**50〜70**代の発症が多く（ピークは**50**代後半〜**60**代）、薬物療法による治療には、**L-ドーパ（レボドーパ）**などが用いられる。四大徴候は**表47**のとおりである。

32—95
34—92

表47 ▶ パーキンソン病の四大徴候

- **筋強剛（筋固縮）**では、**仮面様顔貌**★がみられる。
- **無動（動作緩慢）**
- **振戦**（安静時の両手のふるえ）
- **姿勢反射障害**★として、**前かがみの姿勢**、**小刻み歩行**、**突進現象**、**すくみ足**、**転倒しやすくなる**などの症状がみられる。

★仮面様顔貌
顔の筋肉が固縮する（こわばる）ことで、表情が乏しくなる。

★姿勢反射障害
バランスがとりづらくなる症状がみられる。

227 パーキンソン病では、四大徴候以外にも、**嚥下障害**や**便秘**といった症状が現れることがある。

一問一答 ▶ P.188

3 連携と協働

障害福祉において連携する機関やサービスの対象と内容、ほかの福祉職種や保健医療職種の業務について知っておくことが必要である。

特に、「地域におけるサポート体制」と「チームアプローチ」についての理解が求められる。具体的には、障害者総合支援法に基づく協議会のシステム、社会資源の分類、特定相談支援事業所などの知識が問われるであろう。

地域におけるサポート体制

34—93

228 障害者の地域生活支援においては、支援のベースとなる自立支援給付や地域生活支援事業等の公的サービスの支援量と、制度以外の部分の支援量を勘案した総合的な生活の支援体制を併せもった**包括的ケアプラン**★を作成し、地域の社会資源の協力と役割分担をもとに支援していくことが大切である。

★**包括的ケアプラン**
部分的支援だけでなく生活をトータルに支援するため、制度の枠の内外を問わず作成する支援計画。

229 2022（令和４）年12月の障害者総合支援法の改正で、**障害者等の地域生活の支援体制の充実**という観点から、基幹相談支援センターの設置の努力義務化、地域生活支援拠点等の整備の努力義務化、協議会の機能強化などが行われている。

230 人生におけるさまざまなライフステージが分断されていたこれまでの支援から、ライフステージを一貫して支援する体制を構築することが課題となっている。それぞれのステージで積み上げた支援の知識やコツを次のステージに伝達し、継続的支援につなげていこうとする動きである。

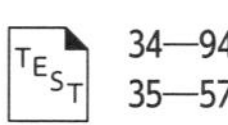
34—94
35—57

231 障害者総合支援法では、地方公共団体は障害者などへの支援の体制の整備を図るために、協議会を置くように努めなければならないとされている。協議会の機能は、**表48**のとおりである。

32—96

232 **社会資源**といわれる機能には、フォーマルな資源とインフォーマルな資源が存在している（**表49**参照）。

表48 ▶ 協議会の機能

情報機能	・困難事例や地域の現状・課題等の情報共有と情報発信
調整機能	・地域の関係機関によるネットワーク構築 ・困難事例への対応のあり方に対する協議、調整
開発機能	・地域の社会資源の開発、改善
教育機能	・構成員の資質向上の場としての活用
権利擁護機能	・権利擁護に関する取り組みを展開する
評価機能	・中立公平性を確保する観点から、委託相談支援事業者、基幹相談支援センター等の運営評価 ・指定特定相談支援事業、重度包括支援事業等の評価 ・都道府県相談支援体制整備事業の活用

資料：『自立支援協議会の運営マニュアル』日本障害者リハビリテーション協会、2008年、10頁
資料：介護福祉士養成講座編集委員会編『最新 介護福祉士養成講座⑭障害の理解（第2版）』中央法規出版、2022年、232頁を一部改変

表49 ▶ 社会資源の分類

フォーマルな資源	医療・保健・福祉・教育・労働分野をはじめ、公的な機能やサービスを有するもの
インフォーマルな資源	当事者団体やボランティア団体等が有する機能や、身近な人や地域住民による協力　など

233 地域連携の原点となる議題の中心は、障害者一人ひとりの、暮らしのなかから出てくる生活ニーズでなければならない。発信された生活ニーズに対して、きめ細やかに対応することが求められている。

234 障害者の地域生活を支援する主なサポート体制としては、**表50**のようなものがある。

 35—58

障害の理解

表50 ▶ 障害者の地域生活を支援する主なサポート体制

特定相談支援事業所	基本相談支援	・情報の提供、助言 ・障害福祉サービス事業者等との連絡調整（サービス利用支援等以外）
	計画相談支援	・**サービス等利用計画の作成**（サービス利用支援等）
一般相談支援事業所	基本相談支援	・特定相談支援事業所の「基本相談支援」と同じ
	地域相談支援	・**地域移行支援** ・**地域定着支援**
協議会	・**困難事例への対応**のあり方に関する協議、調整 ・地域の関係機関による**ネットワーク構築**	
基幹相談支援センター	・**総合的・専門的な相談支援の実施** ・**地域の相談支援体制の強化の取り組み** ・**地域移行・地域定着の促進の取り組み** ・**権利擁護・虐待の防止**	
各障害福祉サービス事業所	・**個別支援計画の作成** ・各サービスの提供	

多職種連携と協働

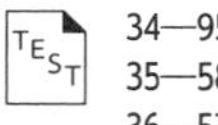
34—95
35—58
36—57

235 **特定相談支援事業所**に配置される**相談支援専門員**は、基本相談支援に関する業務や**サービス等利用計画**の作成、サービス担当者会議の開催などを行う。

236 **サービス管理責任者**は、障害福祉サービスを提供する事業所などにおいて、**生活支援**、**個別支援計画**の作成、**職員研修**などサービスの質を担う重要な職種である。

237 服薬の中断や症状の変化、身体症状など、医療的な関与が必要と介護福祉職が判断するときは、基本的に本人や家族に**医療機関への受診や連絡**を勧める。介護福祉職が、医学的な判断や病態の勝手な予測を伝えて本人らを不安に陥れないよう配慮が必要である。

238 障害のある人の支援では、相談支援事業者、行政、医療、教育、就労など多様な分野の関係者との連携のもとに行われることが必要である。他職種と適切なコミュニケーションをとったり、相手の専門性を尊重したり、常に利用者を中心に置き、**チームでの支援**を行うことが大切である。

一問一答 ▶ P.191

4 家族への支援

この分野では、基本的な家族への支援のあり方の知識を理解しておくことが大切である。

障害者本人だけでなく、「家族への支援」として、家族の障害受容、家族の介護力の評価、レスパイトケア等を学習することが必要である。

家族への支援

239 **障害受容**は、リハビリテーション心理学においても認識されている。医療職は、患者と接する際に、①**患者自身の問題**（障害の程度、性格、家族との関係など）と、②**家族の受容能力**（心理的側面、経済的側面）という2つの側面から考えることが大切である。

34—96

240 介護福祉職として、**家族**の考えを明確につかんでおくこと、患者の背景として、①**経済的側面**、②**環境的側面**、③**心理的側面**の3点を理解すること、**家族**をリハビリテーションチームの一員として考え、**家族**とともに検討すること、が大切である。

241 親やきょうだいを支援するには、公的サービスとして物理的・心理的・経済的な支援の制度化が前提となる。さらに、地域の人々の理解や手助けが重要であり、住民を育て、地域の支援ネットワークを築くための**地域支援**の視点が重要な意味をもっている。

242 **レスパイトケア**★とは、介護を要する高齢者や障害児・者の親・家族を、一時的に、一定の期間、介護から解放することによって、日頃の心身の疲れを回復し、一息つけるようにする援助をいう。

+α ぷらすあるふぁ
レスパイトケアの「レスパイト」は一時休止、休息などと訳される。

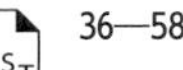
36—58

243 介護福祉職は、さまざまな支援場面で障害者のニーズに合わせながら援助するために、正確なアセスメントが必要となる。実際の支援場面では、障害者個人だけでなく「個人と家族全体を見る視点」（**図7**）でとらえることが大切である。

図7 ▶ 個人と家族全体を見る視点

・障害者個人だけでなく、家族を構成する個人と家族全体の生活をとらえるアセスメント

⇓

・アセスメントにより家族の「介護力」を踏まえた支援を行うことが基本

⇓

家族構成員の主観の差異を認めること	①人はいろいろな集団に属して生活をしている。例えば、地域、学校、仕事、趣味のサークルなどの集団がある。 ②子どもには子どもの世代の常識や価値観、親には親の世代や今までの生活での環境からくる価値観があるので尊重する。 ③家族として共有されるエピソードがある場合もあれば、家族一人ひとり、異なる常識や価値観がある場合もある。
家族内の一人ひとりの思いや考えを尊重すること	①家族といえども立場や関係性によって、同じ体験でも違う視点で語られる場合があるので、家族全員からの情報を収集し、総合的にアセスメントすることが必要。

244 **レスパイトケア**は、ホームヘルパーなどを派遣する**在宅派遣型**のサービスと一時的に預かる**ショートステイ型**のサービスの組み合わせで行われている。

33—95

245 **ペアレントメンター**★とは、発達障害等のある子どもの養育経験をもち、相談支援に関する一定のトレーニングを受けた親のことをいう。同じような発達障害のある子どもをもつ親からの相談を受けるほか、情報の提供などを行う。特に親として同じ目線で伝えることが大切である。

+α ぷらすあるふぁ

ペアレントメンターの「メンター」は、相談者や助言者などと訳される。

246 ヤングケアラーとは、法令上の定義はないが、厚生労働省の資料によると、「家族にケアを要する人がいる場合に、大人が担うようなケアの責任を引き受け、家事や家族の世話、介護、感情面のサポートなどを行っている18歳未満の子どものこと」をいうとしている。

247 ヤングケアラーの具体的な例として「家族に代わり、幼い兄弟の世話をしている」場合や、「障害や病気のある家族に代わり、買い物・料理・掃除などの家事をしている」ことなどである。

一問一答 ▶ P.191

実力チェック！一問一答

※解答の［　］は重要項目（P.134～186）の番号です。

1 障害の基礎的理解

問1 これまでマイナスイメージの強かった「障害」を積極的にとらえ直し、肯定的な生き方を可能にする見方では、障害を個性ととらえる。

▶○→ 1

問2 ICF（国際生活機能分類）では、環境因子と個人因子をより重視した形で、生活機能として、「心身機能・身体構造」「活動」「参加」という3つの次元を提案している。

▶○→ 5

問3 ICF（国際生活機能分類）の社会モデルでは、障害は社会的環境によってつくり出されるものであるとする。

▶○→ 7

問4 ストレングスモデルでは、個人の長所や力を活かす支援を行うことで、地域で暮らせるようにする考え方である。

▶○→ 8

問5 障害者基本法における「障害者」の定義には、発達障害は含まれない。

▶×→ 9（表1）

問6 2016（平成28）年の発達障害者支援法の改正により、発達障害者の定義に「社会的障壁」という言葉が加わった。

▶○→ 9（表1）

問7 自立生活運動は、ADL（日常生活動作）の機能回復を目的とする運動である。

▶×→ 24

問8 障害者の権利に関する条約（障害者権利条約）は、2006年12月に国連で採択され2008年に発効となった、障害者の権利および尊厳を促進・保護するための包括的・総合的な国際条約である。

▶○→ 26 28

問9 障害を理由とする差別の解消の推進に関する法律（障害者差別解消法）では、民間事業者に対しても、障害者に対する合理的配慮を法的義務とすることとなった。

▶○→ 34

問10 障害者虐待とは、「身体的虐待」「放棄・放置（ネグレクト）」「心理的虐待」「性的虐待」の4つである。

▶×→ 49（表9）

問11 自ら意思を決定することに困難を抱える障害者に対し、可能な限り本人が自ら意思決定できるよう支援するためのガイドラインが作成されている。

▶ ○ → 59 60（表11）

問12 契約の締結に必要な判断能力があるうちに、自分自身の財産の管理等の支援者を選び、任意後見人として契約を結んでおく制度を任意後見制度という。

▶ ○ → 66

2 障害の医学的・心理的側面の基礎的理解

問13 中途障害者の障害受容の過程は、ショック期→否認期→混乱期→適応への努力期→適応期の段階をたどり、この過程を一進一退しつつ移行する。

▶ ○ → 67（図6）

問14 白内障では、眼圧が何らかの原因によって上昇する。

▶ × → 76

問15 網膜色素変性症は、網膜視細胞変性を特徴とし、夜盲や視野狭窄などの症状がみられる。

▶ ○ → 79

問16 中途視覚障害者は、心理的安定を図る支援が必要である。

▶ ○ → 84

問17 視覚障害のある人の介護では、室内の様子や物の位置を知らせる場合、「ドアを背にして左手にテーブルがあります」などと起点を明確にして説明するとよい。

▶ ○ → 88

問18 外耳および中耳の障害により生じる難聴は、感音性難聴である。

▶ × → 94（表14）

問19 中途失聴者とのコミュニケーションの方法には、書いて伝える筆談がある。

▶ ○ → 100

問20 肢体不自由の原因は、先天的なものと、事故や疾病などによる後天的なものがある。

▶ ○ → 113

問21 関節リウマチは、女性に多い疾患である。

▶ ○ → 117

実力チェック！一問一答

問22 脳性麻痺は、受胎から新生児期までに生じた脳の非進行性の病変によるものである。 ▶○→119

問23 脳性麻痺は、運動障害を主症状とする。 ▶○→119

問24 脊髄損傷は、交通事故や転落などの外傷による脊椎の骨折、脱臼によって生じ、機能障害（肢体不自由）を引き起こす。 ▶○→121

問25 脊髄損傷では、尿路感染を起こしやすい。 ▶○→123（表24）

問26 狭心症では、胸痛を伴う。 ▶○→130

問27 心臓ペースメーカー使用者の日常生活の介護では、利用者が生命の危機と将来に対する不安をもっていることに留意する必要がある。 ▶○→134

問28 心臓機能障害のある人は、入浴時の温度はぬるめにし、水位は心臓よりも低くする。 ▶○→136

問29 腎臓病食の基本は、高たんぱく質である。 ▶×→144

問30 呼吸器機能障害の場合、気道感染に気をつけなければならない。 ▶○→148

問31 呼吸器機能障害のある人は、カロリーの低い食品を食べるようにする。 ▶×→149（表27）

問32 呼吸器機能障害では、在宅酸素療法が必要になる場合がある。 ▶○→150

問33 呼吸器機能障害がある人の外出を支援する際の注意点の１つは、「外出先での呼吸器感染を予防すること」である。 ▶○→152（表28）

問34 ストーマ使用者には、腹圧のかかる運動を勧める。 ▶×→158

問35 HIV感染者の介護で最も気をつけるべき点は、感染防御であるが、ふだんからスタンダードプリコーション（標準予防策）を採用していれば、むやみに恐れる必要はない。 ▶○→164

問36 HIV（ヒト免疫不全ウイルス）に感染して免疫機能が低下し、指定されている23種類の合併症（日和見感染症）のいずれかを発症するとエイズ（後天性免疫不全症候群）と診断される。 ▶ ○ → 165

問37 ダウン症候群の原因は、21番目の染色体異常である。 ▶ ○ → 181

問38 統合失調症など原因不明の精神疾患を外因性精神障害という。 ▶ × → 184（表35）

問39 自閉症スペクトラム障害では、コミュニケーションの障害がみられる。 ▶ ○ → 197（表40）

問40 限局性学習障害（SLD）とは、読み、書き、計算のいずれかにおける特異的な障害のことである。 ▶ ○ → 201

問41 限局性学習障害（SLD）では、全般的な知的発達の遅れがみられる。 ▶ × → 201

問42 注意欠陥多動性障害（ADHD）の特徴は、不注意と多動性の２つである。 ▶ × → 202

問43 脳の障害によって言語、記憶、理解、判断、注意などの機能が障害された状態を高次脳機能障害という。 ▶ ○ → 207

問44 高次脳機能障害の遂行機能障害の症状として、物の置き場所を忘れることがある。 ▶ × → 207（表42）

問45 高次脳機能障害の症状の１つに、患側の空間を無視する半側空間無視がある。 ▶ ○ → 210

問46 筋萎縮性側索硬化症（ALS）では、嚥下障害が生じる。 ▶ ○ → 224

問47 パーキンソン病の四大徴候は、筋弛緩、無動、振戦、姿勢反射障害（突進現象、すくみ足など）である。 ▶ × → 226（表47）

3 連携と協働

問48 障害者の日常生活及び社会生活を総合的に支援するための法律（障害者総合支援法）に定められる協議会では、困難事例への対応に関する協議などが行われる。

▶○→ 231（表48）、234（表50）

問49 特定相談支援事業所に配置される相談支援専門員は、基本相談支援に関する業務のみを行う。

▶×→ 235

4 家族への支援

問50 介護を要する高齢者や障害児・者の親・家族を、一時的に、一定の期間、介護から解放し、日頃の心身の疲れを回復できるようにする援助をレスパイトケアという。

▶○→ 242

問51 障害者のニーズに合わせながら援助するために、「個人と家族全体を見る視点」による正確なアセスメントが必要となる。

▶○→ 243

問52 ヤングケアラーには、家族に代わり、幼い兄弟の世話をする18歳未満の子どもは含まれない。

▶×→ 246 247

4

こころと
からだのしくみ

傾向と対策

傾向

第36回国家試験では、12問が出題されている。出題分野は、「こころのしくみの理解」から1問、「からだのしくみの理解」から2問、「移動、身じたく、入浴・清潔保持、排泄、人生の最終段階のケア」に関連したこころとからだのしくみから1問ずつ、「食事、休息・睡眠」に関連したこころとからだのしくみから2問ずつ出題された。全体としてこころとからだのしくみの基本的内容からの出題であったといえる。出題形式は五肢択一であり、短文事例を読んで解答する形式の問題が12問中3問出題された。

出題基準と出題実績

出題基準			
大項目		中項目	小項目（例示）
1	こころとからだのしくみⅠ ア　こころのしくみの理解	1）健康の概念	・WHOの定義
		2）人間の欲求の基本的理解	・基本的欲求 ・社会的欲求
		3）自己概念と尊厳	・自己概念に影響する要因 ・自立への意欲と自己概念 ・自己実現と生きがい
		4）こころのしくみの理解	・脳とこころのしくみの関係 ・学習・記憶・思考のしくみ ・感情のしくみ ・意欲・動機づけのしくみ ・適応と適応機制
	イ　からだのしくみの理解	1）からだのしくみの理解	・からだのつくりの理解（身体各部の名称） ・人体の構造と機能 ・細胞・組織・器官・器官系
		2）生命を維持するしくみ	・恒常性（ホメオスタシス） ・自律神経系 ・生命を維持する徴候の観察（体温、脈拍、呼吸、血圧など）

対策

『こころとからだのしくみ』は、領域「介護」の根拠となる知識を学ぶ科目である。そのことから、なぜこの行為を利用者に行うのか、その根拠は何かという視点を忘れずに、生活支援を行う際に考え実施していくことが重要である。第36回問題21の「骨粗鬆症の進行を予防する支援」は基礎知識を技術の根拠として提供する問題でもあった。このような出題を理解し解答するためには、まず基礎知識を学び、機能の低下・障害による変化を知ることがよい。また、『生活支援技術』や「こころとからだのしくみ」領域の科目『医療的ケア』の出題傾向も確認しておくと、学びを深めることにつながる。

出題実績				
第32回（2020年）	第33回（2021年）	第34回（2022年）	第35回（2023年）	第36回（2024年）
マズローの欲求階層説【問題97】				マズローの欲求階層説【問題19】
	心的外傷後ストレス障害（PTSD）【問題97】	アルツハイマー型認知症の症状【問題97】	ライチャードの性格類型【問題19】	
大脳の機能局在【問題98】		骨【問題101】	大脳の機能局在【問題20】	交感神経の作用【問題20】 中耳【問題22】
	体温【問題98】	体温が上昇した原因【問題98】		

出題基準		
大項目	中項目	小項目（例示）
2 こころとからだのしくみⅡ ア　移動に関連したこころとからだのしくみ	1）移動に関連したこころとからだのしくみ	・移動の意味 ・基本的な姿勢・体位保持のしくみ ・座位保持のしくみ ・立位保持のしくみ ・歩行のしくみ ・重心移動、バランス
	2）機能の低下・障害が移動に及ぼす影響	・移動に関連する機能の低下・障害の原因 ・機能の低下・障害が及ぼす移動への影響（廃用症候群、骨折、褥瘡など）
	3）移動に関するこころとからだの変化の気づきと医療職などとの連携	・移動に関する観察のポイント
イ　身じたくに関連したこころとからだのしくみ	1）身じたくに関連したこころとからだのしくみ	・身じたくの意味 ・顔を清潔に保つしくみ ・口腔を清潔に保つしくみ ・毛髪を清潔に保つしくみ ・衣服着脱をするしくみ
	2）機能の低下・障害が身じたくに及ぼす影響	・身じたくに関連する機能の低下・障害の原因 ・機能の低下・障害が及ぼす身じたくへの影響 ・口腔を清潔に保つことに関連する機能の低下・障害の原因 ・機能の低下・障害が及ぼす口腔を清潔に保つことへの影響（歯周病、むし歯、歯牙欠損、口腔炎、嚥下性肺炎、口臭など）
	3）身じたくに関するこころとからだの変化の気づきと医療職などとの連携	・身じたくに関する観察のポイント
ウ　食事に関連したこころとからだのしくみ	1）食事に関連したこころとからだのしくみ	・食事の意味 ・からだをつくる栄養素 ・１日に必要な栄養量・水分量 ・食欲・おいしさを感じるしくみ（空腹、満腹、食欲に影響する因子、視覚・味覚・嗅覚など） ・食べるしくみ（姿勢・摂食障害、咀嚼と嚥下） ・咀嚼と嚥下のしくみ（先行期、準備期、口腔期、咽頭期、食道期） ・消化・吸収のしくみ ・のどが渇くしくみ

出題実績				
第32回（2020年）	第33回（2021年）	第34回（2022年）	第35回（2023年）	第36回（2024年）
		ボディメカニクスの原則【問題102】	抗重力筋【問題21】	
大腿骨頸部骨折【問題101】	筋力の低下【問題100】		廃用症候群【問題22】 褥瘡の好発部位【問題23】	骨粗鬆症の予防支援【問題21】
口臭【問題100】				成人の爪【問題23】
爪や指の変化と疾患・病態【問題99】	義歯の影響【問題99】	老化に伴う視覚機能の変化【問題99】 言葉の発音が不明瞭になる原因【問題100】	口臭の原因【問題24】	
摂食・嚥下のプロセス【問題102】	栄養素のはたらき【問題101】 摂食・嚥下のプロセス【問題102】	三大栄養素【問題103】	誤嚥をしないようにするための最初の対応【問題25】	誤嚥が生じる部位【問題24】

出題基準			
大項目		中項目	小項目（例示）
		2）機能の低下・障害が食事に及ぼす影響	・食事に関連する機能の低下・障害の原因 ・機能の低下・障害が及ぼす食事への影響（誤嚥、低血糖・高血糖、食事量の低下、低栄養、脱水など）
		3）食事に関連したこころとからだの変化の気づきと医療職などとの連携	・食事に関する観察のポイント
	エ　入浴・清潔保持に関連したこころとからだのしくみ	1）入浴・清潔保持に関連したこころとからだのしくみ	・入浴・清潔保持の意味 ・入浴の効果と作用 ・皮膚、爪の汚れのしくみ ・頭皮の汚れのしくみ ・発汗のしくみ ・リラックス、爽快感を感じるしくみ
		2）機能の低下・障害が入浴・清潔保持に及ぼす影響	・入浴・清潔保持に関連する機能の低下・障害の原因 ・機能の低下・障害が及ぼす入浴・清潔の保持への影響（血圧の変動、ヒートショック、呼吸困難、皮膚の状態の変化など）
		3）入浴・清潔保持に関連したこころとからだの変化の気づきと医療職などとの連携	・入浴・清潔保持に関する観察のポイント
	オ　排泄に関連したこころとからだのしくみ	1）排泄に関連したこころとからだのしくみ	・排泄の意味 ・尿が生成されるしくみ ・排尿のしくみ（尿の性状、量、回数含む） ・便が生成されるしくみ ・排便のしくみ（便の性状、量、回数含む） ・排泄における心理
		2）機能の低下・障害が排泄に及ぼす影響	・排泄に関連する機能の低下・障害の原因 ・機能の低下・障害が排泄に及ぼす影響（頻尿、失禁、下痢、便秘など）
		3）生活場面における排泄に関連したこころとからだの変化の気づきと医療職などとの連携	・排泄に関する観察のポイント

出題実績				
第32回（2020年）	第33回（2021年）	第34回（2022年）	第35回（2023年）	第36回（2024年）
		コントロール不良の糖尿病で高血糖時にみられる症状【問題104】		
			誤嚥しやすい高齢者の脱水予防【問題26】	食事の際の異変【問題25】
				入浴の作用【問題26】
	中温浴の効果【問題103】	浴槽から急に立ち上がったときにふらつく原因【問題105】		
尿の性状【問題104】		ブリストル便性状スケールの普通便【問題106】	便の生成【問題27】	
機能性尿失禁【問題103】 弛緩性便秘の原因【問題105】	腹圧性尿失禁【問題104】 便秘の原因【問題105】			女性に尿路感染症が起こりやすい要因【問題27】

出題基準		
大項目	中項目	小項目（例示）
カ　休息・睡眠に関連したこころとからだのしくみ	1）休息・睡眠に関連したこころとからだのしくみ	・休息・睡眠の意味 ・睡眠時間の変化 ・睡眠のリズム
	2）機能の低下・障害が休息・睡眠に及ぼす影響	・休息・睡眠に関連する機能の低下・障害の原因 ・機能の低下・障害が休息・睡眠に及ぼす影響（生活リズムの変化、活動性の低下、意欲の低下など）
	3）生活場面における休息・睡眠に関連したこころとからだの変化の気づきと医療職などとの連携	・休息・睡眠に関する観察のポイント
キ　人生の最終段階のケアに関連したこころとからだのしくみ	1）人生の最終段階に関する「死」の捉え方	・生物学的な死、法律的な死、臨床的な死 ・アドバンス・ケア・プランニング
	2）「死」に対するこころの理解	・「死」に対する恐怖・不安 ・「死」を受容する段階 ・家族の「死」を受容する段階
	3）終末期から危篤状態、死後のからだの理解	・終末期から危篤時の身体機能の低下の特徴 ・死後の身体変化
	4）終末期における医療職との連携	・終末期から危篤時に行われる医療の実際（呼吸困難時、疼痛緩和など） ・終末期から危篤期、臨終期の観察ポイント

出題実績				
第32回（2020年）	第33回（2021年）	第34回（2022年）	第35回（2023年）	第36回（2024年）
	睡眠のリズム【問題107】			概日リズム睡眠障害【問題29】
薬の睡眠への影響【問題106】	高齢者の睡眠の特徴【問題106】	熟睡できない原因【問題107】	睡眠薬の使用【問題28】	眠りが浅くなる原因【問題28】
リビングウィル【問題107】		死を表す用語【問題108】		
			大切な人を亡くした後にみられる反応【問題29】	
死亡直前の身体の変化【問題108】	死斑の出現時間【問題108】		死が近づいているときの身体の変化【問題30】	
				モルヒネ使用の利用者への医療職と連携した介護【問題30】

押さえておこう！重要項目

1 こころのしくみの理解

記憶のしくみは、試験でも問われやすいため、丁寧に学習しておく必要がある。記憶の過程と種類は、必ず覚えておこう。また、マズローの欲求階層説については、援助に活用できるように理解を深めておこう。

健康の概念

1 世界保健機関（WHO）は、**健康**を単に病気がないだけではなく、**身体**的、**精神**的、**社会**的にも健全で良好な状態と定義している。

人間の欲求の基本的理解

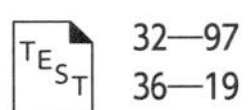
32—97
36—19

2 **マズロー**（Maslow, A. H.）は、人間のさまざまな欲求を①**生理的欲求**、②**安全欲求**、③**所属・愛情欲求**、④**承認欲求**、⑤**自己実現欲求**の５段階に階層序列化し、段階的により高次の欲求充足に向けて動機づけがなされていくとした（**図１**、**表１**参照）。

3 マズロー（Maslow, A. H.）の理論のうち、**生理的欲求**と**安全欲求**は、人間を含めた動物すべてがもつ**基本的欲求**である（**図１**参照）。

4 マズロー（Maslow, A. H.）の理論のうち、**所属・愛情欲求**、**承認欲求**、**自己実現欲求**は、後天的に学習される**社会的欲求**である（**図１**参照）。

36—19

5 マズロー（Maslow, A. H.）の理論における生理的欲求から承認欲求は、足りないものを補うことで満たされる**欠乏欲求**であり、**自己実現欲求**は人間的成長を求め続ける**成長欲求**である（**図１**参照）。

図１ ▶ 欲求の階層

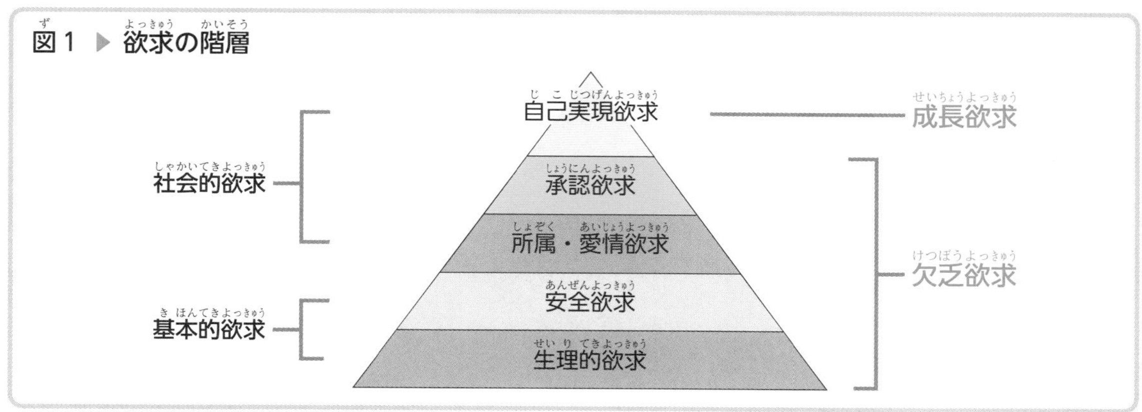

表１ ▶ マズローの欲求階層説

欲求	内容
自己実現欲求	自己の才能、能力、可能性を追求し、自らを完成させ、なし得る最善を尽くそうとする欲求
承認欲求	自尊心★と他者からの承認の欲求
所属・愛情欲求	家族や地域、学校や社会といった集団に帰属したい、愛情に包まれたいという欲求
安全欲求	安全な場所を求め、生命を維持するための欲求
生理的欲求	食べ物、水、空気、睡眠など生命維持のために身につけた本能的な欲求★

★自尊心
自分の人格や尊厳を尊重し、品位を保とうとする心理・態度。

ぷらすあるふぁ
生理的基礎をもち、ホメオスタシス（111▶参照）のはたらきによって制御される欲求。

自己概念と尊厳

6 ▶ **自己概念**とは、自分が誰で、どんな人間かを意識する概念であり、自己イメージのことである。

7 ▶ **自己概念に影響する要因**には、身体面・精神面での発達や老化、社会や環境への適応などの**自分自身に関すること**と、他人、環境、文化、社会などの**自分を取り巻くもの**がある。

8 ▶ 自己概念は、ライフステージ（発達の段階）ごとの自分の身体・精神の状況により変化する。

こころのしくみの理解

脳とこころのしくみの関係

9 「こころとは何か」を考えることは、脳の機能を理解することといえる。脳は、認知、思考、感情、意思などの高次な機能を担っており、人間らしく生きるための根幹をなす器官である。

学習のしくみ

10 **学習**とは、経験に基づいて生じる比較的永続的な行動の変容である。代表的な学習様式には**条件づけ**と、他者の行動を観察することで生じる**観察学習**がある（**表2**参照）。

表2 ▶ 条件づけと観察学習

学習様式		例
条件づけ	古典的条件づけ（レスポンデント条件づけ）	パブロフの犬：犬にえさを与える際にベルを繰り返し鳴らした結果、ベルを鳴らしただけで唾液を流すようになった。
	道具的条件づけ（オペラント条件づけ）	スキナー箱：レバーを押すとえさが出る箱に空腹のねずみを入れると、しだいにレバーを自発的に押すようになった。
観察学習		猿が芋を海で洗って食べるのを見て、ほかの猿もまねるようになった。

11 **学習性無力感**とは、体験から学習した「自分が何をしても状況は変わらない」という、あきらめに似た状態のことである。ある状況のもと、失敗体験（うまくいかなかった体験）を繰り返すことにより学習される。学習性無力状態、学習性無気力ともいう。

記憶のしくみ

12 **記憶**には、①**記銘**（覚え込むこと）、②**保持**（覚えた内容を忘れないようにしまっておくこと）、③**想起**（しまっておいたものを思い出すこと）の3つの過程がある。

13 記憶における保持時間の長さの違いから、**短期記憶**と**長期記憶**に分けることができる（**表3**参照）。

表 3 ▶ 記憶の時間軸による分類

心理学での分類	神経学での分類	説明	例
短期記憶	即時記憶	ごくわずかな時間保持される記憶	電話番号の復唱
長期記憶	近時記憶	干渉を受けても一定のあいだ保持される記憶	一夜漬けで覚えた単語 朝の食事内容
	遠隔記憶	長期間保持される記憶	幼少期の経験、自分の生活史の再生

14 記憶をその内容の性質により分類した場合、記憶の内容を言葉で表現できる**陳述記憶**と、表現できない**非陳述記憶**に分けることができる。

15 陳述記憶と非陳述記憶は、**表 4** のように分類される。

表 4 ▶ 陳述記憶と非陳述記憶

		特徴	例
陳述記憶	エピソード記憶	個人的な経験や過去の出来事に関する記憶。特定の日時や場所と関連づけて記憶される	「今日は誰とどこへ行ったか」「昨日は何をしたか」 など
	意味記憶	一般的な情報に関する記憶。言語とその意味を結びつける作業により得られた記憶のこと	県の名前、日付、物の名称 など
非陳述記憶	手続き記憶	動作に関する身体的反応の記憶。技能などの「からだで覚えた」記憶のこと	自転車の乗り方、泳ぎ方 など
	プライミング	一度経験したある情報を無意識にとどめておくことにより、次に経験した際、すばやく対応することを可能にするための記憶のこと	

● 思考のしくみ

16 **思考**には、これまでに学習によって獲得してきた反応様式や知識体系を想起してあてはめる**再生的思考**と、これまでの学習に新たな何かを付け加える**創造的思考**がある。

17 **問題解決における思考**には、1つの解決法を探索しようとする**収束的思考**と、1つに限らずさまざまな解決の可能性を広げて探る**拡散的思考**がある。

● 感情のしくみ

18 **感情**とは、快・不快、喜怒哀楽などの自分が抱く気持ちの総称である。特別な対象や内容をもたずに、比較的長く続く感情の状態を気分という。喜怒哀楽のように状況に反応し変化する感情のなかで、自律神経系や内分泌系などの反応を伴うものを情動と呼ぶ。

● 意欲・動機づけのしくみ

19 意欲は、生理的欲求などから自発的に発生する**欲動**と、欲動をコントロールするはたらきをもつ**意志**に分けられる。

20 動機づけとは、動機を生み、一定の方向に向けて行動を起こして維持する過程をいう。

21 **達成動機**とは、優れた目標を達成しようとする動機のことである。社会的動機の1つであり、その強さには個人差がある。

22 達成動機の高い人は、**成功や失敗の原因**を自己の努力などの内的要因に求める傾向がある。それに対して、達成動機の低い人は、原因を運や課題の困難度などの外的要因に求める傾向がある。

23 外発的動機づけとは、外部からの賞罰による動機づけのことである。内発的動機づけとは、目標や行為そのものへの興味・関心のように内部からの知的好奇心などによる動機づけをいう。

● 適応と適応機制

24 適応とは、個人と環境との関係を表す概念で、個人の欲求が環境と調和し、満足を感じている状態をいう。単に環境に自己を合わせるという受け身的な状態だけでなく、周囲へ積極的にはたらきかけて好ましい状態を生み出していくことも意味している。

34—72(発達)

25 適応機制(防衛機制)とは、欲求不満や不快な緊張感・不安から自分を守り、心理的満足を得ようとする無意識的なこころのはたらきのことである(**表5**参照)。

26 適応障害とは、ある特定の状況や出来事が、つらく耐えがたく感じられ、気分や行動面に症状が現れるものである。明らかなストレスとなる要因に反応して、**3か月以内**に出現する。

表5 ▶ 代表的な適応機制

投射（投影）	自分の容認しがたい欲求や感情を他者のなかにあると考えて、それを指摘・非難する。
退行	より以前の発達段階に逆戻りして、甘えるなどの未熟な行動をとる。
抑圧	容認しがたい欲求や感情を意識の表面に現れないように抑えつけ、意識にのぼらせないように（無意識のうちに忘れてしまう等）する。
補償	ある一面での劣等感情を、ほかの面での優越感情で補おうとする。
置き換え	ある対象に向けられた欲求・感情（愛情・憎しみなど）を、ほかの対象に向けて表現する。
代償	本来の目的が得られないとき、獲得しやすい代わりのものに欲求を移して我慢する。
反動形成	知られたくない欲求・感情と正反対の行動をとることによって、本当の自分を隠そうとする。
逃避	不安、緊張、葛藤などから（白昼夢・空想や疾病などに）逃げ出してしまうことによって、自己の安定を求める。
合理化	自分に都合のよい理屈づけ・言い訳をすることで、自分の失敗や欠点を正当化する。
昇華	社会的に承認されない（性的・攻撃的）欲求や衝動を、社会的に認められる形で満たそうとする。「置き換え」の一形態。
同一化（同一視）	満たせない願望を実現している他者と自分とを同一化することにより、あたかも自分自身のことのように代理的に満足する。

27 ライチャード（Reichard, S.）は、**老齢期の性格**を5つに分類し、円熟型、依存型（安楽いす型）、防衛型（装甲型）は老齢期に適応しているタイプであり、憤慨型（外罰型）と自責型（内罰型）は不適応なタイプとした。

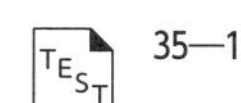
35—19

28 心的外傷後ストレス障害（PTSD）は、災害、事故、犯罪被害など、心の傷になる出来事（トラウマ体験）の後に起こるストレス障害である。直接トラウマを体験あるいは目撃したり、近親者や友人の体験を伝聞したりすることで発症する。**再体験**、回避、否定的感情と認知、覚醒亢進の症状が**長期間**続く（**表6**参照）。

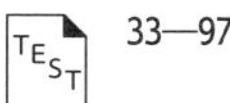
33—97

29 心の傷になる出来事（トラウマ体験）の直後に、心的外傷後ストレス障害（PTSD）と似た症状を発症して、**1か月以内**に症状が消えるものを急性ストレス障害（ASD）という。

表6 ▶ 心的外傷後ストレス障害（PTSD）の症状

再体験	原因となった体験が繰り返し思い起こされたり（フラッシュバック）、悪夢として反復されたりする。
回避	体験を思い出させるような事物や状況を回避する。
否定的感情と認知	怒りや罪悪感などの否定的な感情が続いたり、自己認識が過剰に否定的になったりする。
覚醒亢進	物音に過敏に反応したり、過剰な警戒心や集中困難などがみられたりする。

一問一答 ▶ P.282

2 からだのしくみの理解

関節運動と筋肉に関しては、自分のからだの動きに合わせて理解し必ず押さえておくことが重要であるといえる。また、循環器、運動器、消化器についても確実に理解しておくことが必要である。

からだのしくみの理解

● からだのつくりの理解（身体各部の名称）

30 **人体**は、頭頸部、体幹、体肢に大別される。体幹は、いわゆる胴体の部分で、胸部、腹部、背部、腰部、臀部からなり、内臓を容れている。体肢は、腕を上肢、脚を下肢と区別して呼ぶ。上・下肢を合わせて四肢という（**図2**参照）。

● 細胞・組織・器官・器官系

31 人のからだは、組織と器官から成り立っている。組織は、生命の最小単位である細胞が集まったもので、組織が集まって器官をつくる。器官には**心臓**・**肺**・**肝臓**などがある。

32 細胞のはたらきの基本は、たんぱく質の合成である。人のからだを構成する数十兆個の細胞には、同じ遺伝子が収納されている。

図2 ▶ 人体の各部の名称

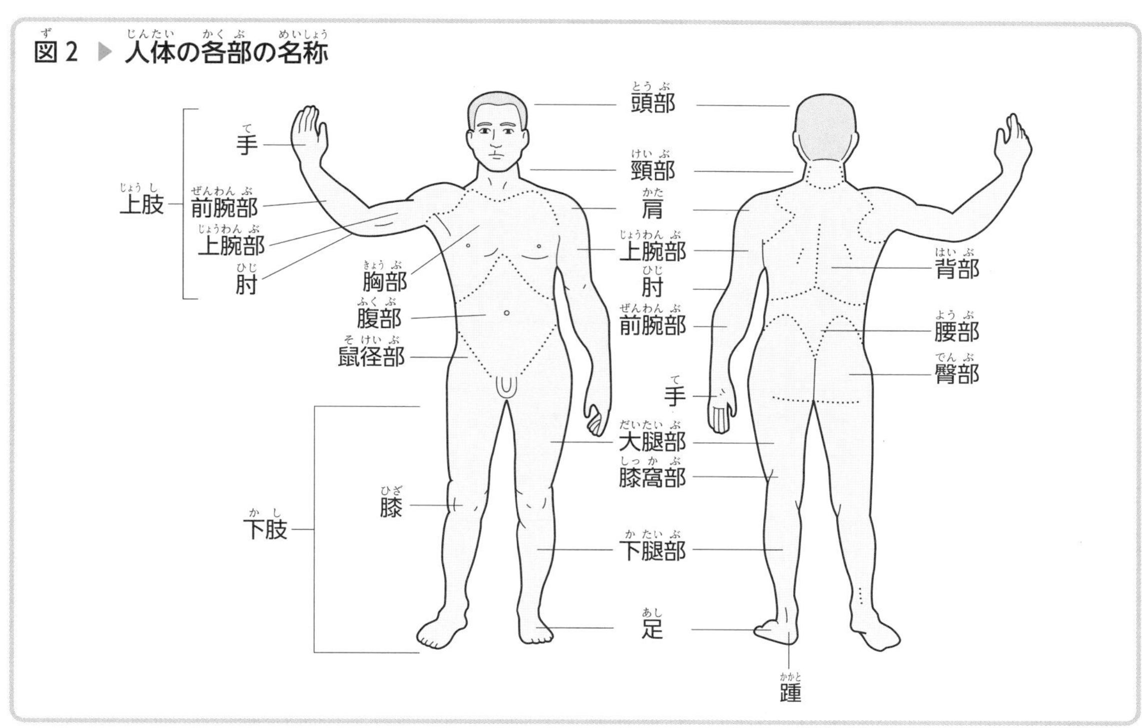

脳・神経

33 末梢からの刺激を受け、これに対して興奮を起こす中心部を**中枢神経系**といい、**脳**と**脊髄**からなる。刺激や興奮を伝導する部分を**末梢神経系**といい、**体性神経**と**自律神経**からなる（**図3**参照）。

図3 ▶ 神経系の分類

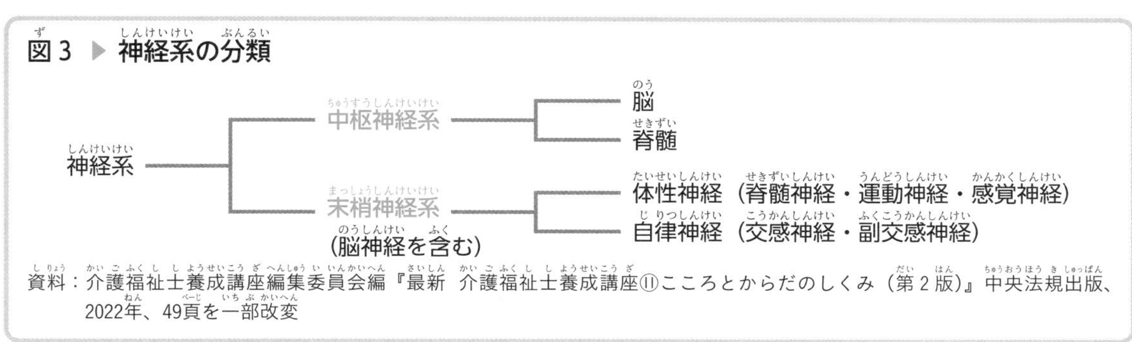

資料：介護福祉士養成講座編集委員会編『最新 介護福祉士養成講座⑪こころとからだのしくみ（第2版）』中央法規出版、2022年、49頁を一部改変

34 **脳神経**は、脳に出入りする神経で12対ある。脳神経の名称と主なはたらきは**表7**のとおりである。

表7 ▶ 脳神経（12対）の主なはたらき

名称	主なはたらき
①嗅神経	嗅覚に関係
②視神経	視覚に関係
③動眼神経	眼球運動を行う眼筋に関係
④滑車神経	眼筋に関係
⑤三叉神経	頭部の知覚に関係
⑥外転神経	眼筋に関係
⑦顔面神経	顔面の表情筋の運動などに関係
⑧内耳神経	聴覚と平衡感覚に関係
⑨舌咽神経	舌の知覚などに関係
⑩迷走神経	副交感神経、平滑筋の運動や腺の分泌機能調節
⑪副神経	胸鎖乳突筋と僧帽筋の運動に関係
⑫舌下神経	舌の動きに関係

35 **脊髄神経**は31対あり、①脳と脊髄から身体の各部へ命令を伝える役割、②身体の各部から情報を脳と脊髄へ伝える役割を担っている。損傷により神経伝導路が遮断されると、損傷した部位より下位の脊髄神経は機能しなくなる。

★不随意性器官
意識して動かすことのできない器官のこと。

36 **自律神経**は、内臓・血管・腺などの**不随意性器官**★に分布して、無意識かつ反射的に、生命維持に必要な多くの作用を調節する。主として、平滑筋・心筋のような不随意筋および腺分泌を支配する。

36—20

37 **自律神経**は、交感神経と副交感神経に大別される。２つは、同一の器官に平行的に分布しているが、作用はほとんど正反対である（**表8**、**表9**参照）。

35—20

38 **脳**は、左右の大脳半球からなる大脳と間脳・**中脳**・**橋**・**延髄**・小脳に区分され、**中脳**・**橋**・**延髄**を脳幹という（**図4**参照）。成人の脳の平均重量は約1300 g で、髄膜や髄液で保護されている。

39 脳の各部位のはたらきは、**表10**のとおりである。

表8 ▶ 交感神経と副交感神経

交感神経	からだを活動・緊張・攻撃などの方向に向かわせる神経。手に汗を握ったようなときに、よりはたらく。
副交感神経	内臓のはたらきを高め、からだを休ませる方向に向かわせる神経。

表9 ▶ 主な交感神経と副交感神経のはたらき

36―20

交感神経	作用する対象	副交感神経
収縮	血管	拡張
増加	心拍数（脈拍）	減少
上昇	血糖値	下降
収縮	筋肉	弛緩
増加	発汗	—
散大	瞳孔	収縮
減少	唾液	増加
弛緩	気道	収縮
抑制	消化	促進
抑制	利尿作用	促進

図4 ▶ 脳の構造

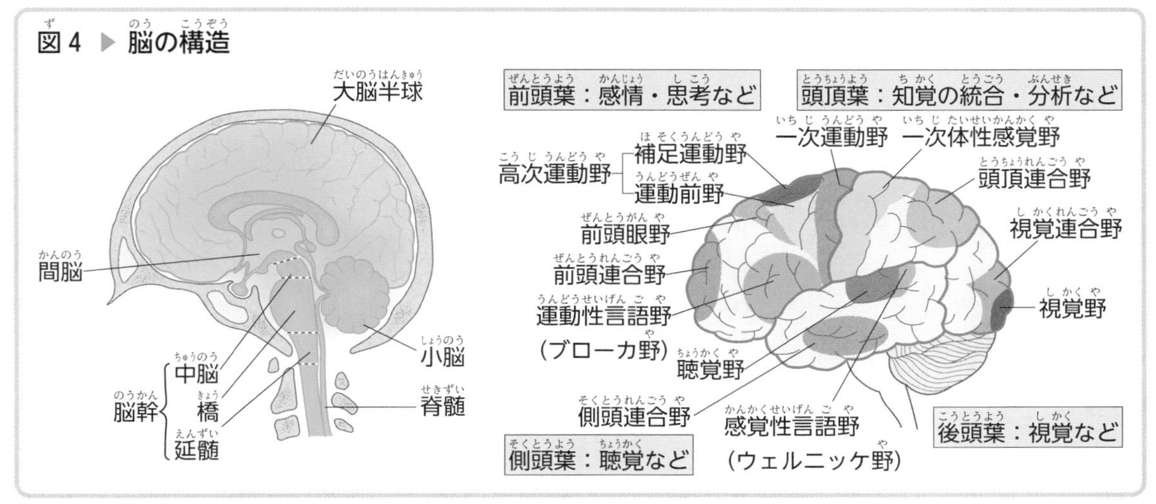

表10 ▶ 脳の各部位のはたらき

部位		はたらき
大脳		・言語野や視覚野などの諸中枢が、部位を決めて配置されている。 ・学習、記憶、思考などの高次脳機能を司っている。
間脳		・視床下部についている**脳下垂体**は、**自律神経**および**ホルモン分泌**の中枢である。
脳幹	中脳	・**生命維持**に重要な機能を担っている。 ・特に延髄は、**呼吸運動**や唾液分泌、血管運動などに関する中枢である。
	橋	
	延髄	
小脳		・**随意運動**を円滑にできるように調節している。 ・平衡感覚や視覚とも連絡している。

40 **記憶**は、大脳辺縁系の海馬や扁桃体が側頭葉とともに関係する。

41 **言語野**は、大脳半球の外側面に局在し、一般に左半球にある。運動性言語野（ブローカ野）は、話したり書いたりするときの筋肉を動かす。感覚性言語野（ウェルニッケ野）は、話し言葉や書き言葉の理解にかかわり、**視覚性言語野**は、文字に関する理解の中枢である。

42 **脊髄**は、脊髄管より発生し、脊柱管内にあり、直径約１～1.5㎝の白く細長い円柱状となっている。上方は延髄に連なっている。

ぷらすあるふぁ

寝たきりになると、骨質からカルシウムが血液に放出される。骨内のカルシウム量が減るため、骨がもろくなる。

★骨格筋

骨格筋のはたらきは、筋線維の収縮により、関節運動を行うことであるが、筋の収縮は運動神経により支配されている。

★拮抗

２つのものが同時にはたらいて、互いに張り合うこと。

骨・筋肉

43 **骨**は、骨膜に包まれ、**骨髄**と**骨質**に区別できる。**骨髄**は、造血器官として、赤血球・白血球・血小板をつくっている。**骨質**には、カルシウム（Ca）★が多く含まれる。

44 骨の生理的作用には**表11**の５つの作用がある。

45 全身の約200個の骨は、互いに結合して**骨格**を形成している（**図５**参照）。

46 骨と骨の結合で動くものを**関節**といい、関節を挟んで**筋肉**が付着している。筋肉は、収縮する性質がある。

47 関節をまたぐ筋を骨格筋★という。骨格筋は、骨の表と裏にあり、各々が相反（拮抗★）するはたらきをもつ（**表12**参照）。

表11 ▶ 骨の生理的作用

作用	詳細
①支持作用	頭や内臓を支え、からだの支柱となる。
②保護作用	いくつかの骨が集まり、骨格を形成し、頭蓋腔・胸腔・脊柱管・骨盤腔などの腔をつくり、脳や内臓などの重要な器官を収め保護する。
③運動作用	付着している筋の収縮により、可動性のある関節を支点として運動を行う。
④造血作用	骨内の骨髄で赤血球・白血球・血小板を絶えず新生する。造血作用が衰え黄色になった骨髄を黄色骨髄という。
⑤電解質の貯蔵作用	カルシウム（Ca）・リン（P）・ナトリウム（Na）・カリウム（K）などの電解質を骨中に蓄え、必要に応じて骨から引き出して血液内に送り出す。

図5 ▶ 全身の骨格

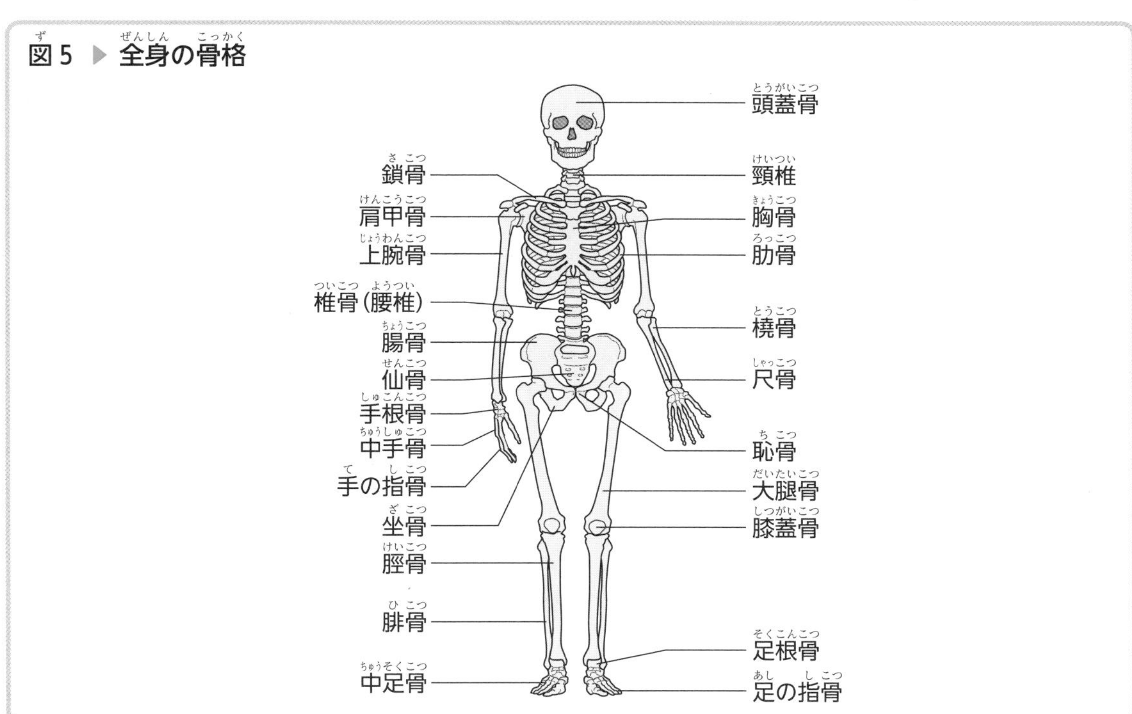

48 **筋肉（骨格筋）**は、①動き、②関節の保護、③姿勢保持、④血液循環、⑤エネルギー消費、⑥代謝、⑦からだのラインなどに関係している。

表12 ▶ 主な関節と拮抗筋のはたらき

手関節	背屈：橈側手根伸筋・尺側手根伸筋（収縮） 掌屈：橈側手根屈筋・尺側手根屈筋（収縮）
肘関節	伸展：上腕三頭筋（収縮）――上腕二頭筋（弛緩） 屈曲：上腕三頭筋（弛緩）――上腕二頭筋（収縮）
肩関節	外転：三角筋 内転：大胸筋・広背筋
股関節	伸展：大臀筋（収縮）――腸腰筋（弛緩） 屈曲：大臀筋（弛緩）――腸腰筋（収縮）
膝関節	伸展：大腿四頭筋（収縮）――大腿二頭筋（弛緩） 屈曲：大腿四頭筋（弛緩）――大腿二頭筋（収縮）
足関節	背屈：前脛骨筋（収縮）――下腿三頭筋（弛緩） 底屈：前脛骨筋（弛緩）――下腿三頭筋（収縮）

注：「収縮」するほうの筋肉を「主動作筋（主としてはたらく筋肉）」という。

49 **骨**は、通常、破壊と再生のバランスがとれているため、骨の量は変化しないが、加齢に伴って**ホルモンバランス**が崩れ、骨の破壊が亢進したり、骨の再生が抑制されると、結果的に骨量は減少して、**骨粗鬆症**に至る。

50 **骨粗鬆症**は、**骨量（骨密度）**が減少し、骨の構造も破綻して脆くなり、骨折の危険性が高まった状態と定義される。加齢に伴う**骨密度**の低下は、生理的な現象である。

感覚器

51 **感覚器**には、顔面にある眼・耳・鼻・舌・皮膚に代表される①視覚器、②平衡聴覚器、③嗅覚器、④味覚器、⑤外皮がある。

52 **視覚器**は、**眼球**と**副眼器**からなる。眼球の主な構造は**図 6** のとおりである。

53 **眼球**の主な部位のはたらきとしては、**水晶体**が焦点を調節する、**網膜**が光をとらえ視神経に伝える、などがある。眼球は、視神経によって脳につながっている。

54 副眼器は、眼球を保護し、そのはたらきを助けるものである。主な部位としては、眼瞼・結膜・眼筋・涙器などがある。

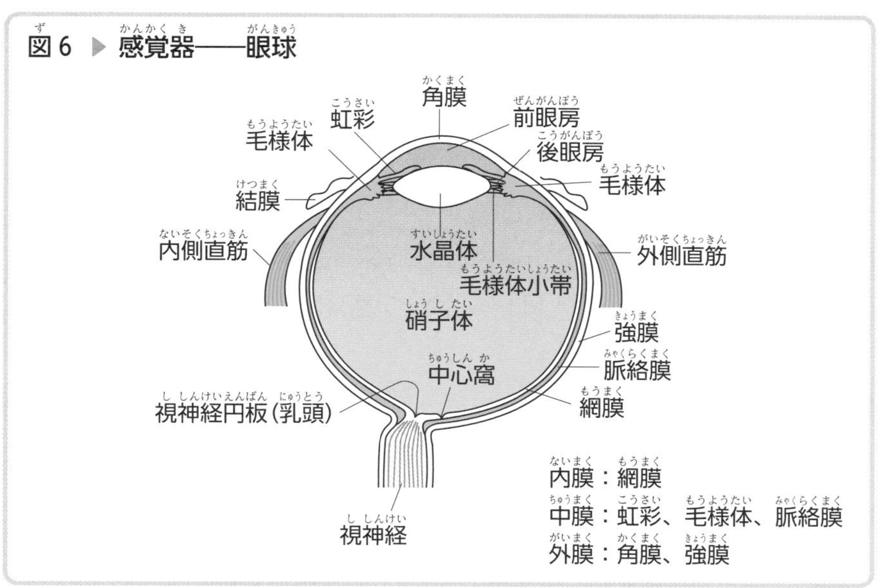

55 **平衡聴覚器**は、からだの平衡感覚と聴覚を司る器官で、外耳・中耳・内耳からなる（**図7**参照）。

36―22

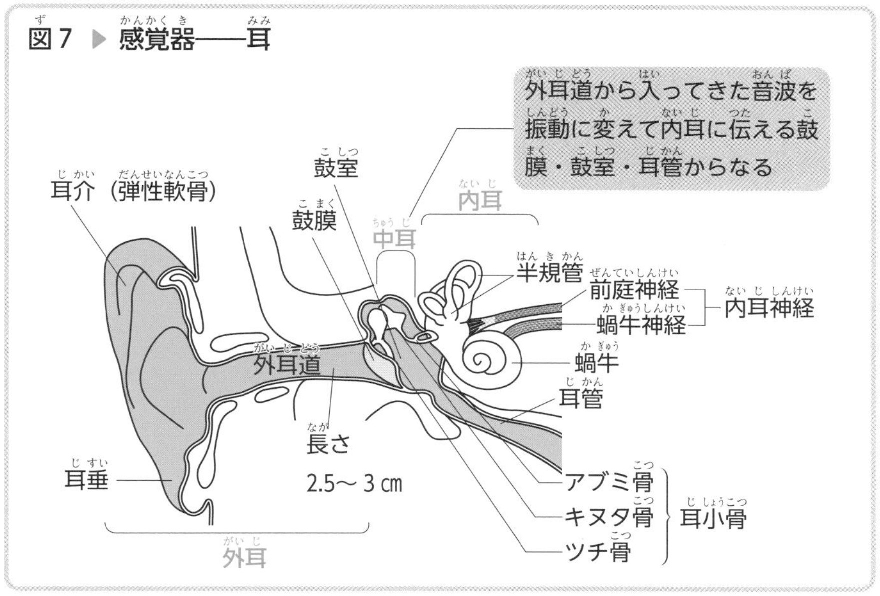

56 耳で音の伝わるしくみは、①外耳で**音を集めて**中耳に伝える、②中耳（鼓膜・鼓室・耳管）で音を**骨振動に変えて**内耳に伝える、③内耳（蝸牛）で音の振動を**電気信号に変えて**脳に伝える、というものである。

57 耳の音を伝える以外の役割としては、中耳（耳管）で**気圧の調節**をする★、内耳（前庭・半規管）で**平衡感覚**を司る★、といったものがある。

+α ぷらすあるふぁ
中耳は耳管で咽頭と連絡しており、風邪をひくと中耳炎になりやすい。

+α ぷらすあるふぁ
内耳の疾患で、回転性めまい発作を起こすメニエール病がある。

TEST 36—22

58 中耳には、耳小骨（**アブミ骨・キヌタ骨・ツチ骨**）があり、骨伝導により、音が伝わる。

59 **嗅覚器**は、鼻腔上部の粘膜・嗅粘膜にある嗅細胞が受容器で、ここから嗅神経により嗅球に伝わり、嗅索を経て大脳の嗅覚中枢に伝えられる。

60 **味覚器**は、舌にある味蕾が味覚の受容器で、味細胞の集まりである。味の種類は多様だが、甘味・苦味・酸味・塩味・旨味の５つの基本味がある。

61 皮膚は、体重の約16％を占める人体最大の臓器である。皮膚は表皮・真皮・皮下組織の３層と皮膚付属器（毛・爪・汗腺・皮脂腺）の４つの組織で構成される。皮膚は、からだの保護・体温の調節などのはたらきをもっている。

62 **皮膚感覚**とは、触覚・圧覚・痛覚・温度感覚（温・冷）を指す。

 32—98

63 痛みの感覚は、大脳の頭頂葉で受け取る。

呼吸器

64 **呼吸器系**とは、外呼吸を行うための器官系をいい、鼻腔から気管支までの空気の出入りと発声に関与する気道（**鼻腔・咽頭・喉頭・気管・気管支**）と、空気と血液との間の**ガス交換**の場である肺をいう。

65 **呼吸**とは、代謝に必要な酸素を人体各器官の細胞に供給し、細胞から代謝の際に生じた二酸化炭素を除去することであり、外呼吸と内呼吸の２つがある。

66 外呼吸とは、肺で行われる肺胞内の空気と血液との間のガス交換のことで、内呼吸とは、血液と組織細胞間のガス交換のことである。胸郭に包まれる空間（胸腔）を拡大・縮小することにより呼吸運動が行われている。

67 **肺**は、右肺と左肺からなり、**右肺**は３葉、**左肺**は２葉からなる。その中を**細気管支**が枝に分かれ、さらに分岐し肺胞となる。**ガス交換**は、この肺胞で行われる（**図８**参照）。

68 血液中に取り込まれた**酸素**は、赤血球内の血色素（ヘモグロビン）に結合して、各所に運ばれる。組織におけるガス交換は、動脈血が組織細胞に酸素を渡し、代わりに二酸化炭素を受け取ること（内呼吸）によって行われる。

図8 ▶ 呼吸器

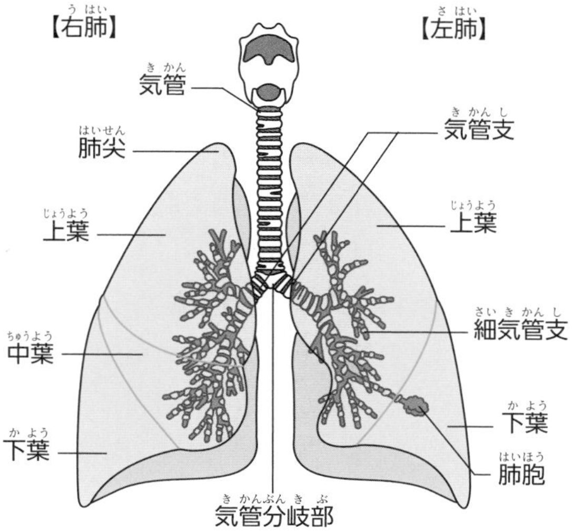

【右肺】
【左肺】
気管
肺尖
上葉
中葉
下葉
気管支
上葉
細気管支
下葉
肺胞
気管分岐部

69 **呼吸運動**★は、無意識に反射的な規則正しいリズムで行われる。その自動調節の機構は、脳幹にある**呼吸中枢**のはたらきによる。

70 **鼻腔**は、咽頭につながり、次に喉頭があり、気管へとつながる。喉頭には、**声帯**があり、呼気時に振動し、声を出す。

71 **気管支**は、左右に分岐している。気管支は、**右**のほうが太く短く角度が緩いので、誤嚥した異物は**右**に入ることが多い。

72 **横隔膜**★は、薄い筋肉であり、肋間筋とともに呼吸運動に関与する。外肋間筋と横隔膜の収縮により肺が伸展し、空気が吸い込まれる。

消化器

73 **消化器系**は、食物を摂取し、それを腸管から吸収できる程度まで分解・吸収して血液中に送るはたらきを行い、その食物残渣の排泄を司る器官の集まりである。消化器系は、**消化管**★と**消化腺**★からなる。

74 胃での食物の消化は、胃の**蠕動運動**と**胃液**の分泌により行われる。**胃液**は、塩酸およびペプシンなどの**消化酵素**からなる。胃液の分泌は、**副交感神経**である迷走神経が刺激されると亢進する。また、**ホルモン**による調節がある。

75 **蠕動運動**とは、消化管などの管状の臓器が内容物を波打つように送る基本的な運動形式である。蠕動運動は、**副交感神経**である迷走神経によって促進され、**交感神経**によって抑制される。胃の内容物は通常、食後3～6時間で十二指腸に送られる。

+α ぷらすあるふぁ

血液中の二酸化炭素分圧が正常より高くなると、呼吸運動は激しくなり、換気は増大する。呼気中の二酸化炭素が5％を超えると、換気が亢進し、呼吸困難を感じる。

★横隔膜
人体の胸部と腹部とを仕切る筋肉の膜。

★消化管
口腔・咽頭・食道・胃・小腸・大腸・肛門からなる。

★消化腺
食物を分解・吸収するための消化酵素などを分泌する腺。口腔・胃・肝臓・胆のう・膵臓などに分布している。

76 **小腸**は、十二指腸・空腸・回腸に区分される。胃から送られてきた食物は、小腸の壁を形成する平滑筋の運動により、**胆汁**・**膵液**や**腸液**などの消化液と混和され、移送される。

77 **大腸**は、小腸に続く消化管の終末部で、全長が約1.5mある。大腸は、盲腸・結腸・直腸に区分され、小腸で吸収された残りのものから水分を吸収し、糞便を形成する。肛門は排便や排ガスを行う。

78 **肝臓**の主なはたらきとして、①物質の代謝・貯蔵（グリコーゲンなど）、②解毒作用、③胆汁の分泌がある。

79 **胆嚢**は、肝臓の下面につき、**胆汁**★を蓄える。

80 **膵臓**の外分泌部からは、膵液が分泌される。内分泌部からは、ホルモンが分泌される（113（表14、図13）参照）。

+α ぷらすあるふぁ
胆汁が十二指腸に排出されないと、血中に吸収され、黄疸になり、便は白色となる。

泌尿器

81 **泌尿器**は、尿を生成する腎臓と、体外に排泄する尿路（尿管・膀胱・尿道）からなる。腎臓は、からだの背部に位置する左右一対の臓器である。

82 膀胱は、尿管によって送られてきた尿を蓄える約400～500mlの容量をもつ筋性の器官である。

83 尿道は、膀胱内の尿を体外に排泄する管で、男女で長さが異なる。膀胱から尿道のはじまる部分には膀胱括約筋があり、尿道は尿道括約筋によって輪状に囲まれている。

生殖器・内分泌

84 **女性生殖器**は、卵巣・卵管・子宮・膣からなる。膣は子宮の下につながる長さ７㎝ほどの管腔器官で、交接器および産道でもある（**図９**参照）。

85 **男性生殖器**は、精巣・精巣上体・精管・尿道・精嚢・前立腺からなる。精巣は、陰嚢中に左右一対あり、扁平楕円形の器官である（**図９**参照）。

86 **前立腺**は、男性にのみ存在する器官であり、膀胱の下にある。射精管と尿道起始部を取り囲む腺で、乳白色の液を尿道中に出し、精子の運動を促進する。

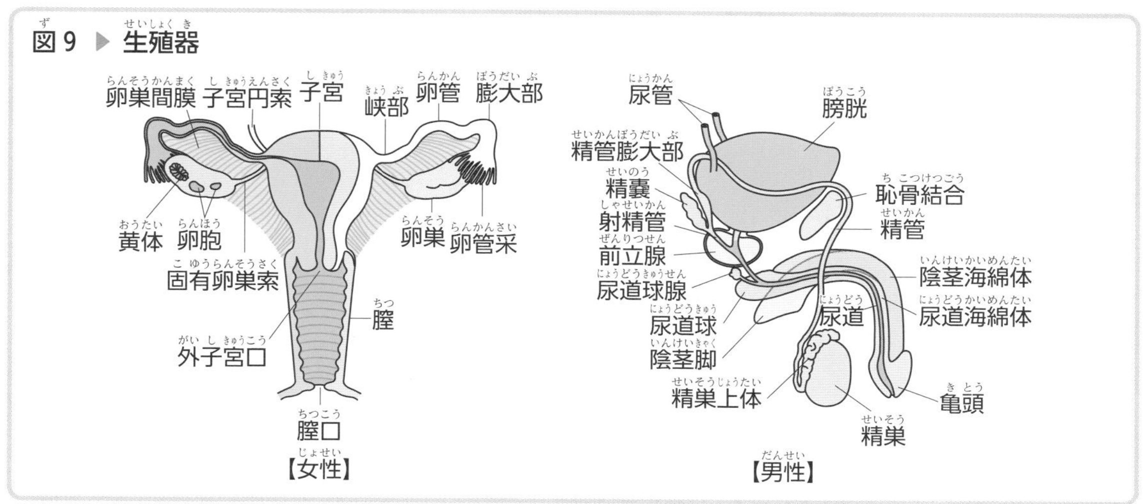

循環器

87 **心臓**は、上部の心房と下部の心室に分けられ、それぞれは**心房中隔**、**心室中隔**によって左右に分けられ、2心房、2心室からなる（図10参照）。

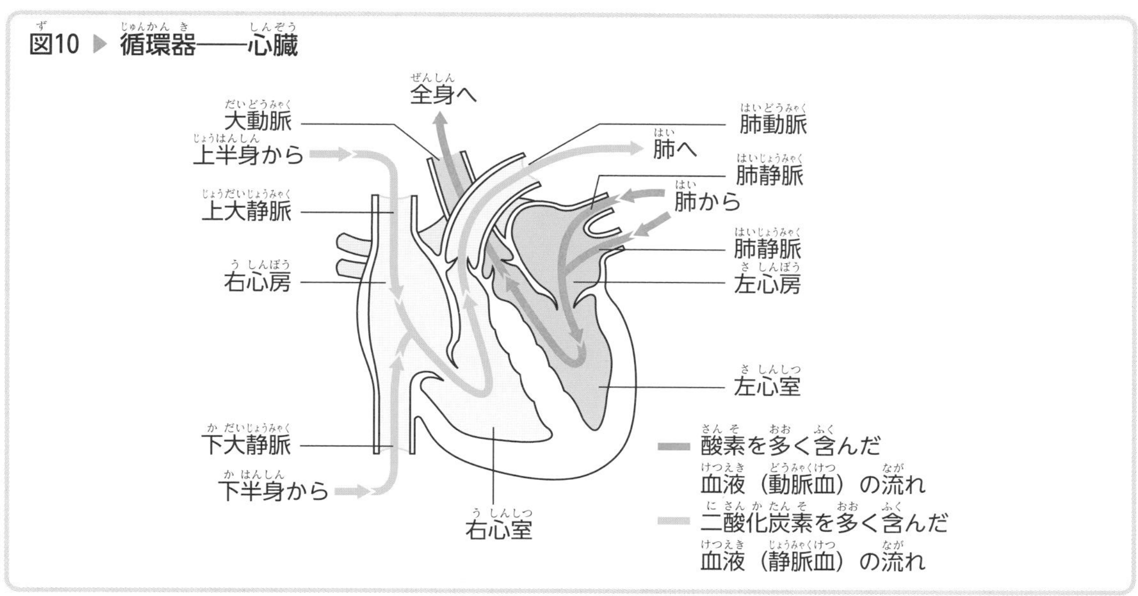

88 **心拍数**は、1分間60～70回で、1回に拍出される**拍出量（血液量）**は、約60～90mlである。

89 **循環器**は、心臓と、血管系およびリンパ系で構成されている。心臓から出ていく血管を動脈、心臓に入る血管を静脈という。一般に、動脈に動脈血が、静脈に静脈血が流れていて、毛細血管において動脈血が静脈血に移行する。

90 特に四肢静脈に発達している静脈には、血液の逆流を予防するための弁がある。

91 体表で拍動を触知できるのは動脈である。

92 心臓は、自律神経が支配し刺激伝導系によって規則正しく拍動し脈の調整も行う。

93 二酸化炭素を多く含んだ**静脈血**は、上大静脈・下大静脈→右心房→三尖弁→右心室→肺動脈★の順で流れる（**図11**参照）。肺でガス交換が行われて、静脈血は酸素を多く含んだ動脈血となる。

94 酸素を多く含んだ**動脈血**は、肺静脈★→左心房→僧帽弁→左心室→大動脈の順で流れる（**図11**参照）。からだの末梢で細胞に酸素を供給して二酸化炭素を受け取り、動脈血は二酸化炭素を多く含んだ静脈血となる。

95 肺でガス交換をするための、**右心室→肺動脈→肺→肺胞の毛細血管（ガス交換）→肺静脈→左心房**の流れを、肺循環（小循環）という（**図11**参照）。

96 からだの末梢に酸素を供給するための、**左心室→大動脈→動脈→毛細血管（全身の器官・組織）→静脈→上大静脈・下大静脈→右心房**の流れを、体循環（大循環）という（**図11**参照）。

97 **血圧**とは、血管中を流れる血液の圧力であり、心臓が収縮したときが**最高血圧（収縮期血圧）**、弛緩★したときが**最低血圧（拡張期血圧）**である。血圧の値は、心臓から拍出される血液量と、末梢血管の抵抗によって変動する。動脈硬化があると、血圧は高くなる。

+α ぷらすあるふぁ

「肺動脈」には「静脈血」が流れているので、間違えないように気をつけよう。

ぷらすあるふぁ

「肺静脈」には「動脈血」が流れているので、間違えないように気をつけよう。

★弛緩

ゆるむこと。たるむこと。

血液・リンパ

98 **血液**は、体重の約７～８％を占めている。動脈血の色は鮮紅色で、静脈血は暗赤色を示す。

99 **血液**には、**表13**のような**はたらき**がある。

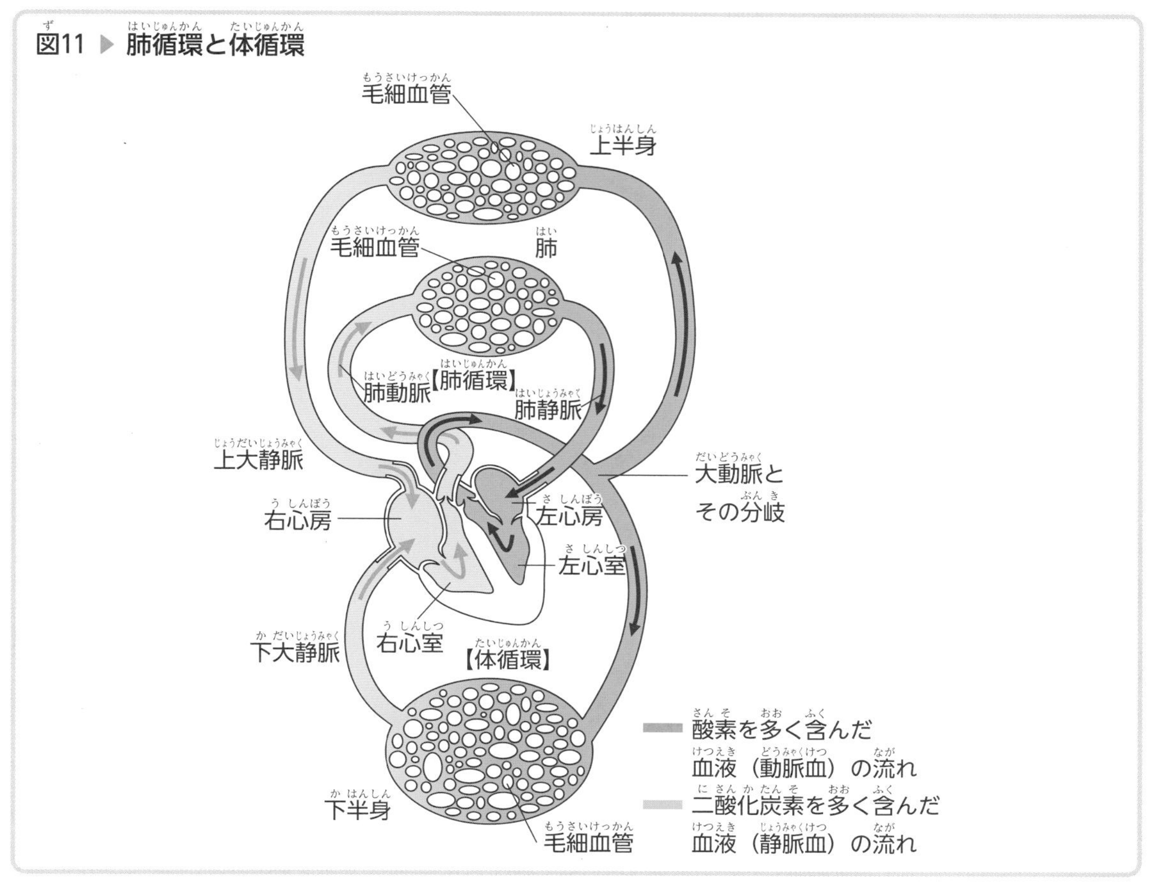

表13 ▶ 血液の主なはたらき

①からだを構成する細胞に必要な酸素や栄養を届け、二酸化炭素や老廃物を運び出す（**運搬作用**）
②全身を循環することで体温を均等にし、体表の血管から熱を放散する（**体温調節作用**）
③血液の**酸・塩基緩衝作用**によって体液のpH★を一定に保つ
④血液中に含まれる凝固因子により、出血の際に凝固したり止血したりして感染から身を守る（**止血作用**）

100 **血液の成分**は、血球（45%）と血漿（55%）に大きく分類される。血球は細胞成分で、赤血球・白血球・血小板のことをいい、**骨髄**でつくられる。血漿には、各種電解質・たんぱく質・ブドウ糖・脂質等が含まれている。

101 赤血球は、血液 1 mm³中に450万～500万個含まれ、**酸素**や**二酸化炭素**を運搬する**血色素（ヘモグロビン）**を有する。

★pH
水溶液の性質を表す単位の1つで、溶液中の水素イオンの濃度を表す。pH 7を中性とし、これより低いほうを酸性、高いほうをアルカリ性という。

102 **血色素量（ヘモグロビン量）**の不足は、**貧血**に関与する。**貧血**とは、赤血球中のヘモグロビンの濃度が正常値以下に低下している状態をいう。

103 **白血球**には、**顆粒球**、**リンパ球**、**単球**がある。白血球には**貪食作用**★があり、**細菌感染**があると増加する。白血球は、各人と状態によって異なるが、一般的には血液１㎣中に**4000～9000**個ある。

104 **血小板**は、血液１㎣中に20万～50万個あり、**血液凝固（止血作用）**に関与する。

105 **毛細リンパ管**が合流し、太くなったものが**リンパ管**で、**静脈**に注ぐ。リンパ管にはリンパ液が流れる。

106 毛細血管に吸収されない過剰な組織間液は、毛細リンパ管中で組織圧にろ過され、**リンパ液**となる。

107 人体の約**60**％は、**体液**★である。体液は、体内を循環して、細胞に栄養素や酸素を補給し、細胞から不要物を運び出すはたらきや生体の恒常性（ホメオスタシス）を維持するはたらきがある。

● 関節可動域

108 骨と骨をつなぐ連結部分が**関節**である。**関節**は、**可動性**（動く）と**支持性**（支える）という２つのはたらきをもっている。

109 **関節運動**は、８つに分類することができる（**図12**参照）。

110 関節が動く範囲（**関節可動域**★）は、関節構造の特徴や筋肉、腱、靭帯、関節包の程度によって決まる。関節可動域は個人差があり、性別や年齢の影響を受ける。一般的には加齢に伴い、関節可動域は**狭く**なる傾向にある。

★貪食作用
細菌などの異物をむさぼるように取り込むこと。

+α ぷらすあるふぁ
体液量は、高齢者では少なく、乳幼児では多い。

★関節可動域
自分で動かせる自動的関節可動域と、他者が力を加えることによって動かせる他動的関節可動域がある。通常は、他動的関節可動域のほうが大きい。

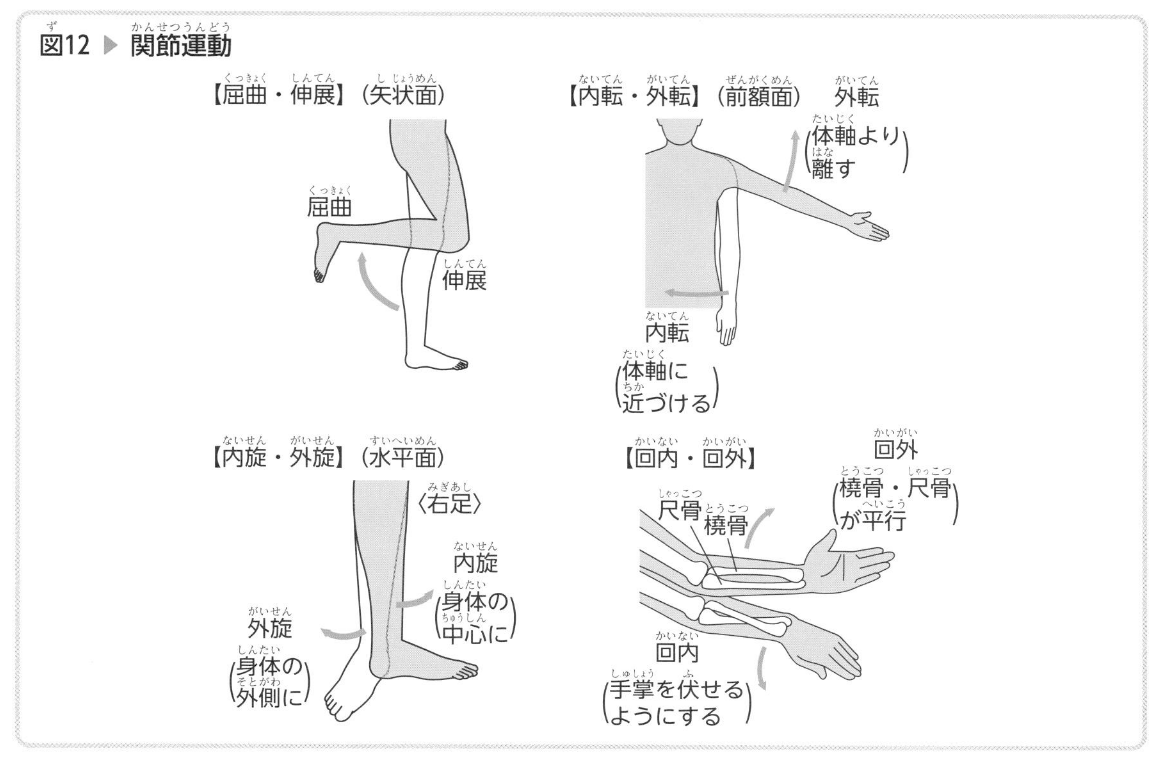

図12 ▶ 関節運動

生命を維持するしくみ

111 **ホメオスタシス（恒常性）**★は、体温、血圧、**体液の浸透圧**やpHの調整のほか、**病原微生物の排除**、**創傷の修復**など生体機能全般に及ぶと考えられている。

112 ホメオスタシスを主に管理・調節しているのは、脳の視床下部と考えられており、**自律神経系**や**内分泌系**を介し調節が行われる。

113 **内分泌系**とは、からだのさまざまな機能を調整しているホルモンを分泌するシステムである。ホルモンは、特定の臓器において産生され、目的とする組織または器官のはたらきの調節に関与する（**表14**、**図13**参照）。

114 **生命徴候**は、バイタルサインともいい、生命に直結する呼吸・体温・循環・意識状態のことをいう。心臓の動きは、脈拍・血圧で示され、意識状態は脳の状態を表す。

★ホメオスタシス（恒常性）
生体の内部や外部の環境因子の変化にかかわらず、生体の状態が一定に保たれるという性質、あるいはその状態。

表14 ▶ 主なホルモンの種類

ホルモン	産生される臓器	主なはたらき
成長ホルモン	下垂体前葉	組織の成長の促進、代謝のコントロール
プロラクチン（乳腺刺激ホルモン）	下垂体前葉	妊娠期間中に成熟した乳腺に作用、乳汁の分泌促進
副腎皮質刺激ホルモン	下垂体前葉	副腎皮質ホルモンの分泌促進
甲状腺刺激ホルモン	下垂体前葉	甲状腺ホルモンの分泌促進
性腺刺激ホルモン ・黄体形成ホルモン ・卵胞刺激ホルモン	下垂体前葉	卵巣や精巣に作用 ・プロゲステロン、アンドロゲンの分泌促進 ・エストロゲンの分泌促進
オキシトシン	下垂体後葉	出産時の子宮収縮作用、乳汁の分泌促進
バソプレッシン（抗利尿ホルモン）	下垂体後葉	抗利尿作用
メラトニン	**松果体**	**睡眠**の促進
サイロキシン（甲状腺ホルモン）	甲状腺	基礎代謝量の維持・促進
インスリン	膵臓のランゲルハンス島β（B）細胞	血糖値**低下**作用
グルカゴン	膵臓のランゲルハンス島α（A）細胞	血糖値**上昇**作用
アドレナリン	副腎髄質	心拍数の増加作用、血圧上昇作用、発汗作用
アルドステロン	副腎皮質	ナトリウム・水分の再吸収の促進、カリウム再吸収の抑制、体液の浸透圧調節 **ストレス**に抵抗する
プロゲステロン（黄体ホルモン）	卵巣	妊娠の準備、妊娠の維持
エストロゲン（卵胞ホルモン）	卵巣	第二次性徴に関与、**自律神経**のバランスの維持
アンドロゲン（男性ホルモン）	精巣	第二次性徴に関与、精子形成の促進

図13 ▶ 内分泌器官

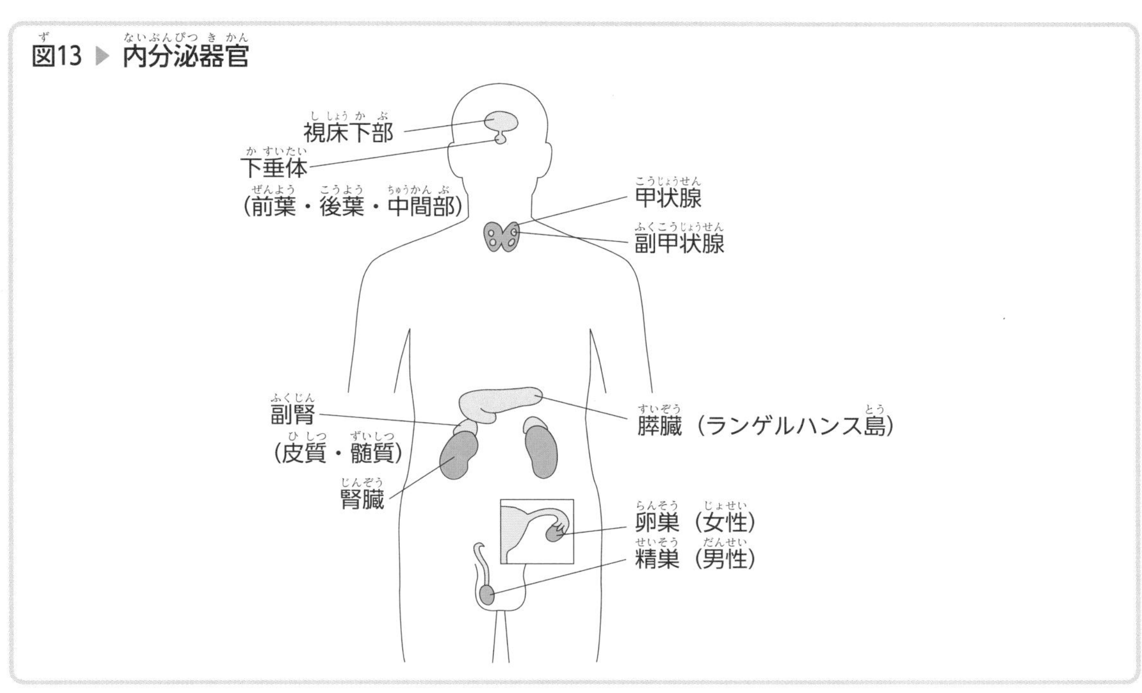

115 体温は、静かに寝ている状態でも常に行っている活動（**基礎代謝**）で生じる熱、**骨格筋の運動**による熱、**食事**でもたらされる熱、によって保たれている。体温は、年齢や環境、測定部位によって変化することに留意する。

34—98

116 体温調節中枢は、視床下部にある。

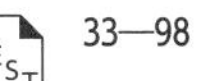
33—98

一問一答 ▶ P.282

3 移動に関連したこころとからだのしくみ

この分野は毎回出題実績のある分野である。移動はすべての生活行動にかかわることなので、移動に関連した基礎知識、移動に支障をきたす疾患とその特徴、移動できないことで生じる廃用症候群に関しての知識は必ず確認しておくことが必要である。

移動に関連したこころとからだのしくみ

● 移動の意味

117 移動は、姿勢を変える動きを伴うため、筋力や**関節可動域**を維持する運動につながる（110参照）。また、重力に抗した姿勢をとることは骨に力を加えることになり、骨を丈夫に保つことにつながる。移動は、身体機能を維持する運動の一部といえる。

118 移動して環境を変えることは、意識や意欲の変化を誘い、これまでみられなかった一面を引き出す可能性もある。**生きがい**が創出されれば、次の移動への意欲につながり、1つの移動が次の移動を生む原動力になる。

119 **ADL（日常生活動作）**、**IADL（手段的日常生活動作）**は、生活を営むうえでの行為を分類している（**表15**参照）。

表15 ▶ ADLとIADL

	定義等	具体的な行為
ADL	日常の生活を送るために必要な基本動作のこと★	食事、排泄、着脱衣、入浴、移乗、移動、寝起き
IADL	ADLを基本にした日常生活上の複雑な動作のこと	買い物、料理、掃除、洗濯、電話、薬の管理、金銭の管理、乗り物の利用

+α ぷらすあるふぁ

ADLは、高齢者の身体活動能力や障害の程度を測るうえで重要な指標の1つとなっている。

● 基本的な姿勢・体位保持のしくみ

120 **良肢位**とは、ADLで支障の少ない関節角度をとった肢位をいう。具体的には、下肢では肩幅程度に足を広げる、上肢では肩を軽く開き、肘をおおむね中間まで屈曲し、手は軽くボールを握ったような肢位をいう。

121 側臥位から起き上がる際には、上肢と体幹（特に腹筋群）の力を利用する。また、ベッドから起き上がる場合には、下肢の重みを起き上がりの力として利用する。

122 **座位姿勢**をとるには、股関節の屈曲可動域が十分にあることが必要である。座位が安定するには、重心をからだを支持する面（**支持基底面**）の中に保つ必要がある。

123 **立ち上がりの動作**では、**抗重力筋**（脊柱起立筋や股関節、膝関節の伸筋群（大臀筋・大腿四頭筋）、足関節の底屈筋群）の筋力を活用し、重心位置を座面から足底部に移動するため、体幹を前傾したり上肢でからだを押し上げたりする動作が必要である。  35—21

124 **立位姿勢**では、座位と比較して支持基底面は狭くなり、重心位置は高くなるため、不安定になりやすい。

125 姿勢の維持・変換に必要な筋肉は、**表16**のとおりである。

表16 ▶ 姿勢の維持・変換に必要な筋肉

姿勢の維持・変換	必要な筋肉
寝返り	体幹の屈曲筋
起き上がり	体幹や股関節周囲の筋肉
立ち上がり、立位保持	**抗重力筋**（**脊柱起立筋**、**大臀筋**、大腿四頭筋、**下腿三頭筋**など）
車いすを動かす	**三角筋**、**大胸筋**

● 歩行のしくみ

126 **歩行**では、体幹や下肢の筋力で体重を支えている。さらに感覚器官からの情報をもとに、制御中枢が筋力を適切にコントロールしてバランスを保ちつつ、半ば自動的に両下肢を交互に振り出している。歩行は、**重心位置**が高いうえに**支持基底面**が狭いため、不安定になりやすい。

127 屋外歩行では、周囲への注意力、判断力、道順などの記憶力という**高次脳機能**も必要になる。

● 重心移動、バランス

34―102

128 **重心**の位置は、体型や姿勢などで変動する。重心が**支持基底面**★の中にあるとバランスは安定する。また、重心が低いほどバランスは安定する。支持基底面を広くとることは、ボディメカニクスの原則でもある（**表17**参照）。

ぷらすあるふぁ

支持基底面を広くすると、重心を下げることになる。

表17 ▶ ボディメカニクスの基本原理

①支持基底面を広くとり、重心位置を低くする
②介助される側、する側の重心位置を近づける
③より大きな筋群を使う
④介助される側の身体を小さくまとめる
⑤「押す」よりも手前に「引く」
⑥重心移動は水平に行う
⑦介助する側は身体をねじらず骨盤と肩を平行に保つ
⑧てこの原理を活用する

● 筋力・骨の強化のしくみ

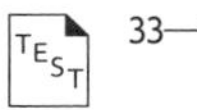
33―100

129 **筋力**は、使わないと低下するため、ふだんから最大筋力の20～30%以上の筋力を使う必要がある。安静臥床では１週間で約15～20%程度低下する。

130 筋力低下の原因としては、加齢・寝たきりなどがある。

34―101
36―21

131 **骨**の強度を保つためには、カルシウム（Ca）の摂取、運動による骨形成促進、**日光**を浴びることによるビタミンDの産生促進などが大切である。骨にはたんぱく質が含まれている。

ぷらすあるふぁ

加齢による骨量の減少は、一般的に「女性」に強く生じる。

132 骨量が減少する原因としては、加齢・骨粗鬆症・女性の閉経・寝たきりなどがある★。

133 筋力の低下を防ぐためには、利用者の負担にならないように、重力に逆らうような運動を行う。

機能の低下・障害が移動に及ぼす影響

● 移動に関連する機能の低下・障害の原因

134 **意欲の低下**は、活動の低下を引き起こし、廃用症候群（140参照）や傾眠傾向の原因となる場合がある。

135 肺や心血管系の疾患では、息切れや運動制限などから移動の耐久性が低下していることで、以前よりも少ない運動量で疲労を感じるようになる。

136 高齢者によくみられる**円背**は、通常よりも前方に重心位置を移動させるため、代償的に膝を屈曲して安定した立位・歩行姿勢をとる。その結果、足先の上がりが悪くなり、つまずきやすくなる。

137 骨折による痛み、治療などで移動能力が低下する。

138 脳卒中などで**片麻痺**があると、麻痺側の下肢を振り回すようにして前に出す。股関節の痛みや股関節周囲の筋力の低下により、体幹を傾斜させるような歩行パターンになる。

139 加齢に伴う**視力低下**（老眼・白内障）や**視野障害**（緑内障）、水晶体の黄色化や網膜機能の低下による**色覚低下**では、段差が把握しにくいことによる転倒、衝突などの危険性が高くなる。

● 機能の低下・障害が及ぼす移動への影響（廃用症候群、骨折、褥瘡など）

140 **廃用症候群**★では、全身の筋力低下（筋萎縮）や関節可動域の減少（関節拘縮）が起こる。ほかの症状としては、**骨萎縮**、**心機能低下**、**起立性低血圧**、**深部静脈血栓症**、**沈下性肺炎**、**誤嚥性肺炎**、**尿路感染症**、**尿路結石症**、**うつ状態**、**褥瘡**等がある。これらの症状は離床を妨げる原因となり、さらに機能低下をきたす悪循環につながる。

141 高齢者は、筋力の低下や平衡機能の低下などにより、バランスを崩しやすくなり、転倒のリスクが高くなる（**表18**参照）。

表18 ▶ 転倒の原因

①筋力の低下	⑤認知症
②平衡機能の低下	⑥障害物（環境）
③敏捷性の低下	⑦薬物（睡眠薬など）
④白内障（視力低下）	⑧関節炎

資料：介護福祉士養成講座編集委員会編『最新 介護福祉士養成講座⑪こころとからだのしくみ（第2版）』中央法規出版、2022年、67頁

35—22

★廃用症候群
長期間の臥床や活動の低下で二次的に生じる機能低下をいう。

TEST 32—101

142 高齢者では骨密度が低下する傾向にあるため、転倒による骨折のリスクが高くなる。転倒により、**橈骨遠位端**（手首）・**上腕骨近位端**★（肩）・**大腿骨頸部**（股関節）・**脊椎**（背骨）が骨折しやすいとされる★（**図14**参照）（上巻「発達と老化の理解」 57 58 参照）。

+α ぷらすあるふぁ

からだの中心から近いところを近位、遠いところを遠位とする。

+α ぷらすあるふぁ

尻もちをついたときに生じる椎体の骨折（圧迫骨折）では、腰痛が長期間続き、移動を困難にする原因となる。

図14 ▶ 高齢者の四大骨折部位

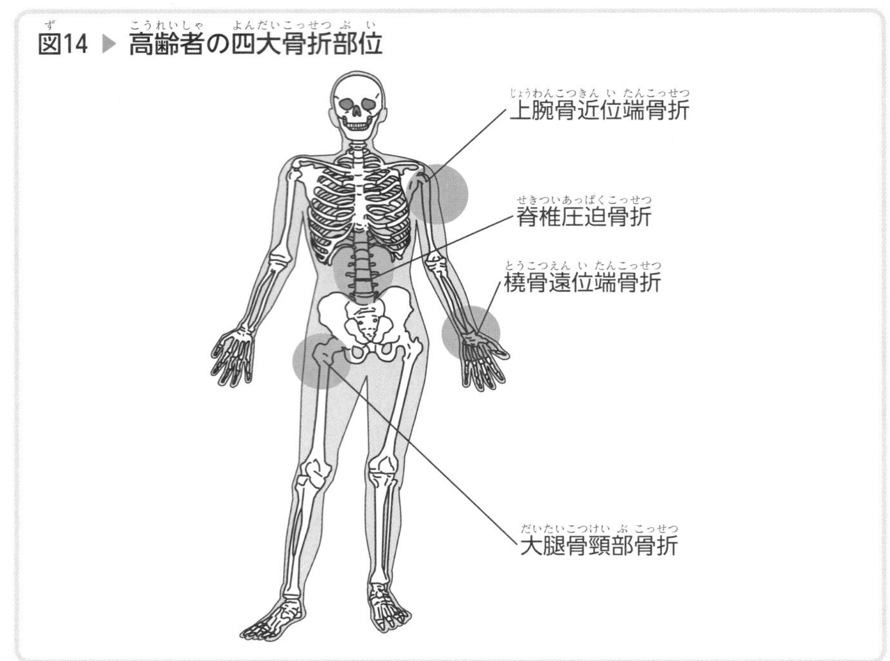

32—101

143 大腿骨頸部骨折は、転倒後立ち上がることができなくなる。手術の適応となるもので、術後は早期からリハビリテーションが開始される。

144 **褥瘡**とは、**圧迫**や**ズレの力の持続**による循環障害により皮膚が**壊死**した状態をいう。

35—23

145 褥瘡は、**骨が突出した**部分に生じやすい。坐骨や尾骨、仙骨などに褥瘡を生じると座位時間が制限されたり、臥位でも姿勢が限定される。

146 **腎機能障害**などの疾患では、倦怠感や疲労感から移動することを控え、臥床しがちになる。**尿失禁**や**尿漏れ**は外出を控えるきっかけになり、**夜間頻尿**では覚醒の低い状態での移動となるため、転倒リスクを高めたり、日中の覚醒低下から移動意欲を低下させる。

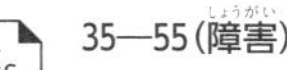
35—55（障害）

147 疾患に伴う歩行の特徴は、**表19**のようなものがある。

148 **脳血管障害**では、**麻痺**側は体重を支える能力が低下していたり、素早く自由に動かすことが困難なためバランスを崩しやすいことから、**麻痺**側にバランスを崩すと転倒の危険が大きい。介助者は**麻痺**側に位置し、転倒予防につとめる。

表19 ▶ 疾患に伴う歩行の特徴

疾患	歩行の特徴★
パーキンソン病	小刻み歩行、すくみ足歩行、加速歩行
脊髄小脳変性症	失調性歩行★
脊柱管狭窄症、閉塞性動脈硬化症	間欠性跛行★
進行性筋ジストロフィー	動揺性歩行★

移動に関するこころとからだの変化の気づきと医療職などとの連携

149 身体能力に見合った移動手段や介助方法の選択を行うために、どの程度の移動能力か、どういった移動手段でどの程度の介助が必要かについては医師や理学療法士などに、服薬による影響などについては医師や看護師、薬剤師などに確認する。

150 **回復時期**で状態が変化しているにもかかわらず、同じ介助を漫然と続けていると、機能回復を妨げかねない。身体機能の予後は、医師や理学療法士、看護師に確認する。

151 **進行性の疾患**では、いつ頃まで現状の移動手段が継続できるのか、次はどのような移動手段に変更すべきかを医師に確認して把握しておくと、より安全な生活の継続が可能である。医療職の情報を得つつ、本人や家族の意向、生活状況をみながら、移動手段を切り替えるタイミングを計っていく必要がある。

一問一答 ▶ P.283

+α ぷらすあるふぁ

疾患名と歩行の特徴の組み合わせが問われるので、組み合わせを正しく理解しておこう。

★失調性歩行

ふらふらとしていて不安定で、ぎこちなく歩くこと。

★間欠性跛行

歩き続けているうちに痛みなどを感じ、足を引きずるような歩き方になること。休むと痛みは治まるが、歩きだすと再び痛みだす。

★動揺性歩行

前傾した姿勢をとったりしながら腰を左右に揺すって歩くこと。

4 身じたくに関連したこころとからだのしくみ

身じたくを整えることは、社会とかかわるうえで、また、からだの健康を維持するうえで重要である。特に近年は口腔ケアの重要性が注目されており、口腔の機能と構造は必ず確認しておくことが必要である。口腔の清潔に関する機能低下や障害が及ぼす影響に関して介護福祉職が何を確認すればよいのかもきちんと調べておきたい。

身じたくに関連したこころとからだのしくみ

● 身じたくの意味

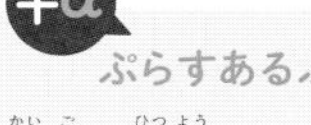
ぷらすあるふぁ
介護を必要とする人が、自立した生活を営んでいくうえで、その人なりの自己表現を維持していくために必要である。

152 身じたくを整えるということは、人として、社会とかかわるうえでの重要な自己表現である★。

153 身じたくを整えることは、からだの健康を維持するうえでも重要である（表20参照）。例えば、歯みがきをして、口腔内を清潔にすることは、虫歯や歯周病を防ぐ。髪を洗うことは、頭皮に分泌される皮脂を取り除き、悪臭やかゆみの原因を取り除く。

表20 ▶ 身じたくの効果

- ・健康的な生活ができる。
- ・生活のリズムが整う。
- ・社会生活の維持向上が図れる。
- ・生活のなかに楽しみが生まれる。

● 顔を清潔に保つしくみ

154 顔面を構成する筋肉には、**表情筋**と**咀嚼筋**がある。表情筋や咀嚼筋は**表21**のような筋肉で構成される。

 34—100

155 表情筋や咀嚼筋は、口唇の動きに関係していることから、はたらきが悪くなると、口唇が**閉じにくく**なり、**言葉の発音が不明瞭**になる。

表21 ▶ 顔面を構成するおもな筋肉

表情筋	前頭筋	両側の眉を上げて、額に横じわをつくる
	眼輪筋	瞼を閉じる
	口輪筋	口をすぼめたり唇をとがらせる
	皺眉筋	眉間に縦じわをつくる
	笑筋	えくぼをつくる、口角を横に引く
	頬筋	頬をすぼめる
咀嚼筋	咬筋	側頭筋とともに口を閉じる、下顎を引き上げて歯をかみ合わせる
	側頭筋	下顎を挙上して口を閉じる、歯をかみ合わせる、下顎を後方に引く
	外側翼突筋	口を開ける、顎を前に引き出す、食べ物をすりつぶす、内側翼突筋とともにはたらく
	内側翼突筋	下顎を挙上する、外側翼突筋とともにはたらく

資料：介護福祉士養成講座編集委員会編『最新 介護福祉士養成講座⑪こころとからだのしくみ（第2版）』中央法規出版、2022年、121頁

156 眼瞼が行う瞬きは、**無意識**に行われるが、分泌物（涙など）によって**角膜を潤す**はたらきがある。

157 外耳道の皮膚には、アポクリン腺が開いており、ここからの分泌物は耳垢（耳あか）と呼ばれる。アポクリン腺は外耳の高くなったところより奥にはないとされる。

158 鼻は鼻孔（鼻の穴）とその奥にある鼻腔からなる。鼻腔には多くの毛細血管があるため、空気の温度を感知している。また、鼻毛には細菌や埃を気管の奥に入れないようにする役割がある。

159 においを感じる**嗅細胞**は、鼻腔の一番奥の部分にある。嗅覚には**順応性**があり、同じにおいを嗅ぎ続けると、そのにおいを識別しなくなるとされている。

● 口腔を清潔に保つしくみ

160 **口腔**の機能には、口から**食事**を摂る喜び、**会話**を楽しむ喜びなどを感じ、生活の質を維持することや病気を防ぐことがある。また、食物を摂取する入口となる、咀嚼する、唾液を分泌する、嚥下する、**呼吸器**の入口となる、**発音**する、**顔貌**をつくるなどの機能もある。

161 歯の構造と機能は、**図15**のとおりである。

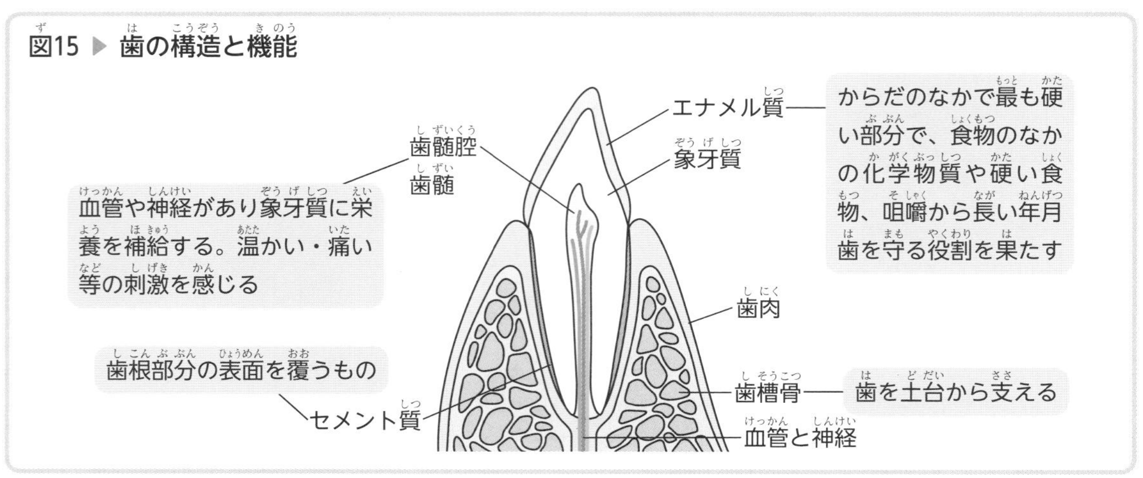

図15 ▶ 歯の構造と機能

162 歯の役割として、切歯と犬歯は、食物を食べやすい大きさにかみ切るはたらきがあり、臼歯は、食物をかみ砕き、すりつぶし、唾液と混ぜ合わせるはたらきがある。永久歯の数は28～32本である。

163 かむ作業に支障をきたす疾患として、虫歯や歯周病がある。加齢に伴い歯が欠落することで、食物の消化が不完全になる。

164 **舌**は、粘膜におおわれた筋肉の組織で、成人で７～９㎝くらいの長さがある。正常な状態の色はピンク色である。舌は咀嚼や話すために重要な器官で、舌の前３分の２の表面にある舌乳頭と味蕾は、**味覚**を感じる受容器でもある。

165 舌の動きやはたらきには、**舌咽神経**・**舌下神経**・**迷走神経**などが関与している。味の成分が味蕾に触れ、その刺激が大脳に送られて、**味覚**を感じる。

166 舌の上に白くみられるのは舌苔といわれるもので、通常の状態でもみられるが、唾液分泌量の低下、不十分な口腔ケア、疾患、喫煙などの生活習慣等を要因として、口臭の原因になることがある。

TEST 32—100

167 口臭は、他者との交流を避ける原因となる。

168 唾液は、食物を口にしたとき以外にも、食物を見たり、連想したり、においを嗅いだりすることで分泌される。特に分泌が多くなるのは、食物を口にしたときとされる。唾液が分泌されることで、食物を飲み込むことを補助する役割を担う。

169 **唾液**は、歯やからだの健康を保つために、食物残渣を洗い流す自浄作用、消化作用、緩衝作用、潤滑作用、薬物排泄作用、抗菌作用などの重要なはたらきをしている。

170 **唾液**は、唾液腺から分泌されるもので、99%以上が**水分**である。1日に約1 *l* ほどを分泌するとされている。そのなかには、消化酵素や少量のホルモンも分泌される。

171 唾液を分泌する**唾液腺**には、小唾液腺と大唾液腺がある。耳下腺・舌下腺・顎下腺があるのは、大唾液腺である。小唾液腺は、口唇・頬・舌の粘膜組織に分布する細い管である。

172 **唾液分泌**は、唾液腺の種類や、**自律神経**のはたらきによって異なる。自律神経のうち、交感神経が刺激された場合の唾液は粘りが強く、副交感神経が刺激された場合の唾液はサラサラして粘りが弱く、量も多く分泌される。

● 爪・毛髪を清潔に保つしくみ

173 爪には、主に指先を外力から保護する、指を支える、手足の動きを助ける機能がある。

174 **爪**は、**皮膚の付属器官**で、皮膚の成分のたんぱく質が**ケラチン**という固い組織に変化したものである。1日に約0.1㎜ずつ伸びる。正常な爪の色は桃色で、圧迫すると白くなる。

 36—23

175 **毛**は、皮膚が糸状に角化したものである。毛は、皮膚面に斜めに一定方向に生えている。

176 **毛髪**★は、たんぱく質の構成物である。日本人は、1日に0.3～0.45㎜伸びる。毛髪は、毛包で産生されるメラニン色素によって黒くなる。毛包内部の毛根下部にある毛球には、血管や神経があるため、無理に抜くと痛みを感じる。

+α ぷらすあるふぁ
毛髪は外界のさまざまな汚染物質からからだを守ることと保温の役割をもつ。

● 衣服着脱をするしくみ

177 衣服は、**外部からの刺激**（**埃**、**細菌**、**外傷**など）から身を守るほか、**汗**や**皮脂**、**皮膚のはがれ**などを吸収し、皮膚を清潔に保つはたらきがある（下巻「生活支援技術」121～126参照）。

178 麻痺がある場合は、健側から脱がせ患側から着る（脱健着患）。

179 **褥瘡**の原因となるため、**からだの下**になる部分に、**しわ**や**たるみ**をつくらない。

機能の低下・障害が身じたくに及ぼす影響

34—99

180 眼の変化の観察のポイントは、**表22**のとおりである。

表22 ▶ 主な眼疾患と変化の観察のポイント

眼疾患	主な原因	変化の観察ポイントなど
白内障	水晶体の混濁（糖尿病によるものなど）	視力低下、霧視（かすみ）や羞明（まぶしさを感じる）など
緑内障	視神経の障害で眼圧が上昇★	視力低下、視野狭窄、急性の場合眼痛、頭痛、吐き気など
加齢黄斑変性症	網膜黄斑部の変性	変視症、中心暗点など。病気の進行により失明することがある
糖尿病網膜症	糖尿病により、網膜に変化	視力低下、眼底出血など。高齢者の失明の原因になる
流行性角結膜炎	ウイルスによる結膜炎	視力低下、変視症など。強い結膜の充血、目やにでまぶたが開かないなど。感染力が強い
急性結膜炎	結膜に感染や炎症が起きる	結膜の充血、目やになど

+α ぷらすあるふぁ
★正常眼圧緑内障もある。

181 老化に伴い明暗順応は低下する。

182 老化による爪の変化と観察のポイントには、**表23**、**表24**のようなものがある。

表23 ▶ 老化による爪の変化

①色が濁り、全体に荒く艶のない状態
②脆弱化（もろく弱くなること）
③縦に走る線条（すじ）が出る
④厚くなる
⑤巻き爪になりやすい

表24 ▶ 爪の変化の観察のポイント

・爪の色
・爪の性状
・爪周囲の皮膚の状態（赤くないか、周囲との色の変化はないか）
・かゆみや痛みの有無
・全身状態に変化はないか
・生活に変化はないか

183 巻き爪、陥入爪、不適切な爪切りや深爪により、周囲の皮膚を損傷することがある。糖尿病のある利用者は、**感染症にかかりやすく治りにくい**ため、**爪**だけではなく、周囲の皮膚など**足趾（指）**の観察も怠らないことが重要である（**表25**参照）。

32—99

184 老化による毛の生理的変化と観察のポイントには、**表26**、**表27**のようなものがある。ただし、生理的変化は、個人差が大きい。

185 老化による口腔内の主な生理的変化としては、**表28**のようなものがある。口腔内の老化による変化は、栄養を摂取することに支障をきたす。

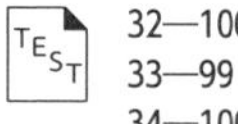
32—100
33—99
34—100

186 口腔内の観察のポイントは、**表29**のとおりである。

187 細菌は、**歯垢（プラーク）**の中にある。特に、歯垢がたまりやすいのは歯と歯の境界部分や奥歯の溝である。

188 歯周病とは、歯肉や歯を支える骨である歯槽骨など、歯の周囲組織に起こる病気の総称である。歯周病の原因は歯垢の細菌である。歯周病は口臭の原因となる。

35—24

189 口腔の清潔が保てなくなる原因としては、**口内炎**、**唾液の減少**、**歯垢の増加**、**咳反射の低下**、**顔面の片麻痺**などがある。

32—100

190 **認知症**のある利用者の場合は、見当識障害があることにより、身じたくをするという行為自体を忘れてしまうことがある。このような状態が続くと、かゆみや虫歯の原因ともなり、健康状態が維持できないことにつながる。

表25 ▶ 爪の変化と予測されること

	どのような変化か	予測されること
爪の色	Half and half nail： 爪のほぼ中央に白色帯が出た状態	腎疾患
	全体に白い爪	肝障害や低栄養、貧血等
	青紫色の爪：チアノーゼがみられる状態	心臓疾患や呼吸状態の悪化等
爪の性状	**巻き爪・陥入爪**： 足指の爪側縁が指に食い込んだ状態	老化 足に合わない靴 爪の切り方
	スプーン爪： 爪がスプーン状になっている	重症の貧血 **鉄欠乏性貧血**
	バチ状爪： 指先が太鼓をたたくバチのようになっている	おもに心臓疾患
その他	爪の**白濁**・**肥厚**がみられる	爪白癬＝水虫 白癬菌を原因とする

資料：介護福祉士養成講座編集委員会編『最新　介護福祉士養成講座⑪こころとからだのしくみ（第２版）』中央法規出版、2022年、146頁を一部改変

表26 ▶ 老化による毛の生理的変化

①毛が細くなる
②毛髪が減少する（毛包の数が減少するため）
③白髪になる（毛嚢が萎縮し、色素産生能力が低下するため）
④はげてくる（40～50歳代から顕著。遺伝と男性ホルモンが関与）

表27 ▶ 毛の変化の観察のポイント

・異常な抜け毛はないか
・かゆみや痛みの有無
・周囲の皮膚の状態（赤くないか、周囲との色の変化はないか）
・全身状態に変化はないか
・生活に変化はないか

表28 ▶ 老化による口腔内の主な生理的変化

①歯の数が減る（虫歯や歯周病が関与）。 ②不適切な歯みがきで、知覚過敏になりやすい。 ③咀嚼力が低下する。 ④唾液分泌量が低下する。 ⑤味蕾の数が減る。 ⑥顔貌が変化する（歯の有無が関与）。 ⑦発言が不明瞭になる。

表29 ▶ 口腔内の観察のポイント

・ぐらぐらした歯はないか ・義歯は合っているか ・口臭はないか ・痛みの有無 ・出血の有無 ・周囲の口腔粘膜と異なる色調はないか（赤くないか、白くないか）	・食事量の変化 ・嗜好の変化 ・食事に対する気持ちの変化 ・全身状態に変化はないか ・生活に変化はないか

身じたくに関するこころとからだの変化の気づきと医療職などとの連携

191 鼻出血の原因として、鼻中隔の粘膜であるキーゼルバッハ部位からの出血がある。鼻出血がみられた場合、この部位を圧迫するとよい。

192 経口抗凝固薬等を服用している場合の鼻出血は、医療職に報告して対応してもらう。

193 目やにの量が異常に多い、粘り・黄色が強い場合は、感染症が考えられるので医療職に報告する。

一問一答 ▶ P.283

5 食事に関連したこころとからだのしくみ

食べるためにからだがどのようなはたらきをしているのか基本的な内容を確実に理解しておくことが必要である。また、疾患の特徴を理解したうえでの学びが必要である。疾患によりカロリー、たんぱく質、塩分など制限されるものは異なるので、関連させて理解しておくことが必要であるといえる。併せて、栄養素や摂食・嚥下の基本を押さえたうえで、個別の疾患や障害の特徴や留意点について確認しておく必要がある。

食事に関連したこころとからだのしくみ

● 食事の意味

194 **食事**を口から摂り入れるという行為は、人間が生命を維持し健康を保つために重要である。基本的欲求の1つでもある。

● からだをつくる栄養素

195 人間に必要不可欠な**栄養素**には、炭水化物（糖質）、たんぱく質（アミノ酸）、脂質、無機質（ミネラル）、ビタミンの5つがあり、これを**五大栄養素**という。

34—103

196 五大栄養素のうち、エネルギー源となる炭水化物（糖質）、脂質、たんぱく質（アミノ酸）を**三大栄養素**という。

197 **栄養素**の主なはたらきは、**表30**のとおりである。

198 **炭水化物**は、糖質と食物繊維を含んだものである。食物繊維は、人の消化酵素では消化されない難消化性多糖類に属し、エネルギー源とはなり得ない。しかし、整腸作用・腸内有害物質吸収などのはたらきがあり、大腸がん、糖尿病、高血圧症などの生活習慣病の予防因子となる。

199 脂質は、細胞膜・血液・ホルモン等の原料となる。脂溶性ビタミンの吸収を助けるはたらきをもつ。

表30 ▶ 栄養素の主なはたらき

	糖質	脂質	たんぱく質	無機質	ビタミン
エネルギー源となる	○	○	○	×	×
からだの構成成分となる	×	○	○	○	×
生体機能の調節をする	×	×	○	○	○

200 **たんぱく質**は、からだを構成する細胞質の主要成分で、皮膚・筋肉・骨・ホルモン・酵素などを構成している。たんぱく質が不足することで、免疫力が低下する。

34—101

201 **たんぱく質**は、約20種類の**アミノ酸**から構成されている。アミノ酸の多くは必要なときに体内で合成されるが、**体内で十分な量を合成されない** 9 種類のアミノ酸を**必須アミノ酸**といい、これは必ず食事から摂取しなければならない。

202 **ビタミン**は、脂溶性と水溶性がある。脂溶性ビタミン（A・D・E・K）は油脂と一緒に摂取すると吸収が促進されるが、余剰は体内に蓄積されるので、多量に摂ると**過剰障害**が出る。水溶性ビタミン（B・C）は体内に蓄積されず、不要分は尿中へ排泄されるので、毎日摂取する必要がある（**表31**参照）。

TEST 32—46（生活）
33—101

203 無機質（ミネラル）には、ナトリウム（Na）・カリウム（K）・カルシウム（Ca）などがある。ナトリウム（Na）は、血圧の維持や細胞機能の維持のはたらきがある。

TEST 33—101

★夜盲症
健常者と比べて暗い所での物の見え方が悪い状態をいう。

36—21

★ペラグラ
皮膚では、光線過敏症状。舌や口唇の炎症性変化。消化器では下痢、腹痛。神経症状としては頭痛、知覚異常がみられる疾患。

表31 ▶ 各ビタミンの主なはたらき

分類	種類	主なはたらき	欠乏症	多く含む食品
脂溶性	ビタミンA	視力の調節	夜盲症★	レバー、うなぎ、緑黄色野菜
	ビタミンD	カルシウムの吸収を助ける	骨軟化症、骨粗鬆症	魚、干ししいたけ、卵、乳製品
	ビタミンE	酸化防止作用	溶血性貧血	種実類、大豆、緑黄色野菜
	ビタミンK	血液凝固に必要	血液凝固遅延	緑黄色野菜、納豆、肉、卵
		カルシウムの骨への吸収を助ける	骨粗鬆症	
水溶性	ビタミンB_1	糖質代謝に関与	脚気、多発性神経炎	米ぬか、豚肉、豆類、穀類の胚芽
	ビタミンB_2	糖質・脂質の代謝に関与	口角炎、皮膚炎	レバー、牛乳、卵、緑黄色野菜
	ビタミンB_6	アミノ酸代謝に関与	皮膚炎、口内炎	レバー、穀類の胚芽、豆類
	ビタミンB_{12}	赤血球の増殖	巨赤芽球性貧血	貝類、レバー、卵黄、牛乳、魚類
	ナイアシン	酸化還元反応に関与	ペラグラ★、口舌炎	レバー、肉、卵、海藻、大豆
	パントテン酸	糖質・脂質の代謝に関与	欠乏は起こりにくい	穀類、卵、豆類、いも類、魚類
	ビオチン	脂肪酸の合成	皮膚炎、脱毛	肉類、卵、米ぬか、大豆、落花生
	葉酸	成長・妊娠の維持に重要	巨赤芽球性貧血	穀類の胚芽、カキ(貝)、緑黄色野菜
	ビタミンC	コラーゲンの合成	壊血病	野菜、果物、緑茶、いも類

● 1日に必要な栄養量・水分量

204 1日に必要な栄養摂取量は、**表32**のとおりである。

表32 ▶ 1日に必要な栄養摂取量

栄養素	必要摂取量	エネルギー発生量
炭水化物	30kcal/kg/日 ※1日の必要エネルギー量★の約50～65%	4kcal/g
たんぱく質 （アミノ酸）	0.8～1.0g/kg/日 ※1日の必要エネルギー量の約13%	4kcal/g
脂質	25～30kcal/kg/日 ※1日の必要エネルギー量の約20～30%	9kcal/g★

205 人が生きていくために重要な**水分必要量**は、成人の場合、1日約2500mlとされる。このうち口から飲む水分は約1200ml、食物に含まれている水分は約1000mlである。残り約300mlは、代謝水として栄養素の代謝によって体内でつくられる。

206 人は、摂取した分量と同量の水分を排出する必要がある。例えば体重60kgの成人男性の場合、1日に尿や便として約1600ml、不感蒸泄★として約800～900mlが体外に排泄される（267参照）。

● 食欲・おいしさを感じるしくみ

207 視床下部は、**摂食機能**に関係する。つまり、**空腹感**、**満腹感**★は、この部位のはたらきにより生じる。

208 食欲調節には、脂肪細胞（レプチン）や**血糖値**（血中のブドウ糖濃度）などが関与している。血糖値が下がると視床下部の摂食中枢が反応し、食欲が生じる。血糖値が上がると、視床下部の満腹中枢が反応し、食欲がなくなる。

209 大脳辺縁系は、**視床下部をコントロールする部位**である。におい（嗅覚）や見た目（視覚）、食感や舌触り（触覚）といった五感の過去の記憶がこの部位に入力されていて、伝達された情報が分析、統合されて摂食のための行為へとつながる。食べ物を見た際に、食欲が増加したり、減退したりするのは、このようなコントロールによるもので、この部位の障害の有無や過去の体験が食事に影響を与える。

+α ぷらすあるふぁ

1日の必要エネルギー量は、基礎代謝量に活動係数とストレス係数をかけることによって求められる。

+α ぷらすあるふぁ

エネルギー発生量は脂質が最も多い。

★不感蒸泄
身体から失われる水分のうち、呼吸や皮膚からの蒸発によって失われるものをいう。発汗や排泄によるものは含まれない。

★満腹感
胃壁の拡張と血糖値の上昇で感じる。

● 食べるしくみ

210 食事にかかわる器官で外見からわかる部分には、口唇、甲状軟骨（喉仏）などがあるが、多くの器官は内部に位置している。気管の入り口にあって嚥下をする際に誤嚥しないよう**ふたの役割**をする軟骨が喉頭蓋である（**図16**参照）。

図16 ▶ 食事機能を理解するための人体の構造

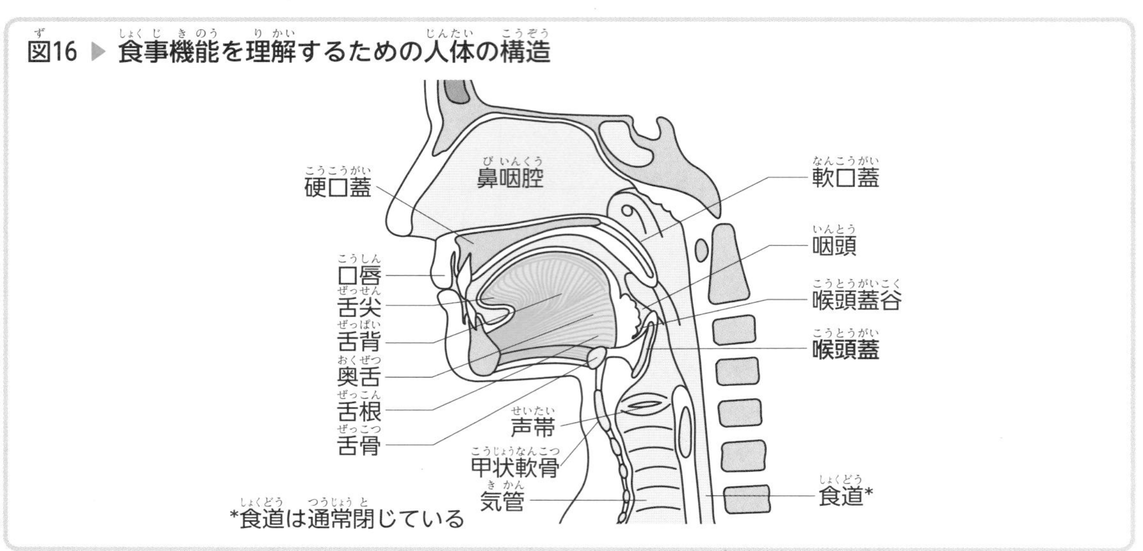

TEST 35—25 36—24

211 食事の姿勢は、通常、頭部はまっすぐ、顎を少し引く姿勢とする。頸部を後屈させる姿勢は、**気管**の入り口が広がり食べ物を誤嚥しやすくなる。

TEST 32—102 33—102

212 食事の動作には、先行期、準備期、口腔期、咽頭期、食道期といった段階があり、これを**摂食・嚥下の５期モデル（５分類）**という（**表33**参照）。さらに、口腔期から食道期の３つの時期は、**嚥下３期（相）**といわれる嚥下運動を示す。

213 口腔内に取り込まれた食物は、上下の歯で下顎の運動によって細かくかみ砕かれ（咀嚼）、消化酵素を含む**唾液**と混ぜ合わされて、飲み込みやすい形（食塊）となって飲み下され（嚥下）、咽頭、食道を通過し、胃へと達する。

表33 ▶ 摂食・嚥下の5期モデル（5分類）と内容

	内容
先行期（認知期）	**食べ物の形や色、においなどを認知する**時期。食事をして条件反射的に、唾液が分泌され、食事の準備が行われる。
準備期（咀嚼期）	**食塊を整える**時期。捕食、咀嚼、食塊形成の3段階がある。唾液は咀嚼により固形の食物と混ざる。
口腔期	食塊が形成され食事の準備ができ、**食塊を口腔から咽頭へ移送する**時期。移送は主に**舌**で行われる。また、舌は食塊を形成したり、辺縁を硬口蓋に押しつけ、送り込むのに重要なはたらきをしている。
咽頭期	**食塊が咽頭を通過する**時期。**軟口蓋**が**鼻腔を閉鎖**し、喉頭は舌骨上筋群により引き上げられ挙上する。食塊が咽頭に入ると、舌骨が咽頭後壁に押しつけられ、咽頭に蠕動様運動が生じ、**喉頭蓋**が反転して**喉頭の入り口を閉鎖**する。嚥下反射のタイミングは食塊によって変わる。嚥下反射は**無意識**に行われ、この時期から食道期にかけての運動は**不随意**に行われる。
食道期	**食塊が食道入口部から胃へ移送される**時期。食塊は輪状咽頭筋が弛緩し、食道に入り込むと、括約筋が閉鎖し、蠕動運動、重力、腹腔内圧によって、胃へと移送される。

資料：介護福祉士養成講座編集委員会編『最新 介護福祉士養成講座⑪こころとからだのしくみ（第2版）』中央法規出版、2022年、158頁を一部改変

● のどが渇くしくみ

214 視床下部には、**口渇中枢**が存在しており、発汗や呼吸によって水分量が減り、体液の浸透圧が高くなると、**口の渇き**を感じる。

機能の低下・障害が食事に及ぼす影響

機能の低下

215 老化による筋力の低下に伴い、**咀嚼力**は低下する。このため、咀嚼時間が延長し、口唇の閉じが悪くなり、食べこぼしが起こる。

216 残存歯の減少により、**咀嚼力**は低下する。総義歯になると、粉砕能力は健全歯列者の3分の1から6分の1になるといわれる。

217 歯牙の欠損や義歯の不適合があると、歯肉などに痛みを生じることがあり、咀嚼や食塊形成が妨げられる。

218 **心理的原因**による**嚥下障害**の代表的疾患として、認知症、心身症、うつ病などがあげられる。

219 **身体的原因**による**嚥下障害**の代表的疾患として、**筋萎縮性側索硬化症（ALS）**があげられる。

220 老化は嚥下機能に影響するが、老化の影響には**個人差**がある。

221 通常の範囲にある食事に対し、食物のカロリー・塩分・脂質・たんぱく質・糖質などが医師の処方によって規定、制限されている食事を**治療食**という。

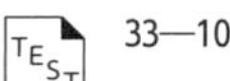
33―101

222 食事制限が必要な主な疾患は**表34**のとおりである。

表34 ▶ 食事制限が必要な主な疾患

食事制限	主な疾患
カロリー	糖尿病、高尿酸血症、痛風、肥満
塩分（ナトリウム（Na））	腎機能障害（尿毒症）、高血圧症、心疾患
カリウム（K）	腎機能障害（尿毒症）
たんぱく質	腎機能障害（尿毒症）

注：腎機能障害（尿毒症）は、高カロリー食となる。

223 **脂質異常症**は、エネルギー量を適正にし、摂取する炭水化物、たんぱく質、脂肪の配分をバランスのとれたものにすることが大切である。特に、卵などに多く含まれる**コレステロール**を控えることが大切である。

224 **糖尿病**で**インスリン**を補っている利用者の場合、インスリン注射量や食事量、運動量が不適切な場合などに起こる**低血糖症状**★に注意する必要がある。

★低血糖症状
脱力感、手指のふるえ、冷汗、動悸、生あくび、眼の焦点が合わない、異常行動、意識消失など。

36―24

誤嚥

225 **誤飲**とは、食物以外の物を誤って口から摂取してしまうことをいう。**誤嚥**とは、食物や唾液を飲み込んだときに通常、**食道**へ行くはずのものが、誤って**気管**に入ってしまうことをいう。

226 誤嚥が疑われる状態としては、**表35**のようなものがある。

227 健康な人の場合は、誤嚥をするとかなり激しい咳が出る（咳反射）。しかし、反射が低下していると咳も弱かったり、あるいは反射が消失していると、誤嚥しても一見、何も起こらないため、問題がないようにみえることがある。これを**不顕性誤嚥**という。

表35 ▶ 誤嚥が疑われる状態

・過去に誤嚥・窒息がある	・肺炎、発熱を繰り返す
・脱水、低栄養状態がある	・拒食、食欲低下がある
・食事時間が１時間以上かかる	・食事の好みが変わった
・食事中・食後にむせや咳が多い	・嗄声（かすれ声）がある
・夜間に咳き込む	・咽頭違和感・食物残留感がある

228 **誤嚥**が繰り返されると、**誤嚥性肺炎**を引き起こし、高齢者や身体機能が低下している人は死に至ることがある。

229 **誤嚥性肺炎**が起こると、38℃近くの**発熱**がみられるが、高齢者の場合には発熱がみられないこともある。意識のはっきりしている人の場合、食事中であっても食が急に進まなくなったり、食事を拒否したり、緊張した表情になったりする。**甲状軟骨**（喉仏）の動きがはっきりしない（ためらっていてなかなか飲み込まない）、活気や元気がなくなる、いつもと様子が違う、喉が痰でゴロゴロしてくる、といった予兆がある。

32―73（発達）
36―25

230 **窒息**の場合、声が出せない、もがく、**チョークサイン**（**図17**参照）、呼吸音がゴロゴロ、ヒューといった音になる、**呼吸困難**となり、顔面の**青紫色（チアノーゼ）**がみられるようになり、脈拍、血圧が上昇する。さらに進行すると、痙攣、脱糞を伴い、激しくのた打ち回る。１分を過ぎると、**意識**を消失し、硬直した表情になり、**昏睡状態**、**筋肉**の**弛緩**、**仮死状態**に陥り、１分半を過ぎると回復の可能性は低くなる。

図17 ▶ チョークサイン

人が窒息したときに
とっさに出るSOSのサイン

231 義歯が緩い場合や、大量の食事を一口でほおばる行動がみられる人には、**窒息**に対する注意が必要である。一瞬動きが止まる、様子がおかしいといった状態を見逃さないよう注意する。このような様子は嘔吐の予兆としても現れることがある。

低血糖・高血糖

232 低血糖は、糖尿病で薬物療法を受けている人に高い頻度でみられる。血糖値が70mg /dl以下になると身体は血糖値を上げようとはたらく。50mg /dl未満になると脳などの中枢神経が糖不足となり、低血糖症状がみられる。

233 主な低血糖症状には、70mg /dl以下で、発汗・不安感・手のふるえ・顔面蒼白など。50mg /dl以下で、生あくび・集中力の低下など。30 mg /dl以下で、けいれん・昏睡などがみられる。

234 低血糖を予防するためには、**食事**や**薬剤の量**を医師と相談しておく。また、**空腹時の運動**は控えるなどがある。

235 血糖値の高い状態を高血糖という。血糖値が上昇すると、血液の浸透圧が高まり、細胞内からの水分が引き出される。高血糖による症状として、**口渇**、**多尿**、**体重が減少する**などがある。

食事量の低下

 33—102

236 認知症などにより**認知機能**が低下すると、食事動作の遅延や停止などが生じることがあり、食事量低下の原因となる。

237 **うつ病**では、食欲の減退が生じる。

238 脳血管障害やパーキンソン病などに伴う脱力（衰弱）、協調（運動）不能、強剛（固縮）、運動困難、感覚機能の喪失が食事量の低下につながる。

低栄養

239 **低栄養**は、血清アルブミン値（3.5ｇ /dl以下）、体重減少率（１か月で３～５％未満）で中リスクとなり、対応が求められるようになる。

脱水

240 水分不足による脱水では、唾液分泌の低下によって、**食塊形成**が十分にできなくなる。そのため、口腔内や咽頭壁への付着や残留が多くなる。

その他

241 口腔内の汚れは、においや菌の繁殖のみならず、味覚や食欲、嚥下反射、咳反射にも影響する。

242 **味蕾**は、舌以外の咽頭粘膜等にも分布しているが、加齢に伴いその数が**減少**し、乳頭の**萎縮**が起こる。また、味覚中枢への神経経路にも加齢に伴う変化が起こるので、老化とともに**味覚**は**低下**する。特に、**苦味**や**塩味**の低下が著しいとされているので、高齢者は**濃い**味のものを好みやすくなる。

TEST 33—99

243 胃ろうがあっても経口摂取は可能である。

食事に関連したこころとからだの変化の気づきと医療職などとの連携

● 嚥下障害に気づく観察のポイント

244 **摂食・嚥下障害の症状**としては、**表36**の点があげられる。

表36 ▶ 摂食・嚥下障害の症状

- ・流涎（口からよだれが垂れる）
- ・嚥下開始が困難
- ・咳・むせ
- ・嗄声（かすれ声）
- ・胸焼け・胸部不快感
- ・摂取量が少ない
- ・疲労度が高い
- ・痰の著増
- ・咀嚼ができない
- ・鼻腔への逆流
- ・喉に食物が引っかかる感じ（残留感）
- ・胸部に食物が引っかかる感じ
- ・食事時間が1時間以上かかる
- ・食事前後のバイタルサインが不安定
- ・発熱　など

245 **嚥下**と**呼吸**は、相互関係にあるので、嚥下を繰り返すことで呼吸が切迫する（ハーハーする、息切れする）際には、呼吸が苦しいことを示している。食事を摂ることで疲労感が生じていないか、聞き慣れない呼吸音がしないかなどを確認する。

● 脱水・低栄養に気づく観察のポイント

246 **脱水・低栄養**に関係する主な症状を知るためには、食事にかかる**時間**や**摂取量**の確認をする。食事時間は1回30分程度で、摂取量は通常の約3分の2以上、水分量は約1000～1500mlを目安にする。

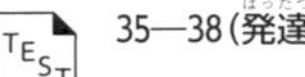
35―38（発達）

247 体重の２％に相当する水分（体重60kgの人で1.2l）が失われると、**強い喉の渇き**、**食欲減退**などの症状が現れる。高齢者では症状が現れにくいのが特徴である。**脱水症状**の観察のポイントとしては、**表37**の点があげられる。

表37 ▶ 脱水症状の観察のポイント

・口渇	・活動性の低下
・口唇や舌の乾燥	・わきの下の乾燥
・皮膚の緊張の減少	・尿量の減少・濃縮尿
・頭痛	・全身倦怠感
・食欲不振	・めまい
・嘔気・嘔吐	・発熱
・意識低下	・痙攣　など

35―26

248 誤嚥しやすい高齢者は、水分摂取時にむせることから**水分摂取を控える**場合もある。摂取している**水分**の形状を確認することが必要となる。

249 **脱水の種類**は、**表38**のとおりである。

表38 ▶ 脱水の種類

種類	症状
高張性脱水	水分が多く失われる水欠乏性の脱水 症状：発熱といちじるしい口渇感をともない、口腔などの粘膜が乾燥する。意識は保たれるが、不穏・興奮の状態となる。手足は冷たくならず、脈拍もしっかりと触れる。
低張性脱水	ナトリウムが多く失われる塩類欠乏性の脱水 症状：発熱や口渇感をともないにくく、皮膚・粘膜の乾燥も少ない。全身倦怠感や眠気がみられ、手足は冷たく、脈拍が弱くなる。
等張性脱水	水分とナトリウム欠乏とがほぼ同じ割合で起こっている混合性の脱水

資料：介護福祉士養成講座編集委員会編『最新　介護福祉士養成講座⑪こころとからだのしくみ（第２版）』中央法規出版、2022年、174頁

一問一答 ▶ P.283

6 入浴・清潔保持に関連したこころとからだのしくみ

入浴に伴う作用は、体調を変化させることにつながり、介護に必要な根拠となる知識であることから必ず確認しておこう。入浴時の注意点はどのようなものがあるか、個別の疾患や障害について必ず確認しておくことが必要である。また、皮膚の構造や機能と併せて皮膚疾患の基本内容を確認しておきたい。

入浴・清潔保持に関連したこころとからだのしくみ

入浴・清潔保持の意味

250 入浴や清拭は、心身機能を高めるとともに身体を清潔に保ち、爽快感や満足感などを得ることができる。

入浴の効果と作用

251 からだを清潔にするのは人間の基本的欲求の1つである。**入浴の効果**には、**表39**のようなものがある。

表39 ▶ 入浴の効果

①皮膚を清潔にし、細菌感染を予防する。
②血液やリンパの循環を促進する。
③新陳代謝を促進し、老廃物の排出を助ける。
④筋肉の緊張や疲労を和らげる。
⑤心身をリラックスさせる。
⑥胃腸や腎臓など臓器の機能を高める。

252 **入浴の作用**としては、**表40**の項目があげられる。  36—26

表40 ▶ 入浴の作用

作用	状態	詳細
①温熱作用	皮膚の毛細血管や皮下の血管が拡張し、血行がよくなる。	・新陳代謝が促進され、体内の老廃物や疲労物質が排出されやすくなる。 ・内臓のはたらきが活発になる。 ・腎臓のはたらきが活発になり、利尿作用がはたらく。
②静水圧作用	からだが一回り小さくなるほどの水圧を受け、血液循環が促進され、心臓のはたらきが活発になる。	・下肢の血液が心臓に戻りやすくなる。 ・心肺機能が促進される。
③浮力作用	体重が9分の1程度になり、重さから解放される。	・腰や膝などへの負担が軽減され、動きやすくなる。 ・からだの負担が軽減されてリラックスできる。

● 皮膚、爪の汚れのしくみ

253 **皮膚の構造**は大きく分けて、表皮と真皮、皮下組織、皮膚付属器（爪、毛、汗腺、皮脂腺）からなる（**図18**参照）。

図18 ▶ 皮膚の構造

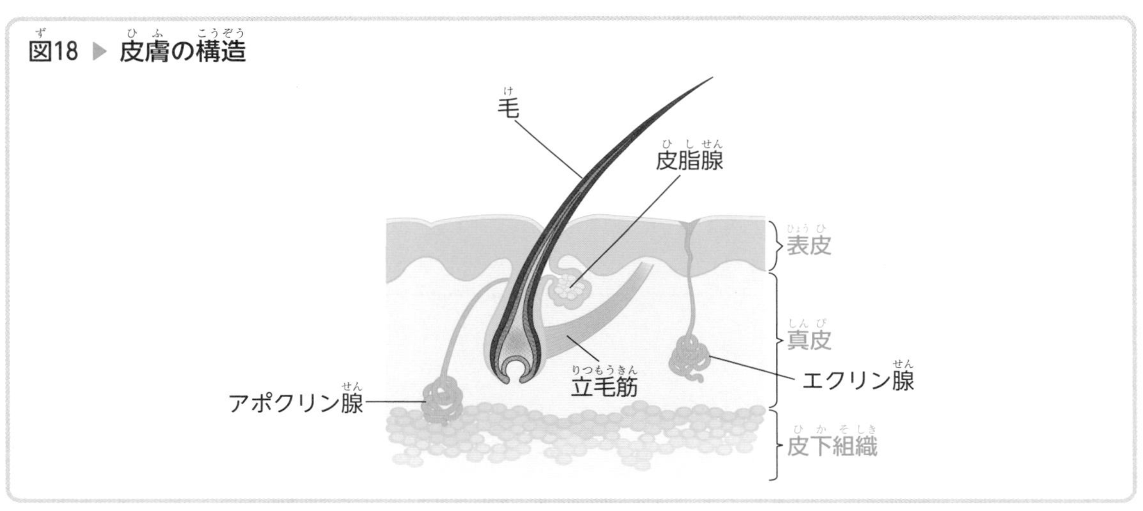

254 **皮膚の機能**には**表41**のようなものがあり、人間のからだを外界から守っている。

255 皮膚の一番外側にある表皮は、非常に激しく新陳代謝★が繰り返され、古くなった角質層は平均28日間で垢となり、はがれ落ち、絶え間なく新しい角質層がつくられている。

★新陳代謝
古いものが新しいものに次第に入れ替わっていくこと。

表41 ▶ 皮膚の機能

①外部からの衝撃を吸収し、体内の臓器を保護する
②外部からの化学的・生物学的な刺激を防ぐ
③保湿機能
④体内の水分や血漿、栄養分の体外への漏出防止機能
⑤感覚器としての機能
⑥体温調節機能
⑦産生機能

256 外部から付く汚れには埃やごみ、油性の化粧品、細菌などがある。油分を含まない汚れは水洗いで十分だが、油分を含む場合は石けんで汚れを落とす。この場合、石けんは皮膚のpHに近い弱酸性のものを使用する。

257 皮膚から出る汚れには、汗、皮脂、垢がある。**汗**★は、血液からつくられ、汗腺に取り込まれた汗は排出前に血管に再吸収される。塩分はそのときにほとんど再吸収され、排出される汗は**99%以上**が水である。

258 **皮脂**は、皮膚を滑らかにするとともに抗菌作用のある物質が含まれ、細菌からからだを保護する役割をもつ。分泌が過剰な場合は表皮の汚れと一緒になり、毛孔を詰まらせることがある。

259 爪と指の間の隙間は、汚れがたまりやすく、また汚れが残りやすい部分である。

● 頭皮の汚れのしくみ

260 皮脂腺は、毛器官に付随しているため、頭皮は分泌される皮脂量がほかの部位より**倍以上**に多く、頭皮、頭髪は皮脂や汗、剥離した角質、埃などで汚染されやすくなる。

261 毛髪はたんぱく質で構成されているので、熱でたんぱく変性を起こす。毛髪を必要以上に乾燥させると頭皮を傷めてふけの原因となる。

● 発汗のしくみ

262 **汗**には、**表42**の３つの種類がある。

263 **発汗**は、視床下部にある体温調節中枢が、自律神経を介して汗腺に指令を出すことで起こる。

264 **汗腺**にはエクリン腺とアポクリン腺があり、**表43**のようなはたらきをする。

ぷらすあるふぁ

汗のpHは４～６（弱酸性）で、この酸性度が皮膚表面での細菌増殖を防ぐと考えられている。

表42 ▶ 汗の種類

種類	内容
温熱性発汗	運動をしたり気温が上昇したりするとかく
精神性発汗	緊張したときなどにかく
味覚性発汗	からい物など刺激の強い物を食べたときにかく

表43 ▶ エクリン腺とアポクリン腺

エクリン腺	・汗が皮膚面で蒸発するときに体熱を放散し、**体温を調節**する。 ・成分が**水**と**電解質**であるので、**においがほとんどない。** ・**からだ中**に分布している。
アポクリン腺	・**有機成分**を含むため、**においがある（体臭の原因となる）。** ・**腋窩**や**乳房**、**陰部**などに分布している。

265 エクリン腺が、一番多く分布している場所は**手掌**で、次に足底、額と続く。

266 汗をかかない生活は**能動汗腺**★を減少させ、汗をかきにくくする。発汗ができないと排熱ができず、からだは熱の産生を抑えるために**代謝活動**を抑制し、**低代謝**の悪循環に陥る。

★能動汗腺
エクリン腺のうち汗を出す汗腺をいう。その数は約180万～280万個といわれる。

267 生物学的放熱機構として、発汗以外にも１日に肺から約300ml、皮膚から約500～600mlの水分が**不感蒸泄**として排出されている。

● リラックス、爽快感を感じるしくみ

268 湯の温度が中温（38～41℃）の場合は、**副交感神経**のはたらきが促進され、心臓の拍動は**低下**し、血圧も**低下**する。筋肉も**弛緩**するので、ゆったりとできリラックスする。

269 清潔にすることにより、さっぱりとした爽快感を得ることができる。**心肺**に負担をかけられない場合は、首まで湯に入らずに半身浴やシャワー、清拭など、ほかの方法を検討する。

その他

270 **陰部**や**肛門部**は、常在菌が多い、分泌物が多い、構造が複雑、排泄物により汚染されやすいことなどから、皮膚トラブルや感染が起こりやすくなる。

271 おむつや防水シーツを使用している場合は、汚染や蒸れから、皮膚の浸軟が起こりやすく、傷つきやすくなる。傷がつくと皮膚の**バリア機能**が損なわれ、感染を起こしやすくなる。

機能の低下・障害が入浴・清潔保持に及ぼす影響

入浴・清潔保持に関連する機能の低下・障害の原因

272 加齢に伴い真皮・表皮が薄くなり、傷つきやすくなる。からだを拭くときは、タオルでこすらず、押し当てるようにする。

273 汗や皮脂の分泌が減少すると皮膚が乾燥し、かゆみを感じやすくなるため、**保湿**が必要となる。

274 視覚機能が低下すると、浴室の状況が見えにくくなる。転倒しないよう足元に物を置かない、やけどしないように温水・冷水の違いをわかりやすくするなどの工夫が必要となる。

275 運動機能の低下により、浴室までの移動、衣服の着脱、浴室内での洗身・洗髪といった動作をスムーズに行うのが難しくなる。

276 片麻痺がある場合は、麻痺側の感覚や機能が健側とは異なる。また、空間の失認を伴うことがある。

277 麻痺側の冷感を訴え、長湯を希望する人が多いが、本人の意向、顔色、時間、受け応え時の様子など総合的に判断して、浴槽に入っている時間を決める。個人差があるが、5～10分程度を目安にする。

278 **尿道カテーテル**を使用している場合は、陰部を毎日洗浄するなど、感染予防と**清潔保持**の視点が必要である。入浴時には、**カテーテルと蓄尿袋の接続部をはずさずに入る**。蓄尿袋の位置は膀胱より高くならないように注意する。

279 **胃ろう**を造設している場合も入浴が可能である。シャワーの湯がかかっても問題なく、浴槽に入ることもできる。

32—49(生活)

● 機能の低下・障害が及ぼす入浴・清潔保持への影響

血圧の変動

280 入浴時の湯温が高いと、湯温の刺激により皮膚血管が収縮し、血圧は一時的に上昇する。身体が温まることで、血管は拡張し血圧は下がる。

ヒートショック

281 急激な温度変化が血圧や脈拍などに大きな影響を及ぼすことを、ヒートショックという。**脳梗塞**や**脳出血**を引き起こすことにつながるので、注意が必要である。

282 ヒートショックの例として、冬の入浴時、脱衣所から浴室への移動で急激な温度変化が起き、湯に入ることで血圧が上昇、その後温熱効果で血圧が下降する、といったことがある。これらの温度変化が血管を著しく収縮させ、血圧、脈拍を大きく変動させる。

呼吸困難

283 心臓や呼吸器に障害がある場合、**水圧による影響**を受ける。全身浴では肩から下肢まで全身に水圧がかかるので心臓や肺に集まる血液量が増して負担となる。

284 心臓や呼吸器に障害がある場合は**半身浴**とし、水圧のかかる範囲を胸から下にする。

皮膚の状態の変化

285 拘縮がある場合、皮膚が重なる腋窩、肘関節内側、手掌などは通気性が悪く、湿った状態になりやすい。そのことで皮膚の角質が剥離しやすく、皮膚のバリア機能が損なわれる。**感染**や**褥瘡**を引き起こしやすくなる。

286 入浴時に過剰に皮脂が除去されると皮膚が乾燥しやすくなり、かゆみが生じる。保湿をするなど、皮膚のバリア機能を正常に保つようにする。また、かいても皮膚を傷つけないよう、利用者の**爪を短く切る**。

その他

287 入浴の際は、からだを保護するものがなく、血流が豊富になるので、大事故につながる転倒は回避しなければならない。家庭内での**不慮の死**は**入浴中の事故**が多い。

288 空腹時の入浴は、気分不良となりやすいため避ける。また、食事の直後に入浴すると、消化器に血液が集まらず、消化吸収が不良となるため、入浴を避ける。

289 浴槽から出る時には、急に立ち上がると**血圧の低下**を招くので、**立ち上がり**はゆっくり行う。

34―105

入浴・清潔保持に関連したこころとからだの変化の気づきと医療職などとの連携

● こころとからだの変化

290 入浴により**血行**が促進されるので、入浴後は適度の疲労を伴う。また、入浴中は**発汗**があり、血液中の水分が不足するので、水分を補うとともに、疲れたからだを休めることが必要である。

291 湯の温度がからだに与える影響には、**表44**のようなものがある。

33―103

292 入浴時に仙骨部に発赤がある場合には、こすらずに洗い流す。

293 感染を起こしていない皮膚の創傷治癒を促すには、湿潤環境を保つことが有効とされる。

294 通常人として生活において当然行うべき行為を自ら行わないで、身体や精神状態を悪化させていることをセルフネグレクト（自己放任）という。

295 セルフネグレクトの原因が**認知症**や**うつ病**などの病気による判断力の低下によるものなのか、もしくはほかの理由によるものなのかを、**身体面**、**精神面**、**社会面**から探る必要がある。

● 医療職との連携

296 入浴前に**バイタルサイン**★の測定をして、変化があった場合には、介護福祉職が判断するのではなく、医療職に相談する必要がある。

★バイタルサイン
意識・呼吸・脈拍・血圧・体温などの生命徴候をいう。

表44 ▶ 湯の温度がからだに与える影響

	中温浴　38〜41℃	高温浴　42℃以上
自律神経	副交感神経を刺激	交感神経を刺激
心臓の動き	抑制される	促進される
血圧	低下する	上昇する
腎臓のはたらき	促進される	抑制される
膀胱の動き	排尿が促進される	排尿を抑制する
腸の動き	活発になる	抑制される
筋肉のはたらき	弛緩する	収縮する
脳	鎮静、リラックス	興奮

資料：介護福祉士養成講座編集委員会編『最新　介護福祉士養成講座⑪こころとからだのしくみ（第2版）』中央法規出版、2022年、208頁を一部改変

297 発熱、血圧の状態、全身の消耗が激しい、感染症にかかっている、終末期にあるなど、入浴に判断が必要な場合は、事前に入浴の是非、方法、留意点について医師の指示を受ける。

298 疥癬は、ヒゼンダニの皮膚角質層内寄生を原因とする伝染性疾患である。腹部や股・腋窩・手指間の皮膚の柔らかい部位にみられる。赤い丘疹・小水疱・激しいかゆみなどがみられる。

一問一答 ▶ P.284

7 排泄に関連したこころとからだのしくみ

飲んだり食べたりした物を排泄する際の支障となる尿失禁、便秘と下痢に関する基本的な知識を確認しておく必要がある。特に尿失禁の特徴と原因についてはよく問われるため、確実に押さえておこう。また、便秘は高齢者に多くみられるものであるが、その種類と原因により対応も異なることから、介護に必要な知識である。基本を確認しておくことが、個別の疾患や障害による排泄への影響を理解することにつながる。

排泄に関連したこころとからだのしくみ

● 排泄の意味

299 **排泄**とは、からだの**老廃物**を外に出す生理現象で、人間が生命活動を行ううえで不可欠な行為である。

300 トイレに行って排泄するという行為は、尿意・便意を感じ、トイレの場所や使い方を理解するなどの**認知機能**と、トイレまで歩く、衣服を脱ぎ着するなどの**運動機能**、尿に関しては**泌尿器機能**、便は**消化器機能**、のもとに成り立っている。

301 緊張や生活環境の変化で排泄に支障をきたすことがある。これは、排尿や排便を調整している**自律神経**がこころの影響を受けやすいからである。また、排泄に問題が生じると、こころにも影響する。

● 尿が生成されるしくみ

302 経口摂取した食物は、**腸**で吸収され、**肝臓**で代謝されて血液がつくられる。全身をめぐった血液は、**腎臓**でろ過されて水分と老廃物を**尿**として排泄する。

303 腎臓の**糸球体**から1分間にろ過される**原尿**は100～200m*l*であるが、このうちの水分の99%は体内に**再吸収**される（**図19**参照）。

図19 ▶ 尿の生成

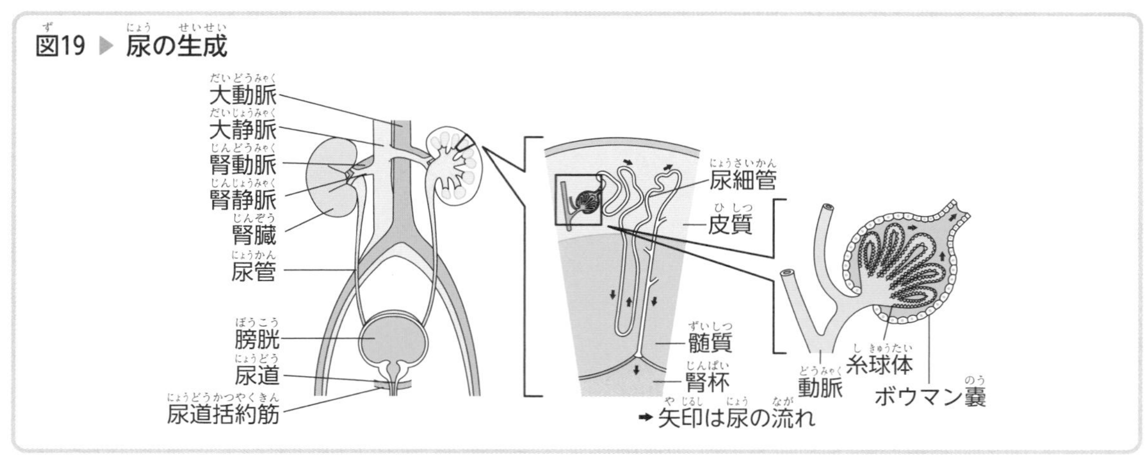

304 糸球体を囲む**ボウマン嚢**のなかでは、**血液中の血球やたんぱく質以外の成分がろ過され**、ボウマン嚢に続く尿細管で**水・電解質・糖は再吸収される**。

● 排尿のしくみ（尿の性状、量、回数含む）

305 **尿成分**の95%は、水分である。残り5%には、尿素・尿酸・ナトリウム（Na）・カリウム（K）・アンモニア等が含まれている。排泄されたばかりの尿は弱酸性である。

 32―104

306 **尿の性状**は、黄色や薄い黄色がかった透明の液体で無菌である。出た直後は食べ物のにおいなどがするが、空気に触れると細菌によって尿が分解され、アンモニア特有のにおいとなる。

307 尿は、食べた物や薬などで色やにおいが変わる。濁っている（**混濁尿**）、血が混ざって赤い色をしている（**血尿**）、たんぱく質が腐ったようなにおい（**腐敗臭**）などはからだの異常などを示す。

308 尿は、1日に1000～2000mℓ排泄される。1回の尿量は200～500mℓで、1日の排尿の回数は4～7回である。尿量と排尿の異常は**表45**、**表46**のとおりである。

表45 ▶ 尿量の異常

無尿	50～100mℓ以下／日
乏尿	400mℓ以下／日
多尿	1日の総排尿量が体重1kg×40mℓ以上

資料：介護福祉士養成講座編集委員会編『最新　介護福祉士養成講座⑪こころとからだのしくみ（第2版）』中央法規出版、2022年、217頁

表46 ▶ 排尿の異常

尿失禁	排泄行動を実行できる能力の低下、神経障害、骨盤底筋群の脆弱化などによって起こる。本人の意思にかかわらず尿が漏れてしまう状態である。
頻尿	膀胱容量の減少や、膀胱の過敏状態により、排尿回数が頻回になる状態である。
尿排出障害	尿道狭窄、前立腺肥大症などの下部尿路の通過障害または膀胱の収縮力の低下（膀胱をコントロールしている神経の障害や薬物による）により排尿しづらくなる状態である。尿が全く出ない状態を尿閉という。

309 腎臓でつくられた尿は、尿管という細い管を通って膀胱に運ばれる。膀胱は柔らかい筋肉（平滑筋）でできた袋で、尿はいったんここにためられる。膀胱の下は尿道と呼ばれる管につながり、尿はここから体外に排出される。

310 尿道は、尿道括約筋と呼ばれる筋肉が蛇口のような役割を果たし、漏らすことなく膀胱に尿をためたり出したりしている。**膀胱の容量**は人によって異なるが、200〜500mlである。

311 膀胱や尿道のはたらきには、**脊髄**を経由して**大脳**に至る自律神経が関与し、調節している。自律神経である**交感神経**と**副交感神経**は、排尿リズムに関与する。

312 膀胱に尿が送られても尿を漏らさずにいられるのは、交感神経が優位で、膀胱を弛緩させ、尿道を収縮させているためである。

313 トイレで排尿の体勢をとると尿が排出されるのは、副交感神経が優位で、膀胱を収縮させ、尿道を弛緩させているためである。

314 膀胱に半分程度尿がたまると、その刺激が**膀胱**から**脊髄**を経て大脳まで伝わり、**尿意**を感じる。尿意は30分〜１時間程度は我慢できる★。

315 男性の**尿道**は、通常16〜20cmと女性よりも長く、泌尿器と生殖器の２つのはたらきをもっている。前立腺は加齢とともに肥大しやすく、尿の勢いが落ちる、尿道に尿が残るなどがみられることがある。

尿意は波のようにだんだん強くなる。

● 便が生成されるしくみ

316 食物は、歯でかみ砕かれ、唾液と混ぜ合わされて、咽頭、食道を通って胃に運ばれる。胃は約1300mlの容量の袋状の臓器で、胃液と混ぜ合わせて粥状になった食物を小腸へと送る。

317 **小腸**は、十二指腸、空腸、回腸の順に大腸へ続く管状の臓器で、全長６〜７ｍある。

ぷらすあるふぁ
十二指腸で膵液と胆汁と混ざり、空腸と回腸で消化される。

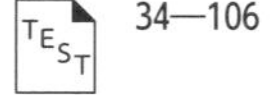
35—27

318 食物は、小腸で消化され、栄養が吸収される★。水分の95％を小腸で吸収しているが、この段階では便はまだどろどろの水様である。残りの水分の５％のうち４％を大腸で吸収して、肛門にたどり着くまでには形のある便になる（下巻「医療的ケア」186（図６）参照）。

319 **大腸**は、小腸に続く全長約1.5mの管状の臓器で、盲腸、上行結腸、横行結腸、下行結腸、S状結腸、直腸の順に**肛門**へと続く。便が直腸まで移動できるのは、蠕動運動による（**図20**参照）。

図20 ▶ 便の形成

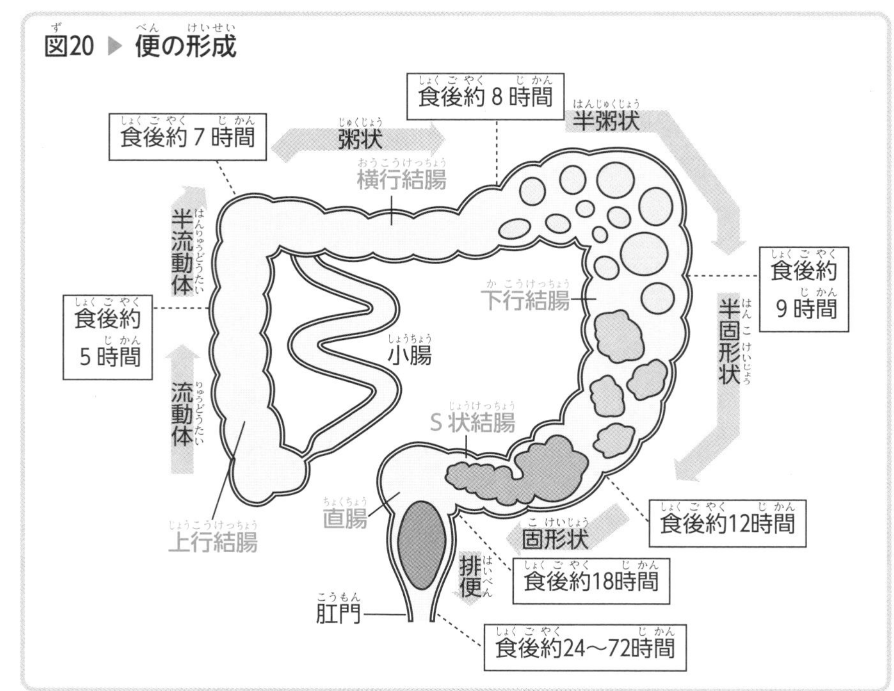

● 排便のしくみ（便の性状、量、回数含む）

34—106

320 **便の性状**において、便の硬さ（便性）には個人差がある。かかわる人が共通の基準で観察することが大切であり、そのスケールとしてブリストル便形状スケールがある（**図21**参照）。

図21 ▶ ブリストル便形状スケール

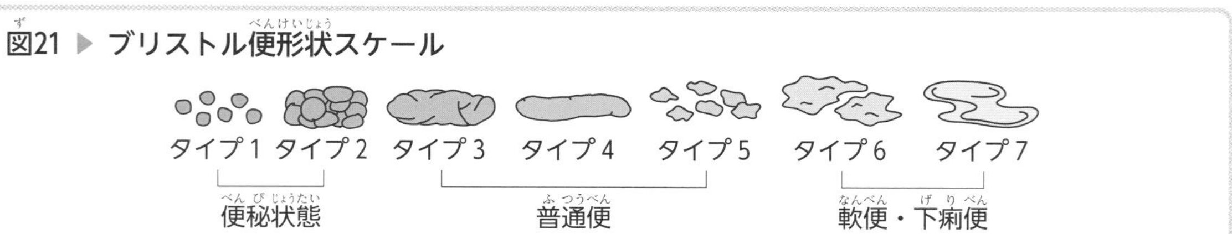

321 便の量や排便の回数は、個人差がある。健常な人では1回100〜250g、1日1〜3回もしくは1〜3日に1回程度が正常といわれている。

322 排便の異常は**表47**のとおりである。

表47 ▶ 排便の異常

便失禁	加齢や事故、出産等で肛門括約筋が衰えたり、我慢できずに出てしまう、また行動障害などが原因で、無意識のうちにまたは意思に反して便が排泄されてしまう状態
便秘	機能的、腸の病変、ストレスなどの精神的なものなど原因はさまざまあるが、排便回数の減少や水分量の少ない硬便で、排便が困難になる状態
下痢	食中毒やウイルスにおかされたり、精神的なものから、水分の多い便が頻回に排出される状態

323 腸や肛門のはたらきには、**脊髄**を経由して**大脳**に至る自律神経が関与し、調節している。自律神経である**交感神経**と**副交感神経**は、排便リズムに関与する。

324 直腸に便が送られても便を漏らさずにいられるのは、交感神経が優位で、直腸を弛緩させ、肛門を締めている**内肛門括約筋**★と外肛門括約筋を収縮させているためである（蓄便の状態）。

325 トイレで排便の体勢をとると、少しのいきみをきっかけに便が排出されるのは、副交感神経が優位で、直腸を収縮させ、内肛門括約筋と外肛門括約筋を弛緩させている★ためである。

326 直腸に便がある程度たまると、その刺激が**直腸**から**脊髄**を経て大脳まで伝わり、**便意**を感じる。便意がないと排便はできない。便意は15分程度で感じなくなるので、我慢しないことが大切である。

327 寝たままでは排便しにくいのは、精神的な理由のほかに構造上の理由がある。直腸と肛門のつなぎ目の部分は、**直腸肛門角**と呼ばれる角度がついているために、便がひっかかって漏れにくい構造になっている。座位になると、直腸肛門角が鈍角となって便を出しやすくなる（**図22**参照）。膝を曲げ踵を上げることで、腹圧がかかり、排便しやすくなる（**前傾姿勢**）。

+α ぷらすあるふぁ

内肛門括約筋は、直腸にあるものが便かガスか、固体か液体かを区別する役割も担っている。

+α ぷらすあるふぁ

内肛門括約筋（不随意筋）は無意識に締めたり緩めたりする。一方、外肛門括約筋（随意筋）は意識的に動かすことができる。

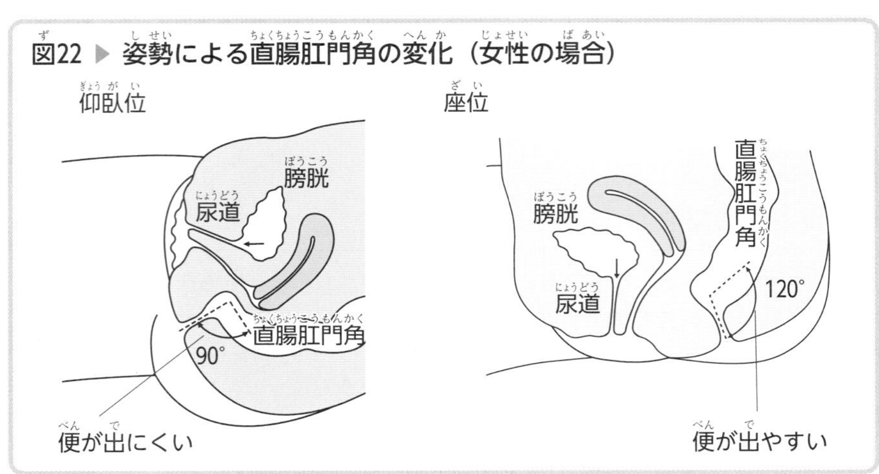

+α ぷらすあるふぁ

人工肛門・人工膀胱を総称してストーマという。ストーマは、ギリシャ語で口の意味。そこから手術によって腹壁に造られた排泄口を指す。

● その他

328 人工膀胱（尿路ストーマ）とは、尿管・膀胱・尿道の病気や、近くにある子宮や腸の病気の治療のために、使えなくなった尿管や膀胱の機能を代替するものをいう★（表48参照）。

表48 ▶ 人工膀胱の種類

種類	形状等
回腸導管	回腸でつくった袋に尿管を接続し、その袋を腹部の皮膚に固定して、皮膚に装着したストーマ袋に持続的に尿を排泄する。
蓄尿型代用膀胱	腸でつくった膀胱を腹部の皮膚に固定し、間欠的に導尿して排尿する。
尿管皮膚ろう	尿管を直接腹部皮膚に固定して、ストーマ袋に持続的に尿を排泄する。カテーテル留置を併用する場合もある。
自排尿型代用膀胱	腸でつくった膀胱を尿道につなげるので、装具やカテーテルを使用することなく、腹圧をかけて尿道から排尿する。

329 尿は、便に比べて消化酵素を含まない分、すぐに皮膚がただれることは少ないが、周りの皮膚は常に尿にさらされ、皮膚障害を起こす。また、尿は、装具の粘着部分を溶かしやすいという特徴がある。できるだけ尿が皮膚につかないように装具を着けること、適切な頻度で交換することで、皮膚障害を予防する。

330 人工肛門（消化器ストーマ）とは、腸の病気や腸の近くにある臓器（膀胱や子宮など）の病気の治療のために、腸を腹部に固定する手術をして、そこから便を排出するものをいう。

331 **人工肛門**は、造設される位置が肛門に近いほど水分が吸収され、便は**固形**に近くなり、排便の回数も**少なくなる**（319（**図20**）参照）。逆に、小腸に近い位置に造設されるほど、便は**水様便**に近くなり、排便の回数も**多くなる**。

332 便は消化酵素を含むため、皮膚につくとただれる。固形の便より水様便のほうが消化酵素を多く含み、よりただれやすい。

● 排泄における心理

333 排尿や排便を調整している自律神経は、こころの影響を受けやすいため、ストレスなどのこころの問題が原因で**排泄障害**が起こることがある。

334 排泄はその人の**尊厳**にかかわるため、**プライバシーの保護**に留意する（下巻「生活支援技術」223〜226参照）。

機能の低下・障害が排泄に及ぼす影響

● 頻尿

335 頻尿とは、正常な排尿回数（日中４〜７回、夜間０回）より多い、トイレが近い状態をいう。

336 夜間頻尿とは、夜にトイレに行く回数が１回以上の状態をいう。

● 尿失禁等

32—103
33—104

337 尿失禁には、機能性尿失禁・切迫性尿失禁・腹圧性尿失禁・溢流性尿失禁がある（**表49**、**表50**参照）。

338 排尿誘導とは、自発的にトイレに行くことができない人をトイレに誘う方法である。①定時排尿誘導、②習慣化排尿誘導、③排尿促進法（排尿自覚刺激行動療法）の３つがあり、いずれも排尿日誌を記録すること、膀胱や尿道の機能に問題がないか確認することが必要である（**表51**参照）。

339 心因性頻尿とは、膀胱や尿道の機能には問題がないにもかかわらず、気持ちの問題で早めに排尿してしまうことをいう。

表49 ▶ 尿失禁の特徴と原因

種類	特徴	主な原因
機能性尿失禁	排泄行為が困難となり漏れる	**認知症**やADLの低下による、認知機能や運動機能の低下
切迫性尿失禁	急に強い尿意を感じて我慢できずに漏れる	脳・脊髄の損傷、前立腺肥大症や膀胱炎などの疾患による**膀胱の収縮**（ためておけない）
腹圧性尿失禁	くしゃみや咳など、おなかに力が入ったときに漏れる。**女性**に多い	出産・加齢などの影響で、尿道を締める筋肉（**骨盤底筋**）が弱くなる
溢流性尿失禁	残尿があり、知らないうちに溢れるように漏れる	脳・脊髄の損傷、前立腺肥大症や前立腺がんなどによる**残尿**（うまく出せない）

表50 ▶ 尿失禁の対応方法

種類	対応方法
機能性尿失禁	**排尿誘導**やトイレがわかりやすいよう**目印をつける**など、トイレに行けるように支援を行う
切迫性尿失禁	第一選択は、**膀胱の収縮**を抑える薬物療法である。早めにトイレに行く習慣がある場合は、尿意を我慢する訓練（**膀胱訓練**）を行う
腹圧性尿失禁	第一選択は、**骨盤底筋訓練**★である。ほかの治療法として、尿道を支えて漏れにくくする手術や尿道にコラーゲンを注入して狭くする方法、尿道を締める薬物療法がある
溢流性尿失禁	①尿道の開きをよくする手術や薬物療法、②膀胱の収縮をよくする薬物療法、③**残尿**を取り除く導尿法、などがある

★骨盤底筋訓練
骨盤底筋は、膀胱、子宮、直腸が下がらないように骨盤から支える筋である。これを鍛えることで、尿失禁の予防となる。

表51 ▶ 排尿誘導の種類

対応方法	具体例
定時排尿誘導	ケアする側が3時間おきなどのように時間を決めてトイレに誘導する方法。尿意を伝えられない場合が対象
習慣化排尿誘導	利用者の生活習慣や排尿パターンに合わせてトイレに誘導する方法
排尿促進法（排尿自覚刺激行動療法）	ある程度尿意がわかる可能性のある場合に、尿意の確認をしたりサインを探してトイレ誘導を行い、成功したときには共感し「快」の刺激を与えることで、排泄行為の再獲得を目指す方法

● 尿路感染症

340 尿路とは、腎臓・尿管・膀胱・尿道をいい、ここに感染（細菌・ウイルスなど）を生じた場合を尿路感染症という。

341 **尿路感染症**は、高齢者に多い泌尿器疾患である。また、女性に多い疾患でもある。その理由として、尿道が短く直線的であるという特徴がある。

342 尿路感染症の主な原因には、脱水、留置カテーテルの使用、**前立腺肥大症**などによる残尿、寝たきりなどがある。

343 膀胱炎は、下部尿路感染症である。症状として、排尿痛・頻尿・残尿・排尿困難・下腹部不快感などがある。通常発熱はしない。上部尿路感染症では高熱がみられる場合が多い。高齢者では、尿失禁が尿路感染症の初発症状であることもある。

35—36（発達）
36—27

● 無尿・乏尿・多尿

344 尿量の異常には、無尿・乏尿・多尿がある（308（表45）参照）。

345 無尿・乏尿の原因は、①**出血**や**心疾患**による腎臓に供給される血液の減少、②**腎臓の病気**による腎機能障害、③**結石**や**腫瘍**による尿道などの閉塞がある。

346 多尿の原因は、①水分の摂取量が多いこと、②**糖尿病**などの疾患によるもの★がある。

+α ぷらすあるふぁ

糖尿病で多尿となるのは、血糖値が高く血液の濃度が濃いために、水分の再吸収が行われないからである。

こころとからだのしくみ

● 下痢

347 下痢とは、**泥状便**や**水様便**のように便が水分を多く含む状態をいう。通常の便の水分は70～80%程度であり、90%以上になると下痢と表現される。

348 **下痢への対処法**は、脱水への対応として水分・電解質の補給と、腸管を安静にすることが必要である。感染性の下痢や毒素の排泄が必要な場合は、止痢剤等を使用せず、医師から原因菌に応じた抗菌薬の投与を受ける。

● 便失禁

349 **便失禁**とは、自分の意思に反して便が漏れることをいう。多くは、蛇口の役割をしている肛門括約筋がしっかり締まらないために起こる。肛門括約筋は、**内肛門括約筋**（不随意筋）と**外肛門括約筋**（随意筋）があり、そのどちらが障害されているかで症状が異なる（**表52**参照）。

表52 ▶ 便失禁の種類

種類	状態	対応など
漏出性便失禁	内肛門括約筋が障害されるため、便意がなく気づかずに漏れる	定期的な浣腸など
切迫性便失禁	外肛門括約筋が障害されるため、便意はあるが我慢できずに漏れる	食事・薬剤で便の硬さを整える。骨盤底筋訓練など
下痢に伴う便失禁	肛門括約筋は正常。下痢で直腸が過敏になる	下痢の改善
嵌入便に伴う便失禁	直腸性便秘で、便塊が大きく、硬くなって排出できず、このとき便と腸の隙間から液状の便だけが漏れる。下痢と間違われる	摘便や浣腸

350 **便失禁**は、汚染やにおいが強く、介護者の精神的負担を伴ううえに、便による皮膚障害のリスクが高い。

● 便秘

351 **便秘**とは、排便が順調に行われず、排便回数が少なくなり、排便に苦痛を伴う状態をいう。原因により**機能性便秘**と**器質性便秘**に分けられ、さらに細分される。2つ以上のタイプを併せもっていることも多い。

352 **機能性便秘**には**表53**のようなものがある。

表53 ▶ 機能性便秘の種類

タイプ	原因	症状等	治療
弛緩性便秘	加齢や運動不足による腸管の緊張低下や筋力低下、食物繊維の不足	大腸の蠕動運動が低下することで、便が長時間排出できず、水分が吸収されて便は硬くなる	食物繊維や発酵食品の摂取や適度な運動、薬物療法としては、主に大腸刺激薬の使用
痙攣性便秘	ストレスが関係していることが多い	大腸が痙攣を起こして狭くなるために、便が通過できないタイプで、腹痛や腹部不快を伴う	精神的なケア、便の硬さを整えるために緩下剤を使用
直腸性便秘	便意を我慢する習慣があったり、便意を感じる神経が障害されている	直腸に便があるにもかかわらず、排便反射が弱く、便意を催さない	病気がなければ朝食をきちんと摂り、食後に便意があってもなくてもトイレに座るといった行動療法によって排便習慣を再確立、それが困難な場合は、摘便、浣腸、座薬によって、直腸内の便を除去

353 **器質性便秘**とは、大腸の病気により大腸そのものが部分的に狭くなり、便が通過しにくい状態をいう。**大腸がん**や**クローン病**などで多く、便秘が長期間続く場合や血液が混じる場合に疑われる。

354 **モルヒネ**などの**麻薬性鎮痛剤**の服用は、腸の**蠕動運動**が抑制されるため、**便秘の原因となる**。

355 **便秘の原因**には、**寝たきり状態**による生活、**うつ病**や**腸閉塞**などの疾患による場合がある。腸閉塞は、早急に医療対応が必要な疾患である。

33—105

生活場面における排泄に関連したこころとからだの変化の気づきと医療職などとの連携

356 尿量が少ない場合は、**脱水状態**が考えられる。飲水量を確認し、足りないようであれば促す工夫をする。極端に尿量が少ない場合は、高度の脱水や**腎不全**などが考えられる。

357 尿の中に糖やたんぱく質、赤血球等が検出されるのは正常な状態ではない。尿が**混濁**していたり、たんぱく質が腐ったような**悪臭**がする、血尿が出る場合は、膀胱炎の可能性がある。間をおかずに何度も血尿が出る場合は、**尿路結石症**や**膀胱がん**の疑いがある。

358 **発熱**や**嘔吐**、**腹痛**などを伴った急激な下痢で、**集団**で発生した場合は感染性の下痢の可能性がある。できるだけ早い医師への報告が必要となる。排泄物は感染の媒体となり得るため、使い捨ての手袋を使用し、処置前後に十分な手洗いを徹底する。

359 便に血液が混ざっていたり、黒い色の場合は、消化管の出血が疑われるので、速やかに医師や看護師に報告する。

360 失禁がある場合は、排泄物が皮膚に付着することによってただれたり、紙おむつによるアレルギー性の湿疹が出ることがあるので、おむつ交換や、入浴介助の際に皮膚の観察をする★。

361 **排尿日誌**、**排便日誌**の記入は、利用者の排泄の状態を継続的に観察でき、排泄の自立、健康状態の把握に有効である。

362 排尿日誌には**飲水量**、排便日誌には**食事量**の記入がされていると、入った量と出た量を総合的にアセスメントできる。

363 排泄状態が**異常**ととらえられるものは、医師や看護師等の**医療職への報告**が必要である。乏尿や無尿は生死にかかわる危険信号である。頻尿や尿失禁はすぐに生死にかかわることはないが、溢流性尿失禁のように残尿を伴うものでは、**感染症**や**腎機能障害**を起こすことにつながる。便秘や下痢も病気の徴候である場合がある。

+α ぷらすあるふぁ

おむつを着けていると蒸れによって褥瘡ができやすい。特に寝たきりの場合は仙骨部に注意が必要である。

一問一答 ▶ P.284

8 休息・睡眠に関連したこころとからだのしくみ

睡眠に関連した身体の器官と睡眠の種類、よい睡眠とは何かなど、基本を確認することが重要である。また、高齢者の睡眠の特徴、不眠の原因など、睡眠の基本と睡眠を阻害する原因は何かについても確認しておこう。

休息・睡眠に関連したこころとからだのしくみ

● 休息・睡眠の意味

364 **休息**は、人のこころとからだのために必要である。休息なしに活動することで疲労が蓄積され、心身の不調の原因となる。休息はこころをリフレッシュし、からだの疲労を回復させる。

365 生物には、およそ1日の周期でリズムを刻む**体内時計**★がある。このような約24時間周期のリズムを概日リズム（サーカディアンリズム）という。

366 睡眠をとることで、短時間で効率的に休息をとることができる。睡眠時間には個人差があり、基準があるわけではない。

367 睡眠をとることは、脳の機能を維持するために重要である。具体的には、①**記憶の整理・定着**、②**からだの組織の成長・修復を促進する**成長ホルモン**を分泌する**、③**生活習慣病の予防**、などがある。

● 睡眠時間の変化

368 その日の睡眠の長さや深さは、**目覚めていた長さ**や**疲労の程度**による。睡眠に適している時間帯は、体内時計のはたらきにより決まる。

369 日光は、体内時計の修正にかかわる最も強い因子となる。

370 睡眠負債とは、長い間睡眠不足が続いたことにより、それが負債となって蓄積され、健康状態が悪化することをいう。

ぷらすあるふぁ

体内時計は日（陽）の長さの変化を手がかりとして、季節の変化も検出している。また、光や温度、食事など外からの刺激によって修正される。

371 1日の実質の**睡眠時間**は、20～50代で約7時間である。高齢になると短くなる。

● 睡眠のリズム

33—107

ぷらすあるふぁ

眼球が急激に上下左右に動くため、「Rapid Eye Movement：急速眼球運動」の頭文字をとり、こう呼ばれている。

372 レム睡眠★は、筋肉が弛緩し、からだはぐったりしているのに、脳は覚醒に近い状態で夢を見ていることが多い。ノンレム睡眠は、ある程度の筋緊張を保ちながらぐっすり眠る睡眠であり、大脳を休ませ回復させる眠りである。

373 睡眠にはリズムがあり、浅い眠りのレム睡眠と、深い眠りのノンレム睡眠を90～120分周期で繰り返すとされている。

374 睡眠中の体温は、低下する。

● 睡眠に関連した身体の器官

375 **体内時計**は、脳の視床下部にある視交叉上核にある。

376 **睡眠不足**になると、**血圧**が上がる。これは、交感神経の活動が活発になるためと考えられている。慢性の睡眠不足は、高血圧の危険因子となる。

377 **睡眠不足**になると、インスリン（**113**（**表14**）参照）のはたらきが弱まる。

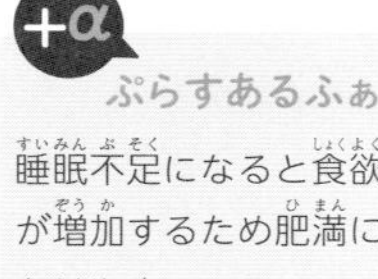

睡眠不足になると食欲が増加するため肥満になりやすい。

378 消化管からは食欲を増加させる**グレリン**というホルモンと、食欲を抑制する**レプチン**というホルモンが分泌されるが、**睡眠不足**が続くと、グレリンの分泌が増加し、レプチンの分泌が減少し、**食欲**が増加する★。

379 **松果体**から分泌される**メラトニン**は、睡眠を促進するホルモンである。

380 睡眠とこころとの関連では、悩みや**うつ病**があると不眠を生じる。

■ 機能の低下・障害が休息・睡眠に及ぼす影響

381 高齢者では若い頃のようにエネルギーを消費しないので、必要な睡眠の量も減少してくる。睡眠は全体に浅くなり、ちょっとしたことで目が覚めやすくなり、一晩のうちに何回も目が覚めるようになる。

382 高齢者では、**体内時計**による**概日リズム**機構にも変化がみられ、10～20代にかけては遅寝になりがちだったのが、40代の頃から早寝になる人が増えてくる。60代になると実際に眠ることができる長さが短くなってくるため、朝早くに目覚めてしまい、それ以上眠れなくなる。

383 高齢者では、腎機能が変化することで夜間の尿の濃縮が不十分となり、尿量が多くなる。睡眠中にトイレに起きる回数が増えると、眠りが浅くなる。

35―36(発達)

384 高齢者には、医療機関から複数の薬を処方されて服用している人が多い。そのため、薬の**副作用**で不眠になったり、**睡眠薬との相互作用**によって、睡眠薬の効きが悪くなったり、逆に睡眠薬が効きすぎてしまうことがある。

32―106

385 施設で暮らすようになると、それまでと全く**生活パターン**が変わったり、同室者や職員のたてる物音が気になったりと、睡眠を障害する要因が増える。

386 動脈硬化症や認知症がある場合は、環境の変化や、風邪薬など些細な原因でせん妄が引き起こされる場合がある。

387 睡眠は、こころの問題とも関連している。老年期に直面しやすいこころの問題として、**老化に対する不安**、**戸惑い**、**さまざまな喪失体験**、**病気に対する悩み**がある。

388 眠れない体験の繰り返しが眠れない不安につながり、不眠となることを、精神生理性不眠症という。

389 身体疾患・精神疾患にかかわらず、ほぼすべての疾患が睡眠を妨害する。高齢者の**不眠の原因**は、腰痛や神経痛による痛みや、**咳**、頻尿、うつ病が多い。

390 睡眠障害のなかで最も多いとされているのが、不眠症である。不眠症の種類は、**表54**のとおりである。

表54 ▶ 不眠症の種類

入眠障害	なかなか寝つけない
熟眠障害	長い睡眠時間をとっても、よく眠ったという満足感が得られない
中途覚醒	夜中に目が覚める
早朝覚醒	朝早く目が覚めて、その後眠れない

 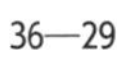
36—29

391 概日リズム睡眠障害とは、体内時計の周期を24時間周期に適切に同調できないことにより生じる睡眠の障害である。例として、夕方に強い眠気を覚えて寝てしまい、深夜に覚醒してしまう状態がある。

392 高齢者では、**レストレスレッグス症候群**、**周期性四肢運動障害**という睡眠障害が増加する。これらは睡眠薬が効かず、かえって悪化させることがあるので注意が必要である（**表55**参照）。

表55 ▶ 睡眠障害と疾患

レストレスレッグス症候群	夕方以降に**下肢を中心とした異常感覚が出現**し、下肢を動かすと異常感覚は消える。このため布団の中でもじっとしていられないので、強い不眠と日中の眠気が出る。
周期性四肢運動障害	夜になると**上肢や下肢が勝手に動き続ける**ため、睡眠が浅く、不眠や日中の眠気が出る。

393 レム睡眠行動障害は、夢のなかの行動が、寝言や異常行動として現れ、睡眠中に「突然叫ぶ・身体を動かす・暴れる」などの状態がみられる。レム睡眠が終わると安らかな睡眠に戻る。

394 **レム睡眠行動障害**は、中年期以降に多く、特にレビー小体型認知症やパーキンソン病の人によくみられる。

ぷらすあるふぁ

気道が狭くなる原因として、肥満以外にも扁桃腺腫大や小下顎症（下顎が小さい）などがある。

395 睡眠時無呼吸症候群では、眠りはじめると呼吸が停止し、血液中の酸素濃度が低下して目が覚め、呼吸が再開するが、眠りはじめると再び呼吸が停止するという過程を一晩中繰り返す。

396 **睡眠時無呼吸症候群**は、肥満体型の男性に多い。喉の部分の空気の通り道（気道）が狭い人★で、睡眠により周囲の筋肉が緩み、**気道が閉塞**してしまうことで起こる。

36—101（生活）

397 **睡眠時無呼吸症候群**では、睡眠不足のために日中に過剰な眠気が出現し、居眠りや集中困難などがみられる。夜間に長時間続く**低酸素血症**のため、高血圧、動脈硬化が引き起こされ、**心筋梗塞**や**脳梗塞**を起こしやすくなる。

生活場面における休息・睡眠に関連したこころとからだの変化の気づきと医療職などとの連携

398 睡眠状況の変化は、睡眠日誌などを用いて、症状や原因について確認する。急に起きた問題は、**からだの状態の急な変化**や薬が変わったことによる場合が多く、適切に対応することにより、速やかに治まる。

399 時間をかけて少しずつ起こった問題は、慢性の病気や環境、ストレス、習慣による場合が多く、時間をかけてじっくり対応する必要がある。

400 睡眠における問題と考えられる原因は、**表56**のとおりである。これらの問題がみられたら、必要に応じて専門医へ連絡することが必要である。

表56 ▶ 睡眠における問題と考えられる原因

問題	考えられる原因
夜間に異常な行動・現象がある	特殊な睡眠障害 てんかん薬剤の副作用 身体状況の悪化・せん妄
過眠★	薬剤による眠気 何らかの原因で睡眠が浅く細切れになっている
昼夜逆転	日光不足による体内時計の変調 日中活動の低下
不眠	痛み、咳・かゆみ 頻尿 うつ病 不眠の原因となる薬の服用

★過眠
夜はある程度眠っているのに、日中に強い眠気を感じきちんと目覚めていられないこと。

401 カフェインを含む飲食物を大量に摂る、就寝前に飲酒する、布団に入る直前に熱すぎる風呂に入るなどの生活習慣が**不眠の原因**となることがある。

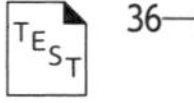

36—28

402 寝る直前の食事は、胃腸活動が活発になり、寝つきが悪く熟眠できなくなる。

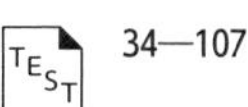

34—107

 35—28

403 睡眠薬で長時間眠ろうとすると、不自然な睡眠となるうえ、転倒しやすくなり危険である。睡眠薬を服用するようになって、睡眠不足のように感じる場合は、睡眠薬の効果が持ち越していることがほとんどである。睡眠薬で眠ったときには、**翌朝まで作用が残る**ことで目覚めが悪くなることが多い。

TEST 32—106

404 **抗ヒスタミン薬**は、夜間の睡眠が十分であっても日中に眠気を生じさせる作用がある。

一問一答 ▶ P.285

9 人生の最終段階のケアに関連したこころとからだのしくみ

キューブラー・ロスの心理過程は必ず確認しておくことが必要である。死亡直前の身体の変化に関しても確認しておこう。看取り介護を実践するうえでは、死を前にした状態を確認することがまず必要であり、次に死後にかかわる内容を確認しておきたい。

人生の最終段階に関する「死」の捉え方

405 **生物学的な死**は、生命維持活動を行ってきた生体のすべての生理機能が停止し、回復不可能な状態をいう。

406 法律的な死（**脳死**）とは、大脳と脳幹の機能がほぼ完全に失われ回復不可能な状態をいう。

407 臨床的な死とは、心肺機能が停止して臨床的には死んでいる状態をいう。

408 **死の三徴候**とは、心停止、呼吸停止、対光反射の消失・瞳孔散大（脳機能の停止）をいう。生存に最も重要な心臓（循環）、肺（呼吸）、脳（中枢）の三大臓器すべての機能が停止したことによって判断する。

409 **死亡**とは、医師が死を診断した時点をいう。医師が死亡を確認するまで死亡とは認められない。

410 死亡前24時間以内に医師が診察をしている場合には、改めて診察をしなくても死亡診断書を作成することができる。

411 **尊厳死**とは、人としての尊厳を保ちながら自然な状態で死を迎えることである。人為的な栄養や人工呼吸器など医療装置につながれて、延命だけを目的とすることを拒むもので、事前に**本人の意思**を確認しておくことが重要である。

34—108

412 リビングウィル（事前指示書）とは、意思疎通が困難になったときのために、希望する医療ケアを記録したものである。

32—107

413 「人生の最終段階における医療・ケアの決定プロセスに関するガイドライン」は、高齢多死社会の進行にともなう看取りの増大を背景に、地域包括ケアシステムの推進のなかでつくられた。

414 アドバンス・ケア・プランニング（ACP）は、本人の意思にそった医療・ケアをうけるため、事前に繰り返し話し合うプロセスとなっている。

「死」に対するこころの理解

415 死生観とは、生きることと死ぬことについての考え方である。

416 **死生観**は、その人の価値観が反映される、個別性のあるものである。

417 キューブラー・ロス（Kübler-Ross, E.）は、**死を受容する過程**を5段階に理論化した（**表57**参照）。

表57 ▶ 死を受容する過程

第1段階	否認	死の運命の事実を拒否し否定する段階	死の宣告のショックに対する自己防衛
第2段階	怒り	否定しきれない事実を宿命だと自覚した段階	「なぜ私が」という問いかけと怒り
第3段階	取引	奇跡への願いの気持ちを表す段階	信仰している神へのお願いなど
第4段階	抑うつ	気持ちが滅入ってしまう段階	精神的な落ちこみ
第5段階	受容	死を受容し、こころにある平安が訪れる段階	静かに受け入れられるようになる

418 キューブラー・ロス（Kübler-Ross, E.）の**受容**までの5段階は一方向ではなく、必ずしもこのとおりにたどるものではない。これまでの生活歴、家族歴、死に向かう原因や状況、死生観などにより、死への恐怖心や不安の理由がそれぞれ異なるように、受容までのプロセスも多様である。

419 大切な人との死別後の**悲嘆**を乗り越え、家族が再び自分の人生を歩んでいけるかどうかは、終末期のかかわり方が大きく影響する。介護福祉職には、家族が利用者の死を**受容**できるための援助が求められる（**図23**参照）。

図23 ▶ 家族の死を受容する段階

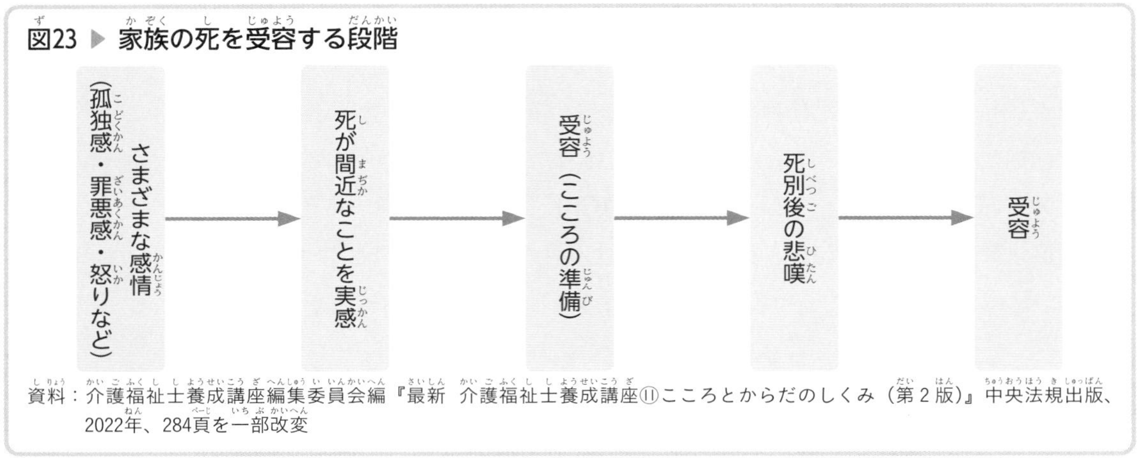

資料：介護福祉士養成講座編集委員会編『最新　介護福祉士養成講座⑪こころとからだのしくみ（第2版）』中央法規出版、2022年、284頁を一部改変

420 **悲嘆反応**の種類は、**表58**のような4つのものがある。

表58 ▶ 悲嘆反応の種類

身体的反応	睡眠障害、食欲減退　など
情緒的反応	悲しみ、怒り、抑うつ、罪責感、孤独感　など
知覚的反応	非現実感、幻覚　など
行動的反応	混乱、動揺、**探索行動**★　など

★探索行動
探しても見つからないことはわかっていても、故人にかかわりの深い場所に行くなどして、故人を探そうとする行動。

35—29

421 **グリーフケア**とは、**グリーフ**（死別による喪失感や、深い悲しみなど）によって起こる反応（症状）を理解し、遺された家族が自分の生活を立て直すことができるようにケアすることである。

422 利用者が亡くなった後の**デスカンファレンス**に家族も参加してもらうことで、チームとしてのグリーフケアが行える。

終末期から危篤状態、死後のからだの理解

● 終末期から危篤時の身体機能の低下の特徴

423 死が近くなると、生命徴候（バイタルサイン）は低下し、呼吸と循環状態に変化がみられる。

424 **呼吸運動**は、脳の延髄が司っている。終末期では、血圧の低下により、血液が延髄まで運搬されないため、酸素や栄養が不足し呼吸運動が維持できなくなる。

425 終末期における**呼吸の変化**では、呼吸の間隔が不規則で深さも乱れてくる。死の直前の呼吸変化には、**チェーンストークス呼吸・肩呼吸・下顎呼吸**がある（**表59**参照）。呼吸が浅くなると、脳も低酸素状態になり、体内モルヒネが分泌されるため苦痛が和らいでくる。

32—108

表59 ▶ 呼吸の変化

種類	特徴
チェーンストークス呼吸	10～30秒ほど呼吸が止まり、浅めの呼吸からゆっくりと深く大きな呼吸へ、というリズムを繰り返す
肩呼吸	息をするたびに肩を動かして、一生懸命呼吸しているように、本当に肩で呼吸しているかのようにみえる
下顎呼吸	下顎を魚のように、パクパク、カクカクと動かしてする呼吸で、死が数時間以内である場合に多くみられる

426 終末期における**体温の変化**では、心臓の機能低下により血液循環が悪くなり、血液を全身に運ぶことができなくなる。これにより体温は低下することが多く、特に四肢が冷たく感じるようになる。

427 終末期では、**脈拍数**と関連して**血圧**は低下する。脈拍数の変化では、通常であれば測定できる四肢の動脈（橈骨・足背など）での測定が不可能になる。

428 終末期では、循環機能などの低下により、**尿量**は減少傾向となる。

429 終末期では、**意識状態**は低下する。これは血液循環が悪くなることにより、意識を司る脳幹部への血流が不足し、うとうとした状態が長くなることにつながる。この状態は、傾眠・昏迷・昏睡という状態で表現される。呼びかけに反応しないことがあっても耳は聞こえているとされる。

430 チアノーゼとは、**酸素**が欠乏することにより、皮膚や粘膜が**青紫色**になることをいう。口唇や爪で目立つ。

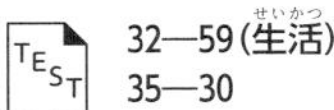
32―59(生活)
35―30

431 死前喘鳴とは、死に直面している場合や衰弱した状態で喀痰を自力で出せない場合に、分泌物が下咽頭にたまり、喉の奥でゼロゼロ、ヒューヒューという音を発しながら呼吸をすることをいう。この状態になると、意識は低下しているので本人は苦痛でないことが多い。

432 終末期では、食欲がなくなり、かむ力・飲み込む力が弱くなり、口にしても飲み込むことができず、食べても吐くようになる。そのため食事の摂取量は徐々に減り、空腹も感じにくくなる。

433 終末期は食事や水分摂取が不足するため、るい痩（やせ）がみられ、体力や身体機能の低下から自力での寝返りができなくなり、褥瘡ができやすくなる。

434 終末期では、血液循環の低下や体液調節機能の低下により、**下肢**から浮腫（むくみ）が現れるようになる。

● 死後の身体変化

435 死亡すると、からだは徐々に体温を失う。

33―108

436 からだの循環が停止すると、血液がからだの下になる部分にたまり、暗褐色の斑点を生じる。これを死斑という。死斑は**死後**20～30分くらいから始まり、8～12時間で最大となる。

437 死亡によりからだは筋肉の弾力性を失い、関節は固まった状態となる。筋肉が硬化する状態を死後硬直といい、**死後** 2～4 時間ではじまり、半日程度で全身に及び、30～40時間で硬直が解けはじめる。死後硬直は温度等の環境に影響を受ける。

終末期における医療職との連携

呼吸困難時に行われる医療の実際

438 在宅における終末期に、**在宅酸素療法**（HOT）が行われることがある。酸素を送ることで呼吸状態の緩和を目的とするもので、酸素量は、医師の指示に基づいて調節される。呼吸苦や顔色の変化（青くなる・赤くなる）がみられる場合は、**医師**や**看護師**に連絡する必要がある。

439 本来、最も安楽な状態は**仰臥位**であるが、呼吸困難を示す際には上体を高くする★ことで、横隔膜や肋間筋等の動きを楽にすることができる。また、肩に枕を入れることで気道が確保され、呼吸が楽になる場合がある。

35—102（生活）

+α ぷらすあるふぁ
具体的には座位姿勢などにする。

440 自分で呼吸ができない状態への医療処置としては、気管内挿管や気管切開をして気道を確保し、**人工呼吸器**を装着することがある。この場合、気道が分泌物で閉塞しないように痰の吸引や**口腔ケア**が必要となる。

441 がんや難病などさまざまな疾患の終末期には、痰が出ることが多い。また水分摂取不足等が関与して自力で痰を出すことができない場合には、痰の吸引が必要となる場合がある。

疼痛緩和のために行われる医療の実際

442 終末期における**疼痛★緩和**には、薬剤による痛み止めを使用する。がんの終末期においてはモルヒネなどの鎮痛剤が用いられる。この場合、薬剤による**血圧低下**、**呼吸運動の抑制**、**便秘傾向**等がみられる場合があるので、医療との連携を深め、観察点や注意点を確認することが必要である。

36—30

★疼痛
痛みを意味する医学用語。

443 モルヒネは、がんの痛みに対する鎮痛剤である。麻薬であることから、施設では**鍵のかかる場所**で厳重に管理される。一般的に、高齢者は薬の副作用が出やすい。モルヒネでは**傾眠**や**眠気**、**混乱**が生じることもある。

一問一答 ▶ P.285

実力チェック！一問一答

※解答の［ ］は重要項目（P.202～281）の番号です。

1 こころのしくみの理解

問1 マズロー（Maslow, A. H.）は、人間のさまざまな欲求を、①生理的欲求、②安全欲求、③所属・愛情欲求、④承認欲求の4段階に階層序列化した。 ▶×→ 2（図1）

問2 自己実現欲求は、成長欲求とも呼ばれる。 ▶○→ 5（図1）

問3 観察学習とは、自分の行動を反省することによる学習である。 ▶×→ 10

問4 記銘とは、情報を覚え込むことである。 ▶○→ 12

問5 自転車の乗り方や泳ぎ方など、動作に関する身体的反応の記憶をエピソード記憶という。 ▶×→ 15（表4）

問6 達成動機とは、社会的動機の1つである。 ▶○→ 21

問7 外部からの賞罰による動機づけのことを外発的動機づけという。 ▶○→ 23

問8 より以前の発達段階に逆戻りして、甘えるなどの未熟な行動をとる適応機制を、反動形成という。 ▶×→ 25（表5）

2 からだのしくみの理解

問9 中枢神経に含まれるのは、体性神経と自律神経である。 ▶×→ 33（図3）

問10 交感神経とは、からだを休ませる方向に向かわせる神経である。 ▶×→ 37（表8）

問11 脳幹とは、中脳・橋・延髄の総称である。 ▶○→ 38（図4）

問12 大脳の後頭葉にある機能局在として、聴覚野がある。 ▶×→ 38（図4）

問13 肺胞内で行われる空気と血液との間のガス交換を外呼吸という。 ▶○→ 66

問14 横隔膜は、肋間筋とともに呼吸運動に関与する。 ▶○→ 72

問15 小腸は、空腸と回腸に区分される。 ▶×→ 76

問16 肝臓には、胆汁を貯蔵する役割がある。 ▶×→ 79

問17 血管内に弁があるのは、動脈である。 ▶ × → 90

問18 肺静脈には静脈血が流れる。 ▶ × → 93 94

問19 ホメオスタシス（恒常性）を司っているのは、脳の視床下部である。 ▶ ○ → 112

問20 ランゲルハンス島がある内分泌器官は、下垂体である。 ▶ × → 113（表14、図13）

3 移動に関連したこころとからだのしくみ

問21 重心の位置は、体型や姿勢で変化する。 ▶ ○ → 128

問22 骨の強度を保つために摂取する栄養素は、たんぱく質である。 ▶ × → 131

問23 高齢者が転倒し骨折しやすい上肢の部位は、尺骨である。 ▶ × → 142（図14）

問24 小刻み歩行・すくみ足歩行がみられる疾患は、脊髄小脳変性症である。 ▶ × → 147（表19）

4 身じたくに関連したこころとからだのしくみ

問25 大唾液腺は、口唇・頬・舌の粘膜組織に分布している。 ▶ × → 171

問26 爪は、手足の動きを助ける、皮膚の付属器官である。 ▶ ○ → 173 174

問27 糖尿病のある利用者の場合、足趾（指）の観察が必要である。 ▶ ○ → 183

問28 巻き爪の症状からは、鉄欠乏性貧血が予測される。 ▶ × → 183（表25）

5 食事に関連したこころとからだのしくみ

問29 ビタミンAは、カルシウムの吸収を助ける。 ▶ × → 202（表31）

問30 ビタミンのうち多量に摂ると過剰障害が出るのは、水溶性ビタミンである。 ▶ × → 202

問31 視床下部は、空腹感や満腹感に関与する。 ▶ ○ → 207

問32 誤嚥を防止するための軟骨を喉頭蓋という。 ▶ ○ → 210

問33 摂食・嚥下の5期モデル（5分類）において、食塊を整える時期を口腔期という。 ▶ × → 212（表33）

問34 腎機能障害で食事制限が必要なものは、塩分（ナトリウム（Na））、カリウム（K）、たんぱく質である。 ▶ ○ → 222（表34）

問35 低血糖症状では、冷汗がみられる。 ▶ ○ → 224

問36 誤嚥を繰り返すことで生じる疾患は誤嚥性肺炎である。 ▶ ○ → 228

問37 チョークサインは窒息でみられるサインである。 ▶ ○ → 230（図17）

問38 わきの下の乾燥や尿量の減少、皮膚の緊張の減少がみられた場合には、低栄養を疑う。 ▶ × → 247（表37）

6 入浴・清潔保持に関連したこころとからだのしくみ

問39 皮膚の表面は弱アルカリ性である。 ▶ × → 256

問40 汗腺のうち、からだ中に分布しているのはアポクリン腺である。 ▶ × → 264（表43）

問41 入浴によるリラックス作用で優位にはたらくのは、交感神経である。 ▶ × → 268

問42 42℃以上の高温での入浴では、腸の動きが抑制される。 ▶ ○ → 291（表44）

問43 入浴時に仙骨部に発赤がみられた場合には、こするようにして洗う。 ▶ × → 292

7 排泄に関連したこころとからだのしくみ

問44 尿の主成分は、水分である。 ▶ ○ → 305

問45 栄養素と水分の吸収を行う臓器は、小腸である。 ▶○→318

問46 直腸肛門角が鈍角となるのは、仰臥位姿勢である。 ▶×→327（図22）

問47 骨盤底筋が弱くなることで生じる尿失禁は、機能性尿失禁である。 ▶×→337（表49）

問48 認知機能の低下によって生じる尿失禁は、切迫性尿失禁である。 ▶×→337（表49）

問49 尿路感染症は女性に起こりやすい。 ▶○→341

問50 糖尿病では、尿量が少なくなる。 ▶×→346

問51 便意を我慢する習慣で生じるのは、直腸性便秘である。 ▶○→352（表53）

8 休息・睡眠に関連したこころとからだのしくみ

問52 体内時計の修正にかかわる最も強い因子は、睡眠である。 ▶×→369

問53 レム睡眠では、からだはぐったりしているが、脳は覚醒に近い状態である。 ▶○→372

問54 慢性の睡眠不足では交感神経の活動が活発になる。 ▶○→376

問55 睡眠を促進するホルモンは、小脳から分泌されるメラトニンである。 ▶×→379

問56 抗ヒスタミン薬を使用すると、日中眠くなることがある。 ▶○→404

9 人生の最終段階のケアに関連したこころとからだのしくみ

問57 キューブラー・ロス（Kübler-Ross, E.）が提唱した死を受容する過程の第1段階は、怒りである。 ▶×→417（表57）

問58 チアノーゼは、酸素が欠乏することで生じる。 ▶○→430

問59 死が近づいているときの呼吸の変化として、喘鳴がある。 ▶○→431

実力チェック！一問一答

問60 がんの終末期においてはモルヒネなどの鎮痛剤が用いられることで、便秘傾向がみられる場合がある。

▶ ○ → 442

5

医療的ケア

傾向と対策

傾向

第36回国家試験では、５問出題された。出題内容を大項目に沿ってみると、「医療的ケア実施の基礎」から１問出題された。内容は「喀痰吸引等を実施する事業所の登録要件」（問題59）について問われた。また「喀痰吸引（基礎的知識・実施手順）」から２問出題され、「呼吸器官の部位の説明」（問題60）、「痰の吸引の準備」（問題61）について問われた。さらに、「経管栄養（基礎的知識・実施手順）」から２問出題され、「経管栄養で起こるトラブル」（問題62）、「栄養剤注入中における利用者の体調変化への対応（介護福祉士が看護職員に相談する前に行う対応）」（問題63）について問われた。

次に問題の出題形式についてみてみよう。問題59、問題60、問題61、問題62は基礎的な知識を問う問題である。問題63は短文事例問題であるが、経管栄養実施により生じる危険と安全確認について理解できていれば解答できる問題である。全体的に難易度はさほど高くないといえる。出題数が５問と少ないが、今後も大項目を網羅する形で出題されるであろう。

この科目の特徴は、講義50時間以上に加えてシミュレーターを用いた演習である。特に演習においては手技や手順にとどまらず、実施の根拠となる知識を明確にし、観察する力、理解する力や考える力を養っておくことが重要である。

出題基準と出題実績

出題基準			
大項目		中項目	小項目（例示）
1	医療的ケア実施の基礎	1）人間と社会	・介護職の専門的役割と医療的ケア ・介護福祉士の倫理と医療の倫理 ・介護福祉士などが喀痰吸引などを行うことに係る制度
		2）保健医療制度とチーム医療	・保健医療に関する制度 ・医療的行為に関係する法律 ・チーム医療と介護職員との連携
		3）安全な療養生活	・痰の吸引や経管栄養の安全な実施 ・リスクマネジメント ・救急蘇生法

対策

『医療的ケア』の科目は、医療的ケアを安全・適切に実施するために必要な知識・技術を習得することをねらいとしている。その内容は、演習を除き大きく3つに分かれている。

第一に、「医療的ケア実施の基礎」があげられる。医療的ケアとは何か、介護福祉士が医療的ケアを行えるようになった背景、医療的ケアを安全に実施するための基礎知識である。

第二に、「喀痰吸引（基礎的知識・実施手順）」に関する分野である。喀痰吸引（口腔内、鼻腔内、気管カニューレ内部）に関する基礎的知識・実施手順とその留意点である。

第三に、「経管栄養（基礎的知識・実施手順）」に関する分野である。経管栄養（胃ろう・腸ろう、経鼻経管栄養）に関する基礎的知識・実施手順とその留意点である。

医療的ケアの内容は、他科目と重なる部分が多々ある。医療的ケアを学ぶ側面から見直しながら理解を深め、知識を定着させなければならない。

医行為である医療的ケアは、チームの一員として医療職と連携・協働すること、さらに利用者の生命のリスクを回避しながら、安全かつ適切に実施することの重要性を理解しておきたい。そのために必要な基礎的知識、実施時の留意点や緊急時の対応等の実践を伴う知識、なぜその技術が必要なのかという根拠を明確にし、より確実な知識として身につけておきたい。

出題実績				
第32回（2020年）	第33回（2021年）	第34回（2022年）	第35回（2023年）	第36回（2024年）
医師の指示の下で行う喀痰吸引の範囲【問題109】 喀痰吸引等の制度【問題110】	経管栄養実施における、栄養剤の注入量を指示する者【問題109】	介護福祉士が実施できる経管栄養の行為【問題109】		喀痰吸引等を実施する事業所の登録要件【問題59】

出題基準			
大項目		中項目	小項目（例示）
		4）清潔保持と感染予防	・療養環境の清潔、消毒法 ・感染管理と予防（スタンダードプリコーション） ・滅菌と消毒
		5）健康状態の把握	・こころとからだの健康 ・健康状態を把握する項目（バイタルサインなど） ・急変状態の把握
2	喀痰吸引（基礎的知識・実施手順）	1）喀痰吸引の基礎的知識	・呼吸のしくみとはたらき ・喀痰吸引が必要な状態と観察のポイント ・喀痰吸引法 ・喀痰吸引実施上の留意点 ・吸引を受ける利用者や家族の気持ちと対応、説明と同意 ・呼吸器系の感染と予防（吸引と関連して） ・喀痰吸引により生じる危険と安全確認 ・急変・事故発生時の対応と連携 ・子どもの喀痰吸引
		2）喀痰吸引の実施手順	・喀痰吸引で用いる器具・器材とそのしくみ、清潔操作と清潔の保持 ・喀痰吸引の技術と留意点 ・喀痰吸引に必要なケア ・報告及び記録
3	経管栄養（基礎的知識・実施手順）	1）経管栄養の基礎的知識	・消化器系のしくみとはたらき ・経管栄養が必要な状態と観察のポイント ・経管栄養法 ・経管栄養実施上の留意点 ・経管栄養に関係する感染と予防 ・経管栄養を受ける利用者や家族の気持ちと対応、説明と同意 ・経管栄養により生じる危険と安全確認 ・急変・事故発生時の対応と連携 ・子どもの経管栄養
		2）経管栄養の実施手順	・経管栄養で用いる器具・器材とそのしくみ、清潔操作と清潔の保持 ・経管栄養の技術と留意点 ・経管栄養に必要なケア ・報告及び記録

出題実績				
第32回（2020年）	第33回（2021年）	第34回（2022年）	第35回（2023年）	第36回（2024年）
			消毒と滅菌【問題59】	
			成人の正常な呼吸状態【問題60】	
吸引物に血液が混じっていた場合の対応【問題111】	気管粘膜のせん毛運動【問題110】	吸引後に注意すべき項目【問題110】 呼吸器官の換気とガス交換【問題111】		呼吸器官の部位の説明【問題60】
口腔内・鼻腔内の喀痰吸引に必要な物品の管理【問題112】	口腔内と気管カニューレ内部の喀痰吸引【問題111】		喀痰吸引を行う前の準備【問題61】	痰の吸引の準備【問題61】
低温のまま栄養剤を注入したときに起こる状態【問題113】	胃ろうを造設している人への日常生活支援【問題112】	半固形タイプの栄養剤の特徴【問題112】 注入後に白湯を経管栄養チューブに注入する理由【問題113】	胃ろうによる経管栄養中に嘔吐した利用者への対応【問題63】	経管栄養で起こるトラブル【問題62】 栄養剤注入中における利用者の体調変化への対応（介護福祉士が看護職員に相談する前に行う対応）【問題63】
	経管栄養の技術と留意点【問題113】		胃ろうによる経管栄養での生活上の留意点【問題62】	

押さえておこう！重要項目

1 医療的ケア実施の基礎

医療的ケアを学ぶ目的、医療的ケアとはどういうものか、また介護福祉士や介護福祉職等が「喀痰吸引」や「経管栄養」の医行為の一部を業として行うことができるようになった背景など、医療的ケアを安全に実施するための基礎知識の理解が必要である。

『人間の尊厳と自立』における「自立の概念」および『介護の基本』における「介護福祉士の役割と機能」「介護福祉士の倫理」「自立に向けた介護」「協働する多職種の役割と機能」「介護における安全の確保とリスクマネジメント」のほか、『こころとからだのしくみ』における「からだのしくみの理解」等と関連させた学習が重要である。

人間と社会

● 介護職の専門的役割と医療的ケア

1 医行為★は、医師法第17条の「医師でなければ、医業をなしてはならない」の解釈などから「医師が行うのでなければ保健衛生上危害を生ずるおそれのある行為」とされている。また、「医師の医学的判断及び技術をもってするのでなければ人体に危害を及ぼし、又は危害を及ぼすおそれのある行為」と表現される場合もある。

2 **喀痰吸引**と**経管栄養**は、危険性を伴った行為であるため、医行為の範囲に含まれる。

● 介護福祉士の倫理と医療の倫理

3 喀痰吸引や経管栄養も医行為であるため、喀痰吸引や経管栄養を行う介護福祉士も**医療の倫理★**を理解し**倫理上の原則**を守ることが求められる。

+α ぷらすあるふぁ

診療の補助業務等を医療行為と呼んで医行為と区別する場合もあるが、実際上は区別しないことも多く、医行為（医療行為）と用いられることもある。

32—110

★医療の倫理

医療を担う医師、看護師等は、利用者が自身の生命や健康をかけて自分たちを信頼していることに対して謙虚に応えなくてはならないということ。

4 自立した生活のためには、自らの意志で自らの方向を決定すること（自己決定）が必要である。

5 医行為を行う場合、利用者の自己決定を保障するために、治療等を受ける本人や家族が、医師による**説明**を十分に理解したうえで**同意**することが必要となる。これをインフォームドコンセント★という。

6 自分の能力をできるだけ発揮して自分らしく生きることを「自立した生活」という。

7 すべての人が、それぞれに「自立した生活」を営むことにかけがえのない価値を等しく認め、一人ひとりのあり方を尊重しようという考えを「個人の尊厳」という。

8 **医療法**は、憲法による「個人の尊厳」の確認を受けて、医療を提供する理念として、「医療は、生命の尊重と個人の尊厳の保持」を旨として行われるべきであると定めている（**表1**参照）。

表1 ▶ 医療法における医療を提供する理念

第1条の2　医療は、生命の尊重と個人の尊厳の保持を旨とし、医師、歯科医師、薬剤師、看護師その他の医療の担い手と医療を受ける者との信頼関係に基づき、及び医療を受ける者の心身の状況に応じて行われるとともに、その内容は、単に治療のみならず、疾病の予防のための措置及びリハビリテーションを含む良質かつ適切なものでなければならない。

● 介護福祉士等が喀痰吸引等を行うことに係る制度

9 2002（平成14）年に日本ALS★協会が提出した要望書を受けて、国による検討が始まり、「実質的違法性阻却論★」という考え方に基づき、一定の条件のもと、介護職員が喀痰吸引や経管栄養を実施することが容認されるようになった。

10 2011（平成23）年の社会福祉士及び介護福祉士法の改正により、介護職員等による喀痰吸引等は、社会福祉士及び介護福祉士法に基づき行われることになった。

11 2011（平成23）年の社会福祉士及び介護福祉士法の改正により、介護福祉士の定義が改められ、**表2**のとおりとなった。

12 2011（平成23）年の社会福祉士及び介護福祉士法の改正により、介護福祉士は法令で定められた行為（喀痰吸引や経管栄養）について、一定の教育や環境条件のもと、保健師助産師看護師法の規定にかかわらず、**業**として行えることになった。

ぷらすあるふぁ

インフォームドコンセントは、「説明に基づく同意」、または「説明に基づく選択」と訳される。

★ALS
筋萎縮性側索硬化症（Amyotrophic Lateral Sclerosis）の略称。

★実質的違法性阻却論
法的には違法であるが、やむを得ない理由により違法ではないとする考え方。

表2 ▶ 介護福祉士の定義（社会福祉士及び介護福祉士法第2条第2項）

> （定義）
>
> 第2条　（略）
>
> 2　この法律において「介護福祉士」とは、第42条第1項の登録を受け、介護福祉士の名称を用いて、専門的知識及び技術をもって、身体上又は精神上の障害があることにより日常生活を営むのに支障がある者につき心身の状況に応じた介護（喀痰吸引その他のその者が日常生活を営むのに必要な行為であって、医師の指示の下に行われるもの（厚生労働省令で定めるものに限る。以下「喀痰吸引等」という。）を含む。）を行い、並びにその者及びその介護者に対して介護に関する指導を行うこと（以下「介護等」という。）を業とする者をいう。

＊　下線部が、改正によって加えられた部分

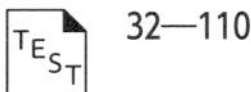 32―110

13 医師の指示のもとに行われる行為は、**表3**のとおりである。

表3 ▶ 医師の指示のもとに行われる行為

> ①口腔内の喀痰吸引
> ②鼻腔内の喀痰吸引
> ③気管カニューレ内部の喀痰吸引
> ④胃ろうまたは腸ろうによる経管栄養
> ⑤経鼻経管栄養

 32―109

14 介護福祉士等が行う口腔内・鼻腔内の喀痰吸引については、**咽頭の手前**までを限度とする。

 34―109

15 **介護福祉士**が行う経管栄養の行為は栄養剤の注入である。栄養剤の種類の変更や注入速度の決定は**医師**が行う。

★ろう
瘻＝口のこと。

16 胃ろう★または腸ろうによる経管栄養の実施の際には、胃ろう・腸ろうの状態に問題がないことの確認を、経鼻経管栄養の実施の際には、栄養チューブが正確に胃の中に挿入されていることの確認を、**医師**または**看護職**（**保健師、助産師、看護師および准看護師**）が行う。

TEST 32―110

17 介護福祉士が業務として喀痰吸引等を行うには、**介護福祉士養成課程**において、医療的ケア（喀痰吸引等）に関する教育を受け、**実地研修を修了する必要がある**。

18 都道府県や登録研修機関が行う喀痰吸引等研修を修了し、都道府県に登録して**認定特定行為業務従事者認定証の交付を受ける**ことで、介護福祉職等が医療的ケアを提供することができる。

TEST 32―110

19 喀痰吸引等研修の講師は、**医師**、**看護職**（**看護師・保健師・助産師**）などである。

20 医行為（喀痰吸引等）を実施する事業者は、事業所ごとに都道府県知事の登録が必要である。登録要件の主な内容は、**表4**のとおりである。

TEST 36—59

表4 ▶ 事業所が登録を受けるための主な登録要件

①医療関係者との連携に関する基準	・医師の文書による指示や医療関係者との連携確保と役割分担 ・喀痰吸引等計画書・喀痰吸引等実施状況報告書の作成 ・緊急時の連絡方法の取り決め
②喀痰吸引等を安全・適正に実施するための基準	・安全確保のための体制の確保（安全委員会等）、感染症予防措置、秘密の保持　等

保健医療制度とチーム医療

21 **喀痰吸引**と**経管栄養**を行う介護福祉士や介護福祉職（以下、介護福祉士等）は、医療チームの一員としての役割を担う。

22 介護福祉士等は、医師、看護師等と、利用者の安全と健康維持・増進のために日頃から利用者の心身の状況に関する情報を共有し、報告・連絡・相談について取り決めるなど密に**連携**し合うことが重要である。

安全な療養生活

● 痰の吸引や経管栄養の安全な実施

23 「喀痰吸引」や「経管栄養」を安全に提供するために重要なことは、**表5**のとおりである。

表5 ▶ 「喀痰吸引」や「経管栄養」を安全に提供するために重要なこと

・命を守ることを最優先にすること ・介護福祉職ができる範囲、役割を正しく理解すること ・安心につながる確実な行為ができること ・失敗などを隠さずに報告すること

24 介護福祉士等が、喀痰吸引や経管栄養を安全に行うには、人体の生理・解剖や救急蘇生を含め必要最低限の医療の知識や技術が求められる。また、自信のない行為は原則行わないか、確実に実行できる人に頼むことが必要である。

33—109

25 介護福祉士等が、喀痰吸引や経管栄養を実施するには、医師の**文書による指示**と**承認**が必要であり、吸引が必要な状態かどうかの判断・確認は看護職が行う。

26 失敗やヒヤリハット事例は、隠さず速やかに報告し、**再発防止**に向けて**全員で共有する**。

● リスクマネジメント

ぷらすあるふぁ
「リスク＝危機・危険」と「マネジメント＝管理」を組み合わせて「危機管理」ともいわれる。

27 リスクマネジメント★とは、リスクを回避すること、あるいは起こり得る結果を最小に抑えることである（**表6**参照）。

表6 ▶ リスクマネジメントにおいて必要な対策

①予防対策……事故を起こさないように予防策を講じること
②事故対策……事故が発生したときに迅速で確実な対処を行うこと

28 リスクマネジメントを確実に行うためには、ヒヤリハット、アクシデントの報告が重要な役割を果たす。

33—26（介護）

29 ヒヤリハットとは、アクシデント（事故）には至っていないが、事故寸前の危険な状況で、ヒヤリとしたこと、ハッとしたことなどをいう。

30 アクシデントとは、利用者に起こってしまった事故で、利用者の身体上の損傷の程度が大きく、濃厚な治療を要するなど、ヒヤリハットよりも利用者に与える影響が大きいものをいう。

31 利用者の状態や機器等の状況が、**「いつもと違う」「何かおかしい」**と気づいた時点で、医師や看護職と情報を共有して確認することが大事である。

32 **ヒヤリハット・アクシデント報告書**には、施設名または事業所名、報告者名、管理責任者名、連携看護職員名、発生日時、発生場所、行為の種類、発見者、発生状況、対応、救急救命処置の実施、出来事が発生した背景・要因などを記載する。

● 救急蘇生法

33 **救急蘇生**とは、病気やけがにより、突然に心停止、もしくはこれに近い状態になったときに、胸骨圧迫や人工呼吸を行うことで、急変した人の命を守り救うための知識と手技のことをいう。

34 **応急手当**の目的は、「救命」「悪化防止」「苦痛の軽減」である（**表7**参照）。

表7 ▶ 応急手当の目的

救命	応急手当の一番の目的である。応急手当を行う際は、「**救命処置**」を最優先する。
悪化防止	応急手当の二番目の目的である。けがや病気を現状以上に悪化させないために、傷病者の症状・訴えを十分把握したうえで、必要な応急手当を行う。
苦痛の軽減	心身ともにダメージを受けている傷病者に対し、できるだけ苦痛を与えない手当を心がけるとともに、「頑張ってください」「すぐに救急車が来ます」など励ましの言葉をかける。

35 急変した人を救命し、社会復帰をさせるために必要となる一連の行いを、救命の連鎖（チェーン・オブ・サバイバル）という。

36 **救命の連鎖**を構成する4つの輪は、①心停止の予防、②心停止の早期認識と通報、③一次救命処置（心肺蘇生とAED（自動体外式除細動器））、④救急救命士や医師による高度な救命医療を意味する二次救命処置と心拍再開後の集中治療である（**図1**参照）。

図1 ▶ 救命の連鎖（チェーン・オブ・サバイバル）

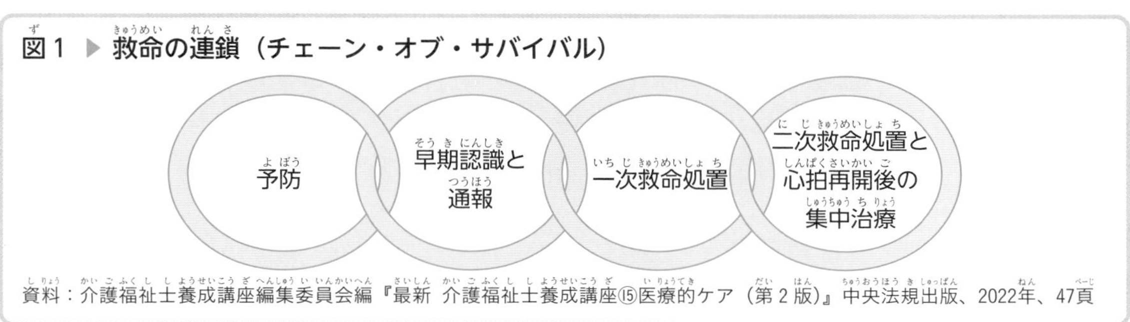

資料：介護福祉士養成講座編集委員会編『最新 介護福祉士養成講座⑮医療的ケア（第2版）』中央法規出版、2022年、47頁

37 反応がなく、呼吸がないか異常な呼吸（**死戦期呼吸★**）が認められる場合、あるいはその判断に自信がもてない場合は、心停止、すなわち心肺蘇生の適応と判断し、直ちに胸骨圧迫を開始する。

★死戦期呼吸
しゃくりあげるような不規則な呼吸であり、心停止直後の傷病者でしばしば認められる。

医療的ケア

38 **胸骨圧迫**の部位は、胸骨の下半分とする。圧迫の速さは1分間あたり100～120回のテンポで、圧迫の深さは、成人の場合、胸が約5㎝沈むように圧迫するが、6㎝を超えないようにする（「JRC蘇生ガイドライン2020」による）。

39 気道確保とは、口・鼻から吸入された空気が**気道**を通って**肺**まで入る道を確保することをいう。

40 気道に食べ物や異物、嘔吐物などが詰まると**窒息**し、心停止に至る可能性があるため、迅速に異物・分泌物を除去する。

41 **窒息**の可能性がある場合、**表8**のような症状が現れる場合がある。

表8 ▶ 窒息の可能性がある症状

①チョークサイン（喉をつかむ、あるいはかきむしるようなしぐさ）
②顔色や口唇が急に青紫色になる
③咳ができない
④声が出せない

42 **気道確保の方法**には、頭部後屈顎先挙上法、指拭法、背部叩打法、腹部突き上げ法（ハイムリック法）がある（**表9**参照）。

43 **口対口人工呼吸法**は、1人でもできるため効果が判定しやすいが、感染や服毒時の二次汚染などの危険性がある。

44 人工呼吸を行うときは、感染防止のため、直接傷病者と接することなくできる**人工呼吸用携帯マスク**などを使用する。

45 心肺蘇生は、**胸骨圧迫**（30回）と**人工呼吸**（2回）の組み合わせを継続する。

46 AED（自動体外式除細動器）とは、心室細動の際に自動的に解析を行い、必要に応じて電気的なショック（除細動）を与え、心臓のはたらきを戻すことを試みる医療機器のことである。

表9 ▶ 気道確保の方法

手で気道を確保する	頭部後屈顎先挙上法	額に手を当て、もう一方の手の人差し指と中指を顎先に当てて挙上し、気道を確保する。
異物・分泌物を除去する	指拭法	意識がなく、口腔内、咽頭部内の分泌物や異物による気道閉塞が疑われる場合、指を口に入れて異物を取り出す方法。左手を用いて指交差法で口を開け、右手人差し指にガーゼやハンカチを巻いて口腔内の異物をぬぐい取る。
	背部叩打法	【意識がある人の場合】 立位で行うときは、一方の手を傷病者の後方からわきの下に入れて、傷病者の胸部と下顎部分を支えて突き出し、もう一方の手の手掌基部で、傷病者の肩甲骨の中間あたりを迅速にたたく。 【意識がない人、倒れている人の場合】 傷病者を横向きにし、救助者の足で傷病者の胸を支え、一方の手で傷病者の下顎を支えて突き出し、もう一方の手の手掌基部で、傷病者の肩甲骨の中間あたりを強く数回連続してたたく。
	腹部突き上げ法（ハイムリック法）	傷病者の背部からからだを密着させて両手を腹部に回し、こぶしをつくった手をもう一方の手で握る。傷病者の上腹部にこぶしを当て、斜め上方に向かって圧迫するように引き上げる。内臓損傷の危険があるため、妊婦や1歳未満の乳児には実施しない。

清潔保持と感染予防

療養環境の清潔、消毒法

47 ▶ 利用者の居室は普段どおりに清掃を行い、温度（夏季：26℃前後、冬季：20℃前後）・湿度（40～60％）の調整、換気をする等して清潔に保つ。温度や湿度は、利用者の状態に応じて調節する。

48 ▶ 医療廃棄物とは、医療行為の際に使用した後の注射器や針、ガーゼや脱脂綿、チューブ類などのことをいう。

感染管理と予防（スタンダードプリコーション）

49 ▶ 感染とは、病気の原因になる**細菌**や**ウイルス★**（病原体）が人のからだの中に入り込んで、臓器や組織の中で増え続けることをいう。

★ウイルス
はしか、インフルエンザなどの病気を起こすもとになる微生物。細菌より小さく普通の顕微鏡では見えない。

★病原体（感染源）
病原体とは、ウイルス、細菌、真菌などの病原性をもつ微生物等のこと。感染者やその人のからだから出される尿、便、血液など、菌で汚染された器具や物（感染者が使用したタオルや食器など）などは感染源となる。

★スタンダードプリコーション（標準予防策）
感染症や疾患の有無に関係なく排泄物や血液、体液（汗を除く）等を潜在的な感染源とみなして対応する予防策。

35—59

★体液
生体内にある液体成分の総称で、細胞内液と細胞外液に大別できる。細胞内液は、細胞内に含まれる水分のこと。細胞外液は管内液と管外液に分けられ、管内液は管の中を流れる液体で、血管を流れる血漿（血液の液体成分）、リンパ管を流れるリンパ液、脳内を流れる脳脊髄液などがある。管外液は細胞の外にあり、管腔を流れない液体のことで、組織液（間質液、組織間液）という。

★セッシ（鑷子）
吸引チューブを挟んで持つ大きなピンセット状の器具。

50 感染は、①**病原体**（**感染源**）★、②**感染経路**、③感受性のある宿主（感染を受けやすい人）（上巻「介護の基本」288（**表37**）参照）の3つの要因がそろうことで起きる。

51 **感染症**とは、感染により熱が出るなど具合が悪くなることをいう。

52 感染の予防には、感染の原因となる**細菌**や**ウイルス**（病原体）の排除、**感染経路**の遮断、宿主の**抵抗力**を強くすることが重要である。

53 日頃の感染対策として**スタンダードプリコーション（標準予防策）**★を実施する。

54 感染予防の最も有効な方法は、**手洗い**である。手洗いは「**1つのケアごと**」に「**ケアの前後**」に行う。

55 感染を**媒介**してしまわないよう、ケア実施後の手洗いは徹底する。

56 基本的な手洗いは、**流水**と**液体石けん**で**もみ洗い**を15秒以上かけて行う。手洗い後には、ペーパータオルか乾燥した清潔なタオルでよく拭き乾燥させる。

57 流水の設備がない場合や、感染者への生活支援を行う場合には消毒液を用いて**手指消毒**をする。消毒液を使うときにも、まず**流水**で手を洗ってから使ったほうが効果は大きくなる。

58 エタノール含有の速乾性手指消毒液はすり込んでいるうちに乾燥してくるが、乾燥することで**薬効**が出るため、途中で消毒液を拭き取らないようにし、よく乾燥させる。

59 **血液**、**体液**★（**汗を除く**）、**分泌物**（**痰**や**唾液**）、**嘔吐物**、**排泄物**（**便**や**尿**）、**損傷のある皮膚**、**粘膜**に接触する可能性がある場合には、医師・看護職とよく相談し、感染予防の必要性や、注意点を十分共有したうえで、**使い捨て手袋**を装着する。

60 **使い捨て手袋**は、**1回のケアごと**に交換することを徹底する。同じ利用者のケアであっても、ケア実施後には使い捨て手袋をはずして**手洗い**を行い、新しい使い捨て手袋を使用して別のケアを行う。

61 **使い捨て手袋**をはずした後は、必ず**手洗い**または**手指消毒**を行う。使い捨て手袋をはずすときは、汚染した側が**内側**になるようにはずす。

62 気管カニューレ内部の吸引の場合は、基本的に**滅菌**された清潔★な手袋を両手に使用する（セッシ★を使用する場合もある）。

63 目、鼻、口に血液、体液（汗を除く）、分泌物（痰や唾液）、嘔吐物、排泄物（便や尿）が飛び散る可能性のあるケアを行う場合、粘膜を保護するために**マスク**や**ゴーグル**を着用する。

● 滅菌と消毒

64 消毒とは、病原性の微生物★を死滅させること、または弱くすることをいう。

 35—59

65 滅菌とは、すべての微生物を死滅させること、または除去することをいう。

66 滅菌は、専用の施設・設備で、**酸化エチレンガス**や**高圧蒸気**、**放射線**等を用いて行う。

 35—59

67 滅菌物を使用する前には、①滅菌ずみの表示、②滅菌物の有効期限（使用期限）、③開封していないことの３つを確認する。

 35—59

68 口腔内や鼻腔内には多くの常在菌★が存在するため、気管カニューレ内部のように滅菌の手袋をする必要はない。

69 手指消毒に用いるエタノール含有の速乾性手指消毒液にはベンザルコニウム塩化物（塩化ベンザルコニウム）という消毒薬とアルコールが含まれており、**細菌叢**★を抑制することができる。

 35—59

70 次亜塩素酸ナトリウムは、汚染されたリネン類の洗浄や食器類の洗浄消毒に有効である。家庭用に販売されている液体の塩素系漂白剤、殺菌剤（洗濯用、キッチン用、哺乳びんの殺菌用など）などに使用されている。

 32—54（生活）
35—59

71 次亜塩素酸ナトリウムは、塩素系漂白剤に含まれ、酸性洗剤（トイレ用の洗剤など）が混ざることによって有毒な塩素ガスが発生し危険である。市販されている漂白剤においても「混ぜるな危険」などの注意書きにあるように、決して混ぜないようにする。

72 アルコールは、70～95％の消毒用エタノールを使用する。皮膚消毒として一般的であるとともに、部屋のドアノブ、吸引等のケアに必要な物品を並べる台等の清掃にも有効である。

ぷらすあるふぁ

医師・看護職がいう「清潔」は、「無菌であろう」という意味で用いる。逆に「不潔」は、「菌がついているであろう」という意味で用いる。

★微生物
一般的には、細菌、かび、ウイルスなどを指す。有害な感染症を引き起こす病原性のあるものもあれば、腸内細菌など身体に有益なものもある。

★常在菌
人の身体に存在する微生物（細菌）のうち、多くの人に共通してみられ病原性をもたないもの。

★細菌叢
細菌の塊のこと。

健康状態の把握

● 健康状態を把握する項目（バイタルサインなど）

73 **健康状態**を観察するときは、その人と話をし、外観や行動をよく見るだけでも、多くの情報を得ることができる。

74 バイタルサインとは、「生命（vital）徴候（signs）」であり、異常の早期発見のための重要な観察項目である。

75 バイタルサインは一般には、体温、脈拍、呼吸、血圧を指す。場合によっては意識の状態も含める。

76 成人のバイタルサインの正常値（基準値）は、表10のとおりである。

表10 ▶ 成人のバイタルサインの正常値（基準値）

	正常値
体温	36～37℃
脈拍	60～80回／分
血圧	120mmHg未満（収縮期）／80mmHg未満（拡張期）
呼吸	呼吸回数12～18回／分
酸素飽和度（SpO_2）	95～100％
意識レベル	意識清明

77 何らかの**細菌**や**ウイルス**による感染でみられる体温上昇（感染症による発熱）は、体内における熱産生の著しい増加と末梢血管の収縮による放熱の抑制によって起こる。

78 感染症による発熱の特徴として、高熱であるにもかかわらず、体温上昇期では寒さ（**悪寒**）を感じ、全身のふるえ（**戦慄**）がみられる。また、放熱を抑制するために末梢血管が収縮するので、血流量が減少し、末梢の手や足は冷たく、発汗がみられない。

79 **脈拍**とは、心臓の収縮により血液が動脈に送り出され、体表近くの血管壁がその弾性によって拍動することをいう。

80 脈拍は、運動や入浴、食事の後には増加するため注意が必要となる。

81 脈拍数が１分間に**100回以上**の状態を頻脈といい、リズムが乱れる場合を不整脈という。

82 **呼吸**とは、**肺**において酸素を取り入れ、二酸化炭素を排出するはたらきをいい、外呼吸（肺呼吸）と内呼吸（組織呼吸）からなる。

83 **換気**★（空気を吸って吐く）が不十分になると、肺胞から血中に入る酸素の量が減るため、低酸素状態となる。こうした状況を把握する手段として、チアノーゼ（口唇や爪床が青紫色になる）の有無を観察する。

★換気
空気の出し入れによって体内への酸素の取り込みと二酸化炭素の体外への吐き出しをするはたらきのこと。

84 パルスオキシメーター★で測定した値を「**経皮的動脈血酸素飽和度(SpO_2)**」といい、基準値はおおよそ95～100％である。

85 血圧とは、心臓が全身に血液を送り出すときに動脈壁を押す圧力のことをいう。

86 血圧には個人差や1日のなかでの変動があり、その人の正常値を知ることが重要である。

87 日本高血圧学会のガイドラインによると、診察室で測った場合の血圧が、収縮期（最高）血圧140mmHg以上または拡張期（最低）血圧90mmHg以上、家庭で測った場合は、収縮期（最高）血圧135mmHg以上または拡張期（最低）血圧85mmHg以上が**高血圧**である。高血圧の判定では、診察室血圧値よりも家庭血圧値のほうが優先される。

ぷらすあるふぁ

酸素は、血液中の赤血球中のヘモグロビンによって運ばれる。動脈の血液中のヘモグロビンの何％が酸素と結合しているのかを「酸素飽和度」という。血液を採取しなくても酸素飽和度を測定できる機械をパルスオキシメーターという。

● 急変状態の把握

88 **急変状態**★とは、急激に意識の状態が悪くなったり、呼吸が浅くなったり、脈拍が弱くなったり、それまでにない強い痛みを訴えたり、苦痛の表情が強くなったりなど、通常の介護では対応しきれない状態で、救急車、もしくは医師や看護職にすぐに連絡をしなければならないようなものをいう。

89 身体にかかわるわずかな変化であっても、必ず担当の医師・看護職に連絡する。また、それが介護福祉士等の業務上課せられた重要な仕事だと考えることが必要である。

90 介護福祉士等は、キーパーソンあるいは医師や看護職を中心に連絡網をつくり、連絡体制を整えておくことが重要である。

一問一答 ▶ P.344

ぷらすあるふぁ

急変状態のなかでも意識がない、呼吸をしていない、脈が触れないなどは、生命に直結する重大な変化である。

2 喀痰吸引（基礎的知識・実施手順）

呼吸のしくみとはたらき、いつもと違う呼吸状態、喀痰吸引とは何か、人工呼吸器について、子どもの喀痰吸引、吸引を受ける利用者や家族の気持ち、呼吸器系の感染と予防、喀痰吸引により生じる危険と安全確認、急変時や事故発生時の対応等の理解が必要である。また喀痰吸引に使用する物品、安全に実施するための手順と留意点、喀痰吸引に伴うケア、実施後の報告・記録等の理解も必要である。特に『生活支援技術』における「自立に向けた身じたくの介護（口腔の清潔）」「自立に向けた移動の介護」、『こころとからだのしくみ』における「からだのしくみの理解」等と関連させた学習が重要である。

喀痰吸引の基礎的知識

● 呼吸のしくみとはたらき

91 吸い込んだ空気が肺胞に達して、血管との間で酸素・二酸化炭素を受け渡すことを**外呼吸**という。血液によって運ばれる酸素・二酸化炭素を全身の細胞との間で受け渡すことを**内呼吸**という。

92 鼻腔・咽頭・喉頭までを**上気道**、気管・気管支を**下気道**と呼ぶ。**下気道**には原則として病原性の微生物はいない。

 34—111

93 **呼吸運動**は、**横隔膜**や**肋間筋**による運動が必要である。

 34—111

94 呼吸運動によって、1回に吸い込める空気の量は、年齢・体格や病気などによって大きな個人差がある。一般的に高齢者では**低下**する。

 34—111

95 呼吸器官の主なはたらきは、**換気**と**ガス交換**である。空気の出し入れによって体内への酸素の取り込みと、二酸化炭素の体外への吐き出しをするはたらきを**換気**という。肺胞に運ばれた空気と血液との間で、酸素や二酸化炭素の受け渡しをするはたらきを**ガス交換**という。

TEST 35—60

96 **いつもと違う呼吸状態**かどうかをみるときは、**表11**のようなポイントを観察する。

表11 ▶ 呼吸状態の観察ポイント

- 呼吸の回数が増えたり減ったりしていないか
- 呼吸の音の異常を感じるか
- 呼吸の仕方はおかしくないか（リズム・呼吸法）
- 苦しさを感じていないか（呼吸困難）

97 呼吸の回数は、正常の場合、成人は１分間に12～18回程度、５歳児では約25回／分、乳児では約30回／分といわれている。

35―60

98 正常な呼吸の音は、スースーといった空気の通るかすかな音が聞こえる程度である。しかし、**空気の通り道**である「**口腔・鼻腔・咽頭・喉頭**・気管・気管支」のいずれかで、空気の通りが悪くなった場合に、呼吸の音が変化する（**図２**参照）。

TEST
35―60
36―60

図２ ▶ 呼吸器官各部の名称

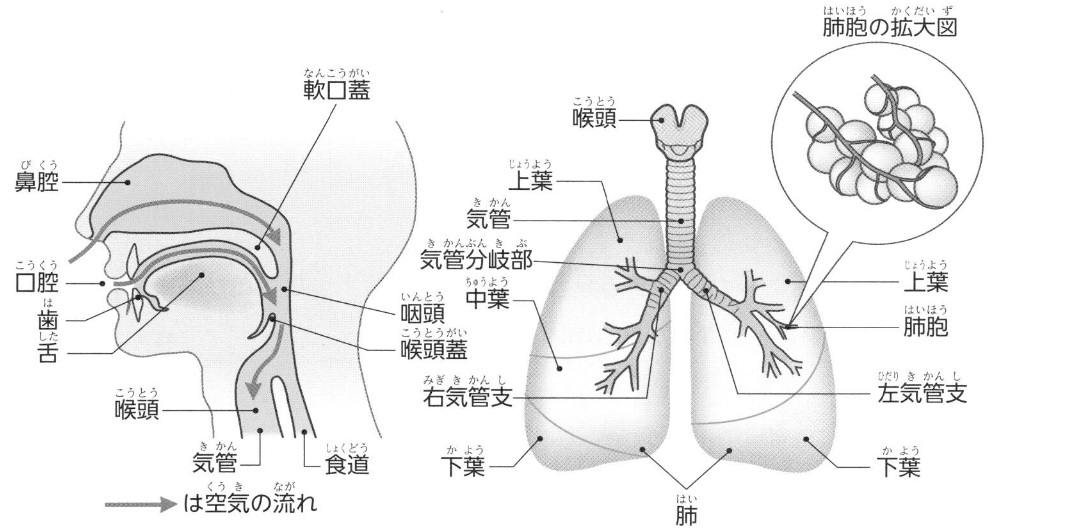

鼻腔
口腔
歯
舌
喉頭
気管
食道
軟口蓋
咽頭
喉頭蓋
は空気の流れ
肺胞の拡大図
喉頭
上葉
気管
気管分岐部
中葉
右気管支
下葉
上葉
肺胞
左気管支
下葉
肺

99 正常な呼吸の仕方は、安静時には胸部や腹部が比較的一定のリズムで呼吸に合わせて膨らんだり縮んだりする。このリズムが速くなったり、呼吸の間隔が不規則に長くなったり短くなったりする場合は、体内の酸素が非常に不足している可能性がある。

35―60

+α ぷらすあるふぁ
呼吸のはたらきにかかわるからだの器官を呼吸器官という。

100 呼吸器官★やその他の病気などによって呼吸がうまく行えず、呼吸することが非常に苦しく不快と感じることを呼吸困難という。

101 換気のはたらきが低下する病気には、**筋萎縮性側索硬化症（ALS）**★や**気管支喘息**などがある。

34―111

医療的ケア

102 肺胞の数が少なくなったり、肺胞の膨らみが悪くなる**慢性閉塞性肺疾患**★などの肺の病気や肺以外の病気によって、ガス交換のはたらきが低下し、呼吸に問題が生じてくる。

● 喀痰吸引が必要な状態と観察のポイント

103 塵や異物をとらえた余剰な分泌物を痰という。

104 痰がたまっている（貯留する）状態とは、痰の量が増えたり、粘性（粘り気）が増したりして、分泌物を食道のほうに飲み込めずに、気道や喉、口腔・鼻腔に停滞している状態をいう。

105 痰が貯留することによって空気の通り道を塞いでしまっている状態を気道閉塞という。

106 痰の貯留などによって、からだの中の酸素が不足してしまう状態を低酸素状態という。

107 喀痰吸引が必要な状態とは、**表12**のような状態である。

表12 ▶ 喀痰吸引が必要な状態

- 痰が増加している状態
- 咳★をするための喉の反射や咳の力が弱くなり、痰を排出しにくい状態
- 痰がかたくなり、排出しにくい状態

108 痰が増加する原因として、**表13**のようなことが考えられる。

表13 ▶ 痰が増加する原因

- 主に口腔や鼻腔から呼吸器官に細菌などが入り込むことによって起こる感染症
- 食物を誤って食道ではなく気管のほうに送り込んでしまったときに起こる誤嚥性肺炎
- からだが異物と判断してしまうような治療の器具等が口腔や鼻腔から入れっぱなしになっていることなど

109 **表14**のようにケアの後に痰が増加する場合がある。

表14 ▶ ケアの後に痰が増加する場合

- 食後など…食事によって唾液の量が増えたり、少量の食物が喉にひっかかったりすることによって増える
- 清拭などでからだを動かした後…からだの向きを変えることで、肺の奥底にたまっていた痰が喉のほうに上がってくることがある
- 入浴後…湿度が上がる関係もあり、痰がやわらかくなり、増えることがある

★筋萎縮性側索硬化症（ALS）
運動を司る神経の変性によって全身の筋力低下や運動、コミュニケーション、嚥下、呼吸の障害が進行性に生じる原因不明の難病。

★慢性閉塞性肺疾患
気道の炎症によって慢性的に痰や咳が認められたり、肺胞の破壊が進んで体動時の息切れを認めるなど、不可逆的に気道内の空気の流れや血管との酸素・二酸化炭素の受け渡しに支障を生じる病態。

ぷらすあるふぁ
咳は、自発的、意識的に発することが可能だが、基本的には神経を介して発生する反射運動である。気道などで刺激を受けると神経を経て延髄にある咳中枢に神経の興奮が伝えられ無意識的に咳が起こる。

110 からだの中の水分が不足している場合や、乾燥した外気を吸っている場合などは、痰が乾燥して**粘性**が強くなる。

● 喀痰吸引法

111 器具を使って痰を吸い出すことを**喀痰吸引**という。

112 **喀痰吸引**は、**医行為**（ 1 参照）であり、介護福祉士等が喀痰吸引を実施する場合は、必ず**医師の指示書**が必要となる。

33—109

113 喀痰吸引は、吸引器につないだ管（**吸引チューブ**）を口腔や鼻腔から挿入して、痰を吸い出す。口の中から管を挿入する場合を**口腔内吸引**、鼻の穴から挿入する場合を**鼻腔内吸引**という。

● 喀痰吸引実施上の留意点

114 何らかの理由で**換気**が十分にできなくなった状態の人に対して、人工的に換気を補助するために**人工呼吸器**★を装着する。

115 長期間、人工呼吸器を装着する場合には、手術により気管に穴をあけて**気管カニューレ**を挿入し、人工呼吸器を装着する。

116 人工呼吸器を装着して呼吸の維持・改善をする治療を**人工呼吸療法**という。人工呼吸療法には、**侵襲**★**的人工呼吸療法**と**非侵襲的人工呼吸療法**がある（**表15**参照）。

表15 ▶ 人工呼吸療法の種類

侵襲的人工呼吸療法	気管に空気を出入りさせる穴をあけて（気管切開）、チューブ（気管カニューレ）を挿入し、そこから管（蛇管）を通して空気を送り込む
非侵襲的人工呼吸療法	口・鼻または鼻のみをマスクで覆い、そのマスクを通して空気を送り込む

117 人工呼吸器が適切に作動しなければ、利用者の生命に危険が生じる。そのため、**医師**や**看護職**、医療機器提供会社による**定期的な点検・整備**によって、**故障**や**トラブル**を未然に防ぐように管理する。介護福祉士等は、吸引を終了した後、人工呼吸器の作動状況を確認する。

118 非侵襲的人工呼吸療法では、口鼻マスクまたは鼻マスクを装着している利用者に口腔内吸引・鼻腔内吸引を行う場合、マスクを取りはずしている間、必要な空気が十分**供給できない**状態となることを理解しておく。

★人工呼吸器
圧力をかけて酸素を肺に送り込む医療機器のこと。

★侵襲
医療において、生体内の一定の状態を乱す可能性のある外部からの刺激。外科手術、感染、中毒などをさす。

119 気管カニューレの種類には、カフが付いていない気管カニューレ、カフ付き気管カニューレ、カフと**サイドチューブ**★付き気管カニューレがある。

120 気管カニューレの先端近くにあり、気管カニューレの外側周囲に小さい風船のようなものを膨らませる部分をカフという（**図3**参照）。

図3 ▶ カフとサイドチューブ付き気管カニューレを装着した状態（例、断面図）

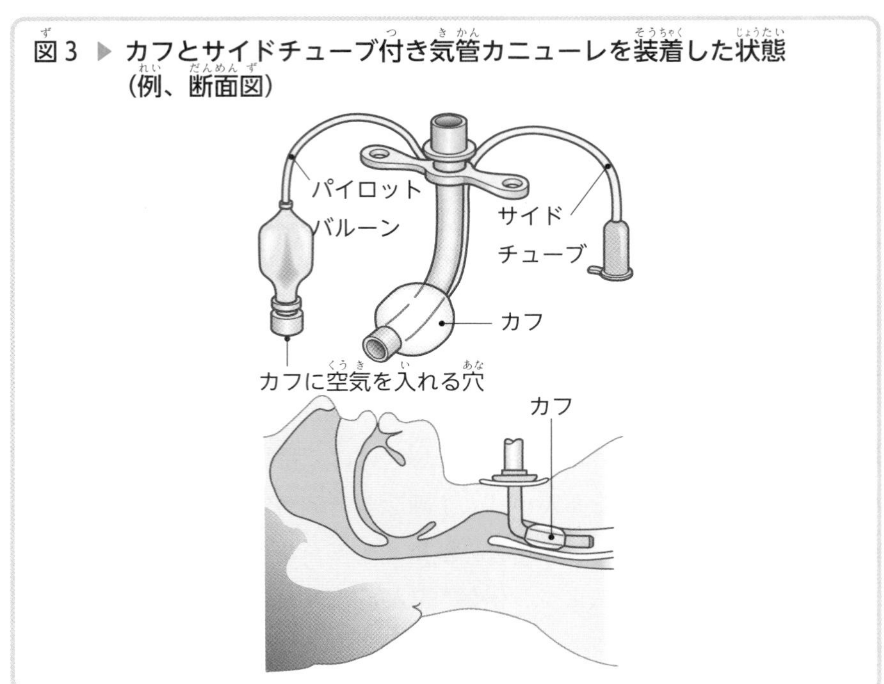

121 カフは、チューブがずれないよう固定したり、十分な換気を維持したり、口や鼻からの分泌物が気管に入り込まないようにするためのものである。

122 気管カニューレからはみ出さない深さまでの吸引を気管カニューレ内部の吸引という。

123 気管カニューレより先の気管の部分には、迷走神経★があり、この部分を刺激してしまうことで心臓や呼吸のはたらきを停止させてしまう危険性がある。

124 気管カニューレ内部の吸引では、通常、病原性の細菌等がない気管に、感染の原因となるような分泌物や細菌を付着させたり、落とし込まないように、清潔な吸引チューブや**滅菌精製水**★等を用いた無菌的な操作が必要となる。

★サイドチューブ
気管カニューレの外側である「カフ」の上部にたまっている分泌物等を吸い出すための細い管のこと。

★迷走神経
脳神経の1つ。咽頭・喉頭の筋肉の運動に関与したり、心臓・肺・消化管に分布する副交感神経を含んでいる。副交感神経はからだをリラックス状態にするはたらきをしており、血管を拡張させたり心拍数を減少させたりする。

★滅菌精製水
精製水とは、常水を蒸留・イオン交換・ろ過などによって品質のよいものにしている水。滅菌精製水とは、精製水を滅菌処理したもの。

125 人工呼吸器を装着している状態では、言葉を発することが困難となるため、必ず意思伝達の手段★を確保しておく。また、吸引前と吸引後に、十分な説明や声かけ、意思確認を行う必要がある。

126 人工呼吸器装着者の呼吸管理および吸引に関連して、**表16**の状態にある場合は、緊急の対応を要する。

表16 ▶ 人工呼吸器装着者の緊急の対応を要する状態

- 人工呼吸器の音に合わせて胸の膨らみがない（弱い）状態
- 痰を吸引して除去したにもかかわらず「呼吸が苦しい」という訴えがある（または、苦しい表情である）状態
- 顔色が青白い、気管からの吸引物が鮮やかな赤色である
- 気管カニューレが抜けている
- 人工呼吸器のアラームが鳴りやまない
- 停電などにより、人工呼吸器の作動が停止した

ぷらすあるふぁ

言葉を発することができない場合の意思伝達の手段として、筆談、文字盤、意思伝達装置などを利用者の状況に応じて使用する。

● 吸引を受ける利用者や家族の気持ちと対応、説明と同意

127 利用者・家族が抱く不安や希望など、さまざまな思いを関係職種間で共有できるように、情報を提供していく。

128 介護福祉士等は、利用者・家族の気持ちを否定せずに受け止めることが大切である★。

129 吸引は、苦痛を伴うため、利用者自身の協力や吸引の実施者との**信頼関係**が必要となる。そこで、吸引の実施に関する説明と同意、さらに、吸引を実施する前の適切な説明（声かけ）と利用者の同意を確認することが重要になる。

130 吸引の実施に関する説明をするときは、**実際の吸引器具等を見せながら**イメージできるように説明して、利用者の同意を得ることが必要である。

131 吸引の苦痛や恐怖心が増さないよう、必ず吸引前に説明（声かけ）を行う。利用者の協力が得られるよう、励ましの言葉もかける。

132 吸引の実施後は、苦痛を伴う処置を受けたことに対するねぎらいの言葉をかけたり、吸引の効果を伝える。

ぷらすあるふぁ

利用者・家族の気持ちは変化することがあることを念頭におき、療養生活における不安や希望などについて、具体的な話を聞くようにする。

TEST 35—61

● 呼吸器系の感染と予防（吸引と関連して）

133 吸引を必要とする人が呼吸器系の感染を起こす原因として、呼吸器系の病気によって呼吸器官が感染しやすい状態にあることや、吸引操作に伴って細菌やウイルスが侵入しやすいことが考えられる。

134 **下気道**は原則、病原性の微生物は存在しないことを理解し、気管カニューレ内部の吸引では、口腔内、鼻腔内の菌を入れ込むことのないよう、用途別に吸引チューブを使用したうえで、挿入の長さの厳守と、正しい吸引手技で、感染を防止する。

● 喀痰吸引により生じる危険と安全確認

32—111

135 喀痰吸引により利用者に起こり得る危険な状態として、呼吸状態が悪くなる、顔色が悪くなる、嘔吐する、出血するなどがある（**表17**参照）。

136 呼吸状態や顔色が悪くなったときは、吸引などにより体内の酸素が不足している状態（低酸素状態）になっている可能性や、食後の吸引による刺激で吐き出した嘔吐物や痰が気管に入り込み、気管を塞いでいる状態（気道閉塞）になっている可能性がある。

137 「ヒヤリハット、アクシデント」を見過ごすことがないよう、利用者の状態や機器等の状況が「いつもと違う」と気づいた時点で、迅速に医師・看護職に連絡・報告をして、医師・看護職とともに確認する。

138 危険を防止するには、日常的に利用者の状態や疑問点・問題点、利用者・家族の気持ちへの対応など、些細なことと思われるような事柄についても医師・看護職に連絡・相談のうえ、共有しておく。

表17 ▶ 口腔内吸引時に想定されるリスクと対応事例

リスク	介護福祉士等の対応	看護職の対応および予防策
吸引器が正しく作動しない	以下の確認を行う ・電源 ・吸引びんのふた（きちんとしまって、密閉状態になっているか） ・吸引びんの中身（いっぱいなら廃棄） ・吸引チューブの接続 ・吸引圧（チューブの接続部を折り曲げ、吸引圧が上昇するか確認）	・利用者等の全身状態の観察（顔色の変化・チアノーゼの有無・呼吸数および自覚症状の有無等を確認し、情報を介護福祉士等と共有する） ・定期的な吸引器のチェック（吸引びんのパッキン交換、吸引器と吸引チューブを連結する管の消毒等）
呼吸状態が悪くなる 顔色が悪い	・直ちに吸引を中止し、気道を確保する ・看護職に連絡する	・呼吸状態と酸素飽和度をチェック ・状況により、吸引、酸素投与、用手換気（手動式人工呼吸器を使用）を実施 ・呼吸状態の改善がみられないときは病院へ救急搬送する
嘔吐する	・直ちに吸引を中止し、誤嚥を防ぐため顔を横に向ける ・看護職に連絡する（可能な場合は、吐物を確認してもらう。確認できない場合は、吐物の内容を報告する） ・吐物は、決められた方法で片づける	・全身状態の観察 ・緊急性の判断（吸引刺激による嘔吐だったのか）
出血する	・出血が少量のとき：吸引物に少量血液が混じる程度 →直ちに吸引を中止し、看護職に連絡する ・出血が多量のとき：吸引物がすべて血性のものである場合等 →直ちに吸引を中止し、顔を横に向け、看護職に連絡する ・決められた吸引圧であったかを確認する	・出血量、出血位置の確認 ・正しい吸引操作の確認
痰がかたく、吸引が困難	・室内の空気の乾燥を防ぐ ・看護職に報告する	・摂取水分量の検討 ・気道浄化看護の実施
痰の色がいつもと違う	・体温をはかり、看護職に報告する ・全身状態の観察	・感染徴候の観察 ・ほかの利用者等への感染を考慮する
吸引ができない（チューブをかむ、口を開けない）	・ゆっくりと吸引チューブを引き抜き、全身状態を観察する ・全身状態を観察して看護職に報告する	・痰の除去が必要な場合は看護職が鼻腔から吸引を行う

資料：介護福祉士養成講座編集委員会編『最新 介護福祉士養成講座⑮医療的ケア（第２版）』中央法規出版、2022年、130頁を一部改変

● 急変・事故発生時の対応と連携

139 表18に示す状態がみられた場合、早急な対応が求められる。

表18 ▶ 早急な対応の必要な状態

- 呼吸が停止している
- 呼吸状態が悪化している（表情が苦しそうな場合や顔色が悪くなった場合）
- 多量に出血している
- 嘔吐したものが気管に詰まっている
- 人工呼吸器が作動していない（人工呼吸器を装着している場合）
- アラームが鳴りやまず苦しそうにしている（人工呼吸器を装着している場合）

140 呼吸状態や顔色が悪くなった場合、嘔吐がみられたり、痰の色が赤く出血が疑われたりする場合には、吸引を直ちに**中止**する。

141 緊急時は、医師・看護職に、「いつ・どこで・誰がまたは何が・どのように・どうしたか・どうなったか」ということを報告する。

142 緊急時の対応方法については、事前に医師・看護職と相談して、利用者個々の応急手当方法の**マニュアル**として共有しておく。

● 子どもの喀痰吸引

143 子どもの呼吸器官は、肺胞が少なかったり気管が細く肺の膨らみも小さいため、1回の呼吸で吸い込む空気の量が**少なく**、成人に比べて呼吸回数が**多く**なる。

144 子どもは、感染への**抵抗力**が弱く、感染性の病気にかかったときは進行が速く悪化しやすい。**気道**が細くやわらかいため、感染により炎症を起こすと気道がさらに狭くなり痰が詰まりやすくなる。

145 子どもにとって吸引は、吸引チューブの挿入の際の違和感や吸引時の音の大きさなど、恐怖と苦痛を伴う処置であるといえる。そのため、事前に子どもの理解力に応じた説明を行い、**心理的準備（プレパレーション）**★が行えるように援助する。

★**心理的準備（プレパレーション）**
子どもの発達に応じて、処置についてわかりやすく説明し、子どもの正直な気持ちを表現させること。だましたりせず誠実な態度で接し、頑張る力を引き出すはたらきかけのこと。

146 子どもの気道の粘膜は、やわらかく傷つきやすいため、通常、**吸引圧**は成人よりも**低く**設定される。吸引後の呼吸状態の変動や出血を起こさないためにも、医師の指示による吸引圧・吸引時間を厳守する。

147 子どもの気管カニューレ内部の吸引では、吸引チューブをゆっくり回転させながら**5～10**秒以内で引き上げるようにする。

喀痰吸引の実施手順

●喀痰吸引で用いる器具・器材とそのしくみ、清潔操作と清潔の保持

148 **吸引**を行う部位により、必要な物品の種類（**表19**、**図4**参照）や、守らなくてはならない**清潔度**が異なる。

33—111

表19 ▶ 吸引の必要物品

必要物品	用途	吸引部位と必要なもの		
		口腔内	鼻腔内	気管カニューレ内部
吸引器（吸引びん・接続チューブ・連結管）	圧がかかる装置と排液をためるもの	○	○	○
吸引チューブ※	人体に挿入し、分泌物を吸引する	○	○	○
保管容器（ふたつき）	再利用時、吸引チューブを保管する容器	○	○	○
清浄綿★等	吸引チューブの外側を清拭する	○	○	○
洗浄水	吸引チューブの内側を洗浄する	○ 水道水	○ 水道水	○ 滅菌精製水
消毒液（浸漬法の場合）	再利用時、吸引チューブを消毒する	△	△	○
清潔な手袋、滅菌された清潔な手袋またはセッシ（鑷子）	吸引チューブを操作するため	○	○	○

凡例　○：必要なもの、△：適時用意するもの

※　吸引チューブの太さや材質は吸引を行う部位別に異なる。

資料：介護福祉士養成講座編集委員会編『最新　介護福祉士養成講座⑮医療的ケア（第2版）』中央法規出版、2022年、143頁を一部改変

36—61

★清浄綿

清浄綿は、脱脂綿に殺菌消毒剤をしみこませたものである。清浄綿は「皮膚・口腔などの清浄・清拭など」を目的としており、殺菌消毒剤は低濃度である。なお、殺菌消毒剤をしみこませて使用する「消毒綿」は「手指や皮膚の洗浄・消毒など」が目的である。

図4 ▶ 吸引器と必要物品

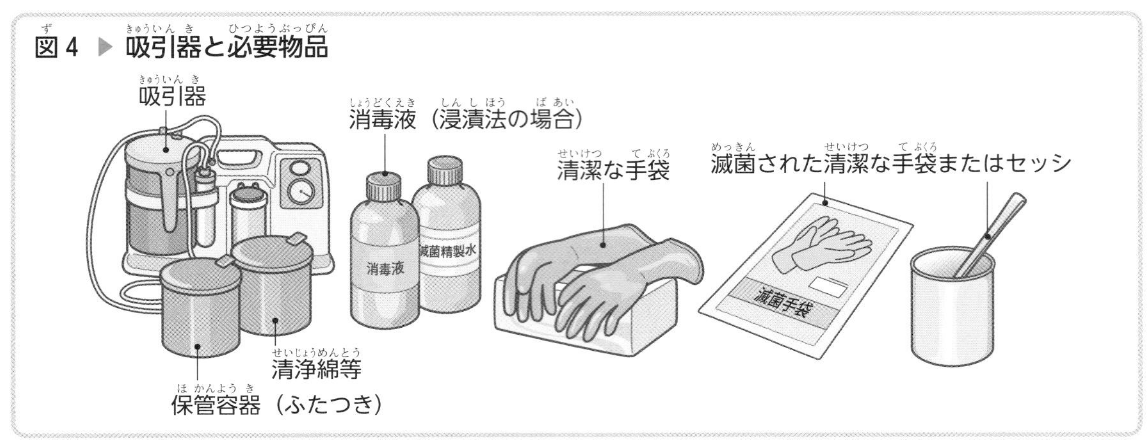

 36―61

★陰圧
容器など内部の圧力が、外部よりも小さくなっている状態のこと。吸引器の電源を入れると吸引器の内部は陰圧となる。

149 **吸引器**は、痰などを口腔内・鼻腔内、気管カニューレ内部から吸い出す。吸引器の内部、つまり吸引びんや接続チューブの内部は、陰圧★になっているため、痰を吸い出し、吸引器の中に吸い込むことができる。

150 吸引器は、陰圧を起こす**モーター部分**と、痰をためる吸引びん、痰を吸い出すための**管部分**（接続チューブ）から構成されている。接続部位がしっかりと接続されているかどうか、管や吸引びんに穴があくなどしていないか事前に確かめておく。

151 **吸引びん**は、こまめに観察、あるいは定期的に中身を廃棄し、逆流しないように注意する。

152 吸引にあたっては、**接続チューブ**に吸引チューブを接続する。接続チューブと吸引チューブが正しく接続できるか事前に確認しておく。

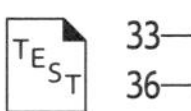 33―111
36―61

153 **吸引チューブ**には、材質や太さ、先端の孔の数などにさまざまな種類がある。医師・看護職が、吸引部位別にその人に合ったものを選定するため、**選定されたものを正しく利用する。**

154 吸引時に**下気道**（気管・気管支）に病原性の**微生物**を押し込むことにならないよう、利用者の体内に挿入する吸引チューブの清潔保持には特に注意する。

155 **気管カニューレ内部の吸引**では、特に、吸引チューブの気管内への挿入部分に菌がつかないように吸引チューブを扱う。

156 気管カニューレ用の吸引チューブは、1回の吸引ごとに使い捨てが原則である。やむを得ず再度利用する場合には、利用者ごとに清潔に保管する。

157 吸引チューブの清潔保持方法には、浸漬法と乾燥法がある（**表20**参照）。

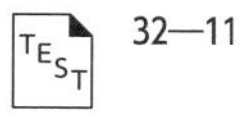

32—112

表20 ▶ 吸引チューブの清潔保持方法

	浸漬法	乾燥法
概要	吸引チューブを消毒液に漬けて保管する方法	吸引チューブを乾燥させて保管する方法
手順	①吸引後、チューブ外側の汚染除去のため、清浄綿等でふく ②チューブ内側の粘液の除去のため、滅菌精製水（口腔・鼻腔は、水道水でも可）を吸引する ③吸引チューブを消毒液にひたして保管する	①吸引後、チューブ外側の汚染除去のため、清浄綿等でふく ②チューブ内側の粘液の除去のため、滅菌精製水（口腔・鼻腔は、水道水でも可）を吸引する ③吸引チューブ内の水滴がない状態で、ふたつきの乾燥容器に保管する
交換頻度（推奨）	・吸引チューブ、消毒液は少なくとも24時間おき ・洗浄水は少なくとも8時間おき	・吸引チューブ、保管容器の消毒は少なくとも24時間おき ・洗浄水は少なくとも8時間おき
注意点	・「乾燥法」は、細菌の生存に必要な水分や痰が存在しなければ、細菌の発育がしにくいという性質にもとづいた方法で簡便であるが、実際、吸引チューブ内の乾燥を保つのは、吸引頻度によっては非常に難しい。細菌は目に見えないため、いっそうの注意が必要である。 ・口・鼻の上気道には、常在菌が存在するため、口・鼻用のチューブを無菌状態に保つのは困難である。よく水洗いされた清潔な状態に保つように心がける。 ・気管内・口鼻用ともに、チューブ内側の粘液等を吸引圧をかけながら、十分洗い流すことが非常に大切である。	

資料：介護福祉士養成講座編集委員会編『最新 介護福祉士養成講座⑮医療的ケア（第2版）』中央法規出版、2022年、146頁を一部改変

● 喀痰吸引の技術と留意点

吸引前の利用者の状態観察と留意点

158 喀痰吸引は、**利用者からの要請**に応じて実施する場合と、**看護職らの判断**によって実施する場合とがある。

医療的ケア

159 吸引が必要な状態を判断するにあたっては、**口腔内・鼻腔内・気管カニューレ内部などの状態**に加え、全身状態も観察しておく（**表21**参照）。さらに、一人ひとりの利用者の状態や前後のケア（食後・体位変換後や入浴前後など）の状況によって、吸引の必要性が異なるため、事前に看護職に確認しておく。

160 吸引を行うごとに観察し、ふだんと変わりないことを**確認**する。口腔内の状況は、定期的に、看護職により観察・確認されているが、吸引の実施前には再度、実施者の目で観察する。何らかの異常を発見したら、速やかに看護職に連絡・報告する。

吸引前の利用者の準備と留意点

TEST 33—111 35—61

161 吸引は、苦痛を伴うため、利用者の理解度や意識レベルに応じた丁寧な説明が必要になる。事前の準備として**表22**を確認・工夫する。

吸引実施手順と留意点

35—61

162 吸引実施前には、必ず、医師の指示書、ならびに看護職からの吸引に関する指示・引き継ぎ事項を確認する。

33—111

163 吸引は、医師の指示書に記載されている吸引の時間・挿入の深さ・吸引圧で、実施する。

35—61

164 清拭やおむつ交換などをした後に吸引をする場合もあるため、吸引の前の**手洗い**または**手指消毒**を徹底する。

165 吸引の実施に際し、清潔操作の順番を間違えると、消毒液や保管液すべてが汚染されるため、注意が必要である（**表23**参照）。

166 口腔内・鼻腔内吸引は、咽頭手前までとし、無菌状態である下気道に分泌物を落とし込まないように注意する。

167 1回の吸引で十分に痰が取りきれない場合は、無理をせずにいったん休み、利用者の呼吸を整えてから行う。

+α ぷらすあるふぁ
粘膜の損傷や多量の空気の吸引、気管カニューレ内部の分泌物を気管内へ落とし込む等がある。

吸引実施に伴う利用者の身体変化の確認

168 吸引の実施中から実施直後においては、絶えず利用者の呼吸状態、吸引による弊害★の有無、痰や唾液の残留の有無など、利用者の状態が変化していないかを観察する（**表24**参照）。

表21 ▶ 吸引前の観察項目

<table>
<tr><th></th><th>口腔内吸引・鼻腔内吸引</th><th>気管カニューレ内部の吸引</th></tr>
<tr><td rowspan="3">観察項目</td><td>・口腔内の状態：出血や傷の有無
・鼻腔内の状態：出血や傷の有無
・義歯の状態（総義歯か部分義歯か、装着状況等）
・口腔内の貯留物（痰や唾液）の場所
・口腔内の食物残渣の有無
・鼻から喉にかけての貯留物の位置
・顔色（青白さ、苦しそうな表情などの有無）
・むせ込みの有無
・咽頭部付近で痰のからむ音（ゴロゴロ音）の有無</td><td>・口腔内・鼻腔内・気管カニューレ内部の状態（出血や損傷の有無等）
・気管カニューレ周囲の状態（出血やびらん★・肉芽★の有無等）および固定の状態
・気管内の状態（出血や損傷の有無等）
・むせ込みの有無
・痰のあふれ出しの有無
・喉頭部以降での痰のからむ音（ゴロゴロ音）の有無
・顔色（青白さ、苦しそうな表情などの有無）
・酸素飽和度の低下
・脈拍数の上昇</td></tr>
<tr><td>【口鼻マスク等における人工呼吸器装着者の場合】
・人工呼吸器の作動状況
・口鼻マスクまたは鼻マスクの位置
・皮膚の状態</td><td>【人工呼吸器装着者の場合】
・人工呼吸器の作動状況
・気道内圧の上昇
・吸気（陽圧）時の胸の膨らみの減少
・吸気（陽圧）時の異常音
※カフ付き気管カニューレの場合には、カフエアの確認を行う。</td></tr>
<tr><td colspan="2">【共通】
・全身状態（意識レベル、覚醒の状況、呼吸の状態等）
・利用者の訴え（息苦しさ、痰がたまっている、痰が出しにくい等）</td></tr>
<tr><td>注意点</td><td>・どの場所に吸引物（痰や唾液、食物残渣など）があるかを見極めることが重要である。
・口腔内にある場合は、ティッシュペーパーやスポンジブラシ等でかき出す方法が適切である。
・口を開けた際、食物残渣や義歯が気道内に落ち込まないよう注意する。</td><td>・気道内に痰がたまると、十分なガス交換がされずに、低酸素におちいるため、酸素飽和度の低下や脈拍数の上昇をきたす。
・気道を閉塞するため、特に人工呼吸器装着者では、胸が上がりにくくなり、多くの圧を必要とする。そのため、気道内圧が上昇してしまう。</td></tr>
</table>

資料：介護福祉士養成講座編集委員会編『最新 介護福祉士養成講座⑮医療的ケア（第２版）』中央法規出版、2022年、149頁を一部改変

★びらん
表面の皮膚が破壊されて皮膚の下の組織が露出している状態。通常は、湿った状態で限局的にみられる。

★肉芽
外傷や炎症によって皮膚が欠損している部分に、赤くやわらかい粒状の組織ができたもの。

表22 ▶ 吸引前の利用者の準備と留意点

①利用者に吸引の必要性について説明し、実施することの同意を得る 喀痰吸引は、口を開けて行われ、苦痛を伴う処置であるため、施設等では、プライバシー保護のためカーテン・スクリーンをする。 ②吸引をできる限り楽に受けられるような姿勢を整える 口腔内吸引の場合には、咳の力を利用して、痰が出せるようであれば、起きた姿勢のほうが力を入れやすい。起き上がれない場合や、唾液の吸引の場合は、枕の位置を工夫し、口を開けやすい姿勢をとる★。 鼻腔内吸引の場合には、ベッドは水平から10～15度程度挙上させた状態が吸引チューブを挿入しやすい。利用者に顎を少し上げてもらうと、吸引チューブがスムーズに進みやすい。 気管カニューレ内部の吸引の場合は、気管カニューレ部分が見えやすく清潔にチューブが挿入でき、利用者の安楽が保てる角度にベッド挙上を調節する。

ぷらすあるふぁ

咽頭反射が強く、嘔吐が誘発されやすい（オエッとなりやすい）利用者の場合は、誤嚥防止のために、顔を横に向けたりセミファーラー位（10～30度程度ベッドを挙上する）にすることもある。

169 **低酸素状態**にないかどうか、パルスオキシメーターを用いて血液中の酸素の量（**酸素飽和度★**）を測定し、確認する。

34—110

170 吸引実施後は、顔色、表情、酸素飽和度の値、声かけへの返答の有無、嘔吐やむせ込みがないか、口腔内吸引では、口の中に痰が残っていないかを観察し、利用者に声をかけて、発声できるかを確認する。

34—110

★酸素飽和度
赤血球中のヘモグロビンのうち、酸素と結合しているヘモグロビンの割合。

171 経鼻経管栄養を実施している人に吸引を行う場合は、吸引に伴う咳き込みなどによって経鼻経管栄養チューブが口腔内に出てきていないかを確認する。

172 人工呼吸器を装着している人の場合は、人工呼吸器回路のコネクタ接続部から空気が漏れていないかどうか、口鼻マスク等の装着感が通常どおりであるかどうか、人工呼吸器回路等が実施前と同じ状態になっているかどうかを確認する。

吸引実施後の吸引物の確認と医師・看護職への報告

173 吸引後は、**痰**の色、粘性、においを毎回確認する。具体的には吸引中の吸引チューブや、吸引器の接続チューブ内を通過する速度、詰まり具合によって粘性を推測する。

174 吸引の実施中・実施後の利用者の状態や、吸引した物の量、性状等については、異常の有無にかかわらず、看護職に日常的に報告して、連携を図る。

表23 ▶ 吸引の実施手順

<table>
<tr><th>手順</th><th>口腔内吸引・鼻腔内吸引</th><th>気管カニューレ内部の吸引</th></tr>
<tr><td>清潔 ①</td><td>・石けんと流水で手を洗う。
・清潔な手袋を両手につける（またはセッシを持つ）。
（補足説明：手袋の着用には、清潔に吸引チューブを取り扱うということ、実施者自身を痰や分泌物等から守ることの両側面がある）</td><td>・石けんと流水で手を洗う。
・原則として滅菌された清潔な手袋を両手につける（またはセッシを持つ）。
（補足説明：気管カニューレ内部の吸引については原則として滅菌手袋を使用する。居宅において滅菌手袋を常備することが困難な場合、施設・事業所の衛生・安全管理に関する判断にもとづいて統一した方法で行う）</td></tr>
<tr><td>②</td><td colspan="2">・保管用の容器あるいはパッケージから吸引チューブを取り出し、連結管に接続して吸引器と連結する。
・パッケージされた吸引チューブを単回使用する場合は、先に開封し取り出しやすくしておく。</td></tr>
<tr><td>③</td><td colspan="2">・（浸漬法の場合）吸引チューブの外側についている消毒液を清浄綿等でふく（連結部から先端まですべてふく）。</td></tr>
<tr><td>確認 ④</td><td>・吸引器の電源を入れて、水の入った容器へ吸引チューブを入れる。吸引圧が事前に取り決められた設定になることを確認する。</td><td>・吸引器の電源を入れて、（原則として）滅菌精製水の入った容器へ吸引チューブを入れる。吸引圧が事前に取り決められた設定になることを確認する。</td></tr>
<tr><td>⑤</td><td colspan="2">・吸引チューブの先端の水をよく切る。</td></tr>
<tr><td rowspan="2">人工呼吸器装着者の場合</td><td colspan="2">・実施前に声かけをする。</td></tr>
<tr><td>鼻・口鼻マスク式
［口腔内］
・事前の取り決めにそって、マスクをはずすか、鼻マスクに変更する。
［鼻腔内］
・事前の取り決めにそって、マスクをはずす。</td><td>気管切開
・（手袋の場合）利き手で吸引チューブを持ち、人工呼吸器の吸気を確認してから、利き手と反対側の手で接続をはずす。
・（セッシの場合）利き手と反対側の手にセッシと吸引チューブを持ち、人工呼吸器の吸気を確認してから、利き手で接続をはずす。吸引チューブをはさんだセッシを、再度利き手に持ち替える。
・はずした後の回路は不潔にならないよう、保持する。</td></tr>
<tr><td>⑥</td><td colspan="2">・実施前に声かけをする。
・吸引チューブを静かに挿入する。</td></tr>
<tr><td>挿入</td><td>※口鼻腔では、粘膜の損傷や、多量の空気を吸引しないように、圧をかけずに挿入する。
［口腔内］
・利用者の口を開け、口腔のカーブに合わせ、粘膜を刺激しないよう静かに吸引チューブを挿入する。肉眼で確認できない部分までは、挿入しないように注意する。
［鼻腔内］
・粘膜を刺激しないよう静かに吸引チューブを鼻腔に進める。鼻腔入り口は、粘膜が薄く、毛細血管があるため出血をきたしやすいので、十分注意する。</td><td>・吸引チューブの根元を完全には折らず、少し陰圧をかけた状態で、所定の位置（分泌物のあるところで気管カニューレ内部）まで静かに挿入する。</td></tr>
</table>

手順	口腔内吸引・鼻腔内吸引	気管カニューレ内部の吸引
吸引⑦	・吸引チューブをとどめておくと、粘膜への吸いつきが起こる場合もあるため、(**手袋**の場合)**吸引チューブ**を回したり、(**セッシ**の場合)ずらしたりしながら、吸引圧が1か所にかからないよう、まんべんなく**吸引する**。	・吸引チューブをとどめておくと、気管カニューレ内壁への吸いつきが起こる場合もあるため、(**手袋**の場合)**吸引チューブ**を静かに回しながら、(**セッシ**の場合)1か所にとどまらないよう気をつけて分泌物を**吸引する**。
抜去⑧	・**吸引チューブ**を静かに**抜く**。	
人工呼吸器装着者の場合	鼻・口鼻マスク式 ・鼻・口鼻マスクを元に戻す。	気管切開 ・呼吸器の接続を元に戻す。 ・気管カニューレとの接続が不十分な場合、送気が十分にならないため注意が必要。回路を元に戻している際、吸引チューブを清潔に保持する。
終了時の清潔 ⑨	・吸引チューブの外側を清浄綿等でふく。吸引チューブをふく清浄綿等は、必ず1回ごとに**廃棄する**。	
⑩	・洗浄水を吸引し、吸引チューブ内側の汚れを落とす。	
⑪	(セッシの場合はセッシを所定の場所に戻す) ・吸引器の**電源を切る**。	
⑫	・吸引チューブを連結管からはずし、保管容器に**吸引チューブを戻す**。または単回使用の場合は原則として**廃棄する**。	
⑬	・手袋を**はずす**。	
終了 ⑭	・吸引が終了したことを告げ、ねぎらいの言葉をかける。痰が取りきれたかどうかを**確認する**。	
⑮	・利用者の**希望の姿勢に整える**。	
人工呼吸器装着者の場合 ⑯	・人工呼吸器の作動状況を**確認する**(人工呼吸器回路の接続、固定位置、固定の強さ、皮膚の状態などを含む)。	
⑰	鼻・口鼻マスク式 ・口鼻マスクまたは鼻マスクの**確認をする**。	・気管カニューレおよび周囲の**確認をする**。
観察⑱	・吸引物および利用者の状態を観察する。吸引前と吸引後の変化に注意する。	
終了 ⑲	・石けんと流水で実施者の**手を洗う**。または速乾性手指消毒液による**手指消毒を行う**。	
⑳	・次回**使用物品の確認**。水や足りない物品を**補充する**。	

資料:介護福祉士養成講座編集委員会編『最新 介護福祉士養成講座⑮医療的ケア(第2版)』中央法規出版、2022年、154～155頁を一部改変

表24 ▶ 吸引実施中～実施後の観察

<table>
<tr><th></th><th>口腔内吸引・鼻腔内吸引</th><th>気管カニューレ内部の吸引</th></tr>
<tr><td rowspan="3">観察項目</td><td colspan="2">・利用者の呼吸状態
表情、顔色不良（青白さ、苦しそうな表情など）の有無
唇や爪床が青紫色（チアノーゼ）になっていないか
・全身状態（意識状態の低下はないかなど）</td></tr>
<tr><td colspan="2">・吸引による弊害の有無
むせ込みの有無
嘔吐・嘔気の誘発
酸素飽和度・脈拍数の回復があるか
口腔内の状態：出血や傷の有無
気管孔の状態：出血、傷の有無
鼻腔内の状態：出血や傷の有無
鼻血や口腔内への血液の流れ込みの有無</td></tr>
<tr><td colspan="2">・貯留物（痰や唾液）の残留の有無
貯留物（痰や唾液）が取れたかどうかの利用者の主観
吸引前の痰のからむ音（ゴロゴロ音）の消失があるか</td></tr>
<tr><td>注意点</td><td>・刺激で咳が誘発される場合もあり、嘔吐の出現にも十分注意する。
・鼻腔の入り口は、粘膜が薄く、毛細血管があるため出血をきたしやすいので、十分注意する。</td><td>・吸引操作による気道粘膜の損傷、出血
・吸引チューブが誤って深く挿入された場合の迷走神経反射の出現
・嘔気、嘔吐の誘発
・吸引時間が長くなることによる低酸素状態を起こす可能性があるので、酸素飽和度に十分注意して観察を行う。</td></tr>
</table>

資料：介護福祉士養成講座編集委員会編『最新 介護福祉士養成講座⑮医療的ケア（第２版）』中央法規出版、2022年、157頁を一部改変

吸引後の片づけ

TEST 32―112

175 吸引必要物品は、清潔に保管する。洗浄用の水（水道水、**滅菌精製水**）、浸漬用消毒液、吸引チューブは、使用頻度などを考慮して定期的に交換する。保管容器も定期的に交換、消毒する。

TEST 32―112

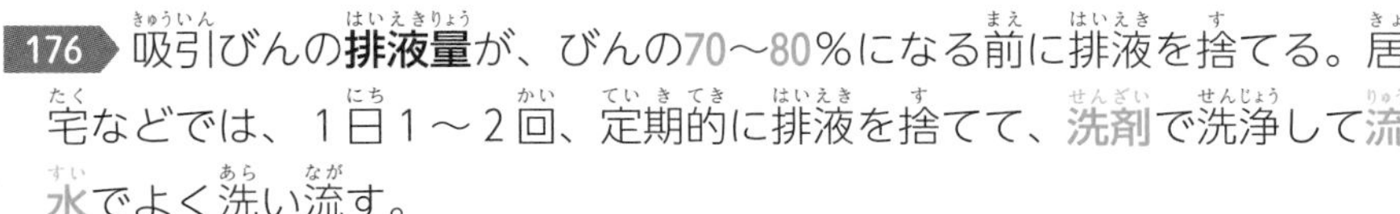

176 吸引びんの**排液量**が、びんの70～80％になる前に排液を捨てる。居宅などでは、１日１～２回、定期的に排液を捨てて、洗剤で洗浄して流水でよく洗い流す。

177 物品の片づけにあたっては、日常的に使用しやすい配置にし、機器等は、事故予防や故障予防のため速やかに点検し、片づける。

● 喀痰吸引に必要なケア

178 痰を出しやすくするには、①**重力**、②痰の**粘性**、③**空気**の量と速さが大切といわれる（**表25**参照）。

表25 ▶ 痰を出しやすくするためのケア

重力	痰のある部位を上にして重力を利用し、痰を排出しやすい位置に移動させる。
痰の粘性	気道粘膜の線毛運動による痰を外に出そうとするはたらきをスムーズに行うには、痰に、適度の湿性（保湿性、加湿性）が必要になる。痰の粘性が適度であれば、徐々に、痰は排出される。
空気の量と速さ	咳の力のことをいう。

★**線毛運動**
痰を外に出そうとするはたらきのこと。気道粘膜にある線毛という細かい毛が一定方向に動くことにより、分泌物などがベルトコンベアーに乗ったように気管の奥に入らないように、口腔のほうに押し上げられるような動きである。

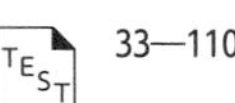

33—110

179 体内の**水分**が不足していると、痰もかたく、気道粘膜の**線毛運動**★**機能**がはたらかないため、身体全体の水分バランスを整える健康管理が必要になる。また、**気管切開**をしている場合は、口や鼻の加湿機構がないため、気道に適切な**加湿**が必要となる。

180 喀痰吸引が必要な人が、仰向けのままで長時間寝ていると、背側の肺の奥に痰がたまってしまう。医師や看護職と連携・相談しながら、**重力**を利用した痰を出しやすくする**姿勢**（**体位ドレナージ**）を工夫する（図5参照）。

図5 ▶ 痰を出しやすくする姿勢（体位ドレナージ）

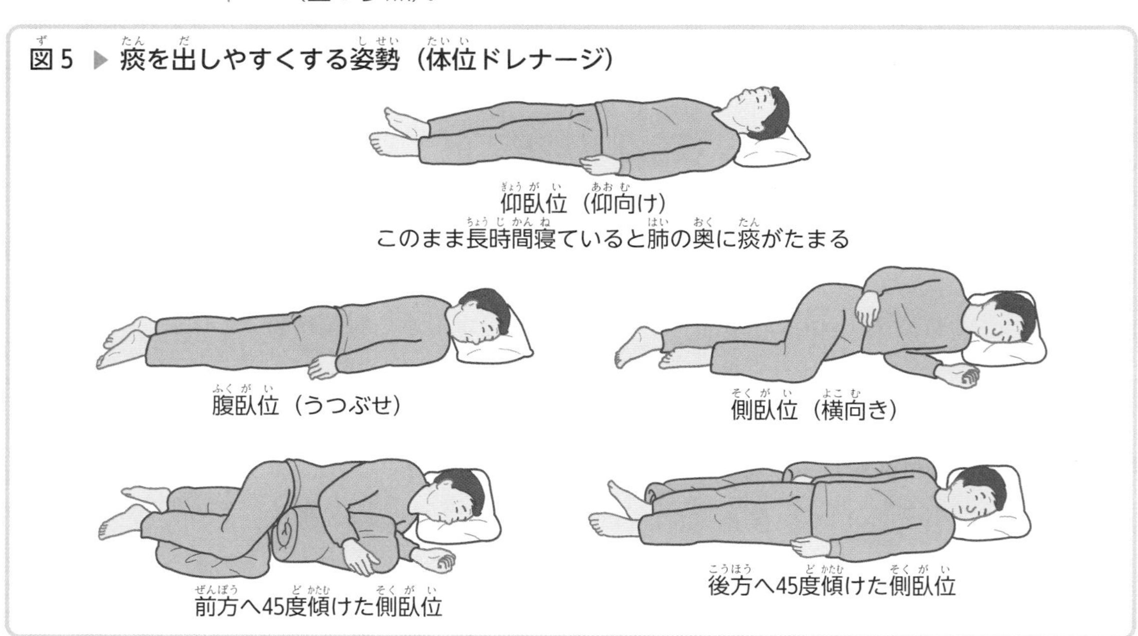

181 吸引が必要な人や、食事が十分に摂れない人などの場合、唾液の分泌が**減少**し、**自浄作用**★が低下して細菌の感染・繁殖が起こりやすい状態になる。唾液の分泌の減少、自浄作用の低下は、口臭・味覚の低下、**誤嚥性肺炎**を引き起こす原因となるので、**口腔ケア**が重要となる。

★自浄作用
自らの力で老廃物を除去し、きれいにするはたらきをいう。

● 報告および記録

182 吸引の実施前後に利用者の状態が変化していると感じた場合、速やかに医師および看護職へ**報告**する（**表26**参照）。

表26 ▶ 報告する内容

・利用者の吸引前の状態と吸引後の変化
・顔色、呼吸状態、鼻血や口腔内への血液等の流れ込みの有無等
・いつもと違う、何か変というとき

183 あらかじめチーム内で綿密な打ち合わせをして医師・看護職や家族と情報を共有し、在宅の場合はすぐに電話ができるように、**連絡表**の場所や内容を必ず確認する。

184 記録は「いつ・どこで・誰が・どのように・どうしたか・どうなったか」について、主観を交えず**客観的事実**を、誰が読んでも同じ場面・状態をイメージできるように書き、他者へ伝える。

一問一答 ▶ P.345

3 経管栄養（基礎的知識・実施手順）

消化器系の役割・機能、消化・吸収のしくみ、よくある消化器症状と経管栄養との関連、経管栄養が必要な状態、経管栄養のしくみと種類、注入する栄養剤等の理解が必要である。また経管栄養に使用する物品や安全に実施するための手順と留意点、使用する物品の清潔な取り扱いや消毒方法、実施後の報告・記録等の理解も必要である。特に『生活支援技術』における「自立に向けた身じたくの介護（口腔の清潔）」「自立に向けた食事の介護」、『こころとからだのしくみ』における「からだのしくみの理解」等と関連させた学習が重要である。

経管栄養の基礎的知識

● 消化器系のしくみとはたらき

消化器系のしくみとはたらき

185 消化器系は、体内に栄養や水分を取り入れるために、食物を機械的、化学的に分解（消化）し、栄養や水分の吸収、残渣物の排泄を担う器官の集まりである。**口腔→咽頭→食道→胃→小腸→大腸→肛門**まで続く消化管および**肝臓・胆嚢・膵臓**で構成されている（**図6**参照）。

186 **消化**とは、消化酵素によって食物を分解し、栄養素の水溶液をつくる作業をいう。**吸収**は、主に**小腸**や**大腸**で行われる（**図6**参照）。

よくある消化器の症状

187 **げっぷ（おくび）**とは、胃内のガスが食道を逆流して口から吐き出されることをいう。

188 胃内にガスが貯留した状態で体位を変えると、げっぷとともに**胃の内容物の逆流（嘔吐）**が起こる場合もある。そのため、経管栄養を注入後は、しばらく上体を**起こしておく**、背部を軽くたたくなどして、ガスの排出を促す。

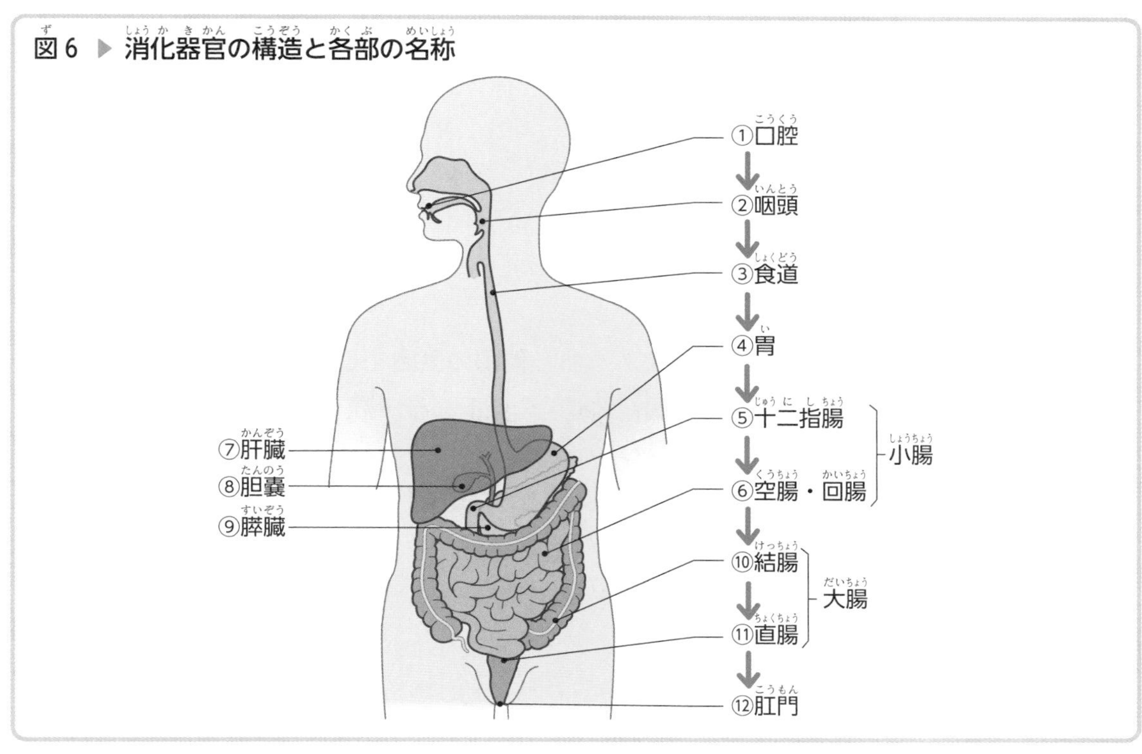

図6 ▶ 消化器官の構造と各部の名称

189 しゃっくりとは、胃底部の膨満や、食物や冷たいものを飲み込んだ際に、横隔膜が刺激されて起こる現象をいう。経管栄養注入の刺激で起こることもある。

190 胸やけとは、前胸部から胃部に感じるジリジリと焼けるような不快な感じのことをいう。脂肪や炭水化物を多量に摂取したときや、胃酸が食道に逆流したときに起こる。

191 栄養剤は、流動性が高く、**逆流しやすい**。そのため、経管栄養を実施する際は、半座位の体位をとるなど、**逆流を防止**する工夫が必要となる。

192 嘔気とは、胃の内容物を吐き出したいという切迫した不快感、吐き気をいう。嘔吐は、胃の内容物が実際に吐き出されることである。

193 経管栄養において、嘔気・嘔吐を引き起こす原因となるのは、仰臥位など逆流しやすい姿勢で注入した場合、注入する栄養剤の温度によって刺激があった場合、注入速度が速くそれが刺激となる場合、量が多すぎて逆流する場合などである。

36—62

194 経管栄養時に嘔気・嘔吐がみられた場合は、直ちに注入を中止し、窒息や誤嚥の防止に努め、医師・看護職に速やかに連絡する。

★亢進
気持ちや病気の進み具合、物事の程度が高まり進むこと。

 35—62

195 下痢とは、糞便の水分量が増して、液状の糞便を排泄することをいう。腸蠕動の亢進★、腸の水分吸収力の低下や腸液の分泌亢進などで起こる。

196 便秘とは、排便の回数が少ない、便の量自体の減少、水分の少ない硬い便、排便困難、残便感や腹部が張った感じ等の状態の組み合わせである。自然な排便のリズムが乱れ、便が長時間腸内にとどまり、不快に感じる状態をいう。

197 経管栄養時にみられる**便秘の原因**として、水分不足、食物繊維不足、運動不足、腸蠕動機能の低下などがあげられる。

● 経管栄養が必要な状態と観察のポイント

198 経管栄養は、①飲み込みのはたらきが低下している状態、②栄養不良や水分不足が推測される状態である場合に必要となる。

199 **嚥下障害**により、必要な栄養や水分の摂取不足が生じる。嚥下反射の低下により、食物や口内残渣物、唾液等が気道へ流入したり、胃の内容物が逆流して気道に入ったりすることで誤嚥性肺炎を引き起こすことも問題となる。

200 嚥下障害の原因は、次の3つに大きく分けることができる（**表27**参照）。

表27 ▶ 嚥下障害の原因

①形態的な異常（口蓋裂や、口腔から咽頭・食道の障害（**食道裂孔ヘルニア**★など））
②神経・筋系の異常（脳性麻痺、脳血管障害、パーキンソン病、重症筋無力症など）
③加齢に伴う機能低下

★食道裂孔ヘルニア
横隔膜にある食道が通る穴から、胃の一部が胸腔側に脱出している状態。

201 嚥下障害があると、食事にむせる（特にお茶や汁物、唾液等でむせる）、食物が喉につかえて逆流してくる、口内に食物が残っている、湿性嗄声（痰がからんだようなゴロゴロとした声）等がみられる。

202 **栄養不良**や**水分不足**が続くと生命の危機につながる。何らかの理由で経口摂取ができなくなり、栄養不良・水分不足の症状が現れていて、消化機能に大きな問題がなければ経管栄養の必要性が検討される。

● 経管栄養法

経管栄養の基礎知識

203 経管栄養とは、消化管内にチューブを挿入して栄養剤（流動食）を注入し、栄養状態の維持・改善を図る方法である。

204 **経管栄養**は、チューブを挿入した経路により、胃ろう経管栄養、腸ろう経管栄養、経鼻経管栄養に分類することができる（**図7**参照）。

図7 ▶ 胃ろう経管栄養・腸ろう経管栄養・経鼻経管栄養

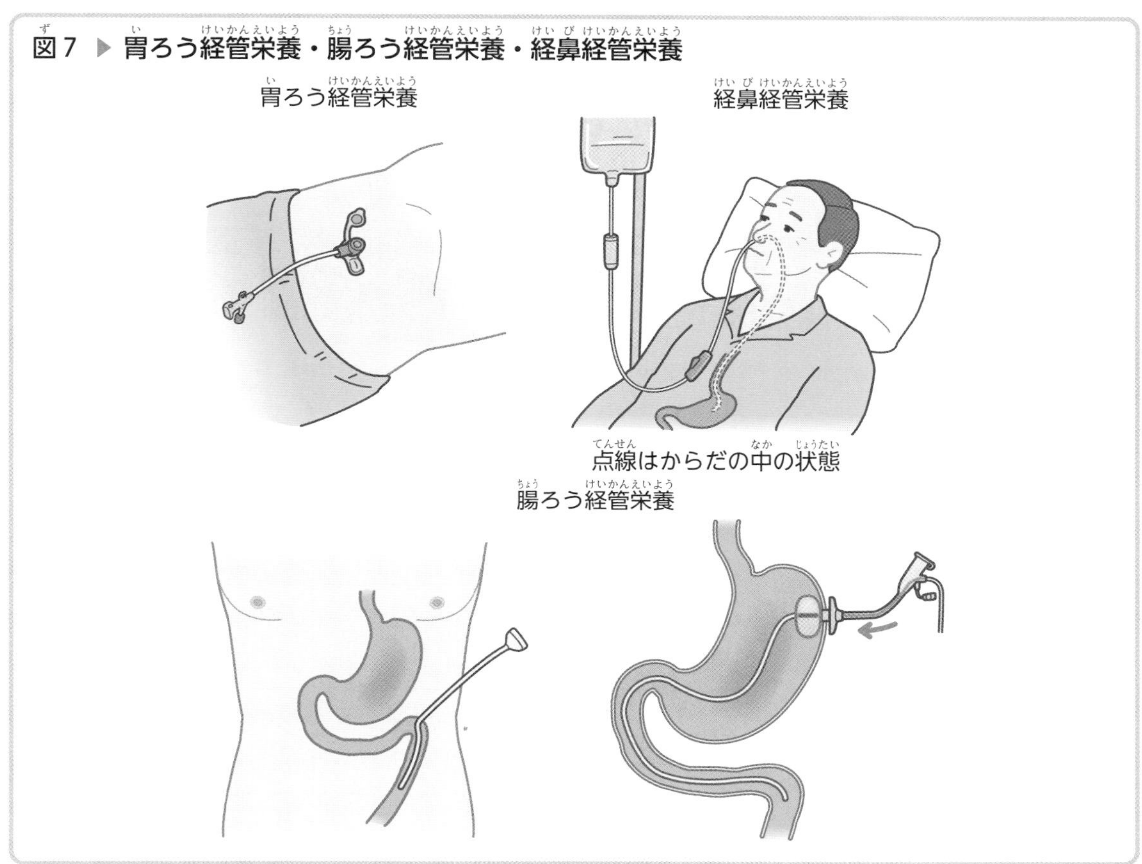

205 **胃ろう経管栄養**は、手術（内視鏡）により腹壁から胃内に**ろう孔**を造設し、チューブを**留置**して栄養剤を注入する。

206 チューブは、胃内の固定板と体外（腹壁）の固定板によって固定される。胃内の固定板には、「**バルーン（風船）型**」と「**バンパー型**」があり、体外（腹壁）の固定板には、「**ボタン型**」と「**チューブ型**」がある。それぞれの組み合わせによって、ボタン型バルーン、ボタン型バンパー、チューブ型バルーン、チューブ型バンパーに分けられる（**図8**、**表28**参照）。

図8 ▶ 胃ろう栄養チューブの種類

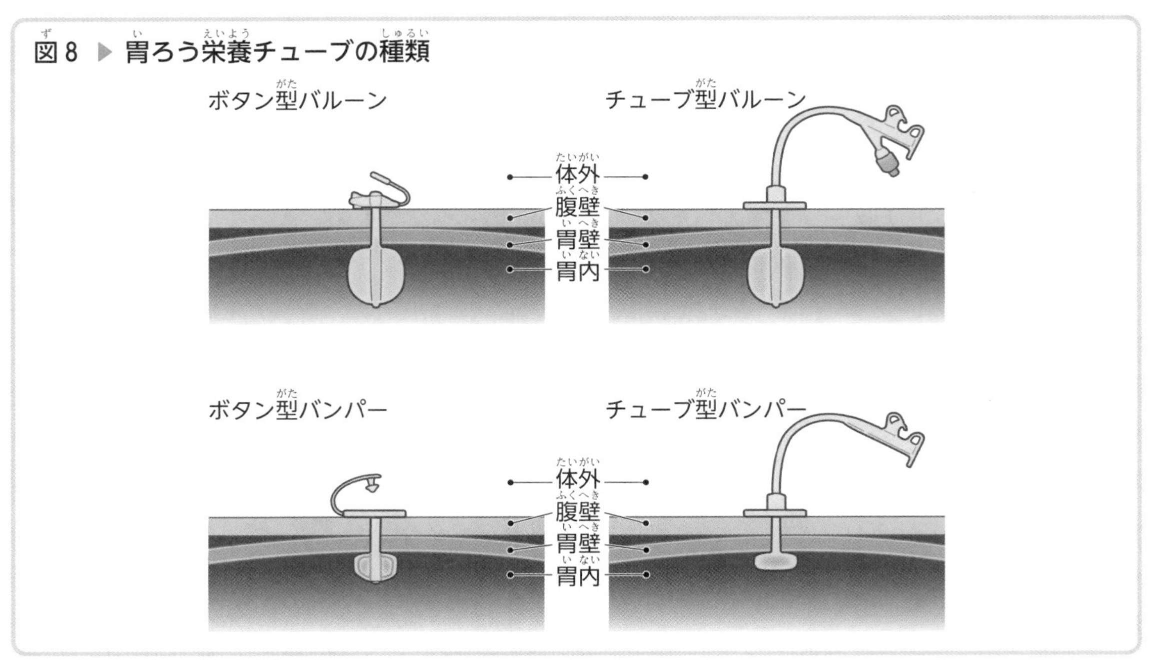

表28 ▶ 胃ろう栄養チューブ固定板のタイプと長所・短所

固定板の位置	固定板のタイプ	長所	短所
胃内	バルーン（風船）型	交換が容易である。	バルーンが破裂することがある。
	バンパー型	抜けにくいので交換までの期間が長い。	交換時に痛みや圧迫感が生じる。
体外（腹壁）	ボタン型	目立ちにくく動作の邪魔にならずに、自己抜去しにくい。 逆流防止弁がついている。	指先でボタンを開閉しづらい。
	チューブ型	注入時に栄養チューブと接続しやすい。	チューブを引っ張り抜去しやすい。 チューブの内側が汚染されやすい。

207 **腸ろう経管栄養**には、①手術（内視鏡）により腹壁から空腸に**ろう孔**を造設し、チューブを留置して栄養剤を注入する方法、②造設した胃ろうからカテーテルを通し、その先端を十二指腸または空腸に留置して栄養剤を注入する方法がある。

208 **経鼻経管栄養**は、左右どちらか一方の鼻腔から咽頭、食道を経て胃内にチューブを挿入留置して、栄養剤を注入する（十二指腸または空腸内に留置する場合もある）。

栄養剤に関する知識

209 栄養とは、生体が物質を体外から摂取し、**消化・吸収**、**代謝**により、生命を維持し、健全な生活活動を営むことをいう。取り入れる物質を栄養素という。

210 代謝とは、生命維持活動に必要なエネルギーの獲得や有機材料を合成するために生体内で起こるすべての生化学反応の総称をいう。

211 人体には多くの**水分**が含まれており、身体に必要な栄養成分は、水分に乗せて運ばれている。体内の水分不足は、代謝を悪くし、血液の循環にも大きく影響するとともに、**熱中症**や**脱水症**などさまざまなトラブルを引き起こす原因になる。

212 経管栄養の栄養剤の条件として、①**少量**で高カロリーが得られる、②栄養のバランスがとれている、③消化吸収がよく**副作用**が少ない、④栄養剤でチューブが詰まらない、⑤調整が簡単にできるなどがあげられる。

213 経管栄養の**栄養剤**は、天然食品を原料とした**天然濃厚流動食**（ミキサー食を含む）と、天然食品を加工してつくられる**人工濃厚流動食**に分けられる。人工濃厚流動食は、消化吸収される形態から、**半消化態栄養剤**、**消化態栄養剤**、**成分栄養剤**に分けられる。糖尿病や肝不全、腎不全等のもつ代謝的特徴を考慮して、その疾患を改善する目的で使用される**病態別栄養剤**もある（**表29**参照）。

214 栄養剤の剤型としては、粉末状・液状がある。液状の栄養剤は、流動性が高いため胃ろう部からの漏れや食道への逆流、腸管への速い流入による下痢等が起きやすいことから、これらを改善するために半流動体の性質をもたせた半固形栄養剤が用いられることが多い（**表29**参照）。

34—112

215 経管栄養の**栄養剤**は、高濃度・低濃度のもの、医薬品扱いのものと食品扱いのものがある（**表29**参照）。医薬品扱いの栄養剤は、薬としての審査がいることから医師の処方が必要になる（**表30**参照）。

表29 ▶ 経管栄養で使用される栄養剤の種類

栄養剤の種類		特徴	取り扱い形式
天然濃厚流動食		通常の食事と同様に消化吸収できる場合に使用する。	食品、医薬品どちらもある。
人工濃厚流動食	半消化態栄養剤	栄養学的なバランス・栄養価にすぐれている。消化機能に問題がない場合は最適である。	
	消化態栄養剤	高エネルギー・アミノ酸を多く含み、吸収効率がよい。	
	成分栄養剤	アミノ酸のみで構成され、ほとんど消化を必要としない。	医薬品のみ
病態別栄養剤		各疾患のもつ代謝的特徴を考慮して、その疾患を改善する目的で使用される。	食品、医薬品どちらもある。
半固形栄養剤		液体と固体両方の性質をもつ半流動体。液状の栄養剤の高い流動性にともなう弊害を緩和する。	

資料：介護福祉士養成講座編集委員会編『最新 介護福祉士養成講座⑮医療的ケア（第2版）』中央法規出版、2022年、181頁

表30 ▶ 栄養剤の食品と医薬品の違い

	食品	医薬品
医師の指示	必要	必要
医師の処方箋	不要	必要
保険適用	なし	あり
個人購入	可能	不可能

資料：介護福祉士養成講座編集委員会編『最新 介護福祉士養成講座⑮医療的ケア（第2版）』中央法規出版、2022年、181頁

34—112

216 半固形栄養剤は、①液状の栄養剤が**胃食道逆流**を起こしやすい場合、②座位の時間を短縮する必要がある場合、③腸の蠕動を改善したい場合等に用いられる。

● 経管栄養実施上の留意点

217 経管栄養は、その人の生活や行動範囲を**制限するものではない**。

 35―62

218 栄養剤は、**消費期限**の**近い**ものから使用する。

 33―113

219 経管栄養において、**脱水**・**電解質異常**・**血糖値の異常**などが起こることがある。電解質異常を起こすと、発熱、心不全、呼吸不全、意識障害、痙攣などの重篤な症状を呈することがある。

220 **誤嚥性肺炎**は、経管栄養を行ううえで最も重篤な合併症である。誤嚥性肺炎は、**表31**のような場合に引き起こされる。

表31 ▶ 誤嚥性肺炎が引き起こされる場合

- 嚥下機能の障害で口腔内の汚染物質が気道へ流れて引き起こされる
- 胃の内容物が逆流し、気道に入って引き起こされる
- 食道裂孔ヘルニアやサイズが大きすぎる経管栄養チューブ（胃ろう・腸ろう栄養チューブも含む）を使用しているときに逆流を起こして引き起こされる

221 **経鼻経管栄養チューブの挿入留置**は、**医師**や**看護職**が行う★。また、経鼻経管栄養チューブの先端が胃の中に挿入されていることを定期的に**医師**や**看護職**が確認する。

> **+α ぷらすあるふぁ**
> 鼻からのチューブが胃ではなく、気道に留置されていることに気づかず、栄養剤を注入してしまうことがあり、注意が必要である。

222 栄養剤の注入時は、上半身を**30～45**度起こして、**逆流を防止**する。安定して座位の保持ができる人は座位で行い、自力で寝返りのできない人は、30度程度起こすなど、医師や看護職の**指導**のもと、個別計画に基づいた方法で行う。

223 しゃっくり、胸やけ、**嘔気**・**嘔吐**、腹痛、腹部膨満感などの消化器症状は、消化吸収機能が低下しているとき、栄養剤の**温度**・**注入速度**・**濃度**が不適切なときなどに起こる。症状の有無を確認するとともに顔色や表情などを観察する。

 36―62

224 **下痢**は、**経管栄養**によってみられる最も多い症状の１つで、さまざまな原因が考えられる。経管栄養による下痢なのか、そのほかの原因による下痢なのかを鑑別する必要がある。

 32―113

225 経管栄養に伴う**下痢の原因**は、**表32**のとおりである。

表32 ▶ 下痢の原因

- 注入速度が速いことによる下痢
- 経管栄養剤の濃度による下痢
- 経管栄養剤の低温による下痢
- 不潔な経管栄養の操作による下痢

226 経管栄養チューブ挿入部のスキントラブルは、QOLを損なう大きな要因になる。起きやすいスキントラブル（**表33**参照）は、栄養チューブが当たっている部分に生じる**びらん**や**潰瘍**★である。胃ろう・腸ろう経管栄養では、ろう孔周囲の皮膚が感染を起こし、**不良肉芽**★を形成してしまうこともある。

★**潰瘍**
皮膚・粘膜などの表層がただれて崩れ落ち、欠損を生じた状態。

★**不良肉芽**
傷が治るとき肉（組織）が盛り上がって（肉芽形成）治るのが自然であるが、傷が膿んだりしてなかなか治らない状態。

表33 ▶ スキントラブルの原因

・栄養チューブの固定の仕方が適切でない等の機械的な刺激 ・消化液や栄養剤の漏出等の化学的な刺激 （経管栄養チューブのサイズが合わない場合などにみられることがある）

227 経管栄養チューブ挿入部（もしくはろう孔部）周囲が赤くなったり、**滲出液**★が出たり、痛みがあったり、出血していたり、悪臭がする場合などは、**医師**や**看護職**に連絡する（**図9**参照）。

★**滲出液**
炎症により血管壁や組織の性質が変化したことで血管外へ流出した血液や組織液のこと。

図9 ▶ かぶれやすい部位

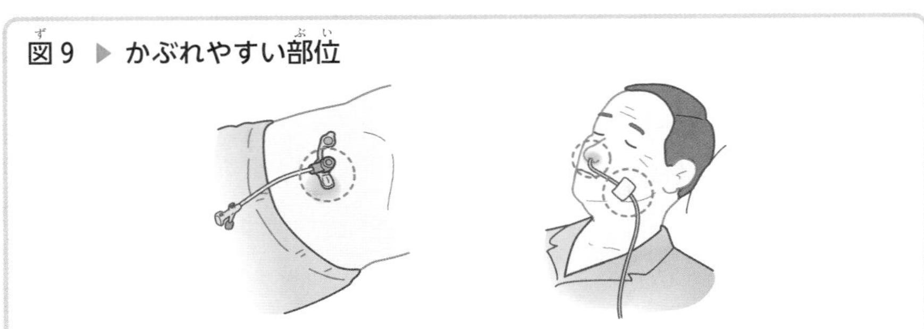

● 経管栄養に関係する感染と予防

228 経管栄養を行っている人は、一般的に**免疫力**や体力が低下していることが多く、感染症にかかりやすく、清潔や衛生面には十分に注意する。

229 経管栄養における消化器感染の原因は、**表34**のとおりである。

表34 ▶ 経管栄養における消化器感染の原因

・注入物の不適切な取り扱い（有効期限切れ等） ・器具類の汚染（洗浄不足・かびの発生等） ・実施者の手指の汚染

230 経管栄養を実施している利用者で、口から食事を摂っていない人は、**唾液**の分泌が減少し唾液による**自浄作用**が低下していて、**細菌感染が起こりやすい**状態になっている。

231 口腔ケアは、利用者の感染予防のみならず、爽快感を与えることにも重要な役割を果たす。口から食事を摂っていなくても、しっかりと口腔ケアを行う。

33—113
35—62

232 **病原体**は、主に**実施者**によって運ばれるため、手洗いの徹底が必要である。

33—113

● 経管栄養を受ける利用者や家族の気持ちと対応、説明と同意

233 利用者は、病気や障害による不安や苦痛を抱えている。また、生活のうえで大きな楽しみである食事の機会を奪われることで、生活意欲が低下している場合もある。

234 介護福祉士等は、利用者の気持ちを受け止めながら、生きる喜びを損なわないようなケアを行うことが必要となる。

235 介護の負担感が強い家族には、利用者や家族ができていることに着目し、利用者や家族を認め、自己効力感★を得られるような会話を心がける。

★自己効力感
人がある行動を起こそうとするとき、「自分にはここまでできる」という思いのこと。

236 経管栄養を実施する前には、利用者・家族に声かけ（説明）を行い、その実施について同意を得る。

237 経管栄養の実施に際しては、利用者や家族が安心して経管栄養を受けられるよう、これから始めるということ、どれくらい時間がかかるのか、などを説明する。

238 注入中は、適宜、状態観察を行うとともに、不快に感じることはないかなどの声かけを行い、利用者の反応や様子を観察する。

239 注入後しばらくは半座位を保つ。姿勢に対する苦痛、意識や呼吸状態の変化、**腹部膨満感**や**腹痛・嘔気・嘔吐**などがないかを確認する。

● 経管栄養により生じる危険と安全確認

240 経管栄養チューブの抜去、経管栄養チューブ挿入部からの出血や嘔吐、利用者の状態の著しい変化などが、経管栄養時に想定されるリスクである（**表35**参照）。

35—63

241 リスクの原因は多様であるが、利用者の状態把握の不十分さ（いつもと違って顔色が悪い、調子がよくないようだ）、注入時の不適切な姿勢・体位（仰向けのままであるなど）、経管栄養チューブ類の不備（経管栄養チューブが正確に挿入されていない）が関係する。

36—63

表35 ▶ 経管栄養時に想定されるリスクと対応例

リスク	介護福祉士等の対応	看護職の対応および予防策
チューブ・PEG（胃ろう）が抜けそうになっている、抜けてしまっている	・注入せずに、すぐに看護職に連絡する	・あらかじめ医師から指示を受けておき、手順にそって対応する ・ろう孔確保（胃ろうの場合） （注意：ろう孔は、早ければ数時間ほどで閉じてしまう） ・ろう孔確保と同時に、医師に連絡する
チューブ挿入部からの注入液の漏れ	・接続部などがはずれていないか、折れ曲がっていないかを確認し、はずれていたら接続する ⇒チューブの接続部に問題がないにもかかわらず漏れるようなら看護職に連絡する	・医師と相談して対応する
注入液が注入できない、または、定められた時間内に終了しない	[栄養点滴チューブ全体の確認] ・途中でチューブが折れていないか ・注入液が凝固してチューブを閉塞していないか ・チューブが抜けかかっていないかなど ⇒決められたとおりに実施しても、注入液が滴下しない場合は、滴下を中止し、看護職に連絡する ・いつもの時間より長くかかる場合 ⇒いったん、注入を中止して看護職に連絡する	・介護福祉職といっしょにルートを確認する。途中でチューブが折れていないか、注入液が凝固してチューブを閉塞していないか、チューブが抜けかかっていないかなど ・ほんの少し圧をかけて注入してみる ・ルート交換 ⇒改善がなければ医師に連絡し、再挿入を検討する
出血	・経管栄養チューブ挿入部やPEG（胃ろう）からの出血や、周囲に血液が付着している場合 ⇒看護職に連絡する ・経管栄養チューブ内がいつもと違う色（赤・茶褐色など）になっている場合 ⇒看護職に連絡する ・鼻出血・吐血があった場合 ⇒直ちに注入を中止して看護職に連絡する	・出血部位の確認 ・不良肉芽からの出血・胃内からの出血など、部位により医師の指示で対応する ・鼻出血・吐血があった場合は、医師に連絡し医師の指示に従う
嘔吐	・直ちに注入を中止する ・誤嚥を防ぐため顔を横に向ける ・看護職に連絡する	・全身状態の観察 ・嘔吐の原因追究（吐物・注入速度・姿勢・体位など確認） ・緊急性の判断と対応

リスク	介護福祉士等の対応	看護職の対応および予防策
息が苦しそう・顔色が悪い	・直ちに注入を中止し、すみやかに看護職に連絡する	・全身状態と酸素飽和度をチェック ・緊急性の判断と対応
痰がからみ・喉がゴロゴロしている状態が始まった	・注入を中止しベッドを起こしたまま様子をみる ⇒改善すれば注入を再開し、しなければ看護職に連絡する	・経管栄養チューブが抜けかかっていないか確認する ・必要時、吸引したり体位を工夫したりする ・緊急性の判断と対応
腹部膨満	・定められた注入速度であるか確認する ・身体が曲がっていないか、適切にベッドが挙上されているか確認する ⇒いつもと違う状態と感じたときは、看護職に連絡する	・全身状態の観察（とくに腸の蠕動運動） ・注入速度・姿勢（体位）の確認と医師による指示のもとでの調整
しゃっくり	・注入開始後にしゃっくりがあった場合は注入を中止する ・注入速度・姿勢を確認する ⇒いつもと違う状態と感じたときには、看護職に連絡する	・全身状態の観察 ・注入速度・姿勢・体位など確認 ・緊急性の判断と対応
げっぷ	・げっぷと同時に嘔吐することがあったら注入を中止し看護職に連絡する	・全身状態を観察し、誤嚥が疑われるようなら医師に連絡する

資料：介護福祉士養成講座編集委員会編『最新 介護福祉士養成講座⑮医療的ケア（第2版）』中央法規出版、2022年、194頁を一部改変

242 **ヒヤリハット**を見逃さないために、①「いつもと違う」という変化・状況を把握する力をつけておくこと、②ヒヤリハットなのかどうか、常に誰か（医師・看護職、上司・同僚など）に質問する姿勢をもつこと、③相談を受けたり、話し合ったりすることを大切にする職場の雰囲気をつくることが求められる。

243 **ヒヤリハット報告書**、**アクシデント報告書**は、必要に応じて医師・看護職と相談しながら記入し、関係する職員で共有する。さまざまな視点から再発予防策を検討することが大切である。

244 経管栄養は、生命に直結する危険を伴う。そのため、日常的な報告・相談、定期的な報告・相談・打ち合わせを行うなど、医師・看護職と連携体制を整えておく。

急変・事故発生時の対応と連携

 35—63

245 経管栄養において、**表36**に示す状態がみられた場合、生命の危機に直結する。

表36 ▶ 経管栄養における緊急を要する状態

- 呼吸が停止している
- 呼吸状態が悪化している(苦しそうな表情をしている、顔色が悪くなった)
- 意識がないように見える
- 気管に嘔吐したものが詰まっている

246 経管栄養において、緊急を要する状態であると気づいたときは、直ちに医師・看護職へ報告・連絡する。報告相手や報告内容などについて定めたマニュアルを作成し、介護福祉士等・医師・看護職・家族で共有する。

247 報告にあたっては、「**いつ・どこで・誰がまたは何が・どのように・どうしたか・どうなったか**」を明確に伝え、利用者の状態の変化を報告する。

248 事前に緊急時の連絡先について**連絡網**を用意して関係者・医師・看護職と共有しておく。

249 事業所・施設では、どのような急変・事故が、どのように起こっているのか、評価を行い、全職員が共有できるように定期的に確認する。

子どもの経管栄養

250 子どもの経管栄養で使用するチューブは、子どもの**成長段階**や**体型**によりサイズの違いがあるため、医師が決定したものを使用する。

251 子どもの皮膚はデリケートであるため、子どもによって使用するテープの種類や幅に違いがある。また、子どもの経鼻経管栄養の場合、無意識に手を顔にもっていくことがあるため、耳の後ろにかけて固定する。これらのチューブやテープの選択、固定方法などは医師や看護職が実施するが、介護福祉士等が異常に気づいた場合は、医師や看護職に連絡する。

252 子ども(特に乳児)の胃の形は大人と異なるため、栄養剤の注入中に咳き込んだり、吸引したりすると嘔吐しやすくなり誤嚥の危険がある。栄養剤の注入前は、排痰を十分に行い呼吸状態を整え、排便状態の確認をする。

253 子どもの場合、胃ろうボタンの破綻や逆流防止弁が壊れるなど、身体の成長などの変化から**胃ろうボタン**を交換する頻度が多くなる。ボタンの交換操作により胃ろう開口部が広げられたり、腹式呼吸により腹壁とボタンとのズレが生じたり、泣いて腹圧が亢進したり、抱っこなどの体位でチューブが移動しやすいことで栄養剤が漏れてくることがあるため、**（経管）栄養チューブ挿入部**を十分観察する。

経管栄養の実施手順

● 経管栄養で用いる器具・器材とそのしくみ、清潔操作と清潔の保持

254 胃ろうまたは腸ろうによる経管栄養の必要物品は、**イリゲーター**★**（栄養剤を入れる容器）**、**栄養点滴チューブ**、**50mlのカテーテルチップシリンジ**、**計量カップ**、**点滴スタンド**または鴨居★にかけるＳ字フック（Ｓ字ワイヤーともいう）、常温に近い温度の**経管栄養剤**である（**図10**参照）。

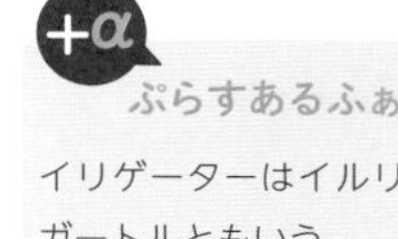

ぷらすあるふぁ

イリゲーターはイルリガートルともいう。

★鴨居

障子などをはめこむために つけられた横木。自宅で経管栄養を行う場合、鴨居にぶら下げることがある。

図10 ▶ 経管栄養の必要物品

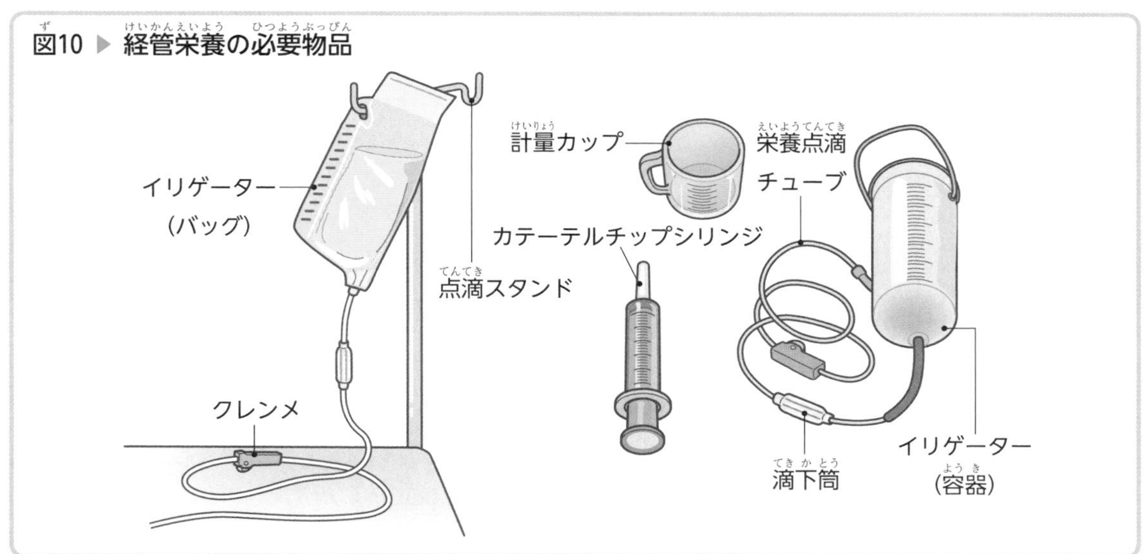

255 経鼻経管栄養の必要物品は、**イリゲーター**、**栄養点滴チューブ**、**50mlのカテーテルチップシリンジ**、**計量カップ**、**点滴スタンド**または鴨居にかける**Ｓ字フック**★、常温に近い温度の**経管栄養剤**、**経鼻経管栄養チューブのストッパー**（または**栓**）である。

256 半固形栄養剤注入時の必要物品は、**表37**のとおりである。

257 栄養剤の注入終了時は、毎回、使った物品を**洗浄**・**消毒**する。

+α ぷらすあるふぁ

鴨居に替わるものとして、カーテンレールや壁のフック、ドアや扉なども活用できる。

表37 ▶ 半固形栄養剤注入時の必要物品

方法	カテーテルチップシリンジで注入する方法	市販半固形栄養剤のパウチから直接注入する方法	加圧バッグなどを利用して注入する方法
必要物品	・栄養剤を入れるボウル ・カテーテルチップシリンジ ・清潔なガーゼまたはティッシュペーパーなど ・ボタン型の場合は専用の接続チューブ ・カテーテル洗浄用の白湯など	・清潔なガーゼまたはティッシュペーパーなど ・市販の半固形栄養剤 ・栄養剤専用のコネクタ・アダプタ ・ボタン型の場合は専用の接続チューブ ・カテーテル洗浄用の白湯など ・加圧バッグなど ・専用の胃ろう（腸ろう）接続チューブ	・清潔なガーゼまたはティッシュペーパーなど ・市販の半固形栄養剤など ・栄養剤専用のコネクタ・アダプタ ・ボタン型の場合は専用の接続チューブ ・カテーテル洗浄用の白湯など ・加圧バッグまたはスクイーザー ・専用の胃ろう（腸ろう）接続チューブ

資料：介護福祉士養成講座編集委員会編『最新 介護福祉士養成講座⑮医療的ケア（第２版）』中央法規出版、2022年、207頁を一部改変

258 経鼻経管栄養の場合、固定されていた部分にテープの**粘着性**が残っているようであれば、**しぼった温かいタオル**で優しく拭き取る。

 33—113

259 胃ろう（腸ろう）造設の場合、ろう孔周辺の分泌物や栄養剤の汚れは、**ぬるま湯**で濡らしたガーゼなどの**やわらかい布**で拭き取る。

260 胃ろう（腸ろう）栄養チューブは、**内部固定板**と**外部固定板**で固定されており、その間隔が狭いとさまざまな合併症を生じる。そのため、胃ろう造設後しばらく経過した症例では、固定板が浮く程度のゆるい固定状態にしている。

261 胃ろう（腸ろう）造設術後２週間を経過した時点で、挿入部に感染の徴候（発熱や皮膚の異常）がなければ、**医師**の指示により消毒薬での消毒は中止する。

 33—112 35—62

262 挿入部に感染の徴候がなければ、そのまま保護せずに入浴できる。感染の徴候があれば医師・看護職に報告し、その指導のもと、挿入部を**フィルム**などで保護して入浴する場合もある。

● 経管栄養の技術と留意点

必要物品の準備・設置と留意点

263 看護職が実施するのか、看護職と一緒に介護福祉士等が実施するのか、医師の指示を確認する。利用者の氏名、経管栄養剤の内容と量、注入時間、有効期限および注入開始時間などについても指示を確認する。1日に1回以上は看護職による観察を実施する。

33—112

264 経管栄養剤は、原則として常温で保管するが、半固形栄養剤を自宅や施設で作成した場合などは、新鮮な状態で保存できるように注意する。

265 イリゲーター、栄養点滴チューブとクレンメ、カテーテルチップシリンジなどは、利用者専用のものを使用する（通常、栄養点滴チューブやカテーテルチップシリンジは、看護職により**2週間に1回**程度**交換**されている）。

TEST 33—113

266 腹部の膨満感や張り、胃部のむかつきの有無などを利用者に確認し、いつもと違う状況が確認された場合は、医師・看護職に連絡する。

267 胃ろう（腸ろう）経管栄養の場合は、**ろう孔**周囲の状態や挿入されている胃ろう（腸ろう）栄養チューブの位置、固定されている状態等を観察し、異常があれば、看護職に相談する。

268 経鼻経管栄養の場合は、利用者に挿入されている経鼻経管栄養チューブの位置を確認し、経管栄養チューブの抜けや口腔内での停留、蛇行、利用者からの咽頭の違和感などの異常状態があれば、看護職に相談する。

269 胃ろう（腸ろう）栄養チューブは、1日に2～3回、回転させ、癒着★や圧迫を防止する。これは、医師、看護職、家族などが行い、介護福祉士等が実施することは**できない**。

★癒着
本来は分離しているはずの臓器・組織面が、外傷や炎症のために、くっつくこと。

270 経管栄養を実施する際は、イリゲーターに直接日光があたらないように、ベッドの位置調整や遮光を行う。

271 点滴スタンド等の高さを、原則として胃部から液面まで50㎝程度上から滴下できるように調整し、周囲の環境を整える。

経管栄養開始前の利用者の状態観察と留意点

272 痰の多い利用者や、**上気道感染症**を起こしている利用者の場合は、経管栄養剤の注入中にむせ込み、嘔吐を引き起こす可能性があるため、医師や看護職に判断を仰ぐ★。

+α ぷらすあるふぁ
注入前に吸引等を行う必要があれば、医師・看護職に相談し、指示により吸引を実施する場合もある。

273 利用者のその日のバイタルサインの状態、排便の状況、排尿の状況、意識状態、腹部の張りや違和感について、利用者と会話をしながら確認し、利用者の訴えを聞く。異常な状態があった場合は、医師・看護職に相談する。

経管栄養開始前の利用者の準備（体位・姿勢・プライバシー確保など）と留意点

274 経管栄養を実施する前は、栄養チューブのねじれや、周囲の物による圧迫がないように、周囲の環境を整える。

 34—112

275 経管栄養の実施にあたり、注入した栄養剤が逆流し、肺に流れ込むことがないよう、医師・看護職の指示に従って、半座位の姿勢に体位を整える。

276 経管栄養の実施にあたり、必要以上に肌の露出がないようにスクリーンやカーテンで利用者のプライバシーの保護に努める。

経管栄養実施手順と留意点

277 経管栄養を実施する際は、利用者本人に名前を言ってもらい（リストバンドやベッドのネームプレートなどでも確認する）、指示された栄養剤の種類、量、温度、時間を確認する。

278 経鼻経管栄養では、挿入されている栄養チューブが胃に到達しているか看護職が確認する。利用者の安全を考え、介護福祉士等が実施可能な行為を超えて行うことがないようにする★。

+α ぷらすあるふぁ
看護職の実施を見学し、栄養チューブが胃内に入っている場合と入っていない場合の注意点を理解する。

279 栄養点滴チューブの先端が不潔にならないように、食器の中、またはガーゼや清潔なタオルの上に乗せておく。

280 経鼻経管栄養では、栄養点滴チューブの先端と利用者側の経鼻経管栄養チューブの先端がはずれないように接続する。胃ろう（腸ろう）経管栄養では、栄養点滴チューブの先端と利用者に挿入されている**胃ろう（腸ろう）経管栄養チューブ**の先端がはずれないように接続する。

281 栄養剤の注入速度が速いと、下痢や血糖値の急激な変化を引き起こす。一方、注入速度が遅いと、利用者の拘束時間が長くなり、活動を制限することになる。

282 クレンメ★を少しずつ開き、医師の指示どおりの**滴下数**に合わせるため、栄養点滴チューブの滴下筒の滴下と時計を見ながら、1分間の滴下数を合わせる。

★クレンメ
点滴の滴下量と速度を調節する器具のこと。点滴チューブの途中に置かれている。

経管栄養実施中の利用者の身体変化の確認と医師・看護職への報告

283 注入中、注入直後は、利用者の表情や状態の変化を観察する。

284 注入中、痰のからみが強い場合や、嘔気や嘔吐がある場合、何らかの変化がある場合は、注入を一時中止して様子をみる。むせ込み、嘔気・嘔吐が出現した場合は、医師・看護職に連絡する。

285 注入後に、腹鳴（おなかが鳴る）の違和感や、腹部の膨満感を訴える場合は、医師・看護職に相談する。経管栄養で長時間同じ体位をとる場合、からだの圧迫箇所の皮膚の変化や痛み、腰痛などの観察が大切である。時々声をかけ、からだの向きや圧迫されている箇所がないかどうか確認する。

36―63

経管栄養実施後の手順と留意点、利用者の身体変化の確認と医師・看護職への報告

286 実施後、カテーテルチップシリンジに30～50mlの白湯を吸い上げ、胃ろう（腸ろう）経管栄養チューブまたは経鼻経管栄養チューブのストッパー（または栓）を開け、カテーテルチップシリンジを接続して白湯を注入する（半固形栄養剤でも実施する）。これは、経管栄養チューブ内に残留している栄養剤を洗い流すためである。

34―113

287 嘔吐や食道への逆流を防止するため、注入終了後も、上半身を起こした状態を30分から1時間は保つことを利用者にも説明する。

288 経口摂取を行っていない利用者は、唾液の分泌が減少しやすいため、口腔内の自浄性が保たれず、細菌が繁殖しやすい。口腔内環境の維持と上気道感染症の予防のため、食後の口腔ケアを実施する。

TEST 33―113
35―62

289 利用者の呼吸状態や体温などの変化を観察し、異常があれば医師・看護職に連絡する。

経管栄養終了後の片づけ方法と留意点

290 経管栄養注入後は毎回、食事のたびに再利用するイリゲーター、栄養点滴チューブ、カテーテルチップシリンジを食器用洗剤で洗浄し、流水でよくすすぐ（イリゲーターに固定金具が付属されている場合ははずす）。

291 洗浄後、0.0125～0.02%の次亜塩素酸ナトリウム液（居宅ではミルトン®など）に1時間以上浸し、**消毒**する。消毒後、再び流水でよく洗浄する。内腔の水滴は振り払い、風通しのよい場所で乾燥させる。

● 経管栄養に必要なケア

消化機能を維持するケア

292 衛生状態が悪いと感染症や胃腸炎などの障害を起こすため、経管栄養チューブや器具の洗浄・消毒と乾燥は重要である。また、上気道感染症や肺炎の予防のため、**口腔の清潔**も大切である。

293 高齢者の場合、腸閉塞等の重篤な病状に進行する場合があるため、毎日の**排便**や**排尿**の回数、症状の観察が重要である。

生活様式にそった体位を整えるケア

35—62

294 胃の内容物が逆流し、肺に流入することがないよう、適切な姿勢をとって注入を行い、利用者の生活様式や意向にそって、できるだけ希望を取り入れた体位を工夫する。

口腔内や鼻および皮膚のケア

35—62

295 **口腔内のケア**は、**消化器感染症**を予防する。

296 経鼻経管栄養では、外界と接している鼻は清潔を保つ必要がある。**鼻腔内清拭**を行い、栄養チューブが挿入されていないほうの鼻腔は呼吸ができるように清拭を行う。

胃ろう部（腸ろう部）のケア

297 胃ろう（腸ろう）や経鼻経管栄養では、栄養チューブ固定部分の**皮膚のかぶれ**や**水疱**ができていないかを確認する。また、栄養チューブが引っ張られるようにして固定されていないか確認し、異常があれば医師や看護職に相談する。

35—62

298 夏は発汗が多く、ろう孔周辺に汗などがたまりやすいため、入浴時は、石けんを使って周囲の皮膚の洗浄をし、十分に洗い流す。

299 冬は空気の乾燥により皮膚の水分も少なくなるため、特に子どもや高齢者では、ろう孔部分周囲の**皮膚亀裂**などに注意が必要である。医師・看護職の判断のもと、入浴や清拭の後に、保湿クリームなどを塗る。

● 報告および記録

300 見落としや観察漏れがないように、常に**細心の気配り**と**丁寧な観察**を欠かさない。

301 報告は、誰が、いつ、どこで、どのように、どうなったかなどを**簡潔**に**要領よく**伝える。また、日頃から重要なことはメモにとる習慣をつける。

302 利用者情報は日々共有し、担当者会議では**利用者の意向**や、**医師や看護職の方針**を具体的に聞いて確認する。

303 **緊急連絡網**には、**家族の連絡先**、**連絡がとれない場合のほかの連絡先**、**携帯電話番号**を記載し、医師や看護職の連絡先についても昼間、夜間、休日など区別してわかりやすくする。変更があれば速やかに書き直す。

304 実施時間、栄養剤の注入方法、栄養剤の種類、内容、量、注入時間や利用者の状態や表情、意識状態などを、実施後速やかに**記録**する。最後に実施者の氏名を記入する。

一問一答 ▶ P.346

実力チェック！ 一問一答

※解答の［　］は重要項目（P.292～343）の番号です。

1 医療的ケア実施の基礎

問1 喀痰吸引と経管栄養は、医行為の範囲に含まれる。 ▶○→2

問2 介護福祉士が、法令で定められた喀痰吸引や経管栄養を業として行えることを規定した法律は、医師法である。 ▶×→12

問3 社会福祉士及び介護福祉士法で規定されている介護福祉士が実施できる経管栄養の行為は、栄養剤の注入である。 ▶○→15

問4 医行為（喀痰吸引等）を実施する事業者は、事業所ごとに都道府県知事の登録が必要であり、登録要件として、医療関係者との連携に関する基準、喀痰吸引等を安全・適正に実施するための基準が設けられている。 ▶○→20（表4）

問5 介護福祉士等が、喀痰吸引や経管栄養を実施するには、医師の文書による指示と承認が必要である。 ▶○→25

問6 リスクマネジメントにおいては、予防対策と事故対策が必要である。 ▶○→27（表6）

問7 スタンダードプリコーション（標準予防策）とは、感染症や疾患の有無に関係なく排泄物や血液、体液（汗を除く）等を潜在的な感染源とみなして対応する予防策である。 ▶○→53

問8 手指消毒においてエタノール含有の速乾性手指消毒液を用いた場合は、途中で消毒液を拭き取らず、よく乾燥させる。 ▶○→58

問9 消毒は、すべての微生物を死滅させることである。 ▶×→64 65

問10 パルスオキシメーターで測定した値を「経皮的動脈血酸素飽和度（SpO_2）」といい、基準値はおおよそ95～100％である。 ▶○→84

実力チェック！一問一答

2 喀痰吸引（基礎的知識・実施手順）

問11 肺胞に運ばれた空気と血液との間で、酸素や二酸化炭素の受け渡しをするはたらきを換気という。 ▶ × → 95

問12 いつもと違う呼吸状態かどうかをみるためには、①呼吸の回数、②呼吸の音、③呼吸の仕方、④苦しさを感じていないかを観察することがポイントである。 ▶ ○ → 96（表11）

問13 気管支喘息や筋萎縮性側索硬化症（ALS）では、換気のはたらきが低下する。 ▶ ○ → 101

問14 痰が貯留することにより空気の通り道を塞いでしまっている状態を気道閉塞という。 ▶ ○ → 105

問15 気管切開をして人工呼吸器を使用している人の喀痰吸引において、吸引を終了した後は、人工呼吸器の作動状況を確認する。 ▶ ○ → 117

問16 気管カニューレ内部の吸引とは、気管カニューレからはみ出さない深さまでの吸引のことである。 ▶ ○ → 122

問17 気管カニューレ内部の吸引では、無菌的な操作が必要である。 ▶ ○ → 124

問18 吸引の苦痛や恐怖心が増さないように、必ず吸引前に説明を行う。 ▶ ○ → 131

問19 浸漬法で用いられる消毒液は、72時間を目安に交換する。 ▶ × → 157（表20）

問20 喀痰吸引の実施が必要とされた利用者に対して、日中は１時間ごとに吸引を行う。 ▶ × → 159

問21 鼻腔内吸引の場合には、ベッドは水平から10～15度程度挙上させた状態が吸引チューブを挿入しやすい。 ▶ ○ → 161（表22）

問22 口腔内・鼻腔内吸引において、吸引チューブの挿入位置は咽頭の手前までである。 ▶ ○ → 166

問23 1回の吸引で十分に痰が取りきれない場合は、無理をせずにいったん休み、利用者の呼吸を整えてから行う。 ▶ ○ → 167

問24 低酸素状態をきたしていないか確認するためには、血糖値を測定する。 ▶ × → 169

問25 吸引物は、吸引びんの70～80％になる前に廃棄する。 ▶ ○ → 176

問26 線毛運動とは、痰を外に出そうとするはたらきのことである。 ▶ ○ → 179

3 経管栄養（基礎的知識・実施手順）

問27 経管栄養を実施する際は、仰臥位の姿勢をとる。 ▶ × → 191

問28 経管栄養時にみられる便秘の原因として、水分不足、食物繊維不足、運動不足、腸蠕動機能の低下などがあげられる。 ▶ ○ → 197

問29 半固形栄養剤は、液状の栄養剤が胃食道逆流を起こしやすい場合に用いられる。 ▶ ○ → 216

問30 栄養剤は、消費期限の新しいものから使用する。 ▶ × → 218

問31 経管栄養に伴う下痢の原因の1つに注入速度が速いことがあげられる。 ▶ ○ → 225（表32）

問32 口から食事を摂っていない場合、口腔ケアは必要ない。 ▶ × → 231

問33 経鼻経管栄養を行っている利用者の経管栄養チューブが抜けかかっていた場合は、介護福祉士等が元に戻す。 ▶ × → 240（表35）

問34 経管栄養中に利用者が嘔吐した場合には、誤嚥を防ぐために顔を横に向ける。 ▶ ○ → 240（表35）

問35 胃ろうによる経管栄養での生活上の留意点として、入浴は控えて清拭を行う。 ▶ × → 262 298

実力チェック！一問一答

問36	イリゲーター、栄養点滴チューブ、カテーテルチップシリンジなどは、利用者間で共有してもよい。	▶×→265
問37	イリゲーターを用いた経管栄養では、栄養剤の液面は胃部から50cm程度高くする。	▶○→271
問38	栄養剤の注入後に、経管栄養チューブに白湯を注入する理由は、チューブ内の栄養剤を洗い流すためである。	▶○→286
問39	栄養剤注入後は、嘔吐や食道への逆流を防止するため、上半身を起こした状態を30分から1時間くらい保つ。	▶○→287
問40	経管栄養で使用した物品は、エタノールで消毒する。	▶×→291

受験勉強ワンポイント

繰り返し復習することが大事！

記憶は、感覚記憶、短期記憶、長期記憶の3種類に分けられます。感覚記憶や短期記憶は貯蔵容量が小さく、しかも短期間しか保持されません。それに対して、長期記憶は貯蔵容量が無限で、一生保持することも可能です。

何を覚えるにしても、最初は感覚記憶となりますが、復習を繰り返すうちに感覚記憶から短期記憶へ、そして短期記憶から長期記憶へと変わっていきます。つまり、復習を繰り返せば、多くの事柄を長期にわたって覚え続けることが可能なのです。受験勉強も同じです。繰り返し学習して長期記憶にすることで、確実な知識として身につけることができます。「何がわからなかったのか」という記憶があるうちに復習すれば、「こういうことか！」と納得・理解につながるので、より効果的です。

6

総合(そうごう)問題(もんだい)および事例(じれい)問題(もんだい)のポイント

1 総合問題

■ 総合問題の概要

『総合問題』に関して、第36回国家試験の出題方法は、１つの事例に対して３問の設問という形式であり、事例が４つ出題された。また、１事例における３問の設問は、４領域〈人間と社会〉〈介護〉〈こころとからだのしくみ〉〈医療的ケア〉から出題することを意図しているが、近年の出題は必ずしも１事例のなかに４領域が出題されてはいない。しかし、問題作成の意図は、４領域の知識を総合的に活用して解答するものであることを忘れてはならない。

■ 問題を解くポイント・学習のポイント

● 総合問題とは個々の科目の集積である

『総合問題』というのは、「総合」した内容というイメージを抱きやすいが、要は、個々の基礎知識の積み重ねである。それを利用者の日常的な生活のなかにあてはめて、問題を作成するという作業が行われているだけである。

したがって、問題を解く際には、この問題は、どの領域や科目に相当するのだろうかということを意識して問題文を読む必要がある。特に第36回は、前頭側頭型認知症、脊髄損傷、アテトーゼ型脳性麻痺、自閉症スペクトラム障害と重度の知的障害をとりあげている。それぞれの特性を意識して問題文を読む必要がある。

次に、利用者の日常生活という場面を想定し、年齢や疾患名、要介護度、家庭環境などの基本的項目を頭に入れながら問題文をざっと読む。この際、書かれていないこと（例えば家庭環境が書かれていない場合、それは問題を解くにあたっては必要ないからである）は無視し、勝手に想像して余計なことを付け加えることのないように注意する。

そして、各設問にあたる。この時、一問一問別の設問だという意識で読む。わからない選択肢があれば、事例文に戻って確認する。

また、設問にさらに事例が書かれている問題もあるが、その場合は、設問の事例を中心にして選択肢にあたる。

第36回では、12問中９問が「最も適切なもの」を選ぶ形式であった。この「最も適切なもの」の場合、迷ってしまうときもあるだろう。そうしたときは、それぞれの選択肢を読みくらべながら、基本的な理論や技術に関するキーワードを思い起こしてから解くとよい。

そして、日常の介護の延長であると思って問題にあたるとよいであろう。これは、制度の問題にもいえることであり、介護保険制度について利用者の家族から質問されたとき、恥をかかないように知識として頭のなかに入れておくことが求められる。それを実際に問題にあたって取り出すだけと心得ておけば、『総合問題』はこわくない。

総合問題を解いてみよう

では、第36回の**総合問題1**から、どのように解答すればよいかみていこう。

（総合問題1）

次の事例を読んで、**問題114から問題116まで**について答えなさい。

〔事　例〕

Cさん（59歳、男性）は、妻（55歳）と二人暮らしであり、専業農家である。Cさんはおとなしい性格であったが、最近怒りやすくなったと妻は感じていた。Cさんは毎日同じ時間に同じコースを散歩している。ある日、散歩コースの途中にあり、昔からよく行く八百屋から、「Cさんが代金を支払わずに商品を持っていった。今回で2回目になる。お金を支払いにきてもらえないか」と妻に連絡があった。妻がCさんに確認したところ、悪いことをした認識がなかった。心配になった妻がCさんと病院に行くと、前頭側頭型認知症（frontotemporal dementia）と診断を受けた。妻は今後同じようなことが起きないように、Cさんの行動を常に見守り、外出を制限したが、疲労がたまり、今後の生活に不安を感じた。そこで、地域包括支援センターに相談し、要介護認定の申請を行い、訪問介護（ホームヘルプサービス）を利用することになった。

【全体のポイント】

問題114は、〈こころとからだのしくみ〉の領域からの出題である。『認知症の理解』の科目に関連し、前頭側頭型認知症の症状の特徴を問うものである。

問題115は、〈人間と社会〉の領域からの出題で、『社会の理解』における地域での介護保険制度の利用を問うものである。

問題116は、〈介護〉の領域から、ICF（国際生活機能分類）の構成要素に該当するものを選ぶ出題である。

問題 114 Cさんが八百屋でとった行動から考えられる状態として、**最も適切なもの**を**1つ**選びなさい。

1 脱抑制
2 記憶障害
3 感情失禁
4 見当識障害
5 遂行機能障害

【解説】

前頭側頭型認知症であることと、「八百屋でとった行動」から考えていこう。

1＝○：前頭側頭型認知症では、理性や感情をコントロールする前頭葉が萎縮する。そのために衝動的な行動などの人格の変化が現れる。このような抑制がきかなくなった状態を脱抑制という。事例に「Cさんが代金を支払わずに商品を持っていった」とあるので、脱抑制の特徴が当てはまり、適切となる。

2＝×：記憶障害は、認知症の中核症状であり、もの忘れが病的に悪化する。設問は「八百屋でとった行動」とあるので、もの忘れに関する行動ではないため適切ではない。

3＝×：感情失禁は、血管性認知症の症状の1つで、さまざまな感情をコントロールすることが難しくなり、悲しみなどの感情が激しく現れやすくなることである。事例ではそうした症状の記述はないので適切ではない。

4＝×：見当識障害は、時間・場所・人物等の日常生活上の重要な情報を理解する能力が失われることを指し、認知症の中核症状である。これも八百屋での行動と関連はないので適切ではない。

5＝×：遂行機能障害は、計画を立てて実行することができなくなる認知症の中核症状である。事例では、「毎日同じ時間に同じコースを散歩」とはあるが、これは計画を立てた行動とは思われず、常同行動の1つであり適切ではない。

〈解答〉 1

ここをチェック！

問題を解く際に、テキストで比較的よく目にする言葉に目をつけることも受験テクニックの1つである。事例では前頭側頭型認知症とあるので、その特色としての「人格変化」や「常同行動」を思いだそう。

問題　115　Cさんの介護保険制度の利用に関する次の記述のうち、**適切なものを１つ**選びなさい。

1　介護保険サービスの利用者負担割合は１割である。
2　介護保険料は特別徴収によって納付する。
3　要介護認定の結果が出る前に介護保険サービスを利用することはできない。
4　要介護認定の利用者負担割合は２割である。
5　介護保険サービスの費用はサービスの利用回数に関わらず定額である。

【解説】

介護保険制度は、利用者や家族などから質問されたら答えられるようにしておこう。

1＝○：訪問介護（ホームヘルプサービス）を利用する際、居宅サービスを受けた場合、自己負担は原則１割となる。2015年から一定所得のある人の自己負担は２割、2018年からは２割負担者のうち特に所得が高い人の自己負担は３割となった。事例では専業農家とはあるが、所得が高いなどの記述はないので、原則負担割合は１割と考えられる。

2＝×：第一号被保険者の場合、一定額以上（年額18万円以上）の年金受給者であれば年金から天引きされる特別徴収の方法を原則とする。Cさんは59歳であり、まだ年金受給者となっていないので、適切ではない。

3＝×：要介護認定は申請から認定まで１か月近くかかるため、緊急その他やむを得ない理由により介護サービスを受ける必要が生じた場合は、認定を受ける前でも介護サービスを利用できる。この場合、費用は償還払いとなる。そのため適切ではない。

4＝×：要介護認定は、申請書に被保険者証を添えて市町村に申請する。設問は「要介護認定の利用者負担割合」とあり、認定に要する費用のことを問うていると思われる。現行法上、申請に要する手数料などの負担はないので適切ではない。

5＝×：介護保険の利用サービスの費用は、サービスの種類ごとに定められている（支給限度額）。各種サービスに要した費用の合計額が一定の額を超えた場合、所得に応じて高額介護サービス費が支給されるが、現行法上利用回数にかかわらず定額を納入する制度はとられていないので適切ではない。

〈解答〉１

ここをチェック!

介護保険というとつい第一号被保険者を想定してしまうが、この事例のように第二号被保険者の場合もある。思いこみで問題を解かないで柔軟な頭で問題にあたろう。

問題 116 その後、妻に外出を制限されたCさんは不穏となった。困った妻が訪問介護員（ホームヘルパー）に相談したところ、「八百屋に事情を話して事前にお金を渡して、Cさんが品物を持ち去ったときは、渡したお金から商品代金を支払うようにお願いしてはどうか」とアドバイスを受けた。

訪問介護員（ホームヘルパー）が意図したCさんへの関わりをICF（International Classification of Functioning, Disability and Health：国際生活機能分類）に当てはめた記述として、**最も適切なものを１つ**選びなさい。

1 個人因子への影響を意図して、健康状態に働きかける。
2 健康状態への影響を意図して、心身機能に働きかける。
3 活動への影響を意図して、身体構造に働きかける。
4 参加への影響を意図して、環境因子に働きかける。
5 環境因子への影響を意図して、個人因子に働きかける。

【解説】

ICF（国際生活機能分類）は、「介護の基本」「介護過程」「障害の理解」でも問われている。特に近年は、環境因子や個人因子などについて事例で問われる問題も多くなっている。

1＝×：個人因子は、性別、年齢、性格、生活歴など、個人の生活や人生の特別な背景を指す。事例では、「八百屋に事情を話して」とはあるが、前頭側頭型認知症は、病気疾病であり、健康状態に働きかけるための関わりとはいえないので適切ではない。

2＝×：認知症であり、心身機能に働きかけることは必要であるが、事例の訪問介護員が意図したCさんへの関わりには当てはまらないので適切ではない。

3＝×：活動は個人による課題や行為の遂行であり、身体構造は、器官・肢体とその構造部分などの身体の解剖学的部分である。ここでも訪問介護員の働きかけとは関連がないので適切ではない。

4＝○：参加とは、生活・人生場面への関わりのことであり、Cさんの外出制限による不穏状態は、参加制約によるものである。その解決策として「品物を持ち去ったとき」事前に渡してあったお金から精算することができるように八百屋に働きかけることは、生活するなかでの物的環境や人的環境、社会的環境などの環境因子を整えることになる。したがって適切となる。

5＝×：個人因子とは、Cさん個人の特別な背景である。八百屋への代金不払いに対してCさんに代金を支払うように働きかけることは、「悪いことをした認識がなかった」とあるので難しいものがあろう。そのため適切ではない。

〈解答〉４

ここをチェック

ICF（国際生活機能分類）は、近年応用力を試す問題が多くなった。しかし、基本はICFの各定義をしっかり押さえておくことである。どんな問題も「基本にかえれ」を覚えておこう。

2 事例問題

事例問題の概要

第36回の事例問題は〈人間と社会〉領域で**A**さん～**E**さんという利用者が登場する事例文の形式を含めて7問、〈介護〉領域が1事例2問の2題を含めて15問、〈こころとからだのしくみ〉領域が14問、〈医療的ケア〉領域が1問の計37問で、総合問題を除く全113問中32.7%の出題率となっている。『総合問題』は4事例12問の出題であり、全体で事例問題は全125問中49問（39.2%）の出題であった。

出題のほとんどが、基礎的知識の応用力が試される内容であった。そのため、過去問の事例問題にあたって応用力を身につける必要がある。

事例問題を解くポイント

● 事例をアセスメントするときのポイント

時間の流れを追って考える

どんな事例であっても、その事例がどのように発生したのかを時間の流れを追って考えることが重要である。それは、利用者の経験をそっくりまねをしてみたりして追体験し、利用者のおかれた状況をより具体的にイメージするのに役立つからである。

知ることのできる情報を明確にする

事例問題は、総合問題より事例文の内容が短い。したがって、事例を読むときには、知ることのできる情報を明確にすることが重要である。事例に書いていないことを勝手に想像し判断しないように注意する。情報には主観的な情報（利用者の主張や訴えなど主として言語によって得られる情報）と客観的な情報（利用者以外の他者によって観察される情報）がある。事例文と選択肢を照らし合わせながら確実に判断していくとよい。

● 介護の基礎知識と各科目特有の知識を総合して解答する

事例問題は介護現場で出合うことの多い事例を取り上げている。これはどんな事例問題も変わりない。例えば、認知症高齢者への医学的知識や対応の知識がないと、短文であっても事例問題は解けない。逆にいうと、認知症高齢者への医学的知識や対応の知識があれば、事例問題の多くは解答できるといった側面がある。つまり、各科目に必要な知識のみならず、介護福祉職として必要な基礎的知識が同時に問われている。したがって、受験生がもつ知識や経験を総合し、問題を分析する力や判断力が問われているといえよう。

新傾向の問題の出題分析

2008（平成20）年３月、「介護福祉士に求められる基礎的能力の水準への到達度の評価方法に関する調査研究事業」という報告書が出された。

報告書では、問題の出題方法を❶暗記中心の問題、❷与えられた情報を基に理解・解釈してその結果に基づいて解く問題というふうに分けている。

❷の問題は、理解している知識を応用して具体的な問題解決を求める出題方法である。まず、簡単な事例が示され、それを読んで最初の判断が行われ、その判断と知識に従って正解を導くことになり、単なる暗記だけでは解くことができない問題ということになる。

こうした傾向に対しては、①まず「短い時間で判断する力」を養うことが大切であり、そのためには、数多く問題をこなすことが必要である。②次に、学んだ知識を実務と結びつけて考える力があるか、正しい解釈ができるかが問われている。テキストで学んだことをすぐに思い出せるようにすることが大切である。各科目に必要な言葉の意味をきちんと理解し、基礎的な内容を暗記しておき、時間があれば過去問を解いてみる勉強方法が求められる。

事例問題を解いてみよう

2つの事例問題から何が問われているかをみてみよう。

第35回問題31（「発達と老化の理解」）で次のような事例問題が出題された。過去問を研究していない受験生は難しいと感じたであろう。まずは解いてみよう。

問題 31 今、発達の実験のために、図のようなテーブル（テーブル表面の左半分が格子柄、右半分が透明な板で床の格子柄が透けて見える）の左端に、Kさん（1歳1か月）を座らせた。テーブルの反対側には母親が立っている。Kさんは、格子柄と透明な板との境目でいったん動くのをやめて、怖がった表情で母親の顔を見た。母親が穏やかにほほ笑むと、Kさんは母親の方に近づいていった。

Kさんの行動を説明する用語として、**最も適切なものを1つ**選びなさい。

1 自己中心性
2 愛着理論
3 向社会的行動
4 社会的参照
5 原始反射

【解説】

この問題は、幼児期の社会性の発達に関する問題である。まずは、選択肢の用語の意味を知っておこう。

1の自己中心性は、2～6歳頃（前操作期）の認知の様式でピアジェ（Piaget, J.）によって提唱された。この年代は、自分の視点を中心に外界を理解し、他者の視点に立って考えることが難しいとされる。

2の愛着理論は、ボウルビィ（Bowlby, J.）によって提唱された理論である。乳幼児と特定の大人との間で情緒的な絆による関係を形成することを愛着と呼び、この愛着を形成するための行動を愛着行動という。生後すぐにみられる。

3の向社会的行動は、外的な報酬の有無にかかわらず、他の集団の利益などのために行うボランティア活動などの行動のことを指す。

4の社会的参照は、経験したことのない物や人に出会ったときに、信頼できる大人の表情や反応などを参照して自分がどのように行動するかを決めることを指す。

5の原始反射は、生まれた時から備わっている刺激に対する一定の反応で、普通は生後6か月頃に消えるとされる。

さて、ここでは正解を求めないで、次の事例問題にいこう。第32回の問題69（「発達と老化の理解」）である。

問題 69 Aちゃん（1歳3か月）は、父親に抱かれて散歩中である。前方から父親の友人がやってきて、父親がにこやかに友人と話をしていると、Aちゃんは父親にしがみつき、父親の顔と父親の友人の顔を交互に見ている。しばらくすると、Aちゃんは緊張が解けた様子で、友人が立ち去るときには少し笑顔を見せた。

Aちゃんの様子を説明する用語として、**最も適切なもの**を**1つ**選びなさい。

1 3か月微笑
2 社会的参照
3 クーイング
4 自己中心性
5 二項関係

【解説】

1の3か月微笑は、生後2～3か月の乳児が、養育者の顔を見たり、養育者のあやしかけに対し微笑をかえすことを指す。この微笑は相手による区別はなく、写真などでも起こるといわれる。

2は前述のため省略。

3のクーイングは、生後1か月頃になると「あ～」「く～」などと発声することを指す。

4は前述のため省略。

5の二項関係は、自分と他者、自分の物との1対1の関係を指す。生後9か月頃になると自分と他者と物という三項関係へ発展していく。

以上2つの事例を分析してみよう。

① 問題31のKさん（1歳1か月）、問題69のAちゃん（1歳3か月）とあり、1歳1～3か月が対象とみることができる。

② 問題31では、「怖がった表情で母親の顔を見た」、問題69では、「父親にしがみつき」とあり、ともに経験したことのない場面で緊張した状況が記述されている。

③ 問題31では、「母親が穏やかにほほ笑むと」「母親の方に近づいていった」、問題69では、「緊張が解けた様子で」「少し笑顔を見せた」とある。緊張状態から父親や母親の様子を見て笑顔を見せたり、母親に近づいたりする行動が現れる。

④ 以上のようにして、子どもは親や周囲の表情や反応を手がかりにその感情状態を確かめながら行動することがわかる。

以上から問題31も問題69も「社会的参照」が正解となる。

ここをチェック!

事例問題は、事例そのものの作成が難しい。そこで過去問で類似の事例を参考にすることも多い。似たような問題が出題されることも多いので、解答にあたっては「社会的参照」をまず頭に入れて問題を解くことも必要である。

事例問題の対策

総合問題の事例もその他の事例問題も、解き方に差があるわけではない。

事例文の範囲内で、どのような知識や技術、価値観が介護福祉職に求められているかをきちんと読み取ることである。日頃からキーワードをきちんと利用者に説明できるように意識して訓練しておけば、国家試験でも役に立つであろう。また知らない言葉やよく理解できない言葉は調べる習慣をつけることも大切である。

ワークブックの使い方

まずは一問一答でわかる部分を増やす！（国定さんの場合）

先輩の勧めで夏頃に『ワークブック』を購入したものの、日々の仕事が忙しくて本を開くことがないまま数か月が経ち…。実際に勉強を始めたのは10月頃。一緒に受験する同僚が模擬試験を受けるなど、勉強を始めていて、そろそろまずいなと思い、重い腰を上げました。

とはいえ、試験範囲が広いため、『ワークブック』を開いてもどこから読めばよいかわからず、「今日はこの科目を読もう！」と読み出してみても、特に制度系はなかなか頭に入ってこないという状況で、時間だけが経って焦る一方でした。

そこで、まずは各教科の最後にある「一問一答」だけを最低３回、覚えるまでやりました。繰り返し解くことでわかる部分を増やしてから、「重要項目」の部分を読み込むなど、覚える部分を少しずつ広げていきました。

すると、それまでは『ワークブック』に書かれていることを「難しい」と感じていたのですが、一問一答の答えを覚えただけで、「あれって、こういうことだったのか！」と気づくことが増えてきました。「一問一答」は簡単な〇×問題なので、改めて「重要項目」を読むと、それに関する知識もプラスされ、「わかる」ってこういうことなんだ、としだいに楽しく感じ、次に取り組む意欲がどんどん湧いてきました。

どんな参考書でもそうですが、１ページ目から読もうとすると、そのボリュームに圧倒されて、なかなか勉強が進みません。ですので、こういう使い方もあるんだよ、とほかの人にもオススメしています。

索引

アルファベット

あ

い

う

き

く

け

こ

さ

す

せ

そ

た

ち

つ

て

と

な

に

ぬ

ね

の

は

ひ

ふ

へ

ほ

ま

み

む

め

も

や

ゆ

よ

ら

り

れ

ろ

わ

参考文献

最新 介護福祉士養成講座①人間の理解〈第2版〉
最新 介護福祉士養成講座②社会の理解〈第2版〉
最新 介護福祉士養成講座③介護の基本Ⅰ〈第2版〉
最新 介護福祉士養成講座④介護の基本Ⅱ〈第2版〉
最新 介護福祉士養成講座⑤コミュニケーション技術〈第2版〉
最新 介護福祉士養成講座⑥生活支援技術Ⅰ〈第2版〉
最新 介護福祉士養成講座⑦生活支援技術Ⅱ〈第2版〉
最新 介護福祉士養成講座⑧生活支援技術Ⅲ〈第2版〉
最新 介護福祉士養成講座⑨介護過程〈第2版〉
最新 介護福祉士養成講座⑩介護総合演習・介護実習〈第2版〉
最新 介護福祉士養成講座⑪こころとからだのしくみ〈第2版〉
最新 介護福祉士養成講座⑫発達と老化の理解〈第2版〉
最新 介護福祉士養成講座⑬認知症の理解〈第2版〉
最新 介護福祉士養成講座⑭障害の理解〈第2版〉
最新 介護福祉士養成講座⑮医療的ケア〈第2版〉
介護福祉士国家試験過去問解説集2023
介護福祉士国家試験過去問解説集2024
介護福祉士国家試験過去問解説集2025

（以上、中央法規出版）

■ 本書に関する訂正情報等について

弊社ホームページ（下記URL）にて随時お知らせいたします。
https://www.chuohoki.co.jp/foruser/care/

■ 本書へのご質問について

下記のURLから「お問い合わせフォーム」にご入力ください。
https://www.chuohoki.co.jp/contact/

介護福祉士国家試験受験ワークブック2025 下

2024年6月10日　発行

編　集　中央法規介護福祉士受験対策研究会
発行者　荘村明彦
発行所　中央法規出版株式会社
〒110-0016　東京都台東区台東3-29-1　中央法規ビル
TEL 03-6387-3196
https://www.chuohoki.co.jp/

印刷・製本　長野印刷商工株式会社
本文デザイン　トシキ・ファーブル合同会社
本文イラスト　株式会社ブルーフイールド　有限会社イオジン
巻頭カラー・装幀デザイン　二ノ宮匡（ニクスインク）
装幀キャラクター　坂木浩子

定価はカバーに表示してあります。
ISBN 978-4-8243-0033-1

A033